THE
MEDIEVAL
AGES

Power, Faith and the Gestation of the Modern World

李筠

著

中世纪

权力、信仰
和现代世界的孕育

岳麓書社·长沙　博集天卷

07 《死神的胜利》，老彼得·布勒哲尔，约 1562—1563，普拉多博物馆（Museo Nacional del Prado）

06 《炼金术士》,老彼得·布勒哲尔,大英博物馆(British Museum)

05 扫罗在恩多女巫施法后求助撒母耳，萨尔瓦多·罗萨，欧仁·德拉克罗瓦美术馆（Musée National Eugène Delacroix）

04 阿伯拉尔和爱洛伊丝,尚蒂伊孔代博物馆(Musée Condé)

02 武器与盔甲，纽约大都会博物馆（Metropolitan Museum of Art）

03 使徒保罗马赛克镶嵌画，约 1030，基辅圣索菲亚大教堂（Saint Sophia Cathedral）

01 《天启四骑士》 阿尔布莱希特·丢勒，1498，版画，柏林国家博物馆铜版画陈列室（Kupferstichkabinett Berlin）

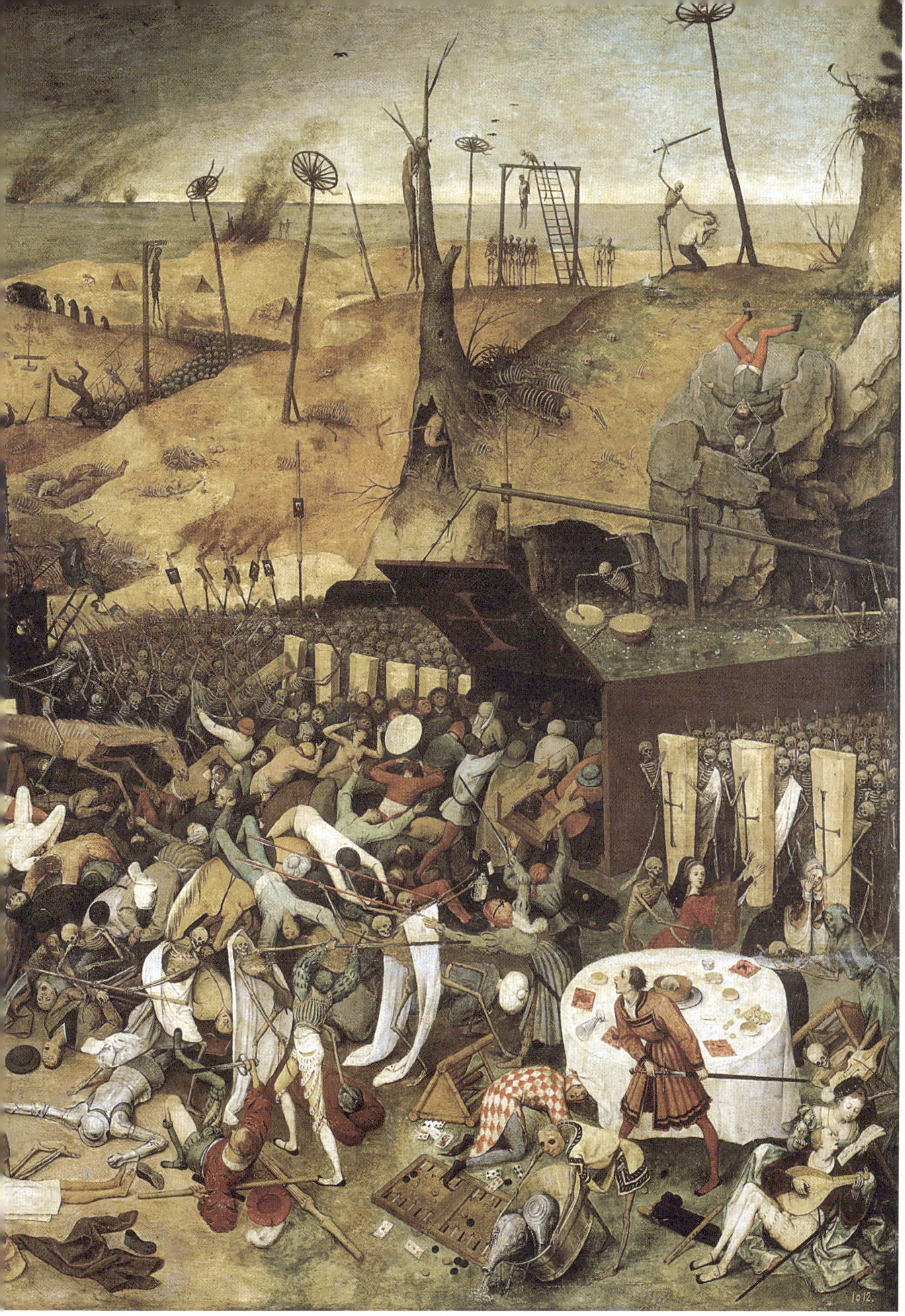
1012.

08 查理曼画像,阿尔布莱希特·丢勒,约 1512,日耳曼国家博物馆(Germanisches Nationalmuseum)

09《神圣罗马帝国及其成员国》，约斯特·德·尼格克尔，1510

10 红胡子腓特烈像,法兰克福历史博物馆(Historisches Museum Frankfurt)

11 神圣罗马帝国皇帝金玺（《金玺诏书》名称来源），斯图加特巴登 - 符腾堡州政府档案馆（Hauptstaatsarchiv Stuttgart）

12《耶稣授予彼得钥匙》，彼得罗·佩鲁吉诺，1481—1482，西斯廷教堂（Sistine Chapel）

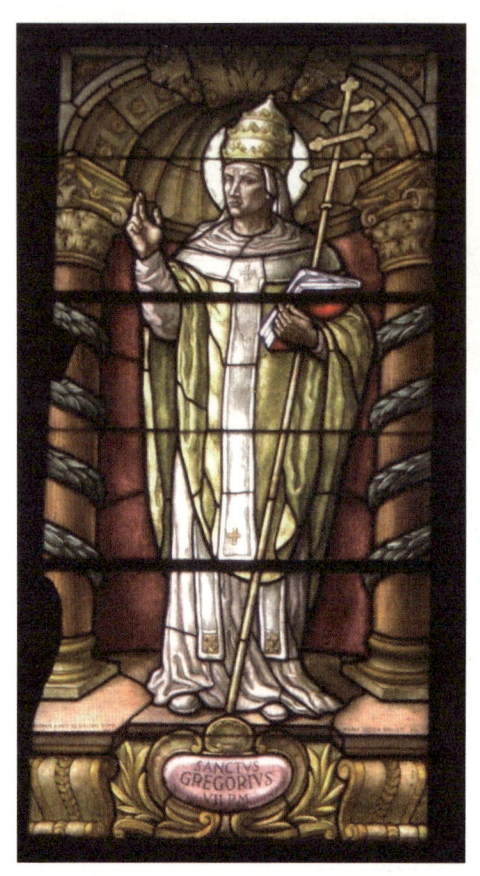

13 格里高利七世,玻璃花窗画,皮蒂利亚诺大教堂(La Piccola Gerusalemme)

14 英诺森三世,乔瓦尼·贾科莫·德·罗西,大英博物馆

15《圣方济各领受圣痕》，乔托·迪·邦多内，约 1295—1300，卢浮宫（Musée du Louvre）

16 《十字军进入君士坦丁堡》,欧仁·德拉克洛瓦,1840,卢浮宫

17 贝叶挂毯细节图，约 1077，贝叶市博物馆（Musée de la Tapisserie de Bayeux）

18 圣路易画像，埃尔·格列柯，约 1590，卢浮宫

19 13 世纪威廉·马歇尔骑马决斗图，马修·帕里斯《大编年史》中插图，剑桥大学科珀斯·克里斯蒂学院帕克图书馆（Corpus Christi College Library）

目 录

前 言　为什么要看中世纪？　　　　　　　/001

第一章
印　象

01	**维京人**	非同寻常的混乱	/003
02	**骑士**	遭遇围猎的武力	/014
03	**传教士**	羊入虎口的胜利	/025
04	**绝恋**	圣光之下的爱欲	/035
05	**女巫**	一统人心的战场	/047
06	**炼金术**	征服自然的技艺	/055
07	**黑死病**	乌云笼罩的生机	/065

第二章
帝　国

08	**加冕**	欧洲诞生的欢呼	/077
09	**帝国**	旗帜一般的幻梦	/086
10	**皇帝**	竹篮打水的过客	/097
11	**诏书**	委曲求全的转圜	/108

第三章
教　会

12	**教廷**	基督教会的核心	/119
13	**革命**	二元结构的定型	/131
14	**教皇**	监护尘世的父权	/143
15	**修会**	中间道路的艰难	/156
16	**十字军**	武装朝圣的旅程	/168

第四章
王　国

17	**封建**	权宜之计的固化	/179
18	**国王**	伟大使命的召唤	/192
19	**贵族**	武士阶级的兴衰	/209
20	**大宪章**	规范权力的金绳	/221
21	**议会**	妥协共治的平台	/235
22	**百年战争**	封建征伐的极限	/246

第五章
大 学

23	**大学**	知识生产的重整	/260
24	**罗马法**	法律世界的重建	/269
25	**哲学家**	亚里士多德的重临	/280
26	**大全**	神学知识的巅峰	/291

第六章
城 市

27	**城市**	买卖自由的结晶	/306
28	**行会**	商人秩序的扩展	/321
29	**商人**	资产阶级的由来	/336
30	**农民**	底层人民的枷锁	/349

结 语	未完成的中世纪	/359
附 录	中西大事简表	/365
后 记		/371

前 言

为什么要看中世纪？

你好，我是李筠，欢迎来到《中世纪》，我们一起透过权力和信仰的变迁了解中世纪，理解现代世界是如何从中孕育出来的。

这本书就是《中世纪史纲》，是我"史纲"系列的第三部。它是《西方史纲》《罗马史纲》的延续，但又和它们不一样。这次，我要带给你一座新奇的博物馆。

这是一部"迟来的"作品。早在2017年，施展把我介绍给罗振宇和脱不花的时候，我的初始设计就是讲中世纪。后来，我的第一部面向大众的作品变成了"文明纵横3000年"的《西方史纲》，这是因为我同意他们的思路：整体优先于局部，把西方文明整体的框架、线索、脉络理清楚之后，再去讲"断代史"。刘苏里先生很清楚我的"家底"，他在《西方史纲》的封底推荐语当中直接挑明："李筠治中世纪思想史出身。"中世纪研究不容易，为"不今不古"之学，其实必须对古、今都下功夫，得"上钩古希腊、古罗马，下接文艺复兴、启蒙运动、科学-工业革命"。

我的《西方史纲》想要带给你的是一幅3000年西方文明史的精要地图，而《罗马史纲》故意"画风突变"，我以"史纲体"的方法扑向古罗马这座政治学的超级富矿，用罗马人的故事透析"超大规模共同体的政治学原理"。晏绍祥先生慧眼如炬，在封底推荐语中挑明我是在用《罗马史纲》向马基雅维利和孟德斯鸠致敬。

经过《西方史纲》和《罗马史纲》的磨炼和准备，我可以好好跟你聊中世纪了。研究中世纪是我的本行。中世纪史比较冷门，国内的研究队伍规模不大，有影响的成果不多，我在这个领域已经干了差不多20年。我的博士论文名字叫作《论西方中世纪王权观》。2009年，这篇博士论文得了"教育部全国百篇优秀博士论文提名奖"。拿到博士学位之后，我一直在思考和研究西方的古今之变，并且从西方的古今之变来大尺度地思考中西之别，进而思考中国在现代化路上的成败得失。冷门的中世纪，其实是理解古今之变和中西之别最好的思想试炼场。

人们对中世纪的成见可谓根深蒂固，希望这本书可以消除误解，帮你打开一片多姿多彩的新天地。这本书不是跟你探讨深奥难懂的学术问题，不是带你去搞懂唯名论和唯实论的神学大论战，也不是跟你讲一些稀奇古怪的逸闻趣事；不是带你去看神学家们到底怎么论证针尖上到底可以有几个天使跳舞，不是跟你纯粹发思古之幽情，也不是带你沉浸在异域和异时的浪漫之中。这本书有三个目的：第一，帮你理清西方文明成长的关键阶段——中世纪；第二，给你展现人类历史上最壮观的多元性；第三，和你一起品味从"混乱"中寻找自我的办法。从历史知识到思维和见识，再到自我修炼，让我们一起走进中世纪这座精彩的博物馆看看吧！

中世纪是现代世界得以诞生的直接母体

中世纪在西方文明的成长历程当中究竟处于什么样的位置？一句话，中世纪是现代世界得以诞生的直接母体。这个基本判断是不是和你的印象相差很远？

你对中世纪是什么印象呢？我猜，大概率是"黑暗时代"，愚昧、落后、反动，甚至邪恶。这样一个时代，和光荣的古希腊、伟大的古罗马、强悍的现代比起来，简直不值一提，说不出个所以然来，也没什么大不了的。

但就是这样一个简单的印象，就有很多自相矛盾的地方。比如，如果中世纪真是一片黑暗，你怎么可能知道希腊很光荣、罗马很伟大？希腊的光荣和罗马的伟大在这样一个黑暗时代应该彻彻底底灰飞烟灭、湮没不闻、片纸不留,你应该根本不知道它们存在。再比如,如果中世纪真是一片黑暗,强悍的现代是从哪里来的?天上掉下来的?无根无源、无父无母,是石头缝里蹦出来的孙悟空?显然,只要我们有那么一点点承认历史是连续的,中世纪这个承上启下的阶段就不应该被简单地打发了。还有,你感觉到《哈利·波特》《权力的游戏》《沙丘》里面浓重的中世纪底色了吗?它们如此奇幻,如此炫目,如此美妙,完全不是一片漆黑啊!

这本书的第一个目的——也是基本的目的——是帮你理清西方文明的历史连续性,把你心里中世纪这个超级薄弱的环节补起来,让你得到一条完整的西方历史脉络。这个工作的初级阶段我在《西方史纲》里面已经花了一整章做过了。这本书,要再上一个台阶,勾画出中世纪和现代世界相关联的各种线索。我们先找几条重要的线索看一看。

第一,古希腊罗马灿烂的文化是中世纪在极端艰难的条件下传承下来的,我们现代人能够了解到的古希腊罗马文化很大程度上都经过了中世纪的染色,是中世纪的版本,带着中世纪的味道。

举一个例子。柏拉图和亚里士多德是现代西方哲学和科学遥远的鼻祖,但他们的学问并不是一帆顺承袭下来的,而是经过了中世纪的过滤和消化。现代哲学大师们——比如霍布斯——在很多时候以激烈批判他们的方式展开现代哲学的讨论,亚里士多德甚至成为最重要的攻击对象,因为他在中世纪重回西方之后被阿奎那变成了基督教的好帮手。我们通过霍布斯来理解现代世界,是在读他和亚里士多德的对话,但他们之间必不可少的中间人是阿奎那。

第二,现代西方国家,你所熟知的英国、法国、德国、意大利、西班牙等国家都是在中世纪形成的,都是中世纪王国、公国的延续。它们不是在你熟知的资产阶级革命的时期蹦出来的,它们在中世纪就已经发展到了非常成熟的程度,资产阶级革命是对中世纪各王国的调整和升级。

一样的道理,现代世界的基督教虽然经历了路德和加尔文的宗教改革,但基督教的根在中世纪，基督教最辉煌的年代是中世纪。不理解中世纪，就很难理解基督教，也就很难理解西方文明的灵魂。

第三，现代西方国家的核心政治机构是议会。议会是中世纪的发明，古希腊没有，古罗马也没有，现代西方各国的议会都是对本国中世纪议会的传承和改造。如果你不知道中世纪的议会是怎么产生和发展的，就很难理解西方各国为什么要用这么个机构充当国家的核心。

类似议会这种对现代世界而言很重要的东西，跟古希腊罗马都没关系，它们就是中世纪发明的。诸如此类，还有很多很多。

第四，现代世界是多元的，这种多元性让我们每个人生活在里面都很舒服，不仅能够自己生活得很独特而不遭到排斥和压制，而且可以享受别人的独特性带来的物质和精神滋养。现代世界多元性的根在中世纪。没有中世纪的多元性，现代世界的多元性几乎出不来。

现代西方是从中世纪孕育出来的。它很多重要的基因直接来自中世纪，它成长壮大的内在动力是解决中世纪产生的各种难题，它解决难题所凭借的各种资源首先来自中世纪，它对中世纪的冲击和反叛其实是孩子诞生之时挣脱脐带的努力。从西方文明的演化进程来看，很明显，中世纪是现代西方必不可少的前传。

不仅如此，如果把眼界打开，去看近五百年现代由西方向全世界扩散的过程，西方的中世纪其实具有超越我们常识的世界性。1492年，哥伦布扬帆出海，西方的中世纪结束，现代开始，这恰恰就是西方把全世界卷入其成长过程的起点。现代的西方是在与世界的碰撞和融合中成长起来的，越来越多的古老文明和未开化地区成为西方征服和治理的对象，也成为其伙伴和对手。无论是跟随西方还是抵抗西方，无论是主动加入还是被动卷入，西方都成为后发国家不得不面对的巨大力量。如此一来，西方的中世纪问题，其解决方案、基本特点就会随着现代化进程的展开，逐渐渗透到后发国家奋起追赶的行动、思维和价值观当中。

中世纪的全球化，最明显的例子莫过于"国家要富强"。原来它只是中世纪西欧各国面对教皇强势和封建分散格局的解决方案及其结果，后来在理论上凝聚成对国家利益和国家主权的完整论述。从中世纪后期到现代早期，富强成了所有国家孜孜以求的重大目标。宗教与政治的关系、封建与中央集权的关系、新国家的合法性基础以及追求效能的国家权力配置等诸多重大问题，从西方的中世纪问题变成了全世界各国共同的现代化必修课。相应地，后发各国很长一段时间之内都在模仿西方的解决方案，学到了它的一些优点，也在不知不觉中吞下了它的很多缺点。除了国家要富强之外，政治领域还存在的很多重大问题也落入了这样的历史逻辑之中，经济、文化、社会领域同样如此。从交往的日益加深、问题的共同化、解决方案的模仿来看，因为西方在现代很长一段时间的强势地位，整个现代世界都在"识别问题—解决问题"的实践逻辑上和西方的中世纪连在了一起。正是看到了这种全球史的深层脉动，我才说中世纪是现代世界得以诞生的直接母体。如此一来，了解和理解中世纪和我们的关联性就大大提高了，它不只是别人的过去，而是在很大程度上曲折隐微地变成了我们共同的由来。

人类历史上最壮观的多元性在中世纪

中世纪不是一片黑暗，相反，它多姿多彩，它拥有的多元性是人类历史上最壮观的。

多元性有什么好处呢？一句话，多元性才能孕育出伟大的可能性。提起中国古代最伟大的多元时代，你一定会想到春秋战国。它孕育了后来伟大的秦汉帝国，更孕育了诸子百家，中国古代最有创造性的文化就产生在那个时代。和它遥相呼应的是古希腊的古典时代，有苏格拉底、柏拉图、亚里士多德，还有很多伟大的哲学家、文学家、科学家、艺术家。我们对文化上的多元性一直是心驰神往的。

实际上，从科学的角度看自然世界，多元性也非常重要。我们人类主动地保护动物，尤其是濒危物种，目的就是维护生物多样性。因为每一个物种很可能都携带着我们还不曾知道的基因，这种基因会让动植物有特定的性状和功能。无限的多元性使得自然界形成了一个和谐的系统。动植物如果不停地灭绝，我们人类赖以生存的大系统迟早会崩溃。我非常欣赏《流浪地球》的设计，它好就好在把地球整体搬迁，要走一起走，一个都不能少。在遇到困难的时候，宁愿牺牲掉刘培强（吴京饰）驾驶的装满人类文明密码的空间站，也要保住完整的地球。因为文明的火种收集得再多，也不如地球本身的多。

中世纪的多元性在人类历史上是数一数二的。你朴素的印象就证明了这一点。当你想起中世纪，如果第一个标签是黑暗，第二个肯定就是混乱，乱得都不知道从哪里说起。不要说你没研究过中世纪觉得它乱，就连我这个研究了二十年的学院派也觉得它乱。乱到单是决定跟你聊什么，我就费了好大的力气。

如果走进中世纪，你希望看见什么？

是维京人、骑士、女巫、炼金术、黑死病，还是教皇、皇帝、国王、贵族，还是封建制度、议会制度、大学制度、现代国家的起源？当你真的对中世纪产生兴趣，开始想到一个个具体问题的时候，你就会像闯进藏宝洞的阿里巴巴，发现这个也有趣，那个也新鲜。但是，你很难把它们都带走，因为它们对你来说非常散乱，很难串在一起，连为一体。这本书的第二个目的就是让你从中世纪这个藏宝洞里尽量多带走一些宝贝。

中世纪是一个历史遗产、文化传统、宗教派别、政治建制、政治势力、经济成分都异常多元的时代。如果说我们在任何时代都可以找到一个共同体里面某个方面的多元性，那么，中世纪可以找到方方面面的多元性。正是从这样一个乱糟糟的多元时代当中，伟大的现代世界孕育出来了，就像中国古代从春秋战国多元的乱糟糟当中孕育出了伟大的秦汉帝国。

帮你尽量多带走一些宝贝，不只是知识的收获、心灵的滋养，也包括自我的安顿。所以，这本书不仅要带你理解多元性，而且要带你悦纳多元性，学会喜悦地接纳表面上看起来乱糟糟实际上很有营养的多元性。

悦纳多元性，不只是一种开放包容的态度，还是一种在复杂纷乱中安顿自我的智慧。这听起来像巧舌如簧的苏秦挂六国相印，玲珑剔透，不过人生还有很多种别样的精彩。老子骑青牛出函谷关，最后不知所终，留下一部五千言的《道德经》，让中国人两千五百年后还没参悟透，也是一种。孔子周游列国，讲克己复礼的大道理在当时没人听，却在后世成了中国文化的龙脉，也是一种。商鞅入秦，跟秦孝公谈文韬武略，主导秦国变法，虽然后来不得好死，却为秦统一中国制定好战略框架，也是一种。庄子逍遥修仙，人家来请他做宰相，他却只想清净地自得其乐，也是一种。每一种，都是巨大的自我实现，都是令人赞叹的精彩人生。

中世纪发生的绮丽故事，一点也不比春秋战国少，而且和现代世界的联系更直接。中世纪对我们普通人来说很有意思，归根结底是因为多元性异常充足的中世纪给我们展现了很多我们没有见过，甚至想都没想过的精彩人生。原来，人生的路可以很宽，因为有很多条可以走。

为什么中世纪会有数不清的出乎意料的精彩？主观上，是因为我们现代人能看到的路太窄了，坚信或者下意识就相信进取、积极、乐观、勤奋、努力通向成功，人生路似乎只有功成名就或者金玉满堂。这条笔直大道之外的曲径通幽和别样风景，我们已经不熟悉了。我们每天在"高速公路"上飞奔向前，已经顾不上，甚至看不上那些曲折、淡定、恬静、悠然。客观上，是因为多元因素博弈会产生大量非常重要、非常有意义的非意图后果。什么是非意图后果？你做事的时候想好了一个目的为它努力，但是最后很可能不只是实现了你设想的目的，还带来了从来没想到的后果。意图和后果从来不是严丝合缝对应的。我们中国人会说"情理之中，意料之外"，会说"因祸得福"，会说"歪打正着"，就是这个意思。非意图后果越多，就越难看到简单明了的因果关系，你的意料就越频繁地受到挑战。

这跟我们在复杂纷乱中安顿自我有什么关系？当我们学会了理解和悦纳非意图后果，我们的视野和心胸会变得更宽，思路和方法会变得更灵活，自我定位也就会变得更从容。历史并不是任何人设计好的万里长征，身处历史当中的我们也不是谁的棋子，也包括我们自己。我们并不是自己的棋子。我们不可能让自己只实现规划好的既定目标。既然如此，我们就要学会和这个多元的世界相处，学会坦然地理解和面对非意图后果，学会把伟大时代的诞生看成万流归宗的结果，学会在万流归宗的大潮中找到自己舒服的位置。

中世纪这样一个充满了非意图后果的时代，可以很好地提示我们，做一个有趣而独特的自己，会有很多历史智慧和你发生共鸣。历史可以被当成秦皇汉武、唐宗宋祖的成功学，让有志者去挖矿，但更重要的是，它是普通人的心灵博物馆，游历其中，可以给不那么志存高远的我们带来同感，带来欢笑，带来惊叹，带来惋惜，带来愤怒，带来安宁，和它一起愉快地做一个有趣的人。

中世纪有自身独特的外部标识和内在特点

了解了中世纪重大而广阔的意义之后，我带你先画一幅草图，把握中世纪的基本面貌。《西方史纲》第三章第一节"转折"里，我简明地给出了中世纪的定位：中世纪并不等于一片黑暗。随后我驳斥了三个常见的误区来加以解释：第一，中世纪的一千年不是从头到尾都一片混乱，它可以大致分为前后两个五百年，前面的五百年确实比较混乱，后面的五百年异常精彩；第二，作为中世纪主体民族的日耳曼人绝不是纯粹的野蛮人；第三，宗教不是愚昧和黑暗，而是智慧和光明，中世纪不是政教合一，相反，是典型的政教二元结构。[1]

有了这三个基本的坐标，现在我们来进一步明确中世纪独特的外部标识和内在特点。在"前言"的最后这部分，我们先提出三个问题，并给出简略的答案，后面的章节会从不同的角度不断地加以说明和解释，它们是中世纪的历史分期、中世纪的明显特征以及中世纪和现代相连的历史逻辑。

第一个问题，中世纪的历史分期。

历史分期表面上解决的问题是这段历史从哪里开始，在哪里结束，中间可以划成几段，实际上要解决的问题是怎么看待这段历史和它前后历史的连续性。我的选择是中世纪从公元476年开始，到公元1492年结束，中间划成两段，大致以公元1000年为界，分成前五百年和后五百年。

中世纪的起点是公元476年，你应该不陌生。在这一年，西罗马帝国最后一个皇帝被蛮族首领奥多亚克废黜，西罗马帝国灭亡。之所以选择这样一个年份作为中世纪的起点，是因为它足够方便。罗马不是一天建成的，当然也不是一天衰亡的，我在《罗马史纲》里从很多角度透析了罗马衰亡的政治学原理。其实，中世纪的很多典型状况在罗马帝国晚期就已经出现了，比如军事上的蛮族混战、政治上的无政府状态、经济上的封建制。中世纪早期的混乱和罗马帝国晚期的混乱是连在一起的。

但我们总要找个年份来当作方便的标签，让我们可以划出界线，做出区分。在我看来，公元408年"最后的罗马人"斯提利科被害、公元410年"罗马浩劫"、公元445年罗马主教获得统管整个西方的权力，都很有标志性，但都不足以和公元476年相比。你印象里中世纪式的黑暗和混乱其实在罗马帝国晚期已经大面积地铺开，皇帝的消失是这种场面最鲜明的标记。

同样，作为中世纪终点的1492年也是一个方便的标签。这一年，哥伦布扬帆出海，即将发现新大陆，他踏出了现代世界形成的第一步。我们也可以把这个时间提前，比如1321年。这一年，但丁的《神曲》完成，文艺复兴的标志性著作出现了，"大写的人站起来了"。或者推后，比如1517年。这一年，马丁·路德贴出《九十五条论纲》，宗教改革开始了，基督教世界即将分裂为现代的天主教和新教的二元格局，更重要的是，社会政治生活全面地世俗化，宗教将撤出历史舞台的中心位置。

14、15、16世纪都可以找到现代世界诞生的重大标志，我们以哪一个为准呢？地理大发现、文艺复兴和宗教改革都是长达百年甚至数百年的运动，要不要深入其中，再进一步分辨出更加具有革命性的历史时点呢？即便分辨出来了，凭什么它就是最重要的那一个呢？细究下去，结果就会变得无从选择。那我们是不是就不求甚解地随便选一个时点就好了？我的办法是，选一个相对居中的时点作为标签比较稳妥，也就是1492年，但最重要的是理解中世纪和现代之间非常紧密的历史连续性。

中世纪和现代之间没有明显的断层，它们之间是完全连续的。以"三大运动"为例，我们就可以看得很清楚。地理大发现可以往前追溯到迪亚士在1488年发现了非洲最南端的好望角，甚至可以追溯到葡萄牙的恩里克王子在1415年系统性地展开大航海的探索。往后，地理大发现至少包括1522年麦哲伦船队完成环球航行，甚至可以延伸到18世纪70年代英国的库克船长发现澳大利亚和新西兰。文艺复兴可以从1321年但丁《神曲》完成起开始算，到1527年神圣罗马帝国军队攻占并毁灭罗马结束。宗教改革可以从路德开始行动的1517年往前追溯到1384年去世的英国人威克里夫和1419年捷克的胡斯大起义，往后延伸到罗马教廷的反宗教改革、德国宗教战争、法国宗教战争和英国宗教改革。1640年爆发的英国内战和1685年法王路易十四废除《南特敕令》，都是宗教改革的重要事件。

"三大运动"的跨度都长达三四百年，都在中世纪后期兴起，在现代早期持续发展了很长时间。正是这些大事件不断推进，把西方从中世纪推入了现代。在没有明显断流的历史大潮当中，感受和理解大潮的汹涌才是关键，1492年只不过是岸边一个方便的标签。

现在我们进入中世纪内部。关于中世纪内部大概分成几段，我倾向于更为简单明快的二分法，大致以公元1000年为界，把中世纪划分成前五百年和后五百年。简单来说，前五百年更乱一点，后五百年和现代世界的联系更紧密一点。但是，中世纪内部也是连续的，如果没有前五百年的"准备"，后五百年和现代世界连在一起的精彩历程也不可能出现。"11世纪开创了一个新的时代，一个革命与探险的时代，经常被称为'黑暗时代'（这是一种误导）的那几个世纪为其准备了丰富的原料。"[2]

三分法是二分法的进一步细化，就是以1250年或者1300年为界，把后半段这五百年分成了"盛期"和"晚期"。这种划分的用意在于强调中世纪"晚期"的危机以及它和现代早期的历史连续性：正是中世纪积累而成的系统性危机逼迫它走向了现代。[3]这种基本判断本书完全接受。本书一开始就强调中世纪是现代世界得以诞生的直接母体，已经吸收了上述基本判断，并且会把它渗透在全书当中。所以这本书在形式上也就不需要叠床架屋地再分一层出来。这也算是对前辈们的研究成果得其意而忘其形。

第二个问题，中世纪的明显特征。

了解了中世纪大致的历史分期和它背后的历史连续性，我们来看看它的特色，也就是它最明显的特征。大致来说，有这样三个特点能够将中世纪和它之前和之后的历史阶段区分开：第一，主体人群是日耳曼人；第二，文化底色是基督教；第三，社会政治制度是封建制。

第一，中世纪的主体人群是日耳曼人。

我在《西方史纲》里谈过"日耳曼人的真实面貌"，简单来说就是：日耳曼人不是一个部落，而是一大堆部落的统称。他们很早就和罗马人接触了，很多日耳曼部落成了罗马帝国的正规军。罗马以武的方式带领日耳曼人成长，日耳曼人从罗马人那里不仅学会了战略战术，也学会了野心和进取。日耳曼人不是在长城以北统一集结进攻罗马；罗马帝国亡于蛮族也不是因为长城失守一败涂地。日耳曼人是一个个潜伏在罗马帝国里面的安禄山、史思明，他们不再听帝国的号令，从内部捣毁了帝国。[4]

理解中世纪的日耳曼人，难点在于放下我们现代人的成见。作为西方中世纪主体人群的日耳曼人，是极度混杂和高度融合的状态。这种混杂和融合是随着军事行动和部落迁徙自然展开的。不仅罗马帝国晚期和中世纪早期，其实中世纪很长时间里都没有明确的"民族"观念，人和人、人群和人群之间的界限没有那么明显。现代人习惯地用同一种历史、同一种文化、同一种语言文字、同一种经济生活方式等的统一性讲"民族"的故事，是很晚的事情。更重要的是，"民族"有极强的政治目的，是中世纪晚期的君主们为了塑造自己的国家故意编造的。简言之，讲民族的故事，其用意都是指向建国。通俗地说，是先有民族主义，才有民族。我们熟悉的英吉利、法兰西、意大利、德意志、西班牙成为民族，是中世纪晚期和现代早期的政治事件，不是所有时代都存在的文化事件。

拿掉了非常现代的民族和民族主义的观念壳子，就很容易看到，古代部落和部落之间的征服、贸易、通婚非常容易，也非常普遍，无数的部落逐渐融合成西方中世纪的主体人群，我们只是方便地叫他们日耳曼人。

第二，中世纪的文化底色是基督教。

从明面上看，基督教是中世纪唯一合法的宗教。不仅其他宗教不能合法存在，就连基督教内部的不同意见一旦被教皇宣布成异端，也不能合法存在。一切的思想、学术、文化都必须在基督教的大框架内运行，有一句名言叫作"哲学是神学的婢女"，从公元200年起就开始讲了。如果作为古代最高学问的哲学都只能做婢女，那么，其他学问也都是婢女，都是神学的某种分支。

你是不是觉得基督教一统天下已经黑压压地让你喘不过气来了，马上就要抨击中世纪是黑暗时代了？先别着急，我们往里看。宗教不是黑暗和愚昧，而是光明和智慧。基督教的智慧在这本书里会慢慢展开。这里先看一个非常重要的基本事实，那就是：表面上一统天下的基督教其实并没有真的做到一统天下，中世纪的多元性并没有因为宗教的一元性被彻底铲除。

理由并不复杂。首先，基督教会虽然强大，但并不掌握政权，也就是说，它看起来是老虎，但它没有牙，政权掌握在世俗贵族们手中。这就是我一直强调的中世纪是典型的政教二元结构。其次，基督教虽然看起来很凶，但它从来没有根除老百姓生活中各式各样的异教和学者思想中的哲学。想想我们中国源远流长的儒家传统你就明白了。儒家再是主流，也没有根除道家和佛家，还在宋朝时主动吸收它们；儒家还和法家在政治上亲密合作；阴阳家、纵横家和许多民间观念也都混入了儒家。基督教也一样。最后，基督教内部从来都不是铁板一块，而是和所有大宗教、大文化传统一样，是非常多元的。否则为什么会有异端？从基督教诞生起，异端就一直存在，生生不息。异端异常活跃很好地反映了基督教不仅是一个具有强大内部驱动力的宗教，也是一个内部极其多元化的宗教。

基督教究竟以什么样多姿多彩的方式统治了中世纪，是这本书的一个重点。

第三，中世纪最明显的社会政治制度是封建制。

粗略地说，封建制在罗马帝国晚期就出现了，它作为经济制度不是中世纪的发明。战争不断，强盗遍地，基本的安全没有保障，商业和贸易凋零，人们自然就会选择地方性抱团自保，保护人和被保护人之间的契约就是封建制的核心。只要混乱的时局没有改变，地方性抱团自保就是大家不约而同的选择。封建制在中世纪的重大进展，不仅在于它以领主和附庸之间的契约来固定双方的各种权利义务，还在于复杂的权利义务当中包括军事服役、司法裁判这些明显具有政治统治性质的内容。到了查理曼的加洛林王朝，他全面推行封建制，欧洲基本上实现了封建制的全覆盖。

封建制你并不陌生，但你很可能没有意识到：封建制的全覆盖恰恰意味着几乎无限的多元性。这听起来有点奇怪，实际上再正常不过了。契约都是两个人签，人跟人不一样，签约的内容自然不会完全一样。你签的买房合同和保险合同肯定不一样，因为交易的对手不一样，交易的内容也不一样。如果这个契约里面包含军事、司法、经济、文化各个方面的权利义务呢？一定是每份契约都"个性十足"。所以你在中世纪几乎找不到两份一模一样的封建契约。这是多元性在中世纪变得根深蒂固的重要原因。

日耳曼人、基督教和封建制是中世纪的明显特征，不过，它们内部也是异常多元的。我们必须通过关键的人物、关键的事件、关键的制度进入它们的内部，从多姿多彩的博弈当中把握它们的特征和走向。

第三个问题，中世纪和现代相连的历史逻辑。

中世纪最大的走向，当然是走向现代。但西方从中世纪走向现代的路不是一条笔直的路，而是一条多元因素相互激荡之后形成的曲折道路。正是在中世纪这样一个人群不断融合、宗教极富活力、制度异常多元的大熔炉里，现代世界这朵奇葩被孕育出来了。我们先从政治、经济、文化三个方面简要地描绘一下中世纪和现代之间的曲折通路。

首先，我们来看政治方面，主权国家、民族主义、代议民主、宪政法治等这些现代政治的标配，要么是中世纪发明的，要么是中世纪利用原来的因素在自己的政治斗争中锻造出来的。主权国家是中世纪后期的许多国王和教会、贵族、别国国王斗法、谋取强大的排他性权力的产物；民族主义是这些国王为团结自己支持者编出来的故事；代议民主是这些国王没法强行收税，必须和各种纳税人（代表）有商有量的交易平台；宪政法治是所有政治势力用来对付其他政治势力不能随意膨胀权力的政治规范网络……也就是说，几乎所有重要的现代政治建制，它们的成长逻辑在中世纪后期就已经成熟了，只不过是在现代结出了最终的果实。

只有多元复杂的母体才能孕育出现代政治这朵强悍的奇葩。多元性使得政治斗争异常复杂。我们都熟悉一句话，叫作"敌人的敌人就是我的朋友"，还有一句话叫作"没有永远的敌人，也没有永远的朋友，只有永远的利益"。把这两句话加起来，政治游戏里只有三个玩家，局面就已经很复杂了。如果有几十上百的玩家呢，他们缠斗在一起，是不是会导致形势变化异常快，谁是敌人、谁是朋友不仅变得很快，而且尺度很大。相应地，他们想出来的谋略、政策、制度也就异彩纷呈，各种谋略、政策、制度之间的竞争也异常激烈。正是在这样一个几乎政治活力无限的大熔炉里，强悍的现代政治被锻造出来。

其次，我们来看经济方面，中世纪从为生存而斗争的自然经济升级为繁荣的大规模市场经济。11世纪发生的农业革命使得剩余产品产生，从而引发了12世纪的商业革命，合情合理的是，人因商业而聚集带来了13世纪的城市革命。我们熟悉的西方世界是在这样一个经济进程中形成的，巴黎、伦敦、威尼斯、佛罗伦萨这些著名城市都是这个进程的产物。随着市场经济的规模扩大和持续繁荣，行会使得商业和贸易组织化、结构化、规范化，复式记账法这种标准商业语言诞生了，地理大发现的经济可行性具备了，保险行业诞生了，这个趋势一直膨胀，今天，我们把它叫作"经济全球化"。

最后，我们来看文化方面，抄写经文的修士们保住了西方文化的香火之后，在亚里士多德重回西方的冲击之下，大学出现了。阿奎那的顶级神学作品融汇了基督教教义和古代哲学，也意外地把哲学从神学中解放出来。随之而来的是，各种自然科学和人文学科也一步步从神学中解放出来。大学这种现代的知识生产机构和高等教育机构是中世纪的发明，从博洛尼亚大学和巴黎大学开始，大学成为一个国家乃至一种文明知识和文化上的核心竞争力所在。哲学挣脱神学是神学"饱满"之后的必然结果。用发展的眼光看，一个体系达到一定成熟程度之后必然产生分化。现代哲学在早期基本上都是对神学的攻击，我们不要简单地只看到二者之间的对立，更要看到争论当中议题的连续性，这个时候你会发现，这种对立是孩子挣脱脐带的努力。相应地，脐带挣脱之后，哲学的重要任务就是填补神学退场留下的空白。以前这些问题靠上帝回答，现在只能由独立后的人自己来回答了。其他重要的古老学科与神学大致也经历了这样一个孕育、分离、挣脱、独立的过程。

你先借上面的草图建立起简明的印象：中世纪是从公元476年到1492年这个时期，可以大致分成前后两个五百年。它和之前的罗马时代、之后的现代都是紧密联系的。它的明显特征是日耳曼人、基督教和封建制；异常多元的中世纪孕育了现代的政治、经济、文化。中世纪是现代世界得以诞生的直接母体。现在，跟我进博物馆开始我们的寻宝之旅吧！

注释

[1] 李筠：《西方史纲》，岳麓书社，2020，第146–153页。（*）

[2] J. M. 罗伯茨：《欧洲史》（上册），李腾、史悦等译，东方出版中心，2015，第149页。（**）

[3] 参见罗伯特·E. 勒纳等：《西方文明史》（Ⅰ）第三编"中世纪"，王觉非、潘兴明等译，中国青年出版社，2003。（**）布莱恩·蒂尔尼等：《西欧中世纪史》（第六版），袁传伟译，北京大学出版社，2016。（**）朱迪斯·M. 本内特等：《欧洲中世纪史：第10版》，杨宁、李韵译，上海社会科学院出版社，2007。（**）罗伯特·福西耶主编《剑桥插图中世纪史.350~950》，陈志强、崔艳红等译，山东画报出版社，2006。（**）罗伯特·福西耶主编《剑桥插图中世纪史.950~1250》，李增洪、李建军等译，山东画报出版社，2006。（**）罗伯特·福西耶主编《剑桥插图中世纪史.1250~1520》，李桂芝、张炜等译，山东画报出版社，2006。（**）

[4] 李筠：《西方史纲》，第129–134、149–152页。李筠：《罗马史纲》，岳麓书社，2021，第432–443页。（***）

附注：注释后的星号是我对中世纪相关著作阅读难易程度的评判，而不是著作水平高下和重要性的评判，由易到难分别标注一星到三星，为的只是方便读者进阶阅读。传世名著如《理想国》《论语》等不在此列。

第一章
印 象

—— 中 —— 世 —— 纪 ——

进入中世纪这座博物馆，我们先不忙着拜会数一数二的大人物，也不忙着摊开插满路标的地图，我们先看一些有趣的人和事，建立起对中世纪的初步印象。

我先选了维京人、骑士、传教士、爱情、女巫、炼金术、黑死病这些元素率先出场。它们确实带有非常浓重的奇幻色彩。这些奇幻色彩在你脑海中不时闪现，你却不完全清楚它们是从哪里来的，或许是《哈利·波特》，或许是《权力的游戏》。其实我们生活里的中世纪元素很多，它们在不知不觉中已经成为我们日常生活的一部分了。

站在中世纪这座博物馆的门口，回想一下你自己对中世纪的印象。一方面，你会不自觉地觉得它充满了炫彩的奇幻，另一方面又理智地告诉自己它是一个黑暗时代，二者纠缠在一起，让你眩晕，于是你就放下了，不再继续深究。这是因为陌生，陌生意味着未知和距离感，一方面会激起好奇心，另一方面会带来恐惧感。

现在，我带来了这么多有趣的人和事来帮你建立起中世纪的印象，你可以先发动一下好奇心，稍稍克服一下恐惧感。跟我一起来吧！

01
维京人
非同寻常的混乱

为什么进入中世纪这座博物馆，一开始要看维京人？是因为他们留下了很多有趣的魔幻故事吗？确实，《维京萨迦》讲了很多热爱自由的奇幻故事，从这一大堆英雄史诗里面，现代人找了很多素材来编织自己喜欢的故事。比如长篇电视剧《权力的游戏》和系列动画电影《驯龙高手》，就是其中的典型。不过，看维京人真正的目的是帮你看清楚中世纪的开局，关键词是"混乱"。在世人印象里，中世纪很乱，那我们就先来看看它到底有多乱。维京人就代表了中世纪的乱。我们通过爬上三个台阶来理解中世纪早期非同寻常的混乱：第一，勇猛的强盗；第二，末日的世界；第三，极低的起点。

勇猛的强盗

维京人是勇猛的强盗。从外人的观感来看，他们有两个特点，一个是特别能打，另一个是行踪飘忽。这两个特点是不是像极了龙（dragon）？无论是《驯龙高手》的男主角希卡普，还是《权力的游戏》里的女主角"龙妈"，谁掌握了龙，就是世界的王者。他们骑上龙背翱翔天空，对地面和海面上的一切敌人进行毁灭性的降维打击。龙象征着毁灭！

维京人的龙和我们中国的龙长得不一样，文化内涵也差得很远。我们中国的龙也很有威力，似乎战无不胜，也确实行踪飘忽，"神龙见首不见尾"。但中国传统文化强调的重点是：龙是权威，是祥瑞，是各种美好文化元素的集大成。西方文化当中的龙没有什么美好的文化元素，它们长得都比较狰狞，远远不像《驯龙高手》里面的无牙仔那么可爱，倒是真的像《权力的游戏》里的大黑龙卓耿那么可怖。它们也没有自带善良、仁慈、正义这些好品质，它们就是顶级武器。如果说龙在西方也是文化符号，也是图腾，那么，它只代表着残酷、暴力、恐怖、毁灭和征服。基督教在《圣经·启示录》里把龙彻底地变成了最负面的形象：龙是魔王撒旦的化身。

维京人在西方人眼中的形象和龙的形象是高度吻合的。维京人（Viking）这个词，可以追溯到古北欧语Vig，它的意思是"战斗"，从名字来看，维京人就是叫自己"战斗民族"。他们来自北欧，世人又叫他们"北欧海盗"，长久以来，维京人和北欧人两个词基本上完全可以互换使用。

了解一个上古民族，最好的入口便是他们的神话和史诗。现在的年轻人可能比中年人更熟悉北欧神话和史诗。因为在漫威的漫画及其系列电影《雷神》和《复仇者联盟》里，雷神托尔是和钢铁侠、美国队长、绿巨人、蜘蛛侠并肩战斗，一次次拯救地球的超级英雄。育碧娱乐软件公司也把最新款的动作冒险类游戏大作《刺客信条：英灵殿》的背景设置为维京人对大不列颠岛的征服，英灵殿就是北欧神话里主神奥丁的大殿。北欧神话甚至已经从雷神托尔的拯救世界和勇猛海盗的武力征伐，逐渐下沉到了《纪念碑谷》（三维空间解谜通关游戏）的静谧和恬淡。其中的核心标志是女主角的名字艾达，它就来自北欧神话诗歌总集《埃达》之名。显然，北欧神话已经是当今流行文化当中非常火热的元素。不过，流行文化所汲取的元素大多按现代人的口味调试过了。现在我们来看看北欧神话和史诗透露出来的维京人的原始面貌。

第一，尚武。这种品质对战斗民族来说再正常不过了。在北欧的神话和史诗当中，凶狠彪悍被崇尚，兵器锋利被吹嘘，武功高强被赞美，更重要的是，除了它们之外，没有什么东西或者什么品质值得他人高看一眼。在他们的整个系统里，上至主神奥丁，下至自由农，都是海盗形象。主神奥丁面目凶暴，而且是独眼龙。崇尚武力是维京人的海盗世界当中最底层的价值观，他们有一句谚语表达得非常直接：能通过流血得到的，决不通过流汗得到。"强盗"不仅是他们的生存方式，也是他们的价值信条。

尚武不仅是驾船劫掠的男人们的信条，也是居家守业的女人们的信条。在《鲑鱼河谷萨迦》和《尼伯龙人之歌》当中，比好勇斗狠的男人们更心狠手辣的女主角比比皆是。即便不是主角，而是不起眼的角色，女人们心仪的男人也都是狠角色。北欧神话和史诗里几乎没有谈情说爱的故事，两个男人喜欢同一个女人，不会花浪漫功夫去猎取女人的芳心，而会决斗。女人也心甘情愿跟活下来的胜利者走，没有爱与不爱，只有可不可靠。

第二，残酷。这种品质是对尚武品质的合理延伸，但北欧民族对它的定位却令人震惊：残酷是不可避免的。在北欧神话里，主神奥丁不是慈祥的老爷爷，而是凶狠残暴、阴鸷诡诈的君王，他不仅反叛巨人夺得神王之尊，还要旷日持久地抵抗北方的冰雪巨人族、南方的苏尔特巨人族和本地永不安分的神族。族类之间的战争永不熄灭，而且最终会毁灭整个世界。北欧神话的大结局是，在一切混乱集成的末日，主神奥丁死于同魔兽恶狼的搏斗中，他的长子雷神托尔与魔兽巨蟒同归于尽，整个世界完全毁灭。残酷，是我们不熟悉的，恰恰是维京人熟悉的。残酷，对我们来说，只是某种已经过去了的野蛮，是可以用文明不断驯化的；对他们来说不是，残酷就是世界的真相，无法改变，也无法逃避。

北欧式的残酷还常常通过我们认为的"乐极生悲"非常"意外"地呈现在我们面前。北欧神话和史诗中，"好事"一定埋藏着"坏事"，越大的

"好事"就埋藏着越大的"坏事","坏事"会在你享受欢乐的时候突然降临,让所有人猝不及防。而且,"坏事"不是好事多磨的中间环节,它就是大结局。熟悉《权力的游戏》的朋友通常会因为剧中人物的暴死而感到非常意外,觉得剧情太过残酷。其实,艾德背负大罪被处决,已经蕴含在他接受"国王之手"职位而位极人臣的欢乐中;劳勃因狩猎野猪重伤不治,已经蕴含在他狩猎、狂饮、纵欲的欢乐中;罗柏在"血色婚礼"上惨遭屠戮,已经蕴含在他节节胜利和觅得真爱的欢乐中;泰温、史坦尼斯、蓝礼、"小玫瑰"、"大麻雀"乃至"龙妈",无不是在巅峰时刻"意外"暴毙。一切的欢乐只是最后残酷结局的铺垫,结局是黑色的,没有例外。所有的"意外"都只是不熟悉北欧逻辑的我们用自己的眼光去看他们故事之时一厢情愿的误算,无论是中国古代传统的"乐感文化"底色,还是现代世界的乐观进取精神,都离正视生存极艰的北欧残酷太过遥远。[1]

第三,悲壮。这种品质是尚武和残酷两种品质的升华和结晶。勇猛凶暴的海盗,撞上了无法逃避的残酷,唯一能说服自己也让别人敬重的选择就是悲壮地走向死亡。死,也要死得像条汉子。连主神奥丁和雷神托尔都是这种结局,其他英雄就更不用说了。勇猛,就是要坚持到最后一刻,哪怕敌我力量悬殊,哪怕场面令人绝望,哪怕只有死亡这一种结局。奥丁和托尔给维京人种下的这种力战而亡的气概,里面没有顾全大局的谋略,也没有为上帝献身的虔诚。因为没有更高的道德去升华死亡的意义,我们甚至很难将它称为道德上的勇敢。但悲壮已经足够震撼人心。而当这些把悲壮当成生命终点的人成为你的敌人的时候,可以想象这是一件多么可怕的事情。

留下维京人勇猛形象的神话和史诗,按照原始程度大致可以分为三类:第一类是《埃达》,它比较原汁原味地呈现了北欧神话本土面貌;第二类是《贝奥武甫》和《维京萨迦》,它们是维京人侵袭西欧人的胜利诗篇,前者比较忠实地描绘出没有接受基督教观念的古老北欧传统,后者是多个"萨迦"(故事)的总称,随着故事创作者们一步步融入西方,可以明显地看出基督教观念的一步步渗透;第三类是《尼伯龙人之歌》,它描写了维京人定居欧洲大陆之后的故事,有维京人的根,但已经进入了成熟的中世纪基督教框架。《尼伯龙人之歌》在德国影响非常大,后来天才音乐家瓦格纳以它为母本创作出不朽名剧《尼伯龙人的指环》。[2]

很不幸,勇猛凶暴的维京人闯入了西方,入主西欧之后还没完全站稳脚跟的日耳曼人根本不是他们的对手。在公元793年第一次被西欧人记录下来的时候,维京人完全是撒旦派来的毁灭者,他们给当时西方人呈现出的就是现在《权力的游戏》里"异鬼大军"的面貌。西方人有关维京人来袭的第一次记录是这么写的:

> 这年诺森伯里亚出现了可怕的凶兆,把人们吓坏了。它们包括狂猛的旋风和闪电,又看见火龙在空中飞舞。……异教徒将林迪斯凡的天主的教堂惨加破坏,又抢又杀。[3]

当时的教士们在最重要的史书里写下的段落本身就是他们被维京人吓坏了的证明,哆哆嗦嗦,就快要语无伦次了。翻开任何一本中世纪早期留下的史书,都可以感受到维京人带来的无尽恐惧。

维京人从北欧的瑞典、挪威、丹麦乘船南下,到大不列颠岛和欧洲大陆西半部烧杀抢掠,无恶不作,连教堂也不放过,法兰克国王和领主们根本不是他们的对手。整个西欧,没有任何地方是安全的,哪怕是城高墙厚的伦敦和巴黎。

大不列颠岛的国王长期是由丹麦国王兼任的,因为大不列颠岛离北欧更近,更容易被维京人直接控制。后来跨过海峡征服英格兰的诺曼底公爵威廉也是维京人的后裔,"诺曼"就是北方人,就是法兰西人对维京人的称呼,诺曼底就是维京人在法兰西获得的地盘。北欧元素在英国史中一直非常活跃,莎士比亚名剧《哈姆雷特》说的就是丹麦王室的故事,哈姆雷特就是复仇的丹麦王子。

从公元800年之前到公元1000年之后,超过两百年的时间,整个西欧在维京人的侵袭之下陷入一片混乱。维京人和其他强盗奉送给西方的是一段基本的安全和秩序都大成问题的黑暗岁月。11世纪前后，大多数维京人皈依了基督教，他们在西欧建立起定居的地盘，北欧诸国国王走向集权，它们使得维京人大规模的劫掠逐渐停止，身处西欧的维京人也逐渐融入了西方文明。[4]

末日的世界

维京人代表的中世纪早期的混乱可以怎么形容呢？说起混乱，你会用什么词来描绘呢，天翻地覆、玉石俱焚？

有一个你一定听过却不怎么熟悉的词用来形容中世纪早期的混乱最为贴切，就是"末日"。当时的西方无论从客观的形势来看，还是从人们主观的感受和观念来看，维京人带来的就是末日的世界。

末日是基督教的观念，严格来说，古希腊文化和哲学传统中没有，中国古代传统文化中也没有。末日是犹太教留给基督教的观念，随着基督教在罗马帝国后期占据国教地位，它也被普及了。犹太教的经典《圣经·旧约》有过末日的说法，但其实那不是真正的末日。比如《但以理书》中，先知但以理梦到了很多异象，大国之间相互征战。但上帝派天使长加百列告诉但以理，虔诚信仰上帝的人（以色列民族）会在列国征战的毁灭中获得拯救，仍然是"大团圆"结局。

真正把末日观念带给西方乃至全世界的是基督教的经典《圣经·新约》，尤其是其中的《启示录》。可以说，它是西方乃至整个世界关于末日观念的总根源。《启示录》里面写了很多末日景象，非常具体，使徒约翰把耶稣重临、末日审判、世界毁灭说了个仔仔细细，很多桥段都非常恐怖。末日的来临要历经七封印之灾、七号角之灾和七碗之灾。每一个封印解开、每一个号角吹响、每一个盛满上帝愤怒的碗倒下，都是恐怖至极的灾难。比如，第四个封印解开，天启四骑士——饥荒、瘟疫、战争、死亡被放了出来。①第一位天使吹响号角,雹子与火掺着血打在地上,三分之一的地和三分之一的树都被烧掉了,所有青草都被烧掉了。第二位天使把碗倒在海里,海就变成血,好像死人的血,海中的活物都死了。第七位天使把碗倒在空中,有闪电、声音、雷轰、地震,自从地上有人以来,没有这样大、这样厉害的地震……列国的城都倒塌了。其间还穿插了很多恐怖的大怪兽,比如撒旦化身七角大红龙,还有海中之王利维坦和陆上之王比希莫特。总之,《启示录》堪称世界毁灭大全,所有天翻地覆的坏事尽在其中。直到今天,刻画末日都还是好莱坞电影津津乐道的主题,大地震、大洪水、彗星撞地球、外星人入侵……花样百出。不过,再精彩的大片最多也只讲了《启示录》的一两个场景,对《启示录》来说只是一个片段而已。

《启示录》宣扬的末日观念很独特,最底层的逻辑在于一个文明怎么看待时间。古希腊和中国传统的时间观都是循环论:这个世界会像春夏秋冬一样周而复始。即便有乱世,也只不过是冬天的肃杀,不会是绝路,因为春天总是会来的。犹太教和基督教完全是另一种时间观,叫作线性时间观。基督教把线性时间观贯彻到底,《启示录》仔仔细细地描绘时间的尽头究竟是什么样子,终结就是这样来临。人间的一切都是往而不返的,从上帝创世到末日审判,没有回头路。在这条唯一的道路上,所谓末日就是此岸世界彻底结束,从亚当、夏娃堕落开始有的这个此岸世界完完全全毁灭了,人间的一切都不复存在。末日是此岸的终点,人间的一切都是罪恶的、暂时的、丑陋的,在末日全部结束。[5]

这种末日观念在中世纪早期深入人心,和维京人的烧杀抢掠大有关系。宗教固然会通过自己的传教士讲故事,但事实胜于雄辩。维京人的烧杀抢掠是铁一般的教科书。一切都在毁灭,这个世界马上就走到头了,坏人横行霸道是毁灭的一种形式,它证明了毁灭就在身边,是这样地真切,这样地实

---

① 根据《启示录》,"天启四骑士"预示着灾难将至,四位骑士分别代表饥荒、瘟疫、战争和死亡。第四个封印解开后,他们用刀剑、饥荒、瘟疫(或作死亡)、野兽杀害地上四分之一的人。——编者注

在，这样地无法逃避。

古希腊和古代中国的神话和传说没有留下关于世界毁灭的故事，也没有过相关的哲学讨论。毁灭不可避免，在中国文化当中没有位置，我们中国人从来不会这样看待世界的走向。也就是说，中国文明里面有黑色成分，但从来没有黑得如此之深。这也是我们很难理解中世纪的重要原因。在那个世界里，眼前的灾难所带来的绝望是无法缓解的，没有尽头的，无法改变的，完全是绝路。

混乱，在每个文明里都有过，但没有像中世纪这样乱得刻骨铭心。它不仅包括客观上安全普遍得不到保障，更下沉到了文化的底层，加上基督教的背书，渗透进了西方的人心之中。中世纪早期的混乱变成了西方文明当中乃至所有人类文明当中非常罕见的暗黑文化，混乱、灾难、绝望、无助等等你所有能够想到的坏词都被赋予了最高级的宗教意义，让可怜的人们在自己内心最深处都逃无可逃。维京人就是这种无尽黑暗和绝望的外在标志。

极低的起点

选维京人作为中世纪博物馆的第一件展品，就是想让你先体会一下中世纪深不见底的黑，有了这抹黑色打底，任何彩色都会让人觉得很鲜亮、很珍贵。下面我们就来看看黑暗中的光亮是从哪些不起眼的角落里透出来的，也就是中世纪是从一个什么样极低的起点开始往前走的。

第一，秩序是在强盗们的火并中逐步形成的。

上面已经提到，西方第一次有文字记录的维京人的侵袭是793年，这个时候，中世纪已经过去三百多年了。接着往下找，维京人和西方人之间有记录的最后一次大战是在991年，也就是中世纪的前半段基本结束的时候。维京人祸害西方应该超过了两百年。

维京人并不是西方中世纪的第一批强盗，不过基本上是最后一批。在他们之前，罗马帝国晚期就出现了东哥特人、西哥特人、汪达尔人、伦巴第人等强盗部落，历史上把他们统称为日耳曼人。这些强盗"里应外合"地捣毁了罗马帝国，自己开始费力地建立王国。不过，他们的实力确实不行，就是建立了王国离强盗团伙也不远，军事上打不过新来的强盗。维京人只是其中的后浪，一波波的前浪都被拍在沙滩上了。因此在政治上，中世纪早期的日耳曼强盗们建立有效的统治都很难。有历史学家刻薄地说，在那个年头，这些蛮族王国"衰落或倾覆的速度比建立的速度还要快"。[6]

在中世纪前五百年的强盗火并的局面当中，还是存在一点进步的，因为武力在高强度的比拼中会自我进化。理由并不复杂，谁想出办法订立政治目标、拿出战略战术、提高军队的组织水平和纪律性，谁就能从强盗火并中脱颖而出，就能和其他强盗拉开差距，容易率先迈过文明的门槛。这个时期最成功的，当然是加洛林王朝的查理曼。他的出现说明强盗们摸到了文明的及格线，中世纪找到了基本的文明的章法。他的故事后文会专辟篇章重点讲。

第二，庇护是实现统治的基本形式。

在中世纪早期，从内到外都是暗黑色的。烧杀抢掠的北欧海盗四处横行，国王和伯爵们的军队全都一败涂地，不仅没法给老百姓提供基本的安全，甚至维系自己的政权都很困难。老百姓如果连基本的安全都没有保障，他们怎么活下去呢？他们只能求助领主、主教或者修道院，最好有大城堡或者修道院可以躲进去。作为西方文明重要象征之一的城堡，其实是中世纪早期西方人觅活求存的避难所。城堡是"中世纪政治是典型的弱政治"最明显的外在标志。

在军事和政治都极度脆弱的情况下，政治就是非常简单的人身保护关系。在中国人的印象里，政治在顶层要有秦始皇的说一不二、乾纲独断，中间要有整齐划一的郡县制、省部司局，底层要有统一管理的编户齐民、保甲连坐，这是典型的强政治。它们对中世纪来说，完全是做梦都不敢想的目标。中世纪的政治、军事、经济、文化资源都不足以支撑起强政治。

老百姓的生存之方很简单：谁能保护我，我就认谁当老大，我种田的绝大部分收成都归他，有纠纷到他的大堂听他裁判，他出门打仗，我就替他牵马。政治的基本逻辑是人身依附关系，它是弱政治的基础。从这样一种人身依附关系为底色的弱政治当中,封建就酝酿出来了。正是查理曼,他主动地推行封建制,基本实现了封建制对西欧的全覆盖。因此,中世纪是一个以我们不熟悉的弱政治为底色的时代,用中国人熟悉的强政治的逻辑去理解它,往往会出现重大的偏差。

第三,抄书是维护文化香火的基本形式。

军事和政治的脆弱使得经济生产没有保障,贸易无法展开,货币和许多城市都消失了。养活文化人本身就是一件很奢侈的事情,在这种局面下就更奢侈了。中世纪早期,文化人只在修道院里存在,俗人都成了文盲,包括绝大多数国王和贵族。伟大如查理曼,也只在成年之后粗通文墨。

在修道院里,教士们也干不了什么文化创作,他们能维持文化的香火就不错了,他们的办法就是抄书,尽量把典籍保存下来。抄书保留了很大一部分古希腊罗马的文化遗产,但很多还是消失了。西方重新认识柏拉图、亚里士多德得到12世纪。抄书不只是把典籍保存下来,更重要的是,只要西方文化没有断绝,它绝地反击的底气就会一步步积攒起来。文化亡了,一个文明才是真的亡了。

就这样,武力在强盗火并中找出了明智的最强统治者,政治在人身保护中找到了可行的新统治形式,文化在抄书中保持着文明的底气。扛过这五百年,等维京人和其他强盗的侵袭逐渐停歇,从这个极低的起点出发,这才是我们如今熟悉的现代西方真正的起点。在这个极低的起点上,灿烂的古希腊罗马几乎已经被抹平,从普遍的混乱中究竟能酝酿出什么来,在当时真的很难看清楚。西方从中世纪走向现代是一条极度蜿蜒曲折的路。

注释

[1] 李泽厚:《实用理性与乐感文化》,生活·读书·新知三联书店,2005。

[2] 佚名：《埃达》，石琴娥、斯文译，译林出版社，2017。(*) 佚名：《贝奥武甫》，陈才宇译，译林出版社，2018。(**) 佚名：《萨迦》，石琴娥、斯文译，译林出版社，2017。(*) 佚名：《尼伯龙人之歌》，安书祉译，译林出版社，2017。(**)

[3] 《盎格鲁-撒克逊编年史》，寿纪瑜译，商务印书馆，2004，第63页。(**)

[4] 菲利普·帕克：《维京人的世界》，高万博、李达译，民主与建设出版社，2020。(*) 彼得·索耶编《牛津维京海盗史》，周建萍译，北京日报出版社，2021。(**)

[5] 米尔恰·伊利亚德：《神圣与世俗》第二章，王建光译，华夏出版社，2002。(***)

[6] 费尔南·布罗代尔：《文明史纲》，肖昶、冯棠译，广西师范大学出版社，2003，第294页。(**)

02
骑士
遭遇围猎的武力

看过维京人代表的中世纪早期深不见底的黑,是不是觉得它印证了你心里"中世纪是一片黑暗"的印象?别着急下结论,中世纪的多姿多彩正在拍马赶来,第一个赶到的当然是骑士。骑士,会是什么颜色?盔甲的亮银色!绝大多数人心里,骑士的形象是很光辉的,他们勇猛、忠诚、慷慨、仁慈、礼貌、体贴,通常还英俊潇洒。骑士几乎成了中世纪最深入人心的形象代言人。不过,看骑士,除了挖掘西方浪漫主义的重要根源,更重要的是,通过骑士要看到中世纪从黑暗中绝地反击的基本机制。我们通过拨开三层"盔甲"来理解中世纪最光辉的形象:第一,骑士精神;第二,骑士兴衰;第三,结构变迁。

骑士精神

世人印象里的骑士基本上是骑着白马、披着银甲、提着长剑、拥有各种美德的潇洒帅哥。骑士的形象其实不止一种。在《权力的游戏》里，有个性的骑士多得让人眼花缭乱：有贵族出身的御林军长官、"弑君者"詹姆·兰尼斯特，有男人见了都心动的百花骑士洛拉斯·提利尔，有忠诚正直的大块头女骑士布蕾妮，有"龙妈"身边不离不弃的流亡骑士乔拉·莫尔蒙，有面目可怖内心纯良的"猎狗"桑铎·克里冈，还有佣兵出身市侩务实的波隆，等等。他们之中，有的尽管是女儿身或者外表很其貌不扬，但是值得钦佩的骑士；而有的尽管看起来很像骑士，但不过是身披骑士外皮的懦夫和花瓶。骑士之所以是骑士，基本条件是能骑马打仗，但光会骑马打仗显然是远远不够的。没有"骑士精神"，就配不上骑士这个名号。骑士精神从哪里来？有三个重要的来源：武功歌、宗教文和行吟诗。

骑士之所以让你念念不忘，主要是三种人在不厌其烦地讲骑士的故事，塑造出了骑士伟大光辉的形象，让骑士精神高高地树立起来。故事精彩，世人听得过瘾，其中的观念自然就被接受了。正是这些被成功贩卖的观念集合在一起，形成了世人心里的骑士精神。不同故事的讲述和它们的交织，是一个骑士精神被锻造出来的过程，也是一个武力遭遇文化围猎的过程。不错，那些骑马打仗的强盗们被三种文化力量围猎，它们的目的就是驯化武力，让武力为文明所用。

第一种参与围猎武力的文化力量叫作"**武功歌**"，就是关于骑士南征北战的传奇故事，歌颂骑士的武功。中世纪这种作品非常多，甚至可以说，它是中世纪文学当中最重要的、最成功的作品。其中流传最广、最深入人心的是《罗兰之歌》。

《罗兰之歌》讲了这样一个故事：罗兰是查理曼的骑士，他跟随查理曼去征讨西班牙凯旋的路上，由于战友的出卖，被敌人包围。他武功超群，可以一剑把对面的敌人从盔甲劈到马鞍；他无所畏惧，面对潮水般的敌人没有一丝害怕；他忠诚不渝，哪怕力战而死也不吹号求援，不让查理曼被拖累；他志存高远，心里惦念的都是查理曼的事业和法兰克的和平。最后，他为了理想，在竭力奋战之后光荣牺牲。[1]

故事情节是不是似曾相识？远的，我们中国有战国的李牧、荆轲，近的，有黄继光、董存瑞。《罗兰之歌》想要传达的观念其实很朴实：战士，要勇敢、忠诚、无畏、坚贞，最后为了伟大事业光荣牺牲。如果你觉得这类故事情节和它背后要宣扬的价值太老套了，那你有没有想过，为什么在不同的文明和不同的时代，它们会反反复复地出现？因为这些情节就是理想的战士必须做的事情，这些价值就是理想的战士必备的品质，古今中外差不多，不同的文明和不同的时代对战士的基本要求是一致的。

成为理想的战士，只是成为伟大骑士的第一步。

第二种参与围猎武力的文化力量叫作"宗教文"，就是关于骑士基督教使命的劝诫文章，要让骑士们成为基督的战士。中世纪是基督教的时代，战士这种极端重要的社会角色，基督教一定要管，一定要为他们提供宗教使命和宗教责任，让他们的意义完全被基督教垄断。劝诫骑士的宗教文很多，其中最有影响力的是圣伯纳德的《新骑士颂》。

圣伯纳德在世的时候就是名满天下的基督教领袖，他的《新骑士颂》不是自己一厢情愿对骑士提出了一堆要求，而是把长期以来基督教对骑士的政策汇集成了一个系统。在这篇雄文当中，中世纪骑士真正独特的身份被彻底定型，那就是"基督的战士"。圣伯纳德把战士和修士两种身份合二为一，铸造出了骑士的标准形象：骑士就是用武功修行的修士，他们的目的是为上帝的事业而战，光荣的牺牲会让他们得到上帝的荣耀，直接进入天堂。[2]

用宗教使命重新定义了骑士的本质之后，基督教就可以对骑士提出种种道德要求了，比如骑士在受封仪式上必须承诺：敬畏上帝，坚守信仰，保护弱者，尊重妇女，不随意冒犯他人，视金钱如粪土，避免不公、卑鄙和欺骗，等等。有了这套基督教的规矩，骑士精神里多了很多世人敬重和喜爱的品质，比单纯的"理想的战士"更上一层楼。

要成为好骑士，必须从内到外都是基督的战士。

第三种参与围猎武力的文化力量叫作"行吟诗"，就是关于骑士浪漫爱情的传奇故事，骑士是温暖女人的男人。行吟诗就是当时的普罗大众喜闻乐见的故事，可以把它理解成中世纪的二人转。行吟诗人把骑士和贵妇的爱情编得缠绵悱恻、哀婉动人，听得人心潮澎湃，确切地说，听得人心里痒痒。

行吟诗人讲什么样的骑士和贵妇之间的爱情故事呢？贵妇通常是那些公爵、伯爵的妻子，她们貌美如花，高贵大方，骑士要努力获取她们的芳心。通过什么办法呢？帮她们报仇雪恨，奋勇杀敌。重点是，骑士要对自己的贵妇保持绝对的忠诚。"忠诚的爱"外在表现为骑士要向她献殷勤，要对她百依百顺，要给她找稀罕的礼物，要陪她促膝谈心，还要和她琴瑟和鸣，要懂诗歌和音乐，最好一面弹，一面唱，贵妇翩翩起舞。他们之间不必有床上的关系，或者说没有最好。骑士在出门征战的时候和她的贵妇相思两地，那才是最美的。

这种充满幻想的浪漫故事几乎是人类历史上最极致的女性崇拜，忠诚勇敢的骑士在自己心爱的女人这里就是一只温顺的小绵羊。他的忠诚和勇敢因为内心有了满满的爱意而变得鲜活，外有侠骨，内有柔情。老百姓甚至觉得，没有死心塌地地爱着一个永远都得不到的女人，那哪能叫骑士！[3]

三个关键词铸造了光辉万丈的中世纪骑士：理想的战士、基督的战士、完美的情人，它们一起把粗鄙野蛮的日耳曼强盗们一步步引入文化的圈套。

骑士兴衰

所有伟大光辉的形象其实都不是自然而然地靠老百姓的口碑形成的，老百姓的背后一定有"幕后黑手"。这些"幕后黑手"想要所有人认可他们宣扬的观念，而宣扬必有其动机，动机必有其现实关切。下面，我们来还原骑士的真面貌，看看骑士在中世纪的兴衰。

文明的门槛就是战士要讲纪律、讲忠诚、动脑子，这是第一。

《罗兰之歌》写了理想的战士，恰恰是因为在很长一段时间里，战士的状况真的不太理想。罗马就有骑兵，但不是骑马的战士就叫骑士，确切地说，中世纪骑士和罗马骑兵存在两点基本差别：一是军事上骑兵取代步兵方阵成为军队主力，二是中世纪的骑兵忠于自己的部落首领，而不是罗马国家。中世纪作为军队主力的骑兵其实在很长时间里不过是各蛮族部落首领手下的野蛮强盗。

至此,《罗兰之歌》为什么要树立理想骑士形象的动机就很容易理解了。因为几乎整个中世纪,骑士都没有摆脱日耳曼蛮族的野蛮习气,他们不仅没有忠诚,随意背叛;没有仁慈,烧杀抢掠;没有追求,只爱打仗。而且,他们没什么谋略,甚至没什么心眼。他们就是一帮野蛮的强盗。中世纪绝大多数时候的绝大多数骑士,不要说比不上英俊潇洒、彬彬有礼的詹姆·兰尼斯特和洛拉斯·提利尔,要是杀人不眨眼、抢劫不脸红的"猎狗"桑铎·克里冈和佣兵波隆真实存在,就已经算得上骑士中的佼佼者了,因为他们心中有坚定的信念和目标,手中有高超的武艺和手段。

前一节"维京人"谈过,中世纪早期就是一波又一波强盗到来的凶暴世界。按时间轴推算,《罗兰之歌》里的理想骑士就是对付了之前的强盗、刚迎来维京人的强盗。其实,勇猛的战士不过只是勇猛的强盗,只有加上《罗兰之歌》树立的讲纪律、讲忠诚、动脑子的品质,才能真正成为战士。所以,理想战士的标准尽管现在已经稀松平常,《罗兰之歌》的故事也很老套,但在当时,它们就是对暴力的控制、对武力的驯服,这既是从野蛮进入文明的必修课,也是武力本身因为文化的注入而获得内在力量提升的必修课。也就是说,让战士讲纪律、讲忠诚、动脑子是不同的文明和不同的时代都必须解决的问题,中世纪不过是把这个问题以骑士为焦点来解决。

中世纪骑士实际的强盗本色直接反映了中世纪早期暴力横行的基本状况。骑士作为理想的战士被加以塑造,不仅是实况本色的反面镜像呈现,更是文化和文明对实况和本色的约束和改造。

民间歌谣对暴力的引导力度显然不够,于是,基督教会出手了。所以有了第二,骑士的基督教色彩是宗教规制暴力的结果。

11世纪,维京人和其他强盗的烧杀抢掠逐渐停止,但西方并没有因此就安定下来,理由很简单,对付维京人和其他强盗的骑士们没仗可打了。他们不会自动解甲归田,而是继续鱼肉乡里。怎么办?终于,1095年,教皇乌尔班二世应拜占庭皇帝的请求,在克勒芒发表演说,鼓动圣战,收复圣城耶路撒冷。不安分的骑士们有新任务了,那就是十字军东征。为了鼓舞十字军将士,圣伯纳德的《新骑士颂》出炉了。

基督教当时对骑士的约束具有两面性:一方面,它确实把谦卑、虔诚、仁爱这些品质灌注到骑士们的心里,就像圣伯纳德所说,强盗们必须好好做"基督的战士",才能获得当时最重要的基督教允诺的人生意义。但是另一方面,宗教使命让强盗们的好战本性也在很大程度上变得合理合法,那就是圣战。宗教对待暴力的基本原则是:暴力本身并没有错,用在异教徒身上就是正确和高贵的。基督教会把西欧活跃的暴力引向与伊斯兰世界的冲突。

暴力并没有被当时的基督教会彻底否定,骑士们有了冠冕堂皇的理由继续烧杀抢掠,他们也确实取得了赫赫战功。14世纪初,骑士作为一个群体,在政治和军事上的威望达到了顶峰。医院骑士团、圣殿骑士团、条顿骑士团集中代表了"基督的战士"达成的最高成就。

不过,即便强大如基督教,也没有那么容易让暴力束手就擒,何况基督教也用圣战这个渠道给强盗们的暴力大开方便之门。所以会有第三,社会也来驯化骑士。宗教使命不够用,浪漫爱情来帮忙。这真是攻心为上啊!有了对女人的尊重和崇拜,有了内心的细腻感情,有了对音乐和诗歌的学习,脾气火爆的骑士们大概会礼貌文雅一些,他们的内涵也就有可能变得丰富。一旦外在的武力灌注了内在的文化,骑士的形象也就饱满起来了,像《权力的游戏》剧中那样,骑士们不同的性格和信念招致了不同命运的情况才有可能出现。

武功歌、宗教文、行吟诗的合力围剿最终降服武力了吗,换句话说,骑士都成为理想的战士、基督的战士、完美的情人"三位一体"的大丈夫了吗?很不幸,没有。我们在前面说过,骑士精神、骑士身份、骑士形象是多方文化力量解决武力驯化问题的办法。就像人类很多亘古不变的难题一样,驯化武力不可能一劳永逸。就中世纪而言,骑士作为解决方案,没有彻底解决问题,即便到了14世纪,大部分骑士仍然是不守骑士准则、没有骑士精神的强盗。如果说它取得了成功，仅止于它留下了骑士的光辉形象，也就是说，它在人类历史上留下了骑士精神这笔宝贵的财富，我们每个人在对骑士的心潮澎湃中都可以尽情享用这笔财富。

在实践中，骑士作为驯化武力的解决方案，只是尴尬地等来了问题的取消。是的，问题没有被解决，而是被取消了。武功歌、宗教文、行吟诗没有把所有强盗都变成骑士，实际情况是，作为武力承载者的骑士退出了历史舞台，再通过打造骑士的光辉形象来驯化武力也就没有必要了。

让骑士退出历史舞台的，是整个中世纪社会对它的全方位围攻。

第一，以暴易暴必然会在骑士身上发生，一旦发生，他们很难抵抗。暴力横行是让社会绝大多数成员都感到恐惧和厌恶的，光辉的骑士故事很难抵消全社会对骑士固有的坏印象——滥用暴力，很难洗白他们的强盗底色。当骑士被国王追捕、迫害、处决的时候，老百姓很容易相信国王是在主持正义、惩奸除恶。骑士遭到更强大武力围剿时，其实没有自身坚实的道义基础和民意基础。法国国王菲利普四世迫害圣殿骑士团的时候，没有人对他们伸出援手。就像《权力的游戏》第一季末尾，曾经作为国王劳勃手下第一骑士的艾德·史塔克在被处决的时候，他勇猛的武力根本无法对抗专横的王权，也根本无法求助于断头台下愚昧的人民。

第二，骑士身份被滥用导致骑士群体的畸变和衰败。在中世纪很长一段时间内，当骑士的门槛很高，战死的可能性很大，国王们给了骑士很高的礼遇，用荣誉来驾驭武力。比如，英国国王爱德华三世建立了嘉德骑士团。甚至很多皇帝和国王都以成为骑士为荣。如此一来，文臣谋士、巨商大贾乃至戏子小丑都通过襄助乃至取悦皇帝、国王、公爵、伯爵获封骑士，骑士集团就慢慢变形了。非武力势力大批加入意味着整个骑士阶层武力总量和平均值的双重缩水，慢慢地，它就不再是这个社会承载武力的主要力量了。失去了自己的根，它自然也就变得不再重要了。

第三，最致命的是骑士的军事效率被超越。一方面是组织形式的变化。骑士采用的是典型的个人英雄主义的打法，它很快被有组织的长矛兵和弓箭兵团队超越。英法百年战争中，英国团队对法国骑士所取得的数次重大胜利充分证明了这一点。另一方面是技术和武器的变化。骑士很容易被火器超越。热兵器一旦产生，骑士真的就可以退场了。武力的主要承载者不再是骑士，无论他们有多少骑士精神，都不重要了。[4]

结构变迁

看完骑士的兴衰，我们来看看这个兴衰的过程到底反映了中世纪的什么特点，重点是中世纪结构的变化。

第一，骑士的成长是从无法无天的日耳曼强盗逐渐向有理想、有信仰、有情感的战士迈进的过程，这是一个典型的驯服暴力的过程。

驯服暴力是秩序得以形成的基础。秩序表面上体现为暴力的持有者之中有了上下等级，好比军衔在军人的肩章上出现，但它的实质是人的意志和理性可以控制暴力，使暴力不再是肆意喷发的自然力量，可以为人所用，成为建设性的力量，为文明的其他方面的成长提供坚实的基础。在这种"文明来自秩序，秩序必须驯化武力作为其自身基础"的意义上，我们才能理解为什么军人的天职是"服从"而不是"胜利"。

确实，日耳曼强盗们没有完全被驯服成光辉万丈的骑士，现实中的骑士其实真的没那么多骑士精神。但是，骑士精神的凝聚和相关制度的出现，比如武功歌、宗教文、行吟诗的流传，再比如骑士受封制度和晋升制度的完善，证明了中世纪一步步艰难地铸造起了基本的秩序。权力在对暴力的驯化过程中凝聚起来，逐渐形成结构。集中反映在骑士身上的驯化暴力—凝聚权力—形成秩序的过程，是中世纪为人类历史做出贡献的精彩案例。这种过程可以在任何文明形成的初级阶段找到，也可以在任何文明内部寻求和平的艰苦努力中找到。暴力的驯化、暴力持有者的改造、暴力可控性的提升对任何文明来说都是极其艰巨的事业，它太难实现，即便实现，也很容易失效。暴力是一匹无比倔强的烈马，任何辔头都不可能消除它天生的烈性，也就不可能一劳永逸地驯服它。所以，秩序才如此难得，和平才如此珍贵。面对永远无法彻底驯服的暴力，创造文明的人们只能勇敢地做好永远推石头上山的西西弗斯。

第二，骑士的兴衰明显地反映了中世纪社会力量的多元化，各方都在壮大，从中世纪早期蜷缩在城堡里的惨状站起来、走出来，这是一个典型的文明发育的过程。

骑士在发展壮大，与它相关联，从它的身上我们可以明显看到其他社会和政治力量也在迅速发展壮大。皇帝、国王、领主、教皇、教会、城市、诗人、妇女都和骑士产生了极为密切的联系，都和骑士发生了精彩的故事，都成为骑士故事中不可或缺的角色。没有他们，骑士就只能演出极其干瘪和无聊的打打杀杀，不仅不可能拥有光辉万丈的形象，甚至连值得讲述的故事都寥寥无几。如果我们在以骑士为中心的中世纪故事里看到了骑士意气风发的茁壮成长，配角们也都生机盎然，那么，对抗中世纪早期暗黑底色的就不只是骑士的亮银色，而是各方力量都奔腾而来的五彩斑斓。

骑士并不是中世纪的绝对主角，当我们切换主角的时候，中世纪会展现出别的面貌，但毫无疑问，它又会是一幅鲜亮的色彩刷新暗黑底色的画面，一个多元的文明由此逐渐饱满起来。相应地，多元也成为有生命力的文明的内在特征。就像骑士如此勇猛仍然无法免遭围猎，其他社会政治力量也不可能在没有鲜活配角的情况下上演一出奋发图强的独角戏。骑士需要农民提供给养，农民需要骑士提供保护，二者都需要教士来提供意义，教士需要给养和保护，也需要全民的宗教热情和自身的知识创造……他们各自的成长都离不开别人的成长。因此，一个成长的文明内部，多元力量之间具有内在的协同性，唯有如此，它们才能构成一个有机的系统，各方力量才能达到自身独自成长所无法企及的高度。如此一来，文明的成长就是一个各方力量之间的关系如何形成良性稳定结构的过程。

第三，骑士的多姿多彩间接但非常有力地证明了中世纪的内部流动性，这种流动性之大远超我们对中世纪的固有印象，这是一个典型的竞争产生活力的过程。

骑士不是中世纪顶级身份的拥有者，他们的地位不如贵族，但又比农民、市民、商人高。他们千方百计想成为有爵位、有封地、有家族世袭权利的贵族，但他们很可能会战败、会落魄、会阵亡。农民、市民、商人想成为骑士，尤其当骑士不必再是骑马打仗的军人职业，而只是一种可以用金钱、才能、技艺换取的荣衔和特权，平民向上流动的口子就被打开了。有积极进取的向上流动，就必然会有迫不得已的向下流动。贵族家庭中无法继承爵位和封地的子嗣必须至少保住骑士地位，才不会沦落为下层；骑士如果找不到可靠的效忠对象或者建功立业的战争机会，就很难避免沦落为下层。骑士就是这样一个可上可下的阶级，不仅其中有上下流动，于外也有出有入：厉害的，当上了贵族；倒霉的，成了流浪汉。

中世纪确实是比较森严的等级社会，但只要是人组成的社会，就不能彻底消除人在其中的流动性。不然，僵化必然导致停滞，停滞必然导致崩溃。中世纪由混乱走向秩序、由羸弱走向繁盛，骑士在其中承担了重要的角色，他们很长一段时间是这个社会武力的承载者，由宏观到微观，我们可以合理推断，骑士阶层的内外流动性在很长一段时期是良性的，它不仅推动了骑士阶层本身的成长，也推动了中世纪的发展。与骑士一样带来良性的流动性并且推动社会发展的，在中世纪还有一个阶层，就是教士。

通过骑士，我们看到了中世纪的光辉形象，更看到了它从黑暗中凝聚力量的气息，它会不断壮大，变成气流，甚至气魄。如果说骑士典型地代表了中世纪在"武"（Sword）这一面的进步，那么传教士则典型地代表了中世纪在"文"（Word）这一面的进步。

注释

[1] 佚名：《罗兰之歌》，马振骋译，译林出版社，2018。（*）与之类似的著名骑士故事还有佚名：《熙德之歌》，屠孟超译，译林出版社，2018。（*）

[2] 池上俊一：《图说骑士世界》，曹逸冰译，天津人民出版社，2018，第14-19页。（*）埃德加·普雷斯蒂奇：《骑士制度》，林中泽、梁铁祥等译，上海三联书店，2010，第8-26页。（***）

[3] 倪世光：《铁血浪漫：中世纪骑士》，北京大学出版社，2021，第251-277页。（**）倪世光：《中世纪骑士制度探究》，商务印书馆，2007，第214-225页。（**）

[4] 普雷斯蒂奇：《骑士制度》，第26-29页。威廉·厄本：《条顿骑士团：一部军事史》，陆大鹏、刘晓晖译，社会科学文献出版社，2020，第310-383页。（**）倪世光：《中世纪骑士制度探究》第九章。约翰·基根：《战争史》，时殷弘译，商务印书馆，2010，第371-400、422-458页。（***）

03
传教士
羊入虎口的胜利

看过了亮银色的骑士，我们来看看白色的传教士。代表中世纪早期传教士的白色不是乳白和亮白，而是灰白，是经历了千里的长途跋涉和无数的浆洗、缝补之后的灰白。中国人心目中的传教士是什么形象呢？大概和1300年前后方济各会传教士抵达泉州时当地老百姓的看法差不多：搞不懂，也不想搞懂，他们不仅长的样子很怪，讲的话也很怪，反正只要他们不干坏事，不去理他们就好了。但是，他们总是很热情地来攀谈，搞不懂他们的友善到底是真是假。身边的老人会忧心忡忡地说他们是危险的陌生人，他们会破坏我们的传统，甚至招来灾祸。5—6世纪刚入主欧洲的日耳曼人，也差不多是这种看法，不过，他们很快就被传教士们征服了。基督教征服日耳曼人，就是通过一个个热情的传教士完成的。一个个"文弱书生"深入蛮族部落或者王国，挑战半开化甚至未开化的人们的心智，无异于羊入虎口，然而，他们取得了全面的胜利。我们分三层来看看传教士是怎么取得胜利的：第一，奥古

斯丁；第二，取代异教；第三，改变底色。

奥古斯丁

中世纪早期有很多著名的传教士，他们到日耳曼部落里传教，让一个个日耳曼部落和王国都皈依了基督教，他们后来都被罗马教廷封为圣人。其中的典型代表是圣奥古斯丁。此奥古斯丁非彼奥古斯丁。世界上最著名的奥古斯丁是罗马帝国晚期的大神学家，他也是圣人，他让基督教神学成了一个结构完整的体系。他是基督教历史上最伟大的神学家，中世纪很长时间里奉行的都是他的学说。中世纪早期这位传教士奥古斯丁比大神学家奥古斯丁晚了不到两百年，英国成为一个基督教国家，就是从他开始的。英国基督教领袖是坎特伯雷大主教——传教士圣奥古斯丁就是第一任坎特伯雷大主教。

奥古斯丁去让英国皈依基督教是奉了教皇之命。公元590年，教皇格里高利一世登基，他随后就派奥古斯丁去英格兰传教。那个时候的英格兰，虽然度过了最混乱的时候，但还是乱得让人害怕。两百年来，英格兰经历了什么呢？罗马人自己的帝都在公元410年被蛮族首领阿拉里克率军攻占，无暇顾及大不列颠岛，岛内各方势力为取代罗马人的统治地位而相互厮杀，其中有人引来了盎格鲁-撒克逊雇佣兵。随后盎格鲁-撒克逊人潮水般涌向大不列颠岛，想在这里定居。就在这个关键节点上，英国历史上最伟大的传说诞生了：亚瑟王和他的圆桌骑士们。罗马人放弃了，他们不放弃，他们要带领罗马化的英格兰人抵抗盎格鲁-撒克逊蛮族的侵袭。很遗憾，传说虽然引人入胜，大不列颠岛还是被蛮族占领了，不然以后的英美民族怎么称自己是盎格鲁-撒克逊人呢！盎格鲁-撒克逊人也不是有大统领指挥的统一军团，而是一个个为了寻找生存空间而四处劫掠的部落。[1]到格里高利派奥古斯丁去传教的时候，英格兰大概形成了"七大国争雄"的局面。这些王国、国王和臣民，离原始社会都不太远，罗马在不列颠留下的文明在盎格鲁-撒克逊长达两三百年的侵袭、殖民和战争中已经荡然无存。

奥古斯丁接到教皇的命令之后带了一帮兄弟准备登陆不列颠。但他们半路害怕了,"与其到一个野蛮、凶暴、不信教甚至语言都不通的民族中去,不如回家",[2]他们确实觉得自己会是羊入虎口,他们打退堂鼓了。他们商量之后派奥古斯丁回罗马请求教皇撤销任务。历史学家比德说,教皇知道之后给奥古斯丁写了一封语重心长的信,比德"记载"了这封信的全文;民间传说则说,奥古斯丁做了一个被警告的梦,圣彼得说要是他不去,死后要下地狱承受永远的火刑。[3]无论哪种说法,都让我们感受到了故事背后的真实:传教士并不是光有热情,带着热切的宗教理想不顾一切地往前冲,他们也是人,也会害怕,无论是教皇的劝诫让使命感压倒了恐惧,还是圣彼得的威胁让更大的恐惧压倒了现在的恐惧,到蛮族中传教确实是一件让人非常害怕的事情。恐惧,必须克服,而克服它的要么是使命,要么是更大的恐惧。

奥古斯丁到英格兰之后基本上算是顺风顺水。教皇格里高利一世指点他找到了一个极佳的内应,就是肯特国王埃塞尔伯特的王后贝尔莎。贝尔莎之前是海峡对岸法兰克人的公主,法兰克人在百年前早已皈依基督教,贝尔莎是虔诚的基督徒。她答应嫁过来做王后的唯一条件就是继续信奉自己的基督教,还要带上她私人的主教。王后说服了国王接见奥古斯丁使团,不过国王让他们先待在一座叫萨尼特的小岛上,怕他们有巫术,会害他。后来,国王同意在一颗驱邪避凶的大橡树下和他们会谈。会谈很愉快,国王没有答应皈依,但允许奥古斯丁一行人传教,还给他们提供生活必需品。公元597年,王后劝服了国王皈依,奥古斯丁一行人也劝服了很多老百姓皈依,国王也允许奥古斯丁把首都坎特伯雷作为基督教活动中心,教皇任命奥古斯丁为大主教,坎特伯雷自此成为英国的宗教首都。有了这个根据地和指挥部,大量的传教士从欧洲大陆、爱尔兰和苏格兰赶来,英格兰的传教迅速铺开。

取代异教

奥古斯丁走的是自上而下的路线,先找到已经是基督徒的王后或者先劝异教徒王后皈依基督教,然后请王后帮忙劝国王皈依,最后国王帮忙推动全民皈依。这种路线在中世纪早期的传教当中很常见,后来的传教士也一直在用。1601年，著名传教士利玛窦见到了明朝的万历皇帝。不过中国的皇帝不像一千年前的中世纪国王那么好说服，中国从来没有皇帝皈依基督教，更没有带领中国人皈依基督教。因为那个时候的中国并不需要它。而中国明朝不缺的，恰恰是中世纪早期的蛮族们急需的，那就是文明。奥古斯丁这样的传教士们带蛮族进入了文明的生活。历史学家比德记载了奥古斯丁对教皇格里高利的大量请示和教皇的长篇回信，从中可以看到奥古斯丁都教了什么给蛮族。

首先，传教士们用上帝代替诸神。

这是基督教最在乎的事情。基督教宣布上帝是独一真神，上帝决不能和日耳曼诸神共存。上帝要打败异教诸神，说难也难，说容易也容易。说难，是因为基督教不仅要改变异教徒很多根深蒂固的观念，还要改变与这些观念紧密联系的思维方式。说容易，根本上是因为日耳曼诸神的"神力"太弱，比起基督教的上帝差太远。并不是真的让奥丁、托尔或者洛基和上帝以武力决一雌雄，而是说日耳曼神话和传说以及其中蕴含的思维方式非常原始。总的来说，日耳曼人的原始信仰仍然是万物有灵，山有山神，河有河妖，连花花草草里面都有仙子，主神奥丁、雷神托尔、火神洛基只是其中的大角色。世间万物的灵，通过特定的咒语和法术都可以为人所暂时驾驭。[4]

在我们现代人看来，万物有灵原始信仰的世界就是一个魔法的世界，它很有趣，但并不真实。古日耳曼人或者至今仍然存在的原始部族恰恰相反，他们对灵和魔法深信不疑。我们这些祛魅之后讲理性、讲科学、讲眼见为实的现代人，在他们看来要么是可怜的"麻瓜"，要么是可憎的魔鬼。万物有灵原始信仰的弱点在于它很难讲道理。如果一切都是有灵的、神秘的，基本上就没有道理可讲，神和神之间、神和人之间、人和物之间是什么关系都说不清，事情和事情之间的联系也都说不清，这个世界基本上就是混沌一片。它倒是可以很玄，甚至很美、很有趣，但如此一来，它就很难条理化。人的心灵如果没有条理化，也就很难做出有条理的事，更难立出有条理的规矩，所以他们展开大规模协作的可能性就非常低，秩序也就非常脆弱。

对比起来，基督教早就是理论水平很高的宗教了，罗马帝国晚期的大神学家奥古斯丁已经为中世纪准备好了系统化的神学。所谓系统化的神学，就是在融汇希腊哲学和逻辑的基础上破解一个个理论难题，让基督教教义成为一个层次分明、逻辑一致又尽可能无所不包的意义世界。[5]要比讲故事、讲道理、讲条理，基督教比原始信仰厉害得多，也就是说，基督教拥有的"文"（Word）比原始信仰强大得多。可难处就在于，沉浸在万物有灵原始信仰里面的人们听不进传教士讲的上帝和耶稣的故事。这个时候，生活的重要性就体现出来了。

其次，传教士们用礼仪和法律引导生活。

日耳曼人离原始社会不远，他们迁徙到新的地方，连农耕的生活都还掌握得不是很娴熟。教他们怎么过日子，过文明的日子，传教士们很有一套。其中的关键是礼仪和法律。

从礼仪的角度看，基督教有一整套规矩。一年之中，圣诞节、复活节、圣母升天节、万圣节带着十几个乃至几十个大大小小的节日，和农业生产的时节相吻合，把人们带进有节奏、有规律、有意义的时间循环当中。一辈子之中，出生有洗礼，死亡有葬礼，中间有成年礼、婚礼，等等，人生大事都变得有仪式、有见证、有规矩。有了这些，生活就不再是万物有灵的纯粹神秘状态，而变成了有目的、有意义、有规矩的状态。法律也是如此，它规范人与人之间的关系，让人与人之间发生冲突可以通过裁判来解决。奥古斯丁特别请示了教皇很多有关生活的法律规定，比如血亲通婚要禁止到什么程度，惩罚小偷要严厉到什么程度，等等。[6]

基督教取代异教，更实在的不是传教士们凭借高级的神学说服了不太开化的蛮族，而是用礼仪和法律带他们过上文明的生活。一旦日子这样过了，人心里默念上帝或者耶稣也就越来越习惯成自然。通常而言，基督教会在中世纪是蛮族的导师，与从帝王将相文韬武略的长进来看相比，从老百姓的日常生活来看，体现得更加明显，也更加根本。

最后，传教士们用教会管理的章法提升政治。

蛮族国王应该怎么样管理自己的王国，他们都没有什么明确的章法，甚至都没有基本的概念。他们原始的部落管理在劫掠的时候可能还不错，但安定下来之后怎么统治呢？奥古斯丁给教皇的请示当中有很多是关于教会管理的，比如英格兰的主教怎么选任，怎么才能既方便又不违背礼法，英格兰教会和法兰西教会是什么关系，等等。

但即便如此，英格兰教会仍然遭遇了各地主教的尔虞我诈。他们和各地国王勾结串联，没有把英格兰教会作为一个整体来维护。结果，基督教立足未稳，国王们互相征伐，异教伺机反扑，可想而知，基督教会损失惨重。后来，经过传教士艾丹的热情传教，还有大主教西奥多充满谋略的管理，英格兰教会基本成熟了，那已经是公元672年的事情了。国王们在这不到百年的进程中看到教会安抚民众，可以照顾好他们的生活；看到教会管理自己的组织，可以摆脱亲属关系的局限；看到教会内部也有各种阴谋和阳谋，可以把殿堂的政治游戏玩得很高级。他们自然就向主教们靠拢和学习。于是，从奥古斯丁到西奥多这将近一百年的时间里，盎格鲁-撒克逊人上上下下都皈依了基督教，英格兰的基督教化算是基本完成。[7]

改变底色

圣奥古斯丁改变了英格兰，许许多多像他这样的传教士改变了整个西方，深入虎穴的羊胜利了。那么，他们到底改变了什么呢？西方的底色变了，基督教成为它的底色。我们来看看，基督教成为中世纪的底色到底意味着什么。

第一，最高级的道理属于基督教。

每一个文明都必须有一套意义系统。人是要过有意义的日子的动物，处于意义系统当中，人的行为才能有目的、有章法、有规矩，可以被别人合理预期，人的内心才能安稳，而不是处于无尽的恐惧当中。有了可靠的行为和安稳的内心，人与人之间的大规模协作才能展开。在古代社会，文明的意义系统通常都由宗教来提供。中世纪的意义系统由基督教提供，在很长时间里基本上主要就是大神学家奥古斯丁讲的神学道理，传教士奥古斯丁们完成了这套意义系统对西方人心的全覆盖。

确实,并不是每个传教士都达到大神学家奥古斯丁的理论水平,至少传教士奥古斯丁就没达到。他们讲不出大宗师一样深刻的道理,但他们的道理在蛮族世界里是最高级的。因为前面说过,万物有灵原始信仰基本上没什么道理可讲。基督教很长时间都没遇到像样的理论对手,直到11世纪亚里士多德重回西方,基督教会的绝对知识优势才被打破。这个故事后面会重点讲。

道理可以很高级,老百姓不一定按照这些道理生活。确实如此。我们中国人念孔子的格言"学而时习之,不亦说乎"和"三人行必有我师"也两千年了,也不是所有人都一直这么做。但有了这种文明级别的高级道理,普通人就会明确地知道什么是善恶对错。普通人要不这么做,不会活不下去,却一定会不好意思。一个文明当中的"善恶是非"的标准是确定的,每个人对生活中的基本行为就有明确的评判,倒行逆施可以被所有人清楚地辨别出来,为所有人所不齿。

大神学家奥古斯丁们绞尽脑汁破解各种理论难题,让基督教教义成为一个层次分明、逻辑一贯、尽可能无所不包的体系,在实践中就是为了让传教士奥古斯丁们出门的时候尽可能多带上理论武器。书到用时方恨少,深入蛮族部落去传教更是如此,因为传教士们面对的是无限丰富的蛮族人民的心灵和生活。他们的主要任务不是像大神学家们那样在理论上把对手驳斥得体无完肤,而是要告诉所有普通人:你心里、你身边的所有事情,上帝都是知道的,而且是有明确指示的,按他的指示做,人是可以上天堂的。所以,顶级理论的深邃和宏富是一个文明的天花板,它的成就决定了整个意义系统下沉到民众心中的宽度和弹性。在这个意义上,大神学家奥古斯丁们是传教士奥古斯丁们最坚强的后盾。

第二,最重要的目标属于基督教。

基督教为世间的一切都设定好了目标:人生的目标是灵魂得救;教会的目标是帮上帝牧好羊,帮他们得救;国王的目标是当好教会的帮手,武力消灭那些危害基督教世界的坏分子和恶势力。这就是人、教会、王国存在的最重要的意义，也是蛮族基督教化最重要的指标。从前的万物有灵原始信仰很难说为人和部落提供了明确的目标。在那个世界中，人并没有把自己和充满了灵的世界完全区分开，人的灵和神的灵、万物的灵是可以相通的，人是高度融合在那个世界当中的。既然还没有与世界相区分，人的"自我"（ego）也就还没有完全形成，目标也就基本谈不上。

基督教来了，告诉蛮族你不仅有灵魂，而且你最重要的目标是灵魂得救。这就给了蛮族一套新的人生观和世界观。人一旦觉得自己有一个独立于其他任何人和任何物的灵魂，开始为它的安顿而恐惧和焦虑，就入了传教士的圈套了。因为一旦讲灵魂，就是讲上帝给了人灵魂，人的灵魂因始祖亚当和夏娃的堕落而染罪，耶稣为有罪的人搭建起重新通往上帝的灵魂拯救之路，这一整套故事就全来了。人生一旦如此设定目标，教会就是得救必不可少的挪亚方舟，王国就是护卫方舟的利剑，一切都顺理成章。基督教强大的道理会一发不可收拾，从灵魂得救这个起点开始，像滚雪球一样迅速碾压和占据蛮族道理的方方面面。

传教士们面对普通老百姓的时候，会给他们树立灵魂得救的新目标，管理自己和信徒的时候会通过种种规则来实现教会牧羊的目标，帮助国王们的时候也会给他们灌输护卫基督教的目标。中世纪逐渐成了一个目标确定且高度一致的社会。当然，有人一定会有别的目标，但是都只能悄悄地说，甚至不能说，只能藏在自己心里悄悄地去做。但他们在明面上都不能再挑战基督教的目标。

第三，最基本的生活安排属于基督教。

传教士征服蛮族老百姓其实主要不是靠喋喋不休地讲道理，而是靠指导他们过上有目的、有章法、有规矩的日子。基督教对人生的安排是全覆盖的，不仅从出生到死亡都有规矩、有礼仪，而且，人的生前死后也都有和自己紧密关联的重大事件。生前，有上帝创世，有耶稣牺牲；死后，有末日审判，有世界终结，有天堂，有地狱。总之，基督教设定的世界图景成了所有人不可能逃脱的生活图景。也就是说，每个人做每一件事，都被放在了基督教的意义框架当中。离开了它，人的行为、选择、生活是没有意义的，而结局一定是无比悲惨和恐怖的。

规矩、礼仪、法律都是群体性的，而不是个人性的，也就是说，它们在人群中才有用，对于离群索居的鲁滨孙没什么用。基督教把规矩、礼仪、法律交给蛮族的时候实际上是重塑了蛮族的社群：一个小教区就是一个社群，社群之内的信徒就是上帝的子民，他们之间就是兄弟姐妹的关系，社群的活动和集会最重要的场所就是教堂，主持活动和集会的人就是牧师。这和以家族为单位、以长老为中心的传统社群大不一样。一旦社群的共同生活展开，习惯和习俗就逐渐形成，不信教的人就会承受越来越重的身边的目光带来的巨大压力。

在塑造基督教社群生活的过程中，罗马教廷的规矩是一定是要和当地民风民情相结合的。传教士奥古斯丁向教皇的诸多请示和教皇的耐心答复，就是罗马规矩在英格兰落地的切磋琢磨。传教士奥古斯丁们也要跟蛮族讲道理，他们讲的道理没有大神学家奥古斯丁的那么高级，他们的任务和强项是去接蛮族的地气，从这个意义上说，基督教通过传教士对蛮族的全覆盖也是基督教适应蛮族的过程，也是基督教被蛮族化的过程。双方的相互接受让陷入低谷的西方逐渐找到了勇气和活力，"甚至早在7世纪时，基督教就已成功地把地方主义和世界主义、城市因素和农村因素相互混杂的文化统一成富有活力和韧性的宗教文化"[8]。

基督教在传教士们艰苦卓绝的努力下完成了对西方的全覆盖，他们改变了西方的底色。刚刚走进中世纪的西方人，不知道柏拉图和亚里士多德，西塞罗和凯撒也从记忆中消失了，绝大多数人不识字，也没有享受过罗马式的城市生活，成天担惊受怕地面对各种强盗和天灾。他们唯一的希望、安慰、出路和像人一样的生活，都来自传教士们带来的基督教，对他们来说，基督教就是唯一的光明。

注释

[1] 比德：《英吉利教会史》，陈维振、周清民译，商务印书馆，1991，第41-60页。（***）肯尼思·O.摩根：《牛津英国史》第二章，方光荣译，人民日报出版社，2021。（**）克莱顿·罗伯茨等：《英国史.上册，史前~1714年》第三章，潘兴明等译，商务印书馆，2013。（**）迈克尔·伍德：《追寻黑暗时代：古英格兰诸王纪》第二章，徐菡译，浙江大学出版社，2021。（**）

[2] 比德：《英吉利教会史》，第61页。

[3] 比德：《英吉利教会史》，第61-62页。埃德·韦斯特：《黑暗年代：阿尔弗雷德大帝与公元5~10世纪的早期英格兰》，谭齐晴译，化学工业出版社，2020，第65页。（**）

[4] 米尔恰·伊利亚德：《萨满教：古老的入迷术》，段满福译，社会科学文献出版社，2018，第381-388页。（***）米尔恰·伊利亚德：《神圣的存在：比较宗教的范型》，晏可佳、姚蓓琴译，广西师范大学出版社，2008。（***）

[5] 关于基督教神学的体系化，参见本书第26节及拙著《西方史纲》第三章第二、四、九节。

[6] 比德：《英吉利教会史》，第67-88页。

[7] 比德：《英吉利教会史》第三、四卷。肯尼思·O.摩根：《牛津英国史》，第66-71页。罗伯茨等：《英国史.上册，史前~1714年》，第43-47页。布鲁斯·雪莱：《基督教会史（第二版）》第十六章，刘平译，北京大学出版社，2004。（***）

[8] 约翰·麦克曼勒斯主编《牛津基督教史（插图本）》，张景龙、沙辰等译，贵州人民出版社，1995，第82页。（***）

04

绝恋

圣光之下的爱欲

　　基督教通过传教士实现了对蛮族人心的全覆盖，而基督教宣扬的是爱，我们就来看看中世纪的人怎么爱。在所有爱当中，最有魅力的当然是男女之间的爱情，中世纪的爱情和所有时代的爱情一样，个性极其鲜明地反映了它的时代。而在我们现代人看来，很不幸，中世纪最精彩的爱情是一场绝恋。提起爱情，你会想到什么颜色？血一样的红，因为心就是这种鲜红的颜色，爱是走心的。不不不，那是你现代人的感觉。爱情其实有很多种颜色，而中世纪爱情的颜色是鲜橙色。此话怎讲？最大的爱是上帝的爱，这种爱是金色的，阳光一样的金色。在这种至高的大爱光照之下，所有人的爱都被染上了金色，比原本的颜色更鲜亮了，也就从红色变成了橙色。越接近上帝，爱的亮度越高，颜色也就越接近金色，甚至变成让人睁不开眼的白色。我们分三步来看看中世纪的爱情：第一，爱的阶梯；第二，爱的逻辑；第三，爱的激情。

爱的阶梯

西方文明中首次把爱情从文学的浪漫拖入哲学的解析并取得巨大成功的高人，当属柏拉图。他对爱情的讨论至今仍然是世人看待爱情的基本理念，其关键著作《会饮篇》，核心概念是"爱欲"（Eros），修行之道是"爱的阶梯"。

柏拉图在《会饮篇》这部传世名著里把爱（确切地说是"爱欲"）讲得绘声绘色。他的理论大致是这样的：人必须爱，为什么呢？因为人原本是两个头、四只手、四只脚的动物，由于这样的人太强悍，宙斯把人一劈两半，爱就是人苦苦地寻找自己的另一半。问题来了，有了寻找另一半的无穷动力，怎么找呢？答案是"爱的阶梯"，爬楼梯，两个人一起爬。两个人之间的爱存在着从低级到高级不断升华的进阶过程，先是感官的欣赏、肉体的欢愉，这是梯子的底端，然后不断往上，越来越抽象、越来越高贵、越来越远离肉体，最终实现两个灵魂的融合。两个人在攀爬"爱的阶梯"过程中都成为更好的自己，也成就更好的对方，最终成就独一无二的生命意义。[1]

如果把柏拉图的"爱的阶梯"放到基督教的框架里，会有什么变化呢？在柏拉图的世界里，"爱的阶梯"的顶端是开放的，无论是诸神的赐福，还是两人的喜乐，爱的至美境界难以向外人描绘。沉醉在爱情中的人是无法用语言跟别人形容自己有多幸福的。基督教则不同，"爱的阶梯"的顶端明明白白，就是上帝，或者上帝的爱。其实二者是一回事。因为《圣经》里明确写了：上帝就是爱（God is love）。[2] 上帝（的爱）这个终极目标加入进来之后，两个人一起攀爬"爱的阶梯"就变成了两个人的灵魂最终在上帝的大爱中融合为一。

上帝是绝对的至高，凡人搭起的阶梯能够得着吗？如果永远都够不着，这架对凡人来说永无尽头的梯子岂不是让人绝望？其实不是对"爱的阶梯"的质疑，而是不信教的人对自己的质疑。所以，基督教讲信、望、爱，信在最前。对信上帝的人来说，高不是问题，上帝是正确的方向，再高也要竭尽全力接近他。于是，中世纪出现了人类历史上最美的攀爬"爱的阶梯"的故事，这两个人爬得极其艰难，却爬得极高，人与人之间的爱居然可以达到这样的高度和厚度，是"绝恋"，在我们这些俗人看来真是有点匪夷所思。他们就是阿伯拉尔和爱洛伊丝，我们来看看他们的爱情故事。

阿伯拉尔是12世纪最伟大的哲学家和神学家。在亚里士多德重新回到西方之前，他凭借过人的才智复兴了辩证法，得出了很多极其高明的神学论证，他在逻辑学上大有建树，对道德哲学也有很大贡献。阿伯拉尔的利器是辩证法。辩证法其实没那么玄，就是精通逻辑，在严密的逻辑推理中和人辩论，让真理越辩越明。因此阿伯拉尔也是中世纪最好的辩手和老师，他的辩论教学方法吸引了当时最聪明、最有活力的年轻人，他们都死心塌地地追随他，他走到哪里，哪里就是粉丝云集的学校。当时的超一流明星阿伯拉尔，在当巴黎圣母院附属学校校长的时候，被当地的菲尔贝家族请去做家庭教师，他唯一的学生就是17岁的智慧少女爱洛伊丝。他们激情似火地陷入了师生恋，而且有了孩子。这种事情放在任何地方、任何时代都是大丑闻。在教会严厉管控道德的中世纪，他们的麻烦就更大了。[3]

爱情的成色通常和考验的难度成正比，这是浪漫主义的爱情准则。因为爱情就是要两个人铸就一个纯粹的属于他们自己的世界，外力的介入是对纯粹性的考验，外力越大，考验越严峻，经得起考验，才是真爱。所以，浪漫主义总是以殉情来捍卫爱情的纯粹，让旁观者在美好被毁灭的悲剧中感受到心灵的震撼，浪漫的爱情故事因此让人刻骨铭心。中世纪的爱情准则虽然和后世的浪漫主义不同，但并不绝对排斥浪漫主义的格调，因为即便不是极尽渲染真爱的纯粹与外力的介入之间的剧烈冲突，这种冲突其实在所有爱情面前多多少少都会存在。阿伯拉尔和爱洛伊丝对抗外力的抉择让我们现代人瞠目结舌，他们在"奇异"的抉择中登上了世人难以理解甚至难以想象的阶梯。

师生恋弄出了孩子，怎么善后？阿伯拉尔在菲尔贝家族的重压之下，同意和爱洛伊丝结婚，不过他要求保密。因为一方面结婚等于公开承认丑闻，另一方面结婚会断送阿伯拉尔的前程，教会的高级教士必须保持独身。

爱情中更勇敢的往往是女性。爱洛伊丝坚决拒绝结婚，无论是公开的还是秘密的，她都不接受。她甚至将天下第一辩证法学家阿伯拉尔辩得理屈词穷！爱洛伊丝认为婚姻根本配不上爱，它只不过是俗人之间皮肉生意的合法掩盖，对追求哲学（神学）的灵性道路来说，它完全是枷锁和负担。阿伯拉尔回忆爱洛伊丝的辩论和态度的时候说："'爱人'的称呼比'妻子'对她更珍贵，对我更荣耀——要留住我，她只会靠无拘无束的爱情，而不是婚姻的种种羁绊。"[4]

与现代不同，婚姻在古代是家族之间缔结和维系政治（军事）或经济（贸易）同盟关系的基本手段，与爱情无关，在讲究家族血统的中世纪更是如此。阿伯拉尔迫于外力准备略为屈服，爱洛伊丝则坚决说"不"，她要维护他们的真爱不被婚姻污染，远离婚姻是保证爱情纯粹所必须。爱洛伊丝甚至历数婚姻中油盐柴米等各种琐事对爱和哲学的侵蚀，而且她居然旁征博引《圣经》、神学家、哲学家的论述来证明婚姻与追求哲学之间水火不容。倘若阿伯拉尔不能专心致力于哲学，他还是他吗？不是他的他还值得爱吗？和不再值得爱的他一起维系琐碎和脏污的婚姻还是爱吗？在爱洛伊丝看来，这一连串问题的答案都是否定的。

与爱洛伊丝的决绝不同，阿伯拉尔想内外周全。于内，他无法反驳爱洛伊丝至情至性的爱的宣言，于外，他想要平息爱洛伊丝家长的怒火，最终，他选择了最错误的做法，想在拖延中大事化小。结果当然是事与愿违。愤怒的菲尔贝家族阉割了阿伯拉尔，名满天下的哲学家成了世人所不齿的阉人。受伤的阿伯拉尔逃进了修道院，爱洛伊丝随后也进了修道院。他们不可能再有肉体的欢愉，更重要的是，他们怎么样共同面对这种奇耻大辱，重新设定人生的坐标。

如果是浪漫主义的路数，他们最好在阿伯拉尔遭难之前就双双殉情，遭难之后再殉情也还可以接受，毕竟以死相抗称得上高贵的结局。然而，他们并没有。确切地说，他们的爱才刚刚开始。他们传世的绝美书信集恰恰是从他们男为僧、女为尼开始写的。之前惊心动魄的浪漫冲突只是他们伟大爱情的小小前传。

阿伯拉尔因此也迎来了对爱洛伊丝的逆袭，之前他不够勇敢、不够坚决、不够纯粹，遭难之后、出家之后、分离之后，他用书信和行动牵着爱洛伊丝一起登上了"爱的阶梯"的更高层。如果说拒婚一层已经让我们瞠目结舌，再上一个台阶的灵性之爱确实世所罕见，在极其平淡乃至枯燥又不能以身相守的日常生活中，爱，不仅是可能的，而且可以伟大。

阿伯拉尔先自己迅速疗伤，把被阉割看成上帝对自己不轨行为的惩罚，他在道德上真诚地承认错误，不再停留在愤怒、委屈和仇恨当中。他也就真诚地皈依了上帝。同时，他坚定地认为，爱并没有因为阉割就结束了，并没有因为两个人不在一起就结束了，也没有因为两个人都削发为僧就结束了。爱可以跨越肉体、空间和戒律，世界上的任何障碍都不能阻挡爱。

爱洛伊丝在很长一段时间都在抱怨阿伯拉尔没有在出事之后给她安慰，她仍然惦记着两个人从前的甜蜜温存，她愤恨这个拆散他们的世界，心里充满了怨气。阿伯拉尔语重心长地劝诫爱洛伊丝放下过去，一起走向未来：

> 如果说自从我们从世俗皈依上帝以来，我没有给你写过任何安慰的信，或给你提过任何建议的话，那并不是由于我的漠不关心，而是因为我相信你的良知，对此我一直非常自信，因而觉得没必要再多说什么；上帝赋予你所有实质性的能力，因而你知道怎样通过自己的言行指正有过错者、安慰弱者和鼓励怯懦者，而你自任修道院院长以来的确也一直在这么做。[5]

未来在哪里呢？就在上帝那里。虽然不可能再腻在一起，享受人世间的欢愉和快乐，但可以一起为上帝的事业服务，融合在上帝之中。在一段拉锯之后，爱洛伊丝接受了，他们的爱人身份上又多了宗教上的兄妹关系，他们一起放下了被折断的前半生，找到新的共同话题、事业和目标相扶相助，在心灵上更加紧密地相偎相依。阿伯拉尔帮助爱洛伊丝建立女修院，不仅帮忙找地、找钱、找靠山，女修院建起来之后，还帮忙解答神学问题，帮忙订立女修院的教规，细到修女一周吃几次肉、睡觉要不要有枕头，等等。他们在侍奉上帝的事业中忘我地投入，他们超越了自己的前半生，让真爱得到了升华和新生。最终，爱洛伊丝成了中世纪史上最成功的女修院院长，他们的通信不仅成为传世绝恋的最佳证据，也成了研究中世纪女修院的珍贵文献。

爱的逻辑

阿伯拉尔和爱洛伊丝的梯子我们大致爬完了，现在我们把焦距拉长，从远处看看里面的逻辑。基督教神学中淬炼出了一个词，它是理解爱的关键，叫作"第三人格"。它是什么意思？第一人格是我，第二人格是你，我爱你，你也爱我，我们一起就自然会培育出第三人格。这个第三人格既是我，又是你，但既不完全是我，也不完全是你，而是我们共同抚育的新生命，确切地说，是一个新的灵魂。

这个第三人格能够成长，一开始是因为我与你有共性，我们都喜欢莎士比亚，或者我们都喜欢郭德纲，总之，我们有很多共同点。我们不经意间发现彼此有那么多共同点，让我们无比欣喜：茫茫人海中，真的居然有我的另一半存在，而且真的居然被我找到了。我们在一起之后，能从对方那里得到又多又好又及时的共鸣，天哪，你真的是最懂我的那个人。阿伯拉尔和爱洛伊丝就是因为他们都太爱哲学而火热地走到了一起。

不久，我们就会走到第二步，第三人格吸收融合了我与你之间的差异，让这些原本你我都没有的特点也变成各自的一部分。我喜欢足球，你喜欢凡·高，你为了我愿意去了解一下梅西，我为了你会突然买好机票，带你去纽约的现代艺术博物馆（MoMA）看凡·高的《星月夜》。慢慢地，好像是我们彼此接近，你成了我，我也成了你，但实际上是第三人格把我们俩都包进去了。

爱的逻辑如果只进行到这里，基督教神学对爱的培育和柏拉图设计的

"爱的阶梯"也差不太多,甚至我们现代人也可以把第三人格理解成"爱的股份制",但基督教显然不会止步于此,还有第三步,也是最重要却不为世人重视的一步:第三人格成长的方向和终点是上帝。我们俩通过漫长的爬楼梯,越来越像一个人,原来的第一和第二人格最终消失,我们一起活进了第三人格里。我们都放弃了原来的自己,却得到了更好的自己。基督教咬定,这种最终融合为一的完满状态只能通过融入上帝的大爱完成,离开了上帝是完不成的。两个人爬梯子,若不以上帝为最终归宿,最多就是在造巴别塔,一定是会倒掉的。[6]

这种以上帝为终点的基督教看法是不是绝对有道理,我们可以再继续琢磨。这里先来看看,到达终点之前,一起通过爬梯子培育第三人格的我与你,究竟在用什么样的方式爱对方。

爱的方式就是疯狂。爱是疯狂的,哪怕被笼罩在上帝之下,也克服不了疯狂的本性,哲学家阿伯拉尔和智慧少女爱洛伊丝也无法逃脱。人们通常会将恋爱中的疯狂理解成肉体推动的结果,弗洛伊德讲性本能就是这个意思。但这太肤浅了。人的灵魂本身就很疯狂,比肉体疯狂多了。[7]把疯狂归咎于肉体,就像把罪恶归咎给肉体一样荒谬。

我们来看爱情的疯狂究竟从何而来。不知你注意到没有,上面谈第三人格的时候一次也没有使用"他""她""它"这些第三人称代词。按理说,第三人就是"他/她"嘛!不,为爱疯狂的人眼里根本没有"他/她",第三人称在爱之中完全是多余的。爱情具有高度的排他性,"我与你"容不下第三人。这个世界只有"我与你",没有第三人,因为这个世界就是"我与你"一起创造的,它只属于"我与你",第三人不仅多余而且有害。在"我与你"的世界中,除了"我与你",其实根本没有人,只有物,没有"他/她",只有"它",而所有的"它"一点都不重要,根本不值一提。热恋中的灵魂完全为对方燃烧自己,只有奉献,没有索取;只有真诚,没有计算;只有奋力向前,没有瞻前顾后。在这种状态中的"我与你"是不受因果规律和物理规律限制的。显然,这种状态是疯狂的,也是纯洁的,正因为疯狂所以纯洁,反过来也一样。[8]

马丁·布伯写下上述"我与你"的原理之时,其实不是在讲男女之间的爱情,而是在讲人和上帝之间的爱。基督教的灵修传统和神秘传统将人心面对上帝之时的种种奇妙情感体验累积下来,布伯只捕捉了其中的一部分。但毫无疑问,当双方之中有一方是上帝,是绝对的存在,爱的深度和广度也会被无限伸展,创造出人与人之间难以企及的情感。爱情之所以让人心驰神往,之所以成为人最渴望的,恰在于它和宗教中的爱具有高度的同构性。把"我与你"的宗教原理理解成爱情原理并没有什么不妥,它们之间的同构性保证了"挪用"是合理的。两种爱的同构性的根基在于它们都要创造一个独特的世界,基督教说上帝之爱创造了这个世界,而每个人都期望创造一个属于自己的世界。但创造出来的世界不能无人分享、无人欣赏、无人喝彩,上帝因此创造了人,而人必须找到自己的另一半,不能多也不能少,只要有另一半就足够了。在有另一半见证的世界中,人获得了创造世界的自我实现感、满足感和成就感,人生的顶峰莫过于此。在对另一半的爱之中,人甚至可以找到当上帝的感觉。

爱的激情

但人终究不是上帝,顶峰体验的维持对人来说极其困难。阿伯拉尔和爱洛伊丝的传世绝恋是通过背靠上帝这个永不枯竭的爱的源泉实现的,而离开了上帝的人们还会怎样去爱呢?有哲学家忧心忡忡,认为离弃上帝必定使"爱的秩序"陷入混乱。[9]不过,即便离开了上帝,"爱的阶梯"不再有确定无疑的至高目标,第三人格不再有绝对可靠的孵化温室,爱仍然存在,会帮人去创造属于自己的世界,只不过,激情在其中的重要性大大提高了。

爱,只要有人的地方就一定会有,但是,不同的时代,爱也是不一样的。中世纪的爱因为有了上帝之爱的光照被染了金色,是鲜橙色的。人走向现代,离弃了上帝,上帝的金光没有了,爱自然就褪回血红色了。所以我们现代人一想起爱情,第一反应就是血淋淋的《罗密欧与朱丽叶》。其实,没有上帝的爱情基本上都是这种鲜血之色，《梁山伯与祝英台》不也是为爱殉情吗？古今中外都用殉情来表现爱情的伟大，因为在世俗化的文明当中，生命的珍贵是不言自明的。为了爱而不要命，爱当然就是更珍贵的。问世间情为何物，直教生死相许。

但是，殉情故事尽管催人泪下，其实背后的精神略显干瘪。浪漫主义把殉情故事推向神坛，恰恰暴露了现代人的困境。大写的人站起来了，世界世俗化了，人取代上帝成为世界的中心。站在世界中心的人凭什么证明自己伟大，甚至凭什么证明自己存在呢？启蒙运动说，凭理性；浪漫主义说，凭爱。于是，爱情的重要性在浪漫主义的推动下陡然上升，因为爱情成为人证明自身存在，以及寻找价值感、意义感、成就感最重要的管道。绝大多数人都不可能像康德那样写出伟大的哲学著作来证明自身的存在，同样，成为拿破仑和巴菲特的概率也极低，但每个人都可以拥有一份炽热的爱情。根据"我与你"的原理，有了它，人就拥有了全世界。一切的遥不可及如果不是转瞬变成唾手可得，就会变得根本不再重要。爱情成了现代人最廉价的救命稻草。

不过，爱情的重要性大大上升，并不代表它就变得容易获得。想痛痛快快爱一回，却愣是找不到愿意陪你穿越生死的朱丽叶。这既有现代人的基本品质造成的困难，也有亘古不变的爱情本身的困难。现代人是自定义的，我是谁取决于我想成为什么人并为之努力的结果，这给现代人找到自己的另一半增添了巨大的困难。没有上帝背书的爱只能是自爱，它只是现代人自说自话的自我证明，只有"我"，越来越难找到"与你"了。

现代人只能用业已取得的外在特征让别人认识自己的目标和努力，就像现代人只能在市场上用各种证书来向老板证明自己值得雇用，现代人成了各种外在特征（证书）堆起来的卷心菜，永远都有一面，但永远都找不到心。有博士学位证书或者注册会计师证书的人就值得爱吗？不一定。如果有某份证书就值得爱，是不是有钱、有房、有车就值得爱呢？那有证书、有房、有车、有钱的一方会不会反问，你到底爱的是不是我这个人？如果有钱人明确知道对方爱的就是你的钱，愿意付出金钱，甚至与其结婚，无论是为了一时欢愉还是长期持家，其实都和中世纪婚姻所追求的资源安排无异，其中并没有爱。以自由恋爱自我标榜的现代人并不比古人更容易逃脱"婚姻并不讲爱"的魔咒。

在资源评估和交换的契约模式当中，可以找到合适的生活合伙人，甚至也可以像中世纪那样，在结婚之后培养出爱。但真正能帮助现代人找到爱的是激情，尽管它看上去在资源评估和交换的契约模式中风险极高，也不保证一定会带来安稳舒适的幸福结果。现代人想要爱，就得靠激情点燃自我，然后点燃对方，要有点不管不顾，放下财富、权力和名望的计算，但哪个时代的爱不是这样呢？爱天生带有反世俗的宗教气质，因为它是人心最深处的灵性之事。

靠激情启动的爱，也得靠激情来维持，于是现代人的爱情更加疯狂。倒不是说现代人比古人更容易在爱情之中干出格的事，而是说爱如果在没有上帝的支援下要创造出一个只属于"我与你"的新世界，必然会以悖论的方式展开。在爱当中，很多不相容的特质或者行动不可思议地集成到了一起，而且非常地和谐，至少双方当事人感觉是这样。爱一旦被点燃，"我与你"的排他性小世界就开始飞速扩张，因果规律和物理规律在这个小世界中就开始失效，这个小世界开始与周遭的环境分隔，从前世俗世界中一切的正常，都要被改写。在热恋之中，一个迟到成习惯的人，会特别守时，甚至早到；见面之后，一个沉默寡言的人会滔滔不绝，另一个性急如雷的人会耐心倾听；两个人在亲密的互诉衷肠之中忘记了时间的存在，总是觉得咖啡店打烊的时间太早；分别之后，一个聪明伶俐的人会在窗边独自傻笑；起床之后，满脑子都是对方，却被工作拖回现实世界……这些都是美好的奇异。爱情之中也包括不那么美好的奇异，小气、苛刻、敏感、嫉妒、愤怒、攻击性……似乎都不可理喻，但对一个以激情追求纯粹的人来说，完全是自然而然。爱情之所以奇妙，恰恰就在于它无法被预期、无法被计算、无法被控制——它意味着、体现着、实现着自由，那是一种随着自己的心就能自然实现的心灵的自由。

"自由是爱情的精髓。"[10]现代人通过爱情这种最为丰沛和细腻的内心感受来实现自由和创造，而不完全被钳制在纪律和制造当中，这是现代人还可以获得生机和活力的重要活路，这也是爱情之所以不会在人类当中消失的根本原因。离开了上帝，人仍然可以凭借不可剥夺的自由和爱而生，可以凭借激情爱得生机盎然，而且人已经别无选择，只能如此。

回看中世纪，追忆阿伯拉尔和爱洛伊丝的鲜橙色绝恋之时，我们无须悲叹现代人因为困难重重爱得既浅又薄。这抹鲜亮的橙色也属于我们，就像卢浮宫里蒙娜丽莎的微笑属于所有人一样。它可以是安慰，可以是启迪，也可以是无须标明任何特征的诗和远方。

注释

[1] 柏拉图：《会饮篇》，王太庆译，商务印书馆，2013，第30-37、62-71页。阿兰·布鲁姆：《爱的阶梯——柏拉图的〈会饮〉》，秦露译，华夏出版社，2017，第70-81、106-137页。

[2]《圣经·约翰一书》第4章第8节。

[3] 阿伯拉尔：《劫余录》，孙亮译，商务印书馆，2013，第55-66页。（***）参见雅克·勒高夫：《中世纪的知识分子》，高建红译，华东师范大学出版社，2021，第56-60页。（***）

[4] 阿伯拉尔：《劫余录》，第71页。根据英文和拉丁文将"情人"改译为"爱人"。原文为amica，英文版译为friend，确实也有阿伯拉尔和爱洛伊丝熟悉西塞罗《论友谊》的考量，此名著确实影响西方将友谊作为爱情的重要组成部分，amica可译为"心爱的朋友"。但鉴于阿伯拉尔和爱洛伊丝的爱情关系，译为"爱人"比"情人"更多爱少欲，比"朋友"更接近男女之欢。参见 The Letters of Abelard and Heloise, trans and intro by Betty Tadice (London: Penguin, 1974), p16。（***）阿伯拉尔等：《亲吻神学：中世纪修道院情书选》，施皮茨莱编，李承言译，生活·读

书·新知三联书店，1998，第58-64页。（***）

[5] 阿伯拉尔：《劫余录》，第115页。译文根据英文版略有修订，参见 *The Letters of Abelard and Heloise*, trans and intro by Betty Tadice (London: Penguin, 1974), p56。

[6] 黄裕生：《爱与"第三位格"》，《世界哲学》2009年第2期。（**）

[7] 勒内·笛卡尔：《论灵魂的激情》，贾江鸿译，商务印书馆，2016。

[8] 马丁·布伯：《我与你》，陈维纲译，商务印书馆，2013。

[9] M.舍勒：《爱的秩序》，林克等译，生活·读书·三联书店，1995，第40页。

[10] 尼克拉斯·卢曼：《作为激情的爱情：关于亲密性编码》，范劲译，华东师范大学出版社，2019，第123页。

05
女巫
一统人心的战场

看过了中世纪的爱,我们来看看中世纪的恨。中世纪最遭人恨的形象恐怕就是女巫。女巫的形象凝聚了中世纪教会和普通人非常奇异的情感,而这种奇异的情感其实并不为中世纪所独有,只不过中世纪最为典型罢了。那就是所有古老文明当中对女人——尤其是年轻貌美的女人——又爱又怕又恨的复杂情感。这种情感透露出中世纪的文明在内心最深处有一块宗教的淤结,说不清、理不顺、解不开,于是化成了神秘、妖艳又略带恐怖的暗红色的女巫,就像《权力的游戏》中绝代风华的红衣女巫梅丽珊卓让我们难以释怀一样。我们分三个部分来看清女巫:第一,烧死女巫;第二,制造女巫;第三,女巫不死。

烧死女巫

恶之欲其死,人人痛恨女巫,这种恨铸就了一个经典的场景,就是烧死女巫。为了把恨这种不良情感变得合理合法，必须让正义为恨背书，似乎立场只要是正义的，宣泄怨恨、愤恨、仇恨就可以变得理直气壮。不过，人的情感很复杂，恨和爱一样，往往并不纯粹。

女巫被审判完之后送上火刑架，柴堆点燃，女巫在尖叫声中灰飞烟灭，围观群众拍手叫好。大家都在想什么呢？呀，她真是可恶，罪有应得，赶紧烧死了好。女人通常在这个立场上很坚决，巴不得所有比自己年轻漂亮的女人都被当成女巫抓起来烧死。烧死女巫的熊熊烈火里有一大把干柴其实是女人的嫉妒心。男人们呢？呀，这姑娘真漂亮，要是给我做情人该多好！危险，确实是危险，可真是漂亮啊，哪段艳情没有危险呢？男人猎艳的激情被熊熊大火阻止了，不过大火烧不掉男人心底的痒痒。

作为执法者的教士们也是人，当然知道女人和男人的感受，正所谓"爱之欲其生，恶之欲其死，既欲其生，又欲其死，是惑也"，[1]他们就是要除尽人心里的诱惑、迷惑、困惑，用义正词严的宗教道理、戒律和仪式管住女人和男人的心，防止任何人偏离上帝的正道。一方面，教士们必须引发群众心底的恐惧。女巫是撒旦的使者，她会用魔法对所有人造成意想不到的巨大伤害。在这里，魔法是关键。魔法越是厉害，女巫就越邪恶，对普通人来说就越无法知晓、无法预测、甚至无法想象。人最害怕的就是未知，未知就是黑暗，与其面对未知带来的恐惧，不如一把火把它烧掉。所以，火刑赶走邪恶和黑暗，是在赶走人心底的恐惧和不安。

另一方面，教士必须引导群众向善。女人要收起嫉妒之心，把女人和女人之间的战争放下，投入到上帝的纯洁事业当中，要把烧死女巫当作为上帝和人类除害来对待。男人要收起猎艳之心，肉体的蠢动是低级的，要把自己的灵魂和情感投入到上帝的事业当中，不要为诱惑所迷。火带来的是纯洁，烧掉的是邪恶，里面只存在宗教这个最高标准下的善恶，不存在人道主义意义上的怜悯，其他世俗的杂念更不被允许存在。烧死的是女巫，净化的是围观群众的灵魂，在集体迫害中，似乎每个人的道德都得到了升华。

故事讲到这里，我们只不过是用现代人可以理解的心理学，借助中世纪文化史和基督教教义学的帮助，看见了我们自己能够接受的女巫。如果再往前走一步，她就会让你不适应了。你不想知道她上火刑架之前是怎么为害人间的吗？

其实女巫的成长历程每个人大概都是知道的，只不过很少有人仔细琢磨过。我们最熟悉的女巫原型其实不是《白雪公主》里恶毒的后妈王后，而是《灰姑娘》里的灰姑娘本人辛德瑞拉！来，我们一起用灰姑娘复原中世纪的女巫。

一个美丽的姑娘，好像无父无母，不知道从哪里来，她从小就不受身边的人待见，离大家很远，是边缘人。《灰姑娘》一开头，辛德瑞拉的妈妈就去世了，后妈带着两个姐姐成了家里的主人，爸爸也不关心甚至不在意她，她成了家里的用人，成天脏兮兮的，故名"灰姑娘"。不过没关系。她不仅美丽，而且拥有一般人无法理解的聪慧，常常让人们感到惊慌失措又叹为观止。她说的话很简练，像诗，很快就成了预言，表面上看极具洞察力，实际上背后却有着神秘的力量。这种力量不是来自上帝，而是来自精灵。她总是悄悄地在森林里和精灵们愉快地玩耍，精灵们当她是好朋友。《灰姑娘》里没有写精灵，只有鸟儿帮她的忙啊！鸟儿就是精灵，带头帮她忙的是白鸽，而白鸽在《圣经》里写得明明白白，就是圣灵。在她被俗人一再欺负的时候，精灵们终于忍无可忍出手了。最后，"鸟儿们"让她在南瓜马车和水晶鞋的帮助下赢得了王子的真爱。[2]

这是所有人熟悉的灰姑娘。但是，中世纪的女巫们走的是另外一条道路，这条路更符合她的边缘人处境。因为不受大多数人待见，她嫁给了村里最傻的那个汉子。他们一点也不般配，她自然不会老老实实做一个普通的妻子。无论是帮助傻丈夫应付领主提出的各种无理要求，还是对抗邻居们对她的欺负和侮辱，她开始动用精灵，使用魔法，说谎、欺骗、色诱男人，毒害孩子，投毒到水井里，甚至召唤瘟疫。总之，她生活的村子成了魔鬼的地盘，没错，她的世界就是暗红色的，血污一般的暗红色。她对世界充满了怨恨，蔑视上帝，残害百姓，成了魔鬼的帮凶。[3]

除去宗教和传说的神秘，我们从女巫身上可以看到一个普通的逼良为娼的社会逻辑。在妇女不被尊重的中世纪，好姑娘更容易被欺负，于是走向了社会的对立面。这种社会逻辑也被很多文艺作品不断地讲述，比如绝世美女莫妮卡·贝鲁奇出演的《西西里的美丽传说》，比如王小波笔下的"破鞋"陈清扬。[4]这个逻辑可以解释女巫的个人"成长"，但很难解释为什么中世纪的女巫层出不穷，更解释不了教会和社会用狂热的草菅人命来对付铺天盖地的女巫。一定还有别的原因。

制造女巫

我们回到中世纪，看看女巫是怎么制造出来的。

问题的根子在漂亮女人。古代和现代不同，漂亮女人意味着危险的诱惑。今天，满屏都是美女，已经不稀奇了，就算充满了诱惑，也谈不上什么罪恶。古代不一样，凡是有宗教的地方，都把女人，尤其是漂亮女人，看成诱惑。诱惑就意味着犯罪，诱惑本身就是罪恶。这是古代文明对女人普遍的偏见。在基督教里，第一个女人夏娃就是诱惑的始祖。希腊神话里，人面鱼身的海妖塞壬会用美妙的歌声让船夫们心驰神醉，触礁之后葬身大海——而现在，你天天都能见到她，她成了新的图腾：星巴克的logo。古代各地的文明都要求女人把自己包裹得很严实，这种风俗到了21世纪的今天，在一些地方仍然是不可触犯的律法。

那为什么是中世纪的基督教制造出了人类历史上最典型的女巫形象，还发动了骇人听闻的宗教迫害对付她们呢？"女巫是教会自己一手造成的。"[5]基督教自己不制造敌人，也就不用去消灭她了，真是多此一举！这和基督教在中世纪的宗教和文化使命有关。归根结底，是因为基督教想一统人心，确切地说，是基督教排斥所有异教，想把人心彻底变成自己的地盘。

基督教从耶稣的犹太教草根小支派独立而来，不断发展壮大，后来在君士坦丁大帝和狄奥多西大帝手里成了罗马帝国的国教。狄奥多西大帝明确宣布帝国境内唯有基督教合法，其他宗教都是异端。到了中世纪，帝国毁了，信奉异教的蛮族强盗一拨又一拨地来，教会怎么办？要是强行宣布蛮族信的都是异教，都是邪恶的，教会又没有兵，能打败一拨又一拨的强盗吗？强大如查理曼，信基督教，用征伐异教徒的热情去收服萨克森人的时候，代价就特别惨重。看来让蛮族皈依不能只靠武力发动圣战。怎么办？

前面谈过，基督教还有传福音的传统，派传教士去蛮族里面讲道理，劝他们皈依。传教士们深入虎穴，怎么跟信异教的蛮族讲道理呢，怎么讲他们才会信呢？偷梁换柱！你们日耳曼的异教神不是真神，只有上帝是唯一真神。蛮族一听肯定就很愤怒呀。别着急，容我再说两句。其实，南边的主神朱庇特（或者北边的主神奥丁）就是上帝，只不过他下面的战神、美神、火神等都不是神，都是那个唯一真神的使者。蛮族说，哦，原来是这么回事。于是，传教士可以接着往下讲基督教的道理了。就这样，基督教没有彻底铲除所有的异教神灵，只是把他们放到了次要的位置。从档次上看，众神是被降格了，但这不影响蛮族老百姓继续崇拜他们。蛮族万物有灵原始信仰中的各种灵，高举起基督教上帝的大旗，可以变成天使、可以变成白鸽、可以变成圣徒……就这样，上帝和各路异教神灵和平共处了。所以，看起来中世纪确实是基督教一统天下了，但是，基督教从来都没有真的把所有异教诸神赶尽杀绝，它做不到。中世纪的民间信仰非常活跃。中世纪老百姓的信仰世界从来都不是纯粹的基督教教义，而是基督教大框架下各种习俗的大集合，其中有除不尽的古老而神秘的异教残余。

那么，基督教这种表面上的一统人心和制造女巫是什么关系呢？一句话，女巫是基督教真心实意想一统人心的主战场。如果表面上是上帝唯一，实际上是各种异教神灵穿着基督教的道袍继续占据人心，基督教会能容忍吗？当然不能，只要它有实力，就要从老百姓心里赶走异教诸神。在基督教看来，异教诸神就是魔鬼。基督教把很多古代流行的神灵都妖魔化了，比如希腊罗马著名的爱与美女神维纳斯，在中世纪一直不是什么好形象，她带来的美就是诱惑，她带来的爱就是欲望，她的神庙可以夷为平地，她在人心里阴魂不散怎么办呢？在充满了恐惧乃至绝望的中世纪早期，"一场浓雾，一场沉重如铅、色彩阴暗的浓雾,便笼罩了整个世界"。[6]浓雾里面藏着的,都是魔鬼。这是一场地地道道的宗教战争和文化战争。既然要和异教诸神他们代表的异教世界开战,就得选一个好战场,这个战场就是女巫。

为什么女巫会是好战场?第一,前面已经谈过,漂亮女人带来的诱惑和罪恶是老百姓普遍接受的。也就是说,选择漂亮女人攻击有很强大的社会基础。第二,女人比男人更具灵性。这在男权社会中不是女人的优点,反而是缺点。这种特点如果没有办法否认,那就把它变成污点。灵,就是魔,无论她会预言,还是治病。第三,女人是不可消灭的社会存在。在女人身上打,可以是持久战。如果抓住一个麻风病人说他魔鬼附体,烧死他,也就结束了。麻风病要是不常有,圣战去哪里打?女人不会消失,有社会就必然有女人,教会可以在任何一个女人身上发动圣战,这种战场永远不会消失。

所以,归根结底,女巫是中世纪的基督教会用来实现宗教纯洁的圣战战场。这一定位和迫害女巫的真实历史是吻合的,教会的势力越强大,它激起的宗教热情越高,迫害女巫就越激烈、越普遍。其实迫害女巫不是从头到尾贯穿中世纪的,它反而是越到中世纪后期越激烈、越普遍,因为在那个时候,教会和帮助、利用它的世俗王权都强大起来了。

女巫不死

西方世界用火刑对付女巫的日子远远比我们想象的要长。已经经过了文艺复兴、宗教改革、启蒙运动的西方,已经有了哥伦布、达·芬奇、马基雅维利、牛顿的西方,甚至已经到了光荣革命、工业革命和法国大革命的西方,仍然对女巫不依不饶。"光是在腓力五世统治时期,西班牙就烧死了1600人;晚至1782年,还有一名女巫被判处火刑烧死了。在德国,1751年烧死了一个;1781年,瑞士也烧死了一个。"[7]到了18世纪上半叶,已经成为大英帝国的英国仍然颁布法规,打击妖术,绞死女巫。[8]

作为中世纪基督教会核心的罗马教廷,在14世纪的阿维尼翁之囚和教会大分裂之后就已经严重丧失了对整个西方的控制力乃至影响力,进入现代,尤其经历了文艺复兴、宗教改革和启蒙运动之后,它离开了历史舞台的中心位置。按理说以女人为战场的发动宗教战争的"罪魁"已经节节败退,为什么迫害女巫一直持续到将近19世纪?

西方从中世纪后期开始一步步走向世俗化,宗教的支配地位终于坍塌了,教会也不再是具有强制力的信仰和道德管理机构。但是,不再听从罗马教廷号令的西方各国仍然是基督教国家,猎巫行动不以罗马为统一的中心,可以变成多中心,以马德里、伦敦、巴黎、日内瓦、维也纳为中心,依靠上帝提供合法性背书的各国绝对君主拥有和教皇一样的动机来纯洁自己王国的宗教。从老百姓的日常生活来看,经历了千年中世纪仍然没有被强大的基督教会彻底击败的万物有灵原始信仰和光怪陆离的奇风异俗在基督教衰落之后甚至更加活跃。[9]只有当西方各国完成了民主革命,也就是政治彻底走向世俗化,宗教纯洁不再是政治的重大目标,烧死女巫的中世纪极刑才会消失。

从19世纪回望中世纪,我们可以看到以下三个值得注意的特征:

第一,中世纪确实是基督教一统天下的时代,但是,就像所有一统天下的宗教一样,它也不是铁板一块。就像儒家思想占据统治地位的中国古代,民间的修佛修仙也很普遍,哪怕是作为儒家精英的士大夫也会好好读《老子》《庄子》和佛经,也会经不住诱惑去招惹各种怪力乱神。中世纪的民间信仰和习俗异常多元,多元到强有力的教会找到了女巫这样一个绝佳的宗教战场都没把它们根除掉。

第二,宗教战争是内在于宗教的基本行为,所有宗教都有一统人心的宏愿,只要使用暴力,就会产生圣战。哪怕是堂而皇之的法庭,只要审判人的内心,就是宗教圣战。真正的宗教要学会用自己的道理耐心地说服人,以慈善的行动感化人,圣战只会制造敌人、伤害自己,完全不会带来宗教在人心里的胜利。人心之事永远不可能用刀剑解决。

第三,女人是很独特的,尽管迫害女巫的信条和行为当中充满了偏见,但我们仍然可以从中过滤出古老传统对女人的独特认识。比如,她们天生美丽,她们天生充满了灵性,她们天生对男人充满了吸引力,等等。女巫之所以是暗红色的,而没有彻底变成黑色的,恰恰是因为女人天生的红色是任谁来也抹不掉、盖不住的。

不过,虽然已经经历了民主化和世俗化,即便到了21世纪的今天,女巫还是没有消失,因为仍然有人在"制造女巫"。只要某种意在纯洁人心的道德审判被有心或无意地掀起,群众燃烧激情、善恶不容分说、定罪先于审判,无论是在教皇的宗教裁判所、西班牙国王的太阳门广场,还是在普通人的手机屏幕上,女巫就会被制造出来。

注释

[1] 程树德:《论语集释》,程俊英、蒋见元点校,中华书局,2014,第1101页。

[2] 格林兄弟:《格林童话全集》,魏以新译,人民文学出版社,2014,第70-75页。(*)

[3] 儒勒·米什莱:《中世纪的女巫》第三章,欧阳瑾译,上海社会科学院出版社,2019。(**)雅各布·布克哈特:《意大利文艺复兴时期的文化》,何新译,商务印书馆,1997,第516-522页。(***)

[4] 王小波:《黄金时代》,十月文艺出版社,2021。

[5] 儒勒·米什莱:《中世纪的女巫》,第11页。

[6] 同上书,第42页。

[7] 同上书,第348页。

[8] 基思·托马斯:《16和17世纪英格兰大众信仰研究》第十四章,芮传明、梅剑华译,译林出版社,2019。(***)

[9] 卡洛·金茨堡:《夜间的战斗:16、17世纪的巫术和农业崇拜》,朱歌姝译,广西师范大学出版社,2021。(**)卡洛·金茨堡:《奶酪与蛆虫:一个16世纪磨坊主的宇宙》,鲁伊译,广西师范大学出版社,2021。(**)

06
炼金术
征服自然的技艺

看过了制造女巫这个中世纪基督教会和王国犯下的愚蠢错误——教会把年轻貌美的女人当成和异教神灵展开宗教圣战的战场，我们再来看看世人心目中中世纪另一个愚蠢错误：炼金术。提起炼金术，你是不是觉得很神秘，不自觉地会觉得很有趣？但你马上就会义正词严地告诉自己，它是中世纪这个愚昧时代相信魔法的铁证。绝大多数人连炼金术到底是什么都不太清楚，就根据光怪陆离的扭曲印象草率地下了结论。事情没有那么简单。

其实你蛮喜欢炼金术的，即便你不是财迷，也很可能觉得它很有趣。而且，炼金术离你很近，只不过你不认识它，在很多地方对它视而不见。举一个例子。J. K. 罗琳的"哈利·波特"系列你一定看过，即便没看过书也看过电影，还记得第一部的名字吗？《哈利·波特与魔法石》。罗琳使用的英文词是Philosopher's Stone，中文译者为了方便大家理解，译成了"魔法石"。但"哲学家的石头"可不是一般的魔法石，它对伏地魔来说都是稀罕的宝贝，而它就是炼金术的核心。据炼金术专著描述，"哲学家的石头"是红色的宝石，晶莹剔透，用我们今天的话说像水晶，但它不是血红色的，而是略暗一点点，略带一点玫瑰色的。哲学家石头的红宝石色就是炼金术的颜色。来，我们分三个部分看看炼金术到底是怎么回事：第一，破解自然；第二，行业简史；第三，潜入地下。

破解自然

你注意到了吗？炼金术和哲学有关系！炼金术士到底是怎么想的，怎么干的？知道了"哲学家的石头"是什么，就能理解炼金术的基本思路了。用科学一点的名字，"哲学家的石头"可以被叫作转化剂。"哲学家的石头"能把贱金属转化成贵金属。所谓炼金术，主要目的和核心操作是炼出"哲学家的石头"。有了它，金子银子就不愁了。"哲学家的石头"这个关键的想法来自哲学，确切地说，来自古代的自然哲学。

炼金术的基本思路是这样的：物质世界有其构成的规律，找到规律就能找到驾驭规律的办法，把一种物质转化成另外一种物质。这种思路是不是听起来一点也不像魔法？我们人类一直在用这种思路去创造，在新材料不断涌现的今天，没有人会认为自然界从来不存在的塑料、化肥、碳纤维、钛合金都是魔法的结果吧？实际上，炼金术的基本思路并不神秘，恰恰相反，它的基础是古希腊以来的自然哲学。

西方哲学就是从自然哲学开始的。西方哲学史上的第一位哲学家泰勒斯，就是凭着"万物的始基是水"这句名言，把人对世界的看法上升到了哲学的高度。讨论物质世界到底是怎么构成的，在古代哲学里面很普遍，叫作自然哲学。古希腊的自然哲学家们一直在探讨构成世界的基本要素。泰勒斯说是水，赫拉克利特说是火，德谟克利特说是原子，阿那克西米尼说是气，毕达哥拉斯说是数，恩培多克勒说是水、火、土、气四种元素，亚里士多德对他们进行了综合，把干、湿、冷、热的性质加了进去。[1]既然物质世界是由基本元素构成的，人为什么不能重新把它们排列组合？在现代科学技术的条件下，人都可以制造新的元素了。

  炼金术士们沿着自然哲学家提供的思路开始了物质转换的实验，实验的目的就是破解自然的秘密，让自然为人所用。他们的工作原理大概是这样的。

  首先，把什么炼成什么呢？18世纪之前，人们认为世界上只有七种金属，金和银是贵金属，铜、铁、锡、铅、汞是贱金属，炼金术就是把贱金属变成贵金属。

  其次，什么原理支持贱金属变成贵金属呢？炼金术士们沿着哲学家们的思路想了很多道理，五花八门，归结成一句话就是：金属的基本构成单位都是一样的，只是这些单位结合的形式不一样，只要找到改变形式的办法，转变就是可能的。我们20世纪的人不就把原子操控起来，改变它们结合的形式，变成不同的分子，制造出新材料了嘛！思路并不错。不过，什么是基础单位，什么是它们结合的形式，确实很复杂。

  最后，什么手段支持贱金属变成贵金属呢？就是哲学家的石头，它是实现转变的关键，炼成它，就可以把海量的锡和铅变成金和银。炼金术士们孜孜以求的就是通过各种实验找到哲学家的石头。这看起来是有点愚昧，不过我们不能太苛求古人。最重要的是，高级炼金术士的实验是由自然哲学的猜想和推理支撑的，是对原理的探究和实现。"和其他科学追求一样，炼金术并不仅仅是一组配方。还需要有某种理论提供一个思想框架，支持和解释实际的工作，并为发现新知识提供指导。"[2]在方法上，他们遵循着"猜想与反驳"的实验逻辑，不是靠蒙，不是随便什么材料、什么器具、什么配方都去实验。总之，炼金术是有章法的。

  不过，炼金术确实是天生带着神秘的成分，很多水平不高的炼金术士会把炼金术的基本原理从自然哲学挪到神魔鬼怪的领域去，它的神秘性一方面源于此，但越这么干的人在这个行当里就越是下三流。另一方面，炼金术的神秘性则是最高级的炼金术大师们故意为之，他们把炼金术都写得很曲折隐晦，用代称、比喻、象征各种手法来写炼金术的著作。几乎所有的炼金术大师都是密码学高手。后人走进这个行当就得去猜、去联想、去破译各种行业内的密码。我们看看下面这个例子。

上者来自下界，下者来自上界，此乃"一"之奇迹。
万物皆生于一。[3]

如此简洁，似乎包含着无穷的奥秘和玄机，智慧满溢，是不是很像我们中国古代老子所写的《道德经》？可是，"上""下""一"都是什么呢？很抽象，得自己去捉摸，找各种物质和器材来实验。语言的秘密性把世人隔绝在这个行当之外，自然也就加重了这个行业在外人眼中的神秘色彩。

行业简史

很多人都以为炼金术是中世纪愚昧的发明，是中世纪人穷疯了才弄出了这种异想天开的鬼把戏。其实不然！即便炼金术背后充满了人性的贪婪，它也并不为中世纪所独占。人们当作中世纪标签的炼金术，其实早有来源，而且也有后续，中世纪只是炼金术历史上的其中一个阶段。我们来大致复原一下炼金术简史，它可以分为四个阶段。

第一个阶段，罗马帝国时代。

第一个炼金术的中心是希腊化世界的学术中心亚历山大里亚。公元前4世纪亚历山大大帝东征之后，希腊文化传播到了地中海世界甚至是亚洲。罗马就是在希腊化时代成长起来的，希腊文化在罗马帝国境内很繁荣，炼金术大约在公元3世纪成为一门独立的技艺。作为学术中心的亚历山大里亚，自然而然就酝酿出想要破解自然的人。亚历山大里亚的炼金术士们不仅从形形色色的工匠那里借用了五花八门的技艺、工序和工具，而且，他们形成了明确的自我认同，觉得自己这个行当和打铁、制革、烧陶都不一样，是"高贵的技艺"。

就是在公元3世纪的亚历山大里亚，有史记载的第一个炼金术大师出现了，他叫作佐西莫斯。他的著作把物质之间变化的原理讲得很系统，操作规程和技法也形成了一个完整的系统。从佐西莫斯著作的残篇来看，他在炼金术历史上的地位非常像柏拉图或者亚里士多德在古希腊哲学中的地位，前辈们已经在这个行当进行了艰苦的努力，不仅形成了各自初步的系统学说，甚至产生了学派之间的争论，而他进行了综合，对前人的理论和技法兼收并蓄。[4]

佐西莫斯的著作充分说明了，炼金术在当时非常繁荣，有很多聪明人加入其中。但在佐西莫斯作为标志的炼金术的第一个黄金时代，它遭到了罗马帝国的严厉打击，始作俑者就是推行币制改革的罗马皇帝戴克里先。可能是炼金术的活跃引起了皇帝对财源失控的恐惧，也可能是皇帝推行币制改革必须实现对帝国境内贵金属的严格控制，还可能是皇帝出于严禁地方政府铸造硬币的考虑，总之，戴克里先禁止了所有炼金术活动，而且下令焚毁所有炼金术著作。

第二个阶段，阿拉伯时代。

罗马帝国衰落，阿拉伯帝国崛起，希腊哲学、希腊科学、希腊医学和各式各样的希腊文化都海量地传入了阿拉伯世界，炼金术也不例外。阿拉伯世界出了很多炼金术大师，炼金术发展蔚为大观。炼金术的名字alchemy就足以说明阿拉伯世界在炼金术历史上的重要地位。al是表示阿拉伯文化的典型前缀。

阿拉伯炼金术高度发达，其中有两位大师特别值得注意。第一位叫"贾比尔"。按照现代考证，作为阿拉伯佐西莫斯的贾比尔是否真有其人很难说，以他的名义留下的诸多炼金术著作恐怕是上百年数代炼金术士集体智慧的结晶。据阿拉伯传说，贾比尔追随过许多高人学习，学成之后进入了阿拔斯王朝著名哈里发哈伦·拉希德（786—809年在位）的宫廷，他的炼金术著作就是献给哈里发的。阿拔斯王朝治下的阿拉伯世界异常精彩，《一千零一夜》就是在哈伦·拉希德时代形成的，其中瑰丽的想象、奇异的多元文化融合、引人入胜的故事情节都是那个伟大时代的鲜活印记。炼金术在这个时代也迅速繁荣起来，不仅在理论和技艺上取得了长足的进步，阴暗面也急速地膨胀，"整个行当从头到尾充斥着匿名、化名、保密、神秘、作假和诡计"。[5]贾比尔的著作令人叹为观止地融亚里士多德物理学、盖伦医学和毕达哥拉斯数学为一体，创造出庞大的炼金术理论体系。他的写作技法也日臻成熟，外行看起来简直就是天书，内行也得花费越来越多的时间、精力和聪明才智方能有所收获。

另一位阿拉伯炼金术史上的大师是伊本·西拿（980—1037），他在西方世界的名字叫作阿维森纳。他所著的《医典》，"是阿拉伯文化的最高成就之一"，直到17世纪一直是西方医学院的权威论著。[6]在阿拉伯世界乃至整个炼金术历史上，他是最著名的"反对者"之一，他坚持人是无知的，人的力量很有限，人制造的东西不可能超过自然物，人根本没有掌握物质（金属）之间的差异，也就不可能实现它们之间的转变。阿维森纳的论文声称他对当时炼金术支持者和反对者的作品都了如指掌，不过最终他在哲学上给出了否定的回答。

第三个阶段，西方的中世纪。

西方人掌握的炼金术，是从阿拉伯人那里学来的，它是12世纪文艺复兴的一部分。炼金术在中世纪西方的出现和以柏拉图、亚里士多德为代表的古典希腊文化重回西方，所经过的道路是一样的。载体是阿拉伯文化，管道是被阿拉伯人长期占领的西班牙。西方人大概努力学习了三百年，才超过阿拉伯人，那时候西方已经快要进入现代了。

不过，在这两三百年当中，西方人在炼金术上还是取得了自己的进展。西方出现了和佐西莫斯、贾比尔同样有分量的炼金术大师盖伯，以及西方最重要的炼金术权威著作《完满大全》。和贾比尔一样，盖伯是化名，他很可能是一位13世纪的意大利方济各会修士。他所著的《完满大全》不仅系统地整理了炼金术的技法，也就是不同等级的"哲学家的石头"的作用和制作方法，还发展出一整套融贯的物质理论，以"最小自然物"的概念把炼金术的所有环节完全讲通了。基督教会对炼金术一直充满敌意，教皇们多次发布训谕禁绝炼金术，但炼金术在中世纪后期如火如荼地发展，自然而然延伸到了现代。

第四个阶段，现代早期。

西方的现代早期才是炼金术真正的黄金时代。确实，炼金术的黄金时代不是整个千年的中世纪，也不是中世纪最后的三百年，而是现代早期，它在西方的16、17世纪最繁荣，到18世纪中叶才开始没落，到19世纪仍然没有绝迹。也就是说，大多数人当作中世纪愚昧和黑暗标志的炼金术，在中世纪只不过是从阿拉伯人那里接过来并有所发展，为现代早期的黄金时代做了准备和铺垫。

这和现代世界科学兴起矛盾吗？一点也不矛盾。前面谈过，炼金术的核心思路是破解自然，科学不也是吗？如果不是把炼金术当成神秘的魔法，而是看作物质之间转变可行之方的探索，炼金术和科学就没有那么远的距离。当时的大科学家们就是这么看的。比如，现代科学第一人牛顿，他在1727年去世，他就长期沉迷炼金术。牛顿干了什么呢？破译密码。他花了很大功夫编写《炼金术索引》，想把一百多本炼金术著作里的关键术语找出来分门别类，目的是看清楚整个炼金术的世界。牛顿的好朋友、化学之父玻意耳也是炼金术的坚定支持者，在英国皇家学会经历了炼金术辩论之后，他仍然坚持金属之间的转变是可能的。而且，这两位科学巨人还经常一起探讨炼金术。[7]

潜入地下

那么，炼金术是怎么变成历史垃圾的呢？

人们都以为是现代科学道出了真理，揭破了炼金术的愚昧，炼金术破产了，也就衰落了。真实的历史不是这样。

一种物质转变成另一种物质，这种思路现在来看不仅是可能的，而且是必要的。确实，化学元素对今天的我们来说，已经是再普通不过的常识，锡和铅之所以不能变成金和银，是因为它们根本就不是同一种元素。不过，元素周期表是门捷列夫在1869年公布的。之前的人根本就不知道物质和物质之所以不同，是因为元素不同。所以，炼金术在门捷列夫的元素周期表公布之前一百年就走向衰败，不是因为科学的发展，至少不是因为元素这一硬知识的出现对它造成了毁灭性的打击。

炼金术变成历史垃圾是18世纪中叶的道德批判造成的。自有炼金术以来，就有对炼金术的道德批判，罗马帝国时代有，阿拉伯时代有，中世纪也有。但丁的说法就很典型，他在《神曲》里面把炼金术士安排在了地狱的第八层，和制造假币的骗子一起受罪。[8]总体来说，但丁的想法代表了世人的一般观点，人们并不把炼金术士当成破解自然的哲学家或者探索者，而是当成江湖骗子。但为什么到18世纪上半叶，对炼金术的道德进攻会无比激烈呢？但丁的著作发表已经过去四百年了，炼金术在这四百年里的大发展大家都没看见吗？

这里有两方面原因。宏观上，世俗的理性主义世界观发展壮大，它以启蒙运动的极端形式展开，对旧世界宣战。理性与愚昧被上升到了善与恶、正义与邪恶、光明与黑暗的高度，一切怪力乱神都应该被毫不犹豫地扔进历史的垃圾堆，炼金术如此，预言、魔法、占星术、塔罗牌也一样。18世纪80年代的一部七卷本大文集很能说明问题，它的题目叫作《人类愚蠢史；或者，著名的黑魔术师、炼金术士、符号数字诠释者、狂热者、占卜师及其他哲学怪人的传记大全》。

微观上，炼金术遭到猛烈道德攻击并潜入地下，是因为广义的炼金术士群体分裂了，那些具有科学家倾向的炼金术士决定撇开江湖骗子，走向科学，并严厉攻击后者。导致炼金术"衰落"的决定性事件是炼金术士的"内讧"。1722年，法国皇家科学院的若弗鲁瓦发表了《论哲学家的石头的种种骗术》。从论文的内容来看，它没有在科学原理上做文章，也就是说，若弗鲁瓦没有从科学上证明物质之间的转变完全不可能，他把力气都花在揭发炼金术都怎么用来骗人。而他揭破骗术的资料和思想来源就是炼金术著作，传统的高级炼金术士就会写这样的书来保证自己行业的清白。但无论如何，炼金术在启蒙运动的高压之下被彻底污名化，已经成为不可逆转的态势，炼金术"失去了立场明确的公开捍卫者"，[9]没有人胆敢再为它发声。热爱它的人，无论是正经的科学家还是江湖骗子，都只能悄悄地干。其实，炼金术在历史上一直都是悄悄地干，从来都没有锣鼓喧天。

炼金术这样一块红宝石能够很好地帮助我们看清楚中世纪，也帮助我们看清楚自己。它能够测试我们心中的现代偏见究竟有多顽固。其实，古代文明当中，一切都还不够发达，科学和迷信混合在一起，是再正常不过的状态。我们不能要求古人的想法和我们一样，更不能轻率地断定只要他们想法和我们不一样就一定是他们愚蠢。当现代世界从中世纪脱胎而出，就像化学从炼金术脱胎而出，一定会产生过于激烈的反叛行动，把旧世界说成一片黑暗。但这不是事实的全部。更为重要的是，从哲学上看，炼金术的内核是人类认识和改造物质世界的努力；从科学上看，它为现代化学准备了很多基本知识和操作方法。更有意义的是，从历史上看，蜿蜒曲折是常态，高歌猛进只是偶发，历史从来不是只有黑与白，而是充满了意料之外的陌生和异样，因此它总能给我们带来惊喜和回味。

注释

[1] 亚里士多德：《形而上学》，吴寿彭译，商务印书馆，1995，第4-16页。

[2] 劳伦斯·普林西比：《炼金术的秘密》，张卜天译，商务印书馆，2018，第12页。(**)

[3] 此文出自最受尊敬和最为著名的炼金术文本——《翠玉录》，见普林西比：《炼金术的秘密》，第44页。

[4] 普林西比：《炼金术的秘密》，第17-31页。

[5] 同上书，第46页。

[6] W. C. 丹皮尔：《科学史及其与哲学和宗教的关系》（上册），李珩译，

商务印书馆，1997，第127页。

[7] 玛格丽特·J. 奥斯勒：《重构世界：从中世纪到近代早期欧洲的自然、上帝和人类认识》第六章，张卜天译，湖南科学技术出版社，2012。（**）普林西比：《炼金术的秘密》，第164–171页。孙亚飞：《元素与人类文明》，商务印书馆，2021，第45–49页。（*）

[8] 但丁：《神曲·地狱篇》，田德望译，人民文学出版社，2002，第168页及注释25。

[9] 普林西比：《炼金术的秘密》，第126–127页。

07
黑死病
乌云笼罩的生机

　　看过了光怪陆离却又生机盎然的炼金术，我们来看看黑死病。中世纪的黑死病是人类历史上数一数二的大瘟疫，它也成了中世纪的标签之一，甚至成了中世纪"黑暗落后"的铁证。因为一个时代出现了瘟疫便不容分说地一口咬定它是黑暗时代，经受过疫情考验的我们恐怕不会同意。瘟疫确实恐怖，但它不只是恐怖，瘟疫笼罩下，还有人的绝望与希望、脆弱与坚强、颟顸与机巧……瘟疫不是简单的医学事件，而是重大的社会事件，虽然极度沉重，却也极度复杂。所以，黑死病当然是黑色的，不过不是维京人代表的那种深不见底的黑，而是乌云压顶的那种黑，它可能让人感到窒息、绝望、崩溃，里面似乎透出光亮，却又没有人知道乌云何时散开、阳光照射大地。我们分两部分来拨开黑死病的乌云：第一，惨绝人寰；第二，死而后生。

惨绝人寰

中世纪的黑死病到底有多恐怖，可以用惨绝人寰来形容，那是哪怕经历过疫情的我们都不敢想象甚至不曾想象过的恐怖。

黑死病是鼠疫耶尔森菌引起的淋巴腺鼠疫，由跳蚤传播，在无法讲究卫生的中世纪，跳蚤成了死神的使者。后来鼠疫迅速演化出两个亚种，一个是败血型鼠疫，另一个是肺炎型鼠疫，后者能通过飞沫传播，传染性更强。[1] 更可怕的是，这种病的烈度和致死率极高，体格不好的人感染之后可能几个小时就死了，感染之后治愈在那个时代几乎不可能。由于病人脸色发黑，死后尸身更是黑得厉害，所以它被称为"黑死病"。不过，黑死病的大名不是中世纪就有的，而是19世纪才这么叫的，中世纪就叫它大瘟疫。

黑死病到哪里都是一场毁灭性的打击，它不仅毁灭人的肉体，还毁灭人的心灵。中世纪的黑死病大概走了这样一条传播路线，蒙古大军带来的鼠疫耶尔森菌在克里米亚落地，商人们又把它带到了君士坦丁堡，然后它从意大利的西西里、热那亚、威尼斯登上了欧洲大陆。意大利先受蹂躏，其次是法国，再次是英国，接着是北欧，最后是俄罗斯。黑死病席卷了整个欧亚大陆。

由于黑死病的烈度太高，一个城市很可能三五天之内就尸横遍野，连收尸的人都没有了。不是牧师不敢给逝者举行葬礼，而是牧师很快也死光了，因为和尸体接触是很容易受感染的。死神举着大镰刀来收割人命的恐怖意象迅速传开。当时的人相信黑死病是瘴气所致，处理病人尸体之时戴起鸟嘴护具以便防护，鸟嘴面具便成了黑死病的经典形象。

活着的人赶紧逃出城市，去乡下避难，结果他们把鼠疫带到了营养条件更差、组织水平更低的农村。佛罗伦萨的悲惨状况还有薄伽丘这样的文学大师记录下来，在广大农村，一个村接一个村的人都死绝了很可能都没有人知道。这种迅速的大规模死亡导致了法律的崩溃、伦理的崩溃甚至是信念的崩溃。在死神的笼罩下，不知道还有没有明天的人，干出什么寡廉鲜耻的事情都是很正常的。

黑死病带来的恐怖，有些是可以直接去"理解"的，比如关于人口的各种数字。黑死病从1347年前后登陆欧洲，到1720年最后一次大暴发，断断续续持续了近四百年，大规模暴发大约有18次，平均20年就暴发一次。直接损失便是人口锐减，是灾难性的。[2]历史学家们通过当时各种直接和间接的记录推断，基本达成了共识，著名历史学家麦克尼尔的总结非常有代表性：

> 对整个欧洲在1346—1350年的鼠疫死亡率，最合理的估计是约为总人口的1/3。这个估计，是基于不列颠群岛的死亡率而做出的，在不列颠群岛，经过两代学者的努力，已经把鼠疫初次发作的人口损失范围压缩到20%—45%。把英国的统计数字转用于整个欧洲，至多为猜测划定了大致的范围：在北意大利和法国的地中海沿岸，人口损失可能更高；在波希米亚和波兰则低得多；而俄罗斯和巴尔干地区干脆就无法估计。[3]

麦克尼尔的上述推断是根据流行病学的规律做出的：越是繁荣，越是人口密度高，黑死病的传播就越"便利"，致死率也就越高，当时佛罗伦萨、威尼斯、米兰这些大城市所在的北意大利就要比平均水平严重得多，有的城市的死亡率甚至高达70%；相应地，波希米亚和波兰的就要比平均水平低。由此我们可以根据流行病和人口密度的关系做出合理推断：瘟疫是一种"富贵病"，越是繁荣的地方遭受的打击越是残酷。从人口总数看，1346年的欧洲人口大约是8000万，经过第一波黑死病的三年打击之后，大约直接损失了2500万。和海量人口迅速死亡相关的便是平均寿命和健康水平的急剧下降，家庭的完整率也大大下降，初婚年龄明显上升。由于黑死病反复出现，欧洲的人口增长也是步履蹒跚，直到17世纪末，欧洲的人口才恢复到黑死病出现之前的14世纪上半叶的水平。[4]西方是在黑死病的拉拽下从中世纪跌跌撞撞地走进了现代。

数字是冰冷的，它背后是堆积如山的人命，生命的消失所带来的痛苦和遗憾不是任何震撼心灵的数字可以描述的。我们来看看黑死病的亲历者如何记录这场灾难。文艺复兴之父彼得拉克在1347年开始的这第一波黑死病里失去了他最心爱的女子劳拉，让他成为西方诗圣的《歌集》基本上就是对劳拉的表白，《歌集》的后半部便是对逝去劳拉的悼念和追忆。我们来看劳拉离世后的第一首诗的第一节。

> 爱神啊，你给我啥建议？我该咋办？
> 已经到死亡时间，
> 我却违己心愿，拖延许久，
> 美夫人离尘世，携我心肝；
> 最好是中断这邪恶岁月，
> 随她去，伴其身边；
> 在尘世我已经无望见她，
> 久等待令我心烦。
> 今后我一切快乐，
> 因她去，都变成热泪潸潸，
> 甜蜜生活已消逝不见。[5]

彼得拉克痛失挚爱的苦楚化为了文学瑰宝，其实背后是无数同时代普通人痛失至亲或真爱的感同身受。彼得拉克的好朋友薄伽丘也是文艺复兴巨匠，他的著名故事集《十日谈》也是文艺复兴的标志性著作。和彼得拉克用诗歌撕心裂肺地喊出伤痛不同，薄伽丘用故事刻画着灾难的实况。就在《十日谈》一开篇，薄伽丘把这场黑死病袭击佛罗伦萨的场面写得清清楚楚。这些恐怖场景是诗人的文学创作，但更是黑死病的真实写照。薄伽丘先留下了时人对黑死病起因和传播状况的看法：

不知是由于天体星辰的影响，还是因为我们多行不义，上帝大发雷霆，降罚于世人，那场瘟疫几年前先在东方地区开始，夺去了无数生灵性命，然后毫不停留，以燎原之势向西方蔓延。

我们今天的人知道瘟疫是由细菌或者病毒传播引起，要归功于巴斯德在1854年"发现"了细菌，病毒被认识则是20世纪的事情。在不知道这些致命微生物存在的中世纪，人们把瘟疫的原因归结成上帝震怒、星辰运动或者瘴气来袭。当时的医学非常落后，没有解剖学和生理学作为基础，靠千年前古希腊哲学家柏拉图或者医学家盖伦的学说粗糙行事，离巫师、占星师、炼金术士并不远，根本对付不了黑死病。薄伽丘描写感染者的可怕症状和人们的反应之时，医生完全是无能的摆设。愤怒的彼得拉克则把当时的医生这个职业贬得一无是处。不过，瘟疫的防治并不是纯粹的医学问题，而是和社会政治治理高度相关的公共卫生问题，它固然考验医生的医术是否高明，但更重要甚至更本质地是考验一个城市或者国家的公共治理水平。

精通人事的薄伽丘很快就谈到了黑死病引起的社会后果，为非作歹之徒猖獗，社会秩序荡然无存：

我们的城市陷入如此深重的苦难和困扰，以致令人敬畏的法律和天条的权威都开始瓦解。

不仅如此，薄伽丘甚至观察到，连基本的伦理和亲情都没有了：

瘟疫把大家吓坏了，以致兄弟、姐妹、叔侄，甚至夫妻都不相互照顾。最严重而难以置信的是父母尽量不照顾看望儿女，仿佛他们不是自己的亲生骨肉。[6]

灾难袭击的不仅是人命，还有人心。父母、兄弟、妻子、儿女都可以弃之不顾，那个时候的人心里真是没剩多少人性的光芒了，在这种情况下出现坑蒙拐骗、寡廉鲜耻、为非作歹甚至烧杀掳掠虽然令人震惊，却也在情理之中。文艺复兴之都佛罗伦萨变成了人间地狱。当时公共管理水平最高的佛罗伦萨尚且如此，其他城市或农村遭到黑死病侵袭之后产生的社会动荡乃至秩序崩溃自不待言。瘟疫的乌云黑压压地笼罩了西方，从外到内，都造成了极大的扭曲，那是一个极度不正常的世界。彼得拉克和薄伽丘这些文艺复兴巨匠就是在黑死病的场景里抨击中世纪的，在他们心里，中世纪的样子就是他们正在亲身经历的黑死病疫情。

死而后生

黑死病带来的毁灭性打击有没有彻底改变西方的历史走向？其实并没有。它没有让西方改变方向，只是让当时的人更摸不准方向。有"危"便有"机"，只不过大多数人都不知道如何化"危"为"机"，但"机"就在"危"的不远处。生路是有的，但谁也不知道该往哪儿走。这是理解西方的中世纪和现代之间连续性的关键之一。我们以后见之明从经济、政治、信仰三个方面看看西方在什么样的具体问题中曲折地前行，跌跌撞撞地走进了现代。

第一，黑死病推动了欧洲经济的大调整。

黑死病到来之前的中世纪经济，用今天的话说，已经陷入了"内卷化"。自11世纪安定下来之后，农业获得了长足的发展。荒地的大面积开垦，长期的风调雨顺，卓越的技术进步，加上教会主导下的对体力劳动的尊重，使得1300年的西方在经济上达到了新的顶峰。人口过剩，粮食价格上涨，无地可开，技术进步走到了尽头，易开采的矿藏枯竭，加上气候变化，当时的经济已经陷入了困境，人们展开了低水平的、没有创造性的恶性竞争。这和明清两代中国经济状况有几分相似。[7]

黑死病袭来，人口锐减、土地抛荒、贸易停摆，很多旧问题消失了，新局面等着人们去开拓。其中最重要的是庄园制的动摇，并逐渐走向崩溃。原来人多地少，农民的劳动力廉价，为大庄园主种地和提供劳务的任务因此就很繁重，人身自由也被严格限制。现在不一样了，人少地多，而且土地所有者频繁更换，租佃关系非常不稳定，维持庄园制就是非常不经济的，控制人身自由的封闭式庄园就难以维系。如此一来，土地的自由程度和人的自由程度都大大提高，这意味着封建经济的没落，更意味着资本主义经济的基础已经慢慢铺设起来了。[8]

城市比农村恢复得更快。城市本来就是商贸中心，经济活力更加充足，更容易借助更为广阔的市场恢复元气。农村的变化也和城市发生了奇妙的共振。一旦庄园制的崩溃与农村的资本主义化形成此消彼长的态势，城市的商贸本性自然会为它添砖加瓦，而且，城市最需要无地可种的农民流入城市变为工人，成为本质上不可能自给自足的劳动者兼消费者。土地和人的自由度提高，以及资本主义经济基础的酝酿，很大程度上是黑死病的意外后果。但正是这种经济上的重大意外后果为西方后来全面奔向资本主义准备好了极其重要的条件。

第二，黑死病加剧了欧洲政治的大动荡。

黑死病造成的秩序崩溃对任何统治者都是严峻的挑战。和黑死病在社会经济上的"富贵病"特性相似，黑死病在政治上带来的挑战也和统治者统治的广度成正比。统治范围越广，越被认为是天下共主，遭到的挑战就越严峻。14世纪之前，中世纪最重要的政治角色是教皇，不是世俗国王们。最典型的是13世纪初的教皇英诺森三世，他在位的时候，教会的权力达到了顶峰，他甚至可以废立世俗国王。

到了14世纪，教会在政治上遭遇重创：1303年，教皇卜尼法斯八世在和法国国王菲利普四世的斗争中惨败。教廷原来一直在罗马，但菲利普四世把教皇扣在了阿维尼翁，教皇在阿维尼翁受尽折磨，屈辱地死去了。此后，教皇和教廷就被法国控制了。这就是著名的"阿维尼翁之囚"。很明显，教皇和教廷从巅峰跌落意味着政治格局开始重新洗牌。

黑死病来袭让本已遭受重创的教皇和教廷意外地雪上加霜。阿维尼翁疫情凶猛，彼得拉克的劳拉正是在那里染病而终，黑死病并不会对高级神职人员网开一面，教皇身边的红衣主教染病死了一大半。在断断续续的黑死病暴发期间，到了1376年，教皇格里高利十一世决定将教廷迁回罗马，可是迁回去没多久，1378年他就去世了。罗马民众怕教廷再回法国，把以法国人为主的红衣主教团一围，胁迫他们选出了意大利教皇乌尔班六世。但是，红衣主教们在胁迫解除之后就反悔了，又选出了克雷芒七世。这样一来，两个敌对的教皇并立，都积聚了自己的势力，一个在阿维尼翁，一个在罗马城，教会分裂了。大分裂一直持续了四十年，中间闹剧不断，终于到1414年，才选出了大家都认可的新教皇。[9]

教会大分裂严重削弱了教皇和教廷的权威，使得中世纪典型的教会与世俗政权并立的二元格局开始坍塌。各种反教皇势力逐渐集结到各国君主身边，教权与世俗政权的力量对比开始出现逆转，后世列国争雄的政治格局开始逐渐形成。

第三，黑死病造成了欧洲信仰的大动荡。

13世纪，教皇和教廷权力达至顶峰的过程中，非议就源源不断，因为帮助信徒灵魂得救的教会拥有了越来越多的硬实力，而有了硬实力就难免胡作非为。黑死病让所有的非议集结到了一起。

在黑死病之前，不可一世的教皇们严厉管控民间宗教组织和活动。最典型的事件是教皇约翰二十二世宣布方济各会坚持的核心教义为异端。方济各会坚持"使徒贫困"，主张基督徒就应该像耶稣和他的使徒那样过穷日子，很多激进分子对教皇的财富和权柄展开了激烈的批评。教皇以异端之罪名防民之口，被迫害的方济各会会长和最杰出的神学家奥卡姆的威廉转身投向了反教皇阵营。奥卡姆的威廉所阐发的唯名论后来成为瓦解中世纪正统神学的利剑。教会的分裂由外在的政治派系的分裂迅速演化成内在的神学教义的对峙。[10]

随着黑死病的流行，秩序普遍崩溃，信条难以维系，人们都将其归罪于教皇和教廷的腐败无能。最有攻击性的当然是以彼得拉克和薄伽丘为代表的文艺复兴巨匠们。但丁在黑死病暴发之前就去世了，不过他已经为抨击教皇和教廷做出了光辉的榜样。以世俗化的标准通过嬉笑怒骂的形式攻击教皇和教廷，文艺复兴的三位文学巨匠可谓火力全开，君主、贵族、市民、农民在喜闻乐见的文艺形式中迅速将教皇和教廷的形象丑化乃至妖魔化。

  黑死病暂时消退的14世纪后期，在教会大分裂之前，阿维尼翁的教皇们大部分都是理财高手和外交高手，他们的世俗做派已经很难让人相信他们是基督教的领袖了。在大分裂之后，罗马和阿维尼翁两派都求财求兵、纵横捭阖、诡计迭出，闹得不可开交，成了整个西方的笑话。他们用自己的实际行动证明了奥卡姆的威廉从神学上的批判和文艺复兴巨匠们从文学上的批判完全是正确的。就这样，教皇和教廷在14世纪迅速失去信徒的信任，为马丁·路德16世纪初的宗教改革做好了准备。

  如果说经济上的非意图后果特别明显，政治上和信仰上的就更明显。登上权力巅峰的教皇在14世纪尤其是黑死病袭来之后，陷入了怎么做都是错的尴尬局面。就是在这种主角陷入迷乱、群雄伺机而动的局面当中，现代的政治、宗教、文学等各个方面都从意料之外的角落里不断地涌现出来。正是由于有太多的意料之外和不确定性，本节一开篇才说黑死病带来的黑并不是深不见底的黑，而是乌云压顶那样的黑，它的恐怖当中透着说不清楚的光亮和活路，西方正是在这种乌云渐开却未尽散、前途可期却未明了的状态中走进了现代。

注释

[1] 约瑟夫·P. 伯恩：《黑死病》第二章，王晨译，上海社会科学院出版社，2013。（**）

[2] 布莱恩·蒂尔尼等：《西欧中世纪史》，袁传伟译，北京大学出版社，

2011，第453页。

[3] 威廉·麦克尼尔：《瘟疫与人》，余新忠、毕会成译，中信出版社，2018，第137页。（*）

[4] 威廉·乔丹：《中世纪盛期的欧洲》，傅翀、吴昕欣译，中信出版社，2019，第356页。（*）参见M. M. 波斯坦主编《剑桥欧洲经济史. 第1卷，中世纪的农业生活》，王春法、郎丽华等译，经济科学出版社，2002，第576-579页。（***）迈克尔·琼斯主编《新编剑桥中世纪史. 第六卷. 约1300年至约1415年》，王加丰、柴彬等译，中国社会科学出版社，2020，第148-161页。（***）弗朗西斯·艾丹·加斯凯：《黑死病：1348-1349：大灾难、大死亡与大萧条》第10章，郑中求译，华文出版社，2018。（*）

[5] 弗朗切斯科·彼特拉克：《歌集：支离破碎的俗语诗》，王军译，浙江大学出版社，2019，第568页。

[6] 薄伽丘：《十日谈》，王永年译，人民文学出版社，2005，第6页。

[7] M. M. 波斯坦主编《剑桥欧洲经济史. 第1卷，中世纪的农业生活》第八章。布莱恩·蒂尔尼、西德尼·佩因特：《西欧中世纪史》，第448-453页。黄宗智：《明清以来的乡村社会经济变迁：历史、理论与现实》（卷一），法律出版社，2014。

[8] 波斯坦主编《剑桥欧洲经济史. 第1卷，中世纪的农业生活》，第634页。

[9] 布鲁斯·雪莱：《基督教会史（第二版）》，刘平译，北京大学出版社，2004，第245-251页。（***）埃蒙·达菲：《圣徒与罪人：一部教宗史》，龙秀清译，商务印书馆，2018，第208-227页。（**）

[10] 奥尔森：《基督教神学思想史》，吴瑞诚、徐成德译，北京大学出版社，2003，第377-384页。（***）

第二章

帝 国

—— 中 —— 世 —— 纪 ——

前一章我带你先看了中世纪最著名的七件"展品",好比你到了卢浮宫得先看看玻璃金字塔、蒙娜丽莎、胜利女神像和断臂维纳斯。热闹看过了,我们得一起来看门道,乐趣是药引子,系统化的理解是真正的任务。有了"印象",我们进入一个个"专题展室",更加集中、深入地了解中世纪重要的组成部分和演化脉络。我设了五个专题展室,也就是本书的二至六章,它们依次是帝国、教会、王国、大学和城市。在每一个专题展室中,既有核心建制,也有关键人物,还有重大事件。

听过"得到"课程"中世纪史纲30讲"的朋友们应该发现了,我更改了组织架构,以核心建制、关键人物、重大事件为主题的展室设计变成了以帝国、教会、王国、大学、城市为主题的新布展。重新设计的目的是最大化地实现文字传递思想的有效性。听音频接收知识的认识逻辑和心理逻辑与看书不同,因此我做出了新的设计方案。当然,你把这本书的各节按照自己设计的问题来重新组织阅读的顺序,我是很欢迎的,附录为你准备了中世纪的大事简表,方便你捋清时间线。

帝国、教会、王国、大学、城市,你可以把它们看成相互独立又相互联系的五方力量,在缠斗过程中,它们迅速成长,也形成了错综复杂的关系网络,把中世纪不断向前推进。这一章,我们先看帝国。中世纪的帝国远不如罗马帝国威武雄壮,不过对于理解这个时代它仍然是不可或缺、不可替代的,因为它仍然是西方对自身最大的共同体的想象。

08
加冕
欧洲诞生的欢呼

中世纪帝国形成的标志是查理曼加冕,它意味着作为现代西方直接母体的欧洲文明诞生了。

查理曼加冕即查理加冕为皇帝。"曼"的意思是"大",查理曼即查理大帝。查理曼是中世纪最重要的人物之一。他是中世纪的第一个皇帝,他的文治武功决定了中世纪乃至整个西方的走向。在我们今天的日常生活里,他还经常出现:他是扑克牌里的红桃K。不过,你可能有所不知,扑克牌的4个J里面有两个是他手下的骑士,可见他的武功深入人心。在西方通行了很长时间的罗马字体,实际上来自他主导的加洛林抄写体,可见他的文治也下沉到了西方文化的底层。他在西方文化中的地位是顶级的,在他加冕成为皇帝之前,就已经被当时的人称为"欧洲之父"。关于查理曼的文治武功和巨大影响,可能是中世纪史当中研究最充分的议题,艾因哈德的《查理大帝传》、巴尔贝罗的《查理大帝》或者《西方史纲》的相关章节是合适的入门指南。在这里我把查理曼的故事聚焦在他加冕的那一刻,通过这个加冕仪式来看中世纪以及它的帝国。查理曼的"加冕仪式象征一个统一的西方基督教社会首次出现",[1]当时的人们用罗马皇帝的名号"奥古斯都"欢呼庆贺,似乎伟大的罗马帝国又回来了。我们通过三个部分来挖掘查理曼加冕的深意:第一,日耳曼的胜利;第二,罗马基督教的胜利;第三,西方的新生。

日耳曼的胜利

西方从罗马时代进入中世纪,最重要的标志之一就是日耳曼人取代罗马人成为西方的主体民族。查理曼的加冕,标志着罗马人和日耳曼人的交接彻底完成。也就是说,这个仪式表面上是查理曼的加冕礼,实际上是日耳曼人的成年礼。这一天是公元800年圣诞节。

说起来真的是很漫长:日耳曼人在凯撒时代就已经是西方历史舞台上的角色了,最早记载日耳曼人的可靠资料是凯撒在公元前58—前52年写成的《高卢战记》。[2]到查理曼在公元800年圣诞节加冕,日耳曼人的成年用了800多年。而且,即便举行了成年礼,日耳曼人还是不够成熟。

我在《西方史纲》和《罗马史纲》中都谈过,西方的成长是一场接力赛,希腊人传给罗马人,罗马人传给日耳曼人。希腊人以"文"的方式带罗马人成长,罗马人以"武"的方式带日耳曼人成长。[3]那么,跟罗马人学了四五百年,到罗马帝国在公元476年倒下的时候,日耳曼人为什么还是未成年?师傅已经倒下,已经轮到他当家做主了,他还是用了三百多年的时间才基本成熟。这就是查理曼加冕蕴含的第一重意义。我们来看看查理曼统率的日耳曼人有了哪些进步,可以担得起西方文明的主体民族。

第一,武功的质变。

日耳曼人天生勇猛不假,但基本上只是血气之勇,不然怎么总是输给兵力只有十分之一的凯撒。"骑士"一节里我们一起看了《罗兰之歌》的故事,武功歌就是教日耳曼人打仗要讲忠诚、讲纪律、动脑子。罗兰就是查理曼的骑士,查理曼已经拥有一批"理想的战士"了。作为统帅,查理曼本人显示出了凯撒的风范。他取得了巨大的武功，但完全不是凭一己血气之勇，他亲自上阵搏杀的战役屈指可数。

日耳曼人的武功在查理曼手中发生了明显的质变：他是中世纪第一个实现帝国规模军事调度的统帅。日耳曼人——确切地说是法兰克人——在他的领导下，不再像当年的蛮族蝗虫一般漫无目地吞噬罗马的地盘，而是大规模地实施目的明确的作战方略，在方略的步步展开之下收获预期中的胜利。[4]

第二，秩序的建立。

日耳曼人建立了自己的秩序，就是封建。后文会专门阐释，封建制不知道是谁发明的，但确实是在查理曼的加洛林王朝全面铺开的。罗马人的元老院、执政官、保民官、法务官、监察官、财务官、总督这些制度都不会用，日耳曼人总得拿出一套自己会用的办法才能实现广土众民的统治。从前的日耳曼首领们只不过是顶着拜占庭皇帝颁发的执政官头衔，可他们根本不会操作罗马式的复杂政治系统。终于，在三四百年的摸索之后，他们发现，依靠兄弟战友的私人权利义务关系连接起来的封建是他们能够操作的，而且对那个秩序崩溃的年代来说也是有用的。

封建普及了，尽管不那么高级，但日耳曼人起码会搞政治了。查理曼就是把封建普及到整个西方的关键人物。他不仅任用边疆伯爵守卫作战区域，而且主动把主教和修道院院长变成自己的封建诸侯，壮大封建体系的治理能力。封建在查理曼手里变成了教俗贵族共同支撑起来的秩序，其中甚至囊括了教皇。[5]

第三，民族的自信。

能打，会打，还能统治和治理，自我认同——也就是讲好自己的故事——就必须提上日程了。灭亡西罗马帝国的蛮族首领奥多亚克没有自己称罗马皇帝，而是转头找东罗马皇帝讨了个执政官头衔，后来的蛮族首领大多与东罗马保持着这样一种东高西低的政治名义关系。显然，作为胜利者和实际控制者的日耳曼人并没有政治自信。赢了，也不知道把自己置于何地。

查理曼所率领的法兰克人，是从克洛维公元481年建立的墨洛温王朝一路走来的。与东哥特人、西哥特人、汪达尔人、伦巴第人相比，他们和罗马的直接交战少。但他们最早皈依罗马的基督教，从中汲取和创造出文化自信，进而变成民族的政治自信。经过查理曼爷爷查理·马特的成功经营，到了查理曼爸爸矮子丕平执政的时候，"法兰克人是上帝拣选的民族"这种观念就已经开始发酵。他们甚至编造神话说自己是另一个特洛伊王子的后代，只不过和罗马始祖埃涅阿斯选了不同的地方，埃涅阿斯的罗马民族倒下了，该他们这个神圣民族接班了。查理曼小时候就已经对自己是上帝选中的新大卫王深信不疑，和他的法兰克民族对自己是上帝的新选民深信不疑完全一致。[6]

无论从西罗马帝国灭亡后欧洲惨淡的大势企稳反弹来看，还是从加洛林王朝祖孙三代建立起帝国的伟大业绩来看，公元800年查理曼的加冕，是对扫平了整个欧洲、建立了封建秩序、打造出民族自信的法兰克领袖给予宗教上的正式承认，承认这个民族成为欧洲的新主人。

罗马基督教的胜利

谁来通过加冕对查理曼和法兰克人予以承认呢？教皇。

承认者当然比被承认者更高级，从这个最基本的逻辑里面，教皇占了查理曼的大便宜。而教皇之所以能把这个巨大的政治便宜给占了，很大程度上也证明了基督教在西方的胜利。基督教不是在罗马帝国后期就接管帝国的管理了吗？基督教在中世纪早期的胜利又是从何说起呢？

基督教会确实是日耳曼人的导师，也确实继承了罗马帝国的衣钵。而且，教会有文化，从森林里杀出来的日耳曼人走进文明得靠它引领。教会承担起了中世纪早期维护秩序的职责，它变成了中世纪最有权威的组织。不过，尽管教会在很多方面占据明显的优势地位，但它也存在着一个天生的缺陷：教会没有兵。而且，权威和组织的成长也需要一个过程。教会的故事，下一章专门讲。

在教会也在和日耳曼人一同成长的中世纪早期，"教会必须取得什么样的胜利"是和法兰克人直接相关的重大问题：教会为什么选择扶植日耳曼人里的法兰克人。西罗马帝国崩溃后不久，公元481年，教会就找到法兰克人首领克洛维，劝服他率领法兰克人皈依了罗马的基督教，向各路信仰异教和异端的蛮族开战。[7]克洛维开创了墨洛温王朝，查理曼的爷爷查理·马特和爸爸矮子丕平都是墨洛温王朝的宫相，他们取而代之建立了自己的加洛林王朝，他们和罗马教廷一直维持着良好的关系。因此，罗马的教会也特别偏爱法兰克人。不都是日耳曼人吗，罗马的教会为什么要厚此薄彼？这和当时的宗教形势大有关系，罗马基督教必须战胜两股强大的敌人。

第一股敌人是明面上的，早在4世纪初，罗马帝国君士坦丁大帝时代就有了，谁呢？阿里乌派。

我在《西方史纲》和《罗马史纲》里都讲过，阿里乌派是罗马帝国时代最大的异端教派。他们不相信三位一体。这条教义极其复杂，后面的神学原理几乎是汪洋大海，但只要抓住一点就行了：三位一体就是说上帝之子耶稣和上帝一样是神，否认三位一体就是否认耶稣的神性。罗马教会要对付否认耶稣神性的阿里乌派，就请君士坦丁大帝帮忙，结果他召集了基督教历史上的第一次大公会议，叫尼西亚公会。会议决议宣布三位一体是正统，不信三位一体的阿里乌派是异端。[8]阿里乌派被教会和帝国联手严厉打击，结果都跑到日耳曼人里传教了，很多东哥特、西哥特、伦巴第日耳曼部落信的都是阿里乌派这一套。中世纪的罗马教会虽然成了擎天柱，却是被信异端的日耳曼人包围了。[9]尤其是占领了意大利北部的伦巴第人和南部的东哥特人，对身处罗马城的教皇长期构成武力威胁。据说给查理曼加冕的教皇利奥三世被伦巴第人挖了眼睛，割了舌头。

这个时候我们就容易明白罗马教会为什么偏袒法兰克人了。很长一段时间里，法兰克人几乎是罗马教会的亲儿子，东哥特人、西哥特人、伦巴第人、汪达尔人都是异端。为了自己的安全，也为了基督教事业，罗马教会必须让法兰克人壮大，打败这些异端。

结果，这件大事在查理曼手上基本完成了。无论是信阿里乌派的，还是信古老日耳曼异教的，都被查理曼收拾得干干净净，欧洲完全成了罗马正统教会的地盘。在这个过程当中，罗马教会迅速发展壮大，用自己独特的组织建设，突破异端的包围，接管人民的心灵，成功地覆盖了欧洲。

罗马教会要对付的第二股势力是暗地里的，就是拜占庭皇帝和拜占庭教会。

说西方的基督教是罗马基督教，针对的就是拜占庭的希腊基督教。东、西基督教的分歧和对立从君士坦丁时代就开始了。罗马教会很长时间只能暗地里对付拜占庭教会和它背后的拜占庭皇帝。教皇很长时间也是奉拜占庭皇帝为尊的，罗马教皇当选第一件事情就是写信告知拜占庭皇帝。但是，拜占庭自己麻烦不断，客观上保护不了罗马教会被那些信异端和异教的日耳曼人欺负。而且，双方在教义上的分歧越来越大，尤其是拜占庭皇帝发动了破坏圣像运动。罗马教皇就越来越不奉拜占庭皇帝的号令了，甚至在破坏圣像运动里公然和拜占庭皇帝对抗。[10]

这个时候，查理曼和法兰克人的成熟让教皇们果断地决定换人：西方的主人不再是顶着拜占庭皇帝头衔的希腊人，而是虔诚又能干的法兰克人。为查理曼加冕，是教皇带领西方的基督教摆脱拜占庭皇帝的政治安排。一旦成功，罗马基督教将成为基督教世界的正宗，而基督教分裂成西边的拉丁天主教和东边的希腊东正教，也就是迟早的事情。事实上，查理曼时代的教皇们采取的这种分立战略最终成功了，西方和拜占庭在宗教信仰、教会系统、政治归属、皇帝名分等各个方面都各走各路，成了不同的文明。

西方的新生

与拜占庭分道扬镳的西方，才是我们熟悉的现代西方的直接前身，查理曼的加冕就是分岔的路标。

原来西方和拜占庭兄弟俩在希腊、罗马、基督教三大传统底座上一起长大。从君士坦丁大帝时代起，它们开始各自成长。西罗马帝国灭亡之时，西方名义上奉拜占庭为尊，实际上不受它控制。终于，西方这个小兄弟成熟之后，就甩开大哥自己干了。在查理曼加冕这个时间点上，世人的一个传统印象才得以成立：西方主要是欧美。"美"是指美国，它是18世纪从英国的殖民地独立而来的。"欧"这个欧洲，虽然古希腊就已经有了这个名字，但把这个地理名词和西方文明对应起来，是中世纪的事情。之前的古希腊和古罗马文明都不以欧洲为界，在西亚、北非都有辉煌的业绩，总的来说，都是地中海文明。

对比文明的疆界，查理曼被尊称为"欧洲之父"的历史意义就非常清楚了。"欧洲之父"不是说查理曼在物理上造出了一片陆地——这片陆地本是地球地壳运动的结果，而是说欧洲成为一种新的文明，查理曼是新文明之父。这个新文明在纵横两个维度都有差异重大的其他文明存在，要和它们区分开。横向的，也就是同时代的，有拜占庭和伊斯兰。纵向的，也就是前辈们，有古希腊和古罗马。作为新文明的欧洲文明和它们四个都有联系，但都不一样，它有了自己的独立性，作为文明的欧洲由此诞生。

那么，欧洲文明的独立性到底体现在哪里呢？难道只是体现在自己龟缩在欧亚大陆的西端吗？欧洲的诞生就是西方的新生，至少有这样三个特质，无论好坏，都成了它的独特之处，与别的文明无关，它只能按照这些特质走自己的路。

第一，罗马的、拉丁的、教皇的基督教成为这个新文明的精神内核。

它与君士坦丁堡的、希腊的、大牧首的（实际上是皇帝的）东正教构成精神内核的拜占庭文明形成对峙，也与麦加的、阿拉伯的、穆罕默德传人的伊斯兰教构成精神内核的伊斯兰文明形成对峙，同时，与古希腊罗马的多神教和多元哲学构成精神内核的古典文明也拉开了差距。中世纪西方的大公基督教——而不是别的教，也不是基督教的别的派——成为西方的世界观、价值观、方法论的底色。查理曼加冕，从文明的精神内核的高度来看，是这个文明中的最高统治者用最神圣的礼仪承认和拥护这套独特的精神内核。

第二，封建的、多元的、复杂的社会政治形势成为这个新文明的基本社会事实。

古希腊、古罗马的多元性和复杂性都很高，但都不是封建的，它们的多元性和复杂性都不是在封建的基本框架里展开博弈，拜占庭和伊斯兰也不是。查理曼加冕，从基本社会政治事实的层次来看，是将封建这一西方独特的基本社会事实定型了，也就是西方承认自己只能在不那么成熟的社会政治条件下继续往前走。

第三，拉丁的、日耳曼的、法兰克的民族身份成为这个新文明的主体身份。

在西方的新主体民族眼里，穆斯林是异教徒，希腊人这个名号变成了拜占庭的代名词，罗马人虽然受到崇敬，但作为兄长已经倒下，新民族已经接过了他的衣钵。西方在民族意义上的多元性比罗马时代明显缩减了。查理曼加冕，从主体民族的范围来看，确认了民族内部多元性的缩减，同时也确认了新民族作为文明新主人的地位。

欧洲的诞生是西方的新生。如果说西方文明各大阶段之间有断裂期，那么，古希腊和古罗马之间的断裂期并不明显，而古罗马和中世纪之间的断裂期比较明显，中世纪早期这五百年，可以看成西方文明内部最大的断裂期。其实退一步看可能更准确，应该把这五百年看成是动荡期或者整合期。查理曼加冕意味着上述三条新文明的独立性标准已经被整合出来，新文明由此基本定型，西方自罗马帝国晚期以来濒临文明解体的危机似乎已经得到了有效的克服，它开始走上正轨。

注释

[1] 布莱恩·蒂尔尼等：《西欧中世纪史》，袁传伟译，北京大学出版社，2011，第137页。（**）根据英文版略有改动，参见Brian Tierney and Sidney Painter, *Western Europe in the Middle Ages,300–1475* (New Youk:

McGraw-Hill Companies, Inc., 1999)。参见亚历桑德罗·巴尔贝罗：《查理大帝》第5章，赵象察译，民主与建设出版社，2021。（**）

[2] 凯撒：《高卢战记》，任炳湘译，商务印书馆，1982。

[3] 李筠：《西方史纲》，岳麓书社，2020，第74–75、146–152页。（*）李筠：《罗马史纲》，岳麓书社，2021，第96–110、432–443页。（***）

[4] 艾因哈德、圣高尔修道院僧侣：《查理大帝传》，戚国淦译，商务印书馆，1996，第9–21、70–105页。（*）巴尔贝罗：《查理大帝》第2、3章。

[5] 艾因哈德、圣高尔修道院僧侣：《查理大帝传》，第38–69页。巴尔贝罗：《查理大帝》第7章。克里斯·威克姆：《罗马帝国的遗产：400–1000》，余乐译，中信出版社，2019，第524–532页。（**）

[6] 巴尔贝罗：《查理大帝》，第9–17页。马克·布洛赫：《国王神迹：英法王权所谓超自然性研究》，张绪山译，商务印书馆，2018，第52–54页。（***）

[7] 都尔教会主教格雷戈里：《法兰克人史》，寿纪瑜、戚国淦译，商务印书馆，1981，第94页。（***）

[8] 关于三位一体的教义争论、其正统地位的取得以及阿里乌派被定为异端，参见帕利坎：《基督教传统.第1卷，大公教的形成》第四、五章，翁绍军译，华东师范大学出版社，2009。（***）

[9] 李筠：《西方史纲》，第171页。李筠：《罗马史纲》，第439页。奥尔森：《基督教神学思想史》第九至十二章，吴瑞诚、徐成德译，北京大学出版社，2003。（***）

[10] 李筠：《罗马史纲》，第449–452页。胡斯托·L.冈萨雷斯：《基督教史》（上卷）第二十八章，赵城艺译，上海三联书店，2016。（**）A. A. 瓦西列夫：《拜占庭帝国史：324–1453》第五章，徐家玲译，商务印书馆，2019。（**）

09
帝国
旗帜一般的幻梦

查理曼加冕为"罗马人的皇帝",仪式上的人们欢呼"奥古斯都",罗马皇帝的名号响彻云霄,伟大的罗马帝国似乎又回来了。中世纪的日耳曼人并不认为自己创造了一个全新的帝国,而是继承了罗马帝国的衣钵。帝国是永恒的,它的担当者可以更换,新的担当者就是新的神圣民族。帝国囊括了中世纪乃至整个古代西方对于政治的美好想象。帝国是中世纪政治的天花板。后来,它在中世纪定型为神圣罗马帝国。但就是这样一面无比伟大的旗帜,在中世纪并没有成就无比伟大的业绩,反而成了遥不可及的幻梦。

神圣罗马帝国从公元962年诞生,到1806年灭亡,经历了近千年。其中的变化,发生的事情,有过的大人物,实在太多了。具体的故事可以翻看威尔逊的名著《神圣罗马帝国》,最精彩的评论可以查阅布赖斯的名著《神圣罗马帝国》,[1]在这一节我们的重点是看清楚神圣罗马帝国对于中世纪的重大意义:它代表着中世纪的政治天花板,是中世纪政治想象力的边界所及,是中世纪政治名分上的制高点。但它远远没有被兑现，没有兑现的后果很严重。我们分三个部分展开：第一，政治正统的争夺；第二，一败涂地的现实；第三，列国并存的格局。

政治正统的争夺

旗帜必须有。一个文明要立住脚跟，一个最基本的任务就是把自己从哪儿来讲清楚，祖上根正苗红，连绵延续至今，天下自当归心，这个问题就叫作"正统"。先看我们中国的《史记》，在头五卷五帝和夏殷周秦的《本纪》里，司马迁都把各大家族是黄帝后裔的谱系说得清清楚楚。[2]无论朝代如何变化，统治者家族都是在炎黄的正统延续之下统治着炎黄子孙，华夏因此延绵不绝。这个道理对所有文明都成立，只要人有了打造共同体的需要，只要人认为昨天、今天和明天是连续的，正统问题自然就出现了，人们就开始编故事。很快，统治者就会垄断编这种故事的权力。不许瞎编，我们家的正统从哪里来当然只能是我说了算。历史提供了共同体的神圣性，必须为官家垄断，所以，国史实乃圣史，目的在于维系正统，岂容草民置喙。

中世纪的正统根本就不用找，中世纪人理所当然地为自己锁定了文明的根，就是罗马。作为中世纪主体民族的日耳曼人，要续上罗马的龙脉，这个故事真的很不好讲。日耳曼蛮族不是罗马人的后代，他们出现在欧洲大陆上并不比建城的罗慕路斯领导的罗马人晚。他们在血缘上跟罗马人没多大关系。他们即便跟罗马再亲密，最多就只是帮罗马人打仗的蛮族军团。而且，在文化上，日耳曼人的罗马化程度非常有限，在宗教上皈依罗马国教基督教也基本上是西罗马帝国灭亡之后的事情。所以，从哪儿说好像都接不上。

把中世纪是罗马的延续这个大故事讲成，主要有两条路线，一条是日耳曼蛮族首领，另一条是罗马基督教会，最终，两条线拧到了一起，结晶就是神圣罗马帝国。花开两朵，各表一枝，然后我们再看它们的汇合。

日耳曼蛮族首领这一头，他们一直认罗马是正统。

《罗马史纲》第三章第9节，我讲了两位蛮族大人物。一位是成为罗马皇帝狄奥多西大帝女婿、托孤重臣和帝国元帅的斯提利科，一个是终身和他作对、最后造成"罗马浩劫"的阿拉里克。斯提利科完全以罗马人自居，誓死捍卫罗马，成为彪炳史册的"最后的罗马人"。他的死对头阿拉里克却也没惦着毁灭罗马，只是带着他庞大的部落在帝国境内"四处游荡"。阿拉里克完全没有项羽对秦始皇的"彼可取而代之"的豪情，因为他心里根本就没有自己的旗帜，他没有项羽心里"楚虽三户、亡秦必楚"的那个"楚"。诸多日耳曼部落甚至连自己的名字都没有。我们现在叫的东哥特人、西哥特人、汪达尔人、伦巴第人都是罗马人给不同日耳曼部落起的名字，他们自己还远没有形成有神圣叙事的共同体，自然也就没有"正统"的观念。罗马自诩"罗马就是世界，罗马就是文明"，对阿拉里克来说完全没有问题。像阿拉里克这样成功击败罗马军团甚至占领了罗马城的蛮族首领，罗马帝国仍然是他们心目中的政治天花板，他们不仅不想打碎它，而且还高高举着它。

又过了六十年，另一个同样有名的蛮族首领干了一件很说明问题的事，他叫奥多亚克。他进驻罗马城，废黜了西罗马末代皇帝，西罗马帝国由此灭亡。按照我们中国人的逻辑，他应该直接称帝，建立自己的王朝。他没有，他只是自称国王，而且派元老院使团去君士坦丁堡找东罗马皇帝，索要执政官的委任状。东罗马皇帝芝诺也控制不了西方，顺手就给了他委任状。奥多亚克是以东罗马皇帝臣子的名义统治西方的。[3]这几乎成了后来一拨又一拨蛮族的标准做法。他们此起彼伏，新的干掉旧的，自己只敢称王不敢称帝，最后都是去君士坦丁堡讨个委任状。帝国只有一个，皇帝只有一个，蛮族首领们在很长时间里真的没有非分之想。因为罗马这个正统实在太强大，也因为蛮族心里真的想不出任何替代罗马的大故事。

非分之想出在教会这边。真正有能力拿出大故事和拜占庭对抗的，是基督教会，确切地说，是以罗马教皇为尊的西方拉丁教会。西方教会和拜占庭皇帝及其控制的东方教会裂痕越来越大，东、西双方渐行渐远，而且是加速度相互远离，西方教会也就开始寻求自保，它没有兵，自然就考虑换"天选民族"的问题了。在西罗马帝国没有了皇帝之后，拜占庭实力有限，保护不了罗马城的教皇们，教皇们得去蛮族首领里面找保护人和合作者。找到了，就得给人家好处啊！教会最有能力给的当然就是故事，这恰恰是蛮族最缺的。教会和蛮族在西方的合作可谓情投意合。但是，且慢，他们的"勾结"没那么快走向前台，他们头上还有拜占庭皇帝呢！

西方教会和拜占庭的宗教斗争加剧了双方的对立，导致双方彻底走向敌对，核心事件就是破坏圣像运动。公元726年，拜占庭皇帝利奥三世发动了破坏圣像运动，严厉禁止偶像崇拜，老百姓家的耶稣像都不放过，更不用说教堂和修道院里的了。所有的圣物、圣器、圣迹皆在破坏之列。基督教本有禁止偶像崇拜的戒律，"摩西十诫"第二条规定得非常仔细："不可为自己雕刻偶像，也不可作什么形象仿佛上天、下地和地底下、水中的百物。不可跪拜那些像；也不可侍奉它，因为我耶和华你的神，是忌邪的神。"[4]但是，如同"传教士"一节谈过的，基督教在传播过程中不仅主动而且必须与当地民风民俗相融合，各式各样的"像"披着天使、圣徒、圣迹的外衣混进了基督教，确实在所难免。发动暴烈的运动强行实现基督教的"纯洁化"，老百姓必定深受其害。况且，利奥三世和后来继续推进运动的拜占庭皇帝们动机不在宗教，而在政治。他们根本就不是捍卫教义，而是想要控制教会和掠夺教会财产。在基督教世界中，破坏圣像运动激起了激烈的反抗，罗马教皇领导的西方教会公开与拜占庭皇帝对峙，引发了基督教内部的大分裂，最终基督教在1054年正式分裂为西方的大公教和东方的东正教。[5]后来，作为中世纪结束标志之一的宗教改革在1517年由马丁·路德发动，这场运动使得主导了西方中世纪千年的大公教分裂为天主教和新教，基督教在现代世界成了三教并存，这是后话。

在破坏圣像运动之前，西方教会和蛮族的联盟还小心翼翼、遮遮掩掩，和拜占庭展开对峙之后，西方教会最终宣布查理曼是"罗马人的皇帝"，蛮族领袖成了名正言顺的罗马皇帝。这意味着西方教会把罗马正统从拜占庭皇帝头上摘下来给了蛮族，罗马帝国的正统归于西方，终于大功告成。罗马（帝国）只有一个，拜占庭当然不承认西方是罗马的正统继承人，两兄弟在谁是正统继承人的问题上吵得不可开交，变成了宿敌。

得到罗马帝国正统继承人地位的蛮族自然是欢欣鼓舞，日耳曼人有了这个法宝就是有了天命，有了文明担纲者高度的身份认同，有了无比强大的宗教和文化底气，就可以理直气壮地开拓属于他们的历史了。就这样，罗马帝国的名义被教会争抢过来，给了查理曼和他的法兰克人。从罗马帝国正统的争夺战来看，教会是主力，没有多少文化的查理曼和法兰克人打不了这场文化战争，那么，他们得到教会的承认，被置于比教会更低的宗教和政治地位，也就是合情合理的事情。这么看的话，查理曼被为他加冕的教皇占了政治大便宜，其实也不算冤枉。

大趋势在查理曼加冕的时候完全明确了：西方教会与拜占庭对峙，与查理曼合作构成了新的西方。打造出和这个新西方相对应的帝国不仅顺理成章，而且势在必行，因为文明必须对应一个最具普遍性的政治共同体，那就是帝国。这个新帝国的一期工程就是查理曼的加洛林帝国。

可惜，加洛林帝国享祚太短。公元814年，查理曼驾崩，之后不久，他的三个孙子在混战之后签订《凡尔登条约》（843），将他的加洛林帝国一分为三，法兰西、意大利、德意志大致由此形成。东边的德意志当时叫作东法兰克王国，地位相对尊贵一些，皇帝头衔由这一国保留。把皇帝头衔彻底坐实的是奥托大帝，他励精图治之后终于在公元955年决定性地击败了马扎尔人，保卫了西方文明不再受东边强盗的侵扰。教皇在公元962年为奥托加冕，他也正式把东法兰克王国改名为罗马帝国。再后来，罗马皇帝一直和罗马教皇打得不可开交，红胡子腓特烈为了和教皇抗衡，1157年在罗马帝国的前面加上了"神圣"这个词。神圣罗马帝国和神圣罗马教会平起平坐，共同统治西方，中世纪的帝国在名义上建造完成。[6]

从中世纪帝国的形成史当中我们可以明确看到，中世纪的自我认同和我们今天给它的定位大不一样。从教会和蛮族的努力来看，他们都没有一星半点的"中世纪"概念。在他们心目中，他们的时代就是罗马的延续，神圣罗马帝国就是罗马帝国的正统继承人，和罗马帝国一样，它就是世界，就是文明。

一败涂地的现实

神圣罗马帝国从抽象的名义上看在中世纪就可以等同于"西方"。帝国只有一个，德意志、意大利、法兰西、英格兰、西班牙和所有其他王国、公国名义上都在里面，其中，皇帝是最尊贵的，且只有一个。法国国王、英国国王、瑞典国王再看不起皇帝的实力或者为人，在荣衔上也不敢和皇帝直接展开对峙，中世纪没有国王称帝。真的动手把神圣罗马帝国掀翻在地的是19世纪初的拿破仑，是他胁迫皇帝退位、宣告帝国解散，建立了自己的法兰西帝国，自称皇帝。神圣罗马帝国亡在了拿破仑手中，但从没有出现过两个帝国并存的局面。

神圣罗马帝国在名义上确实为西方坐实了罗马的正统，随着拜占庭衰落，它更是当仁不让。但是，在政治现实当中，神圣罗马帝国作为一个政治单位，很少取得和它名号相匹配的业绩，甚至反过来说更恰当：天大的名号成了这个国天大的包袱。至少有三种强大的对手牵制着神圣罗马帝国，现实中四面楚歌的它最终真的是一败涂地。

神圣罗马帝国的第一种对手是教皇。

罗马教皇领导的西方教会不是在帝国的建造中帮了大忙吗，怎么会是帝国最大的对手呢？此一时也，彼一时也。教会在对付信阿里乌派异端的蛮族的时候需要法兰克人，在对付拜占庭皇帝的时候也需要法兰克人，强大的共同敌人使得教会和蛮族迅速牵手，走进了蜜月期。查理曼的加冕可以看成双方的婚礼。当双方建起了爱的小屋，在同一屋檐下生活，从前共同的敌人也都一一倒下，双方的矛盾就逐渐暴露出来了。

教会和帝国的矛盾是深层次的、结构性的、长期的，这不是中世纪的教皇和皇帝们独有的问题，早在罗马帝国的君士坦丁大帝时代就出现了。也就是说，只要教会和帝国联手，共同撑起一个文明，二元之间的紧张关系就会出现。教皇认为神圣罗马教会完全覆盖了整个世界，自己是这个世界的最高领袖。这种定位和皇帝对神圣罗马帝国的定位在结构上是完全一样的。他们都完全覆盖整个世界，都是最高领袖。那到底谁是至尊呢？查理曼感觉自己的加冕礼是教皇精心策划的骗局，其实是有道理的，他本已是西方的至尊，怎么被一个遭人挖了眼睛、割了舌头的求救者爬到自己头上了呢？教会和帝国从查理曼时代就开始斗法，这场斗法几乎贯穿了整个中世纪，也成了中世纪政治演化最重要、最基本、最强劲的内在动力。历代教皇和历代皇帝几乎都把对方看成自己最重要的政治对手，想尽办法要把对方变成自己的手下。教皇坏了皇帝的好事，是家常便饭；皇帝杀进罗马城抓捕教皇，也并不稀罕。

长远来看，斗法的双方都输了，都没能够完全吃掉对方一统天下。不过皇帝输得更惨。我们只要举两个例子就足够了，他们的故事后面会专门讲。一个是皇帝亨利四世，在和教皇格里高利七世的正面对决中惨败，跑去卡诺莎城堡下跪求饶。皇帝下跪认错求饶，人类历史上仅此一例。另一个是腓特烈一世，就是把罗马帝国加上了"神圣"这个大词的那位皇帝。他带领勇猛的骑士多次扑向罗马城，最终仍然没能控制教皇和意大利，反倒成了意大利诸多城邦憎恨的暴君，帮教皇们找到了更多的盟友，最终竹篮打水一场空。连亨利四世和腓特烈一世这样敢作敢为的皇帝都没能赢了教皇，而且在和教皇的斗争中损失极其惨重，其他没有什么权势的皇帝，就更不是教皇们的对手了。

神圣罗马帝国的第二种对手是各个王国。

神圣罗马帝国是名义上的最高共同体，但也只是名义上的。法兰西、英格兰并不遵奉帝国的号令，那不勒斯这样比较大的王国或者公国同样如此。

我们先看法兰西。法兰西的前身是西法兰克王国，是查理曼的孙子们通过《凡尔登条约》将加洛林帝国一分为三之后的西部王国。查理曼的直系后裔一直统治着这个王国，直到公元987年路易五世坠马身亡。这个王国的大贵族们选举了休·卡佩为国王，王国从西法兰克变成了法兰西，卡佩王朝是法兰西的第一王朝。卡佩王朝之时，"在所有人看来，拉丁基督教实体从此便分置于两个最高权威的统治之下，双方都延续了查理曼的国家，一个是东方的条顿帝国，另一个是西方的王国。但西方的王国对东方的帝国来说根本不存在臣服关系，即使皇帝也是这样认为的。西方王国的君主认为日耳曼的国王与他是平等的，虽然后者戴有皇冠；他觉得自己跟帝国的君主一样，负有神所托付的、领导全体基督教人民走上得救之路的职责。"[7]所谓"条顿帝国""日耳曼王国"和"帝国"以及"德意志"，都是指从东法兰克王国演变而来的神圣罗马帝国。德意志只不过比法兰西多了帝冕，除此之外无它，决计不要认为德意志高法兰西一等，更不能认为德意志是法兰西的主子。

法兰西成了各王国对付神圣罗马帝国的榜样，它们都寻求和上帝直接联系授予它们王权，而绝不是神圣罗马帝国的封臣。当然，它们如果面对帝国之时战败，被并入帝国版图，那就只能做帝国的诸侯了。所以国王就像意大利北部诸多城邦（比如米兰、威尼斯、佛罗伦萨）一样，特别忌惮皇帝策马一统天下。皇帝没有进攻他们的时候，他们最好赶快积攒自己的实力。一旦自己壮大了，就可以公开地自行其是，还可以在皇帝羸弱或者战败之时顺手牵羊，甚至可以在皇帝发动战争之时顾念唇亡齿寒的道理加入反帝同盟。总之，各王国天生畏惧帝国一统天下，所以它们天生就是帝国的敌人。

神圣罗马帝国的第三种对手是德意志的诸侯。

神圣罗马皇帝首先是德意志国王，德意志王国的诸侯就是帝国诸侯。和所有王国的诸侯都畏惧国王的中央集权一样，德意志诸侯也是皇帝天生的敌人。而且，顶着帝冕的神圣罗马皇帝本意就是天下共主，帝国的旗帜会不断地召唤他们雄心勃勃地去征服世界。如此一来，德意志诸侯比别国诸侯的压力更大，他们作乱和反抗的动机和能力也就更强。德意志公爵和伯爵们最忌惮的就是红胡子腓特烈那样雄心勃勃的皇帝。

在德意志，每个雄心勃勃的皇帝背后都有一堆拆台的诸侯，每一个窝囊皇帝的背后都有一堆看笑话的诸侯。在实战当中，每个雄心勃勃的皇帝，台都被诸侯们拆掉了。神圣罗马皇帝被自己的"家贼"团团围住，真的很难有作为。每当皇帝发兵罗马，与教皇一较高下，德意志几乎必定发生内乱。皇帝后院起火，不得不撤兵回救，于是，制服教皇、收服意大利的千秋霸业总是功败垂成。诸侯们为了弱化皇帝，甚至在选举皇帝之时故意选择弱者上台，没有野心、没有抱负、没有能力、没有实力，这样的皇帝是最安全的。

神圣罗马帝国被教皇、国王、诸侯三种对手里应外合地拖住了，它始终没有在实力上成为真正的罗马帝国。后来启蒙哲学家伏尔泰嘲笑它说，神圣罗马帝国，既不神圣，也不在罗马，更不是个帝国。[8]虽然刻薄了点儿，却也有点道理。神圣罗马帝国在政治现实中的一败涂地不仅使得中世纪不可能有整个西方的大一统，就连未来也不可能有了。

列国并存的格局

公元476年，西罗马帝国灭亡之后，西方再无大一统。大一统是顶级软硬实力结合的结果，神圣罗马帝国两方面都不具备。如此一来，合理的政治格局只能是列国并存。

先看帝国的软实力。神圣罗马帝国的软实力很强，它确实是中世纪名义上的最高政治共同体，但即便是最高，它最多也就占了中世纪软实力总量的一半都不到。

我们来算算这笔账。一方面，和它平起平坐的还有神圣罗马教会。教会是中世纪名义上的最高宗教共同体，而且，在基督教占据主导地位的中世纪，教会的地位比帝国更尊贵，它是属灵的精神共同体。更进一步，教皇们打造和利用软实力的动机和能力都远远强过皇帝们，因为教皇们原则上只能拥有软实力，只能从这个方面做文章。而皇帝们不仅要做硬实力的文章，而且做软实力的文章能力不济，因为他们的文化程度长期处于低水平，很难讲出和教皇们一较高下的好故事。在比拼软实力的顶级较量中，帝国长期不是教会的对手。

另一方面，以法兰西为代表，其他王国也不是一点神圣性都没有，它们虽然不如帝国尊贵，但它们的神圣性也不容帝国随意抹杀。何况，现实中界定各王国神圣性的主导权并不在皇帝手中，而是在皇帝的对手教皇手中。

从硬实力来看，神圣罗马帝国就更做不到一统天下了。皇帝连自己后院里的德意志诸侯都几乎没有治得服服帖帖过，意大利北部的诸多城市也是如此，法兰西根本就不能碰，英格兰和西班牙根本就够不着。从中世纪军事史来看，神圣罗马帝国在中世纪早期对列国的军事优势没有维系太久，14世纪开始的英法百年战争表明英法的军事水平已经远超德意志，17世纪的"三十年战争"更是暴露了德意志巨大的军事劣势，不仅对付不了法国，连瑞典军队都可以在德意志境内纵横驰骋。神圣罗马帝国自建立至灭亡，从来就没有拥有过在欧洲的绝对武力优势，也就是说，它在整个欧洲的武力所占比例从来没有超过51%，它不可能以一国敌万国。事实上，由于教皇、各王国和德意志诸侯之间的勾连，皇帝甚至在一场战争中对一国维持优势都是极为短暂的。以一国敌万国根本就是遥不可及的幻梦。

下一步的问题是，神圣罗马帝国实现不了大一统，别的势力就完全没机会吗？我们来看看它的对手们。神圣罗马教会在软实力上确实比神圣罗马帝国强，但它几乎没有硬实力。在基督教的教义当中和世人的心里，教会根本就不该有硬实力。所以，教会哪怕越界拥有了硬实力，也极为有限。事实上，教会拥有硬实力更容易引起帝国、各王国和民众普遍的恐慌。

教会也实现不了大一统，那法国、英国、西班牙这些强大的王国不行吗？也不行。它们确实在中世纪后期拥有了比神圣罗马帝国更强大的硬实力，但它们没有一统天下的资格，它们的软实力天花板不高，装不下整个基督教世界。直接表现就是各国国王头上只有王冠，没有帝冕。国王没有资格一统天下，只有皇帝才有，任何国王想干这种事情都是僭越，不仅会引起教皇和皇帝的强烈不满，出手打击，其他任何一国的国王和诸侯也是一样。就像后来野心勃勃的拿破仑，即便打败了老弱的神圣罗马帝国，整个西方也会结成反法同盟跟他血战到底。以一国敌帝国、教会和诸国，名义上和武力上都不可能取得胜利。

一统天下的难度在多元政治势力的相互牵扯之下变得极高，西方政治的多样性在中世纪也就被固定下来。各国国王其实和德意志的诸侯一样，把自己坐大，看空有虚名的皇帝闹笑话就好了。帝国既然无法被坐实，诸多王国并存就成为主流。我们看到的现代西方主权国家并存的格局就是从中世纪这样一个帝国无力一统天下的格局中演变而来的。

注释

[1] Peter H. Wilson, *The Holy Roman Empire: A Thousand Years of Europe's History* (London: Penguin Books, 2017).（**）詹姆斯·布赖斯：《神圣罗马帝国》，孙秉莹、谢德风等译，商务印书馆，2000。（***）

[2] 司马迁：《史记》（第一册），中华书局，1963，第49-171页。

[3] 爱德华·吉本：《全译罗马帝国衰亡史：全12册》（6），席代岳译，浙江大学出版社，2018，第163-167页。A. A. 瓦西列夫：《拜占庭帝国史：324-1453》，徐家玲译，商务印书馆，2019，第168-170页。（**）

[4] 《圣经·出埃及记》第20章第4-5节。

[5] 瓦西列夫：《拜占庭帝国史：324-1453》第五章。李筠：《罗马史纲》，岳麓书社，2021，第449-452页。胡斯托·L.冈萨雷斯：《基督教史》（上卷）第二十八章，赵城艺译，上海三联书店，2016。（**）

[6] 詹姆斯·布赖斯：《神圣罗马帝国》第6、7、8、9章。赫伯特·格隆德曼等：《德意志史 第一卷：古代和中世纪》（上册）第二、三章，张载扬、陆世澄等译，商务印书馆，1999。（**）菊池良生：《图说神圣罗马帝国简史》，曹逸冰译，天津人民出版社，2018，第18-22页。（*）西蒙·温德尔：《日耳曼尼亚：古今德意志》，吴斯雅译，上海社会科学院出版社，2019，第90-96页。（**）

[7] 乔治·杜比主编《法国史》（上卷），吕一民等译，商务印书馆，2010，第315页。（**）

[8] 伏尔泰：《风俗论》（中册），梁守锵、吴模信等译，商务印书馆，2000，第150页。

10
皇帝
竹篮打水的过客

神圣罗马帝国的领袖是神圣罗马皇帝。上一节讨论过，神圣罗马帝国无法威风八面地一统天下，它的皇帝实际上作为非常有限。皇帝这么重要的大人物，在中世纪史上其实充当的只是第一配角。在中国人心里，从秦始皇开始，皇帝就是中国的主心骨，是绝对的主角。中国的皇帝当然也不是个个都优秀，中国历史上出了不少混蛋皇帝和脓包皇帝，但总体上来说中国皇帝的形象是高大威严的。毕竟说起皇帝的时候，秦皇汉武、唐宗宋祖是主旋律。中国这种几千年积累下来的皇帝形象总体上和罗马皇帝在西方的状况差不多，而中世纪的皇帝们却完全享受不了这种待遇，他们是竹篮打水的过客。他们之中，能用竹篮打水的时候打得漂亮一点就不错了，即便如此，也是过客。绝大部分皇帝基本上都是跑龙套的角色，和中国、罗马的皇帝形成了巨大的反差。我们用中世纪皇帝的典范红胡子腓特烈来看看皇帝为什么在中世纪如此窝囊：第一，红胡子腓特烈；第二，红胡子的徒劳；第三，红胡子的遗产。

红胡子腓特烈

作为神圣罗马帝国元首的神圣罗马皇帝，是中世纪的第一配角。从962年奥托大帝加冕，到1806年弗朗西斯二世退位，神圣罗马帝国一共出了四十多位皇帝，其中不包括自行称帝的帝位争夺者。在这四十多位皇帝当中，我挑了红胡子腓特烈这位皇帝典范，我们一起看看他这一辈子究竟忙活了些什么，就知道中世纪的皇帝有多难当。

"红胡子"是神圣罗马皇帝腓特烈一世的外号，音译大家也很熟悉，叫作巴巴罗萨。这个外号是意大利人给他取的，据说是因为他的黄胡子带有红色。后来希特勒把"巴巴罗萨"用作入侵苏联的作战计划的名字。中世纪给皇帝、国王、大贵族们起外号的情况非常普遍，大多是根据他们最显眼的外形特征来取的，比如查理曼大帝的爸爸、加洛林王朝的开创者丕平，外号叫矮子；神圣罗马皇帝、奥托大帝的爸爸亨利一世，外号叫捕鸟者；法国国王菲利普四世，外号叫美男子；英格兰第一个女王玛丽，外号叫血腥……他们的正式称号就是我们所熟悉的某某一世、某某二世。神圣罗马皇帝叫查理的特别多，1527年造成罗马浩劫导致文艺复兴结束的那位是五世。法国国王叫路易的特别多，到最后在大革命当中上了断头台的那位是十六。英国国王叫亨利的特别多，和罗马教廷决裂、自立英国国教的那位是八世。

不过要特别注意，这些都叫查理的皇帝，或者都叫路易的法国国王，或者都叫亨利的英国国王，不一定是父子，甚至不一定属于同一个家族。比如，红胡子腓特烈是腓特烈一世，但他儿子是亨利六世，他孙子才是腓特烈二世。再比如，英国的亨利一世不是亨利二世的爸爸，而是外公，所以他们的姓都不一样。亨利一世属于诺曼王朝，亨利二世跟自己的爸爸金雀花公爵姓，他当上英国国王之后英国就变成了金雀花王朝。

红胡子腓特烈出生于1122年，他的家族名字叫作霍亨斯陶芬。他们家已经是神圣罗马帝国的第三王朝了。第一王朝是奥托大帝家的，叫萨克森王朝。第二个王朝叫法兰克尼亚王朝，其中出了向教皇格里高利七世下跪的亨利四世。亨利四世的儿子亨利五世绝嗣，没有了继承人，根据血统法，皇位在诸侯们的争执之下落到了萨克森公爵洛泰尔头上。洛泰尔驾崩之后，教皇和德意志诸侯故意不选洛泰尔指定的女婿当皇帝，因为他实力太强了。反过来，他们选了霍亨斯陶芬家族的康拉德。经过一通混战，康拉德三世才坐稳皇位。霍亨斯陶芬王朝开始了。红胡子是康拉德三世的侄子，他的当选也是诸侯博弈的结果。他虽然是康拉德指定的皇位继承人，但还是有诸侯扶立康拉德六岁的次子称帝，红胡子1152年在更多、更有实力的诸侯扶助之下才顺利登基。不过，坊间关于红胡子篡改叔叔遗嘱的阴谋论从来没有停歇过。[1]

这时候我们要停下来仔细看看，中世纪皇帝产生的方式和中国古代皇帝产生的方式完全不同。从秦始皇开始，中国每个王朝的皇帝都是在自己家族内部世袭产生。有正宫皇后生的嫡长子最好。没有的话，其他嫔妃生的皇子也可以。再没有的话，皇帝的兄弟、皇帝兄弟的儿子也是可以的。总之，父系血缘的亲疏远近是明确的标准。比如中国最后三位皇帝，同治皇帝是前任咸丰皇帝的儿子，但并不是嫡子；光绪皇帝不是前任同治皇帝的儿子，而是堂弟；宣统皇帝也不是前任光绪皇帝的儿子，而是侄子。总体而言，中国皇位的父系血统传承是非常稳定的，虽然后宫、权臣、宦官等势力干涉皇位继承也是家常便饭，但他们很难选择离先皇血缘过远的继承人，大多是在先皇的诸子之中择其一拥立。如若外人登上皇位，那就不是继承了，无论是篡逆还是禅让，都是王朝更替。

中世纪皇帝们的继承问题比中国古代困难得多。每一个皇帝安排自己儿子接班都是极其艰难的事情。他们通常有三个难处：第一，得有儿子。这还不容易吗？真不容易。因为皇帝也必须遵守基督教的一夫一妻制，皇后的子嗣才有继承权，情妇所生的都没有，皇后和情妇之间没有广大的妃嫔。皇后要是没有子嗣，这个王朝很可能就绝嗣了，皇位就得眼睁睁拱手让给其他家族。第二，得教皇同意。历代教皇费尽心机对付皇帝，核心就是皇帝的权力来自上帝的授权必须经过教皇这个中介，中介的关键就是加冕仪式。教皇不给皇帝当选者加冕，当皇帝的手续就没完成，皇帝多少就有点名不正言不顺。第三，得诸侯同意。皇帝首先是德意志国王，得德意志贵族们选出他们之中的第一人。他们没有协商一致，选帝大会就开不起来。无论用金钱贿赂、家族联姻，还是武力胁迫、阴谋刺杀，皇帝候选人必须拿下许多关键的选举人。

我们把三个条件的实现放到中世纪的现实政治当中，皇帝要把皇位稳妥地传给儿子意味着皇帝自己得雄才大略，能够有效地压制住教皇和诸侯，儿子还不能太小，最好在父皇在位之时就已经成为父皇的得力助手，已经有能力掌握大局。而在中世纪的现实政治当中，大多数皇帝驾崩的时候，只是给诸侯们留下了围攻孤儿寡母的好机会。父子都是能干的皇帝，而且在手握实权的条件下无缝交接班，这种情况不要说中世纪，就连帝制比较稳定的中国古代其实也非常罕见。皇位继承的不稳定使得雄才大略的皇帝的产生概率大大降低，帝国发动机的制造流程存在重大缺陷，帝国辉煌也就难以企及，即便有，也大多是昙花一现。

红胡子的徒劳

红胡子在历代皇帝当中确实算得上雄才大略，他的诸多行动也算得上凌厉狠绝，不过，他所有的努力几乎在他生前就完全归零了。我们来看他和三大对手之间的较量。

第一，红胡子在和教皇的斗争中长期保持优势，但最后还是选择了放弃。

自从皇帝亨利四世和教皇格里高利七世1075年展开正面对决，一直到1517年马丁·路德发动宗教改革，从教皇那里讨到便宜的皇帝屈指可数。红胡子是其中之一，他在与教皇的斗争中风光了好一阵子。

红胡子1152年登基，很快，他和教皇的尖锐斗争就开始了。三年之后，他帮助教皇哈德良四世击败异端，稳住了罗马的局势，双方在苏特里会面。会面之时，传说以拯救者自居的红胡子当面拒绝为教皇牵马，拒绝教皇下马的时候为他扶住马镫。哈德良当即还以颜色，拒绝给红胡子"和解之吻"。

会面不欢而散，不过教皇还是答应找时间在罗马给红胡子加冕。

两年之后的1157年，红胡子在贝桑松召开帝国诸侯大会，教皇哈德良四世派特使送来贺信，说教会已经把皇帝的皇冠授予了红胡子，如果他忠顺的话，会获得更大的恩泽。"恩泽"这个词，可以解释为封地，这意味着教皇居然把皇帝当作自己的封臣来对待。这一听就是来耀武扬威的，红胡子和他的诸侯们怒不可遏，甚至有诸侯当即拔剑挥向教皇特使。教皇欺人太甚，是可忍，孰不可忍，红胡子发兵意大利。

有学者指责帝国宰相特里尔大主教赖纳尔德故意把"恩泽"翻译成"封地"，让不懂拉丁文的红胡子和诸侯们群情激愤，酿成帝国和教会的严重冲突。这似乎是在说，红胡子是不通文墨的悍勇匹夫，很容易被识文断字之士摆弄。事情没有那么简单。首先，红胡子与哈德良不睦的局面已然形成，两年间双方为了诸多主教人选及扣押人质释放的问题已然走到决裂的边缘；其次，帝国宰相是红胡子的肱股之臣，雕虫小技也很容易被识破，即便他有意挑起争端，激怒的对象也是诸侯们，而不是红胡子；最后，红胡子本有进军意大利的计划。所以，如果说宰相在翻译的时候有阴谋，也是为了帮红胡子在帝国大会上实现对诸侯的战争动员，这就是红胡子想要的，这场好戏是君臣合谋。[2]

红胡子发兵是想要拿下意大利北部的诸多城市，这是他两年前第一次发兵意大利没有完成的任务。所以，这次他没有直取罗马，而是先击败了米兰，此事下文再表。红胡子还没到罗马，教皇哈德良四世就驾崩了。教皇职位不能空缺。教会在哈德良的嘱托之下选出了亚历山大三世，就是贝桑松帝国大会上那位差点被杀的教皇特使，显然，他也是坚定的反皇帝派。红胡子也不甘示弱，拥立了维克托四世当教皇，还把亚历山大三世从罗马赶跑了。就这样，教会有了两个教皇，一个是红胡子的死敌，一个是红胡子的傀儡。没过几年，傀儡驾崩了，红胡子又选了一个傀儡，称帕斯卡三世，继续和亚历山大三世作对。

红胡子的新对手教皇亚历山大三世也非等闲之辈，他联合六大势力围攻红胡子：拜占庭皇帝埃曼努埃尔一世、英国国王亨利二世、法国国王路易七世、西西里王国诺曼王朝国王威廉一世、以米兰为首的意大利北部城市联盟，当然，还有德意志的诸侯们。红胡子这次大动干戈，分兵多路围攻罗马，进驻罗马城之后让傀儡教皇帕斯卡三世举行即位仪式，然后让他给自己的皇后加冕。红胡子的权势在此达到了顶峰。

不过，就在红胡子大获全胜几天之后，罗马下起了暴雨，更不幸的是暴雨引起了疟疾的流行，红胡子不仅损失了2000精锐骑士，而且损失了他最得力的宰相和将军。他只有慌忙撤回德意志。这场仗到最后，真是赢的比输的还惨。那是1167年。后来，尽管帕斯卡三世驾崩之后，红胡子又立了一个傀儡教皇，但他再也没有对亚历山大三世产生过直接的威胁。因为他必须认真对付意大利城市联盟和德意志诸侯。

第二，红胡子在对意大利城市的控制中长期保持优势，但最后还是崩盘了。

红胡子即位之后不久第一次远征意大利，帮了教皇哈德良四世的忙，从那个时候开始他就惦记上了意大利北部的诸多城市，要把它们纳入帝国的直接管辖。因为神圣罗马皇帝的头衔内含着德意志国王，同时也内含着意大利国王，兑现意大利王冠是红胡子和历代皇帝的夙愿。意大利北部的许多城市为了自保团结得越来越紧密，形成了以米兰为核心的反帝同盟。

红胡子平生一共六次带兵翻过阿尔卑斯山进入意大利，控制这些城市一直是重要的战略目标。红胡子第二次远征意大利，就是在贝桑松帝国会议之后，针对米兰的行动就获得了巨大的成功，那是1158年。米兰屈服了，同盟就溃败了。红胡子"对共和体制和人民自由没什么同情"，他给这些城市立下严苛的规矩：所有权力属于皇帝；城市拥有的法人资格和特许经营权只能来自皇帝的赐予；所有城市的司法审判权都归入由皇帝掌握最高审判权的帝国司法体系；皇帝在所有城市都有行宫；赋税由皇帝确定。对习惯了自由自治的诸多城市来说，红胡子简直就是天降恶魔。[3]

果然，没多久，诸城市又结成同盟，在逃亡中的教皇亚历山大三世的鼓舞下反抗红胡子。红胡子怒不可遏，后果极其严重，米兰被夷为平地。城市同盟再次屈服。那是1162年。

但这些城市还是不死心，从不放弃争取自己的自由。到了1176年，红胡子在莱尼亚诺战役中因军力不足输给了米兰。这第五次远征意大利的惨败让前四次的辉煌战果全部归零，德意志统治意大利已经不可能了。红胡子也知道实力不济，随后他承认了死敌亚历山大三世的教皇正统地位，还跟威尼斯签订了和平条约。[4]

第三，红胡子在对德意志诸侯的控制中长期保持优势，但最后还是不足以根除诸侯割据的乱局。

红胡子对德意志诸侯们的控制非常成功。一方面，他拉拢了得力的帮手。另一方面，他严厉打击背叛者。他的表兄弟萨克森公爵狮子亨利把两个方面都占全了。

早年，红胡子大力扶植狮子亨利，亨利也确实是好帮手。他在前三次红胡子远征意大利时，要么帮红胡子守住德意志，要么给红胡子当大将军，要么守住后院之后赶来当大将军。而且，红胡子在诸侯之间调整地盘，亨利也很配合，绝不因地盘损失跟红胡子抱怨。红胡子也大胆地把开疆拓土、建立新封地和新教区的事情交给亨利去办。和别的诸侯产生冲突的时候，明的暗的，红胡子都会帮亨利的忙。为了对付教皇亚历山大三世，红胡子拉拢英国国王亨利二世，让狮子亨利娶了英国公主，亨利成了英国驸马。就这样，亨利变成一人之下，万人之上，除了萨克森公爵的头衔之外，他还拥有一大堆封地和主教区。看上去红胡子和狮子亨利真是有打虎亲兄弟的味道。

但是，人有了权力就会变。不仅亨利会变，红胡子怎么看他也会变。亨利春风得意，甚至有点得意忘形，他去东方巡游，不仅受到拜占庭皇帝和圣城耶路撒冷的热烈欢迎，还和穆斯林苏丹谈笑风生。这些事情在帝国形势一片大好的时候都不算什么。关键是，当红胡子在和米兰决战之前向狮子亨利讨援兵的时候，他居然拒绝了。据说红胡子还在众臣面前给狮子亨利下跪，这是中世纪历史上君跪臣的独一份，在整个人类历史上也不多见。最终，狮子亨利没有回应，策马而去。米兰惨败归来，换了你是红胡子，也会对狮子亨利动手吧。

红胡子在1179年用帝国大会的审判扳倒了狮子亨利，他的全部封地和大多数头衔都被剥夺，人也流亡英国。这个时候你一定会觉得出了一口恶气，惩罚了忘恩负义的小人，不杀死他已经便宜他了。那你就和红胡子一样失算了。狮子亨利名下的诸多封地和主教区怎么办？谁来接管？巴望狮子亨利倒台的诸侯其实大多数不是红胡子的忠臣，他们表面上忠于红胡子，实际上壮大自己的实力，乘势瓜分了亨利的地盘。红胡子晚年清算自己表兄弟的这一仗，似乎让他在诸侯之中鹤立鸡群，无人再可望其项背，但实际上他为自己的儿子、孙子带来了更多实力雄厚的对手。所以，他表面上赢了，实际上还是输了。[5]

德意志局势稳固，对红胡子来说，既意味着后院安定，也意味着雄心再起。马基雅维利评价红胡子"是一个不打仗就不成活的人"，[6]最终他选择了豪情万丈的十字军东征，但很可惜，这位戎马一生的骑士皇帝还没和"穆斯林战神"萨拉丁直接交手，就在1190年渡过萨列法河的时候溺水身亡。

红胡子的遗产

红胡子战斗的一生真是让人很唏嘘，凌厉狠绝，威风八面，也曾站在世界之巅，最后却是"一切有为法，如梦幻泡影，如露亦如电"。我们来看看他的政治遗产。

第一，红胡子的失败是帝国失败的缩影。

回顾维京人带来的"非同寻常的混乱"，中世纪政治在很长一段时间都是"弱政治"。红胡子1122年出生，离11世纪维京人侵袭逐渐停止并不远，欧洲整体上还非常羸弱。在他出生前的半个世纪，皇帝们和教皇们缠斗不休，而且总体上处于下风。红胡子的雄才大略起自对神圣罗马帝国弱政治的拉升，但他终究不是神，不可能凭一己之力改变神圣罗马帝国的弱政治状况，中世纪的弱政治底色拖住了他的大一统步伐。他陷入又脏又臭的泥潭里，与教皇、城市、诸侯毕生缠斗，无休无止，直到最终彻底被拖垮。

红胡子似乎在每一场斗争中都是主角，但一场场斗争的开启并不由他决定，这位主角在不断地被动转场，其实恰恰证明他对大局没有绝对的控制力，他不是绝对的主角。皇帝成不了绝对的主角，各方势力乱哄哄你方唱罢我登场，好生热闹，热闹到我们后人回顾这段历史的时候都很难数清楚到底有多少角色，更难理清楚他们之间的关系。

如果只是看戏，你可以把它看成中世纪政治的混乱，其实也可以看成是中世纪政治的精彩。但对神圣罗马帝国而言，皇帝成为政治的过客和帝国大一统的破灭互为因果。帝国必须有主心骨和担当者，皇帝们难撑大局，帝国雄心就只是嘴上的口号。帝国的弱势导致西方政治彻底地多元化，大一统的概率越来越小。

第二，红胡子的失败明确地告诉我们：非意图后果会不可避免地出现。

诸多红胡子不想发生的事情，会被他想做也做成了的事情自然而然地就带了出来，结果却让他更加难以掌控局面。

意大利城市的反抗一次比一次坚决，不是红胡子想看到的，但大概率会从他对它们的残酷压制里面长出来；狮子亨利临危拒绝援助，不是红胡子想看到的，但大概率会从他对亨利的扶植里面长出来；诸侯瓜分狮子亨利的地盘、借机坐大，不是红胡子想看到的，但大概率会从亨利垮台后的权力真空中长出来……所有行动都有非意图后果。但是，像红胡子这样活着的时候很快就被自己行动的非意图后果严重反噬，在人类历史上确实不多见。

在红胡子造成的诸多非意图后果当中，自由是最重要的。以米兰为首的意大利城市在对红胡子的抵抗当中全面地复活了古代罗马的共和自由，也就是一个城市共同体独立、自主、团结、自治的自由，和后文要重点谈到的城市特权、行会特权、市民特权融汇到了一起。这种公私一体化的城市自由是多元化和自由在中世纪飞速膨胀的典型代表。或许我们把视角倒过来看更合适，中世纪早期的政治真空逼迫了政治多样性的成长，成长即意味着自由，即便有红胡子这样雄才大略的皇帝，在12世纪也斗不过整个系统的多样性。

他失败了，多样性的成长会更加顺畅。自由会在斗争中成长为一种不可根除的社会事实。尽管它要很晚很晚才被思想家们讲成系统化的政治哲学，但它的根在中世纪就已经很粗壮了。

第三，红胡子的失败深刻地提醒我们：控制力永远只是相对的。

再强势的君主，力量也是有限的，世界不可能完全在他的掌控之中。

当红胡子攻占罗马、夷平米兰的时候，可以想象他的自信和自负。但问题是，这个时候他非常容易高估自己、低估对手。这恰恰是春风得意的大人物容易犯的错误。很多事情不像他想象的那么有把握。比如狮子亨利在攻打米兰的时候就没有帮他的忙，结果惨败即时而至，毕生功业付诸东流。

退一万步，即便像秦始皇那样生前牢牢控制了一切，可死后呢？什么也控制不了，强秦二世而亡。所以英国、法国在这个方面相对比较明智，它们没有承担帝国的天命，自然也就不会去追求极度的控制力。皇帝的自负会让他轻视国内外的多样性，对自己和世界的判断变得傲慢和短视，从而采取激烈的行动，但最终只会是竹篮打水一场空，而且会害得人民轻则食不果腹，重则生灵涂炭。这是中世纪皇帝留下的最明显不过的教训。

注释

[1] 赫伯特·格隆德曼等：《德意志史 第一卷：古代和中世纪》（上册），张载扬、陆世澄等译，商务印书馆，1999，第498-500页。（**）约翰内斯·弗里德：《中世纪历史与文化》，李文丹、谢娟译，九州出版社，2020，第193-194页。（*）

[2] 关于贝桑松帝国会议"阴谋"的分析及其前情、后续，请比对格隆德曼等：《德意志史 第一卷：古代和中世纪》（上册），第510-514页。弗里德：《中世纪历史与文化》，第194-196页。阿·米尔：《德意志皇帝列传》，李世隆、张载扬等译，东方出版社，1995，第138-140页。（*）

[3] 詹姆斯·布赖斯：《神圣罗马帝国》，孙秉莹、谢德风等译，商务印书

馆，2000，第151页。（***）

[4] 关于红胡子和意大利城市联盟之间斗争的历史书写，德意志史学家素来歌颂皇帝雄才大略，意大利史学家素来歌颂城市为自由而战，二者之间形成了鲜明的对比，而法国和英国史学家对红胡子却多有揶揄和讥讽。参见格隆德曼等：《德意志史 第一卷：古代和中世纪》（上册），第513-531页。路易吉·萨尔瓦托雷利：《意大利简史》，沈珩、祝本雄译，商务印书馆，2013，第139-147页。（**）罗伯特·福西耶主编《剑桥插图中世纪史.950~1250》，李增洪、李建军等译，山东画报出版社，2008，第122-124页。（*）乔治·霍尔姆斯编《牛津中世纪欧洲史》，彭小瑜译，北京日报出版社，2021，第123-125页。（**）

[5] 威廉·乔丹：《中世纪盛期的欧洲》，傅翀、吴昕欣译，中信出版社，2019，第173-175页。（**）

[6] 尼科洛·马基雅维里：《佛罗伦萨史》，李活译，商务印书馆，1996，第27页。（***）

11
诏书
委曲求全的转圜

神圣罗马帝国有自己的根本大法，其中最重要的是1356年查理四世颁布的《金玺诏书》。谈起帝国的《金玺诏书》，很容易让人联想起英国的《大宪章》，《大宪章》的故事后文专门讲。英国的《大宪章》之所以有名，是因为好多人都讲它的故事，尤其19世纪的英国历史学家们都把大英帝国的辉煌追溯到它头上。尽管这些故事现在看起来都有点牵强了，不过，《大宪章》已然名垂青史。对比大英帝国的辉煌，德国在现代史上总是磕磕绊绊，国家统一实现得很晚，统一后又两次发动世界大战。德国中世纪法统的故事该怎么讲呢？如果说《金玺诏书》害了德国，阻碍了它的现代国家建设，它就成了封建历史垃圾，不讲也罢；如果说《金玺诏书》是德国法治的瑰宝，它又导出了什么好的重大后果，留下了什么好的光荣传统呢？两种线索都不好展开，就不如不讲。所以它名气就没那么大。但是，从漫长的千年中世纪史乃至绵延至今的西方文明史和人类文明史来看，《金玺诏书》是检测我们自己是不是"历史近视眼"的试金石，看懂它，非常有助于我们拓宽历史的胸怀、理解政治的复杂性。我们分三部分来看《金玺诏书》：第一，《金玺诏书》到底规定了什么内容；第二，《金玺诏书》为什么会这么规定；第三，《金玺诏书》朝哪个方向理解才好。

所言何事

所谓"金玺诏书"，就是说这份诏书上的玺印不是蜡而是金子，既隆重又气派。中世纪有很多教皇、皇帝、国王都颁布过金玺诏书，在神圣罗马帝国的历史上，《金玺诏书》也有过很多份，但最重要的是1356年的这份，因为它的核心内容规定了对帝国而言最为重要的选帝侯选举产生皇帝的制度。

《金玺诏书》规定的皇帝选举制度大约有四层。

第一，皇帝由七大选帝侯选举产生。

选举皇帝的七大选帝侯分别是：美因茨大主教、特里尔大主教、科隆大主教、波西米亚国王、莱茵的普法尔茨伯爵、萨克森公爵和勃兰登堡边疆伯爵。这七位选帝侯的次序是固定的，不能乱，美因茨大主教是其中的第一人和选举程序的主持人。其它诸侯则无权参与选举。

他们七位除了有权选举皇帝之外，还当然地担任帝国的职务：美因茨大主教是帝国德意志地区的总理大臣，特里尔大主教是帝国高卢和勃艮第地区的总理大臣，科隆大主教是帝国意大利地区的总理大臣，波西米亚国王是帝国的首席祭酒，普法尔茨伯爵是帝国后勤总管，萨克森公爵是帝国的首席内廷大臣，勃兰登堡伯爵是帝国的首席财政大臣。

第二，皇帝选举程序由美因茨大主教召集并主持。

皇帝驾崩之后，美因茨大主教在得知消息之后的一个月内通知其他选帝侯开会选新皇帝，在三个月内聚在法兰克福完成。选帝侯或者其特使在规定日期内没有抵达法兰克福，视为弃权。七位选帝侯（或特使）齐聚法兰克福之后，美因茨大主教主持弥撒，让大家宣誓。从宣誓之日起，他们得在三十天之内选出新皇帝，否则，三十天后就只能喝清水和吃面包，选不出皇帝，他们就不能离开法兰克福。

第三，皇帝选举程序以简单多数结果为准。

候选人在七位选帝侯之中获得四人的支持，即当选为新皇帝。他们不投票，而是由美因茨大主教询问，按照上面的顺序一个个询问，他们一一作答，最后，美因茨大主教说自己的答案。四位世俗选帝侯有资格成为皇帝候选人，如果这种情况出现，他可以支持自己。颁布《金玺诏书》的皇帝查理四世当时就是波希米亚国王。

第四，皇帝选举有关的地点做了明确规定。

选举在法兰克福，加冕在亚琛，新皇帝第一次召集帝国议会开会在纽伦堡。选帝侯们参加所有相关活动，途经任何诸侯的领地，当地诸侯都必须保证他们的安全，甚至不得抬高食物的售价。[1]

尽管《金玺诏书》已经对皇帝选举做出了详细的规定，还是有两个重大问题没有涉及：一是老皇帝在位的时候是否允许选举新皇帝，二是皇帝候选人的资格。这两个问题后来都导致了很多事关皇位归属的纷争。

老皇帝在位的时候如果允许选举新皇帝，那老皇帝一定会想办法影响选举，安排自己的儿子选上。这个时候选帝侯们很容易受影响，选举就被世袭制拐个弯吸收了。后来很多皇帝都是这么干的，尤其是哈布斯堡家族。但反过来，如果老皇帝驾崩才选新皇帝，选举很可能会难产，老是选不出来，皇帝宝座就会空很久，帝国陷入混乱。这样的事情也屡屡发生。

候选人资格没有规定也是麻烦事。没有门槛，就谁都可以来选。历史上，法国国王、英国国王、波兰国王、匈牙利国王都曾经积极参选，虽然他们都没有成功，但可想而知，诸侯们争夺皇帝宝座的游戏有多激烈。

总的来说，《金玺诏书》在形式上搭起了皇帝由选举产生的舞台，皇帝的产生有了固定的章法，即便无法避免各方势力激烈的政治角逐，但总比"战场上的胜者为王"要讲规矩得多。

所谓何来

查理四世为什么要定这种皇帝选举的制度呢？因为之前皇帝的产生确实非常混乱。

在1356年回望，自公元962年神圣罗马帝国建立，已经差不多有四百年了，皇帝的产生一直就没有固定的章法。粗线条看，从962年奥托大帝开始到1356年的查理四世，皇位在家族内部世袭，帝国经历了萨克森、法兰克尼亚和霍亨斯陶芬三个大王朝，但家族世袭并没有成为不可动摇的原则。两大力量借着两大原则登堂入室，几乎把每一次皇帝的产生都变成了帝国的危机。

一股力量是教皇，他们抬出来的原则叫"适宜性"，什么意思？一个人适不适宜当皇帝，由教皇来裁决，因为教皇是上帝和一切权力不能绕开的中介，不经过教皇这个中介，任何人都不能得到上帝的授权。为皇帝举行加冕礼，是教皇同意的标志。[2]教皇用这一招，不说完全卡住了皇帝的脖子，起码开辟出了控制皇帝的巨大政治空间。有作为的教皇在是否为皇帝当选者加冕这个问题上做尽了文章。

另一股力量是诸侯，他们抬出来的原则叫"选举"，什么意思？一个人有没有资格当皇帝，由诸侯选举，因为皇帝首先是德意志国王，德意志国王必须遵循古老的日耳曼选国王的传统，没有诸侯选举，候选人就成不了诸侯之中的第一人。选举虽然一直不规范，但征得大贵族们的支持一直是当皇帝的必要条件。诸侯们即便无法自己当选，也会想尽办法从选举中牟取各种利益，当然，也免不了引来杀身之祸。

有强势的教皇，有强大的诸侯，一个家族想要把持住皇位，留给子子孙孙，难度极高。我们就拿红胡子腓特烈的身后事来看看一个家族要保住皇位的传承有多难。红胡子把皇位继承的事情在生前就安排得妥妥当当，他的儿子顺利地成为亨利六世。但可惜亨利六世只当了七年皇帝就英年早逝，不到32岁撒手人寰。当时亨利的儿子才三岁。在诸侯四起的争夺帝位战之中，孤儿寡母只有去求教皇英诺森三世庇护。

亨利六世的嫡子未成年，使得皇位的争夺一发即不可收拾。亨利六世的兄弟菲利普和韦尔夫家族的奥托（狮子亨利和英国公主之子）都自称皇帝，都谋求教皇英诺森三世的支持。奥托还帮助他的舅舅——英国的无地王约翰进攻法国，他们战败之后，英诺森准备倒戈扶植菲利普，可志得意满的菲利普此时却被刺杀了。奥托当上皇帝之后便与英诺森敌对，没办法，英诺森只好把亨利六世的幼子抬出来，扶立他成为腓特烈二世。按理说腓特烈二世是在英诺森监护下长大的，但他牢记爷爷、爸爸和教皇斗争的光荣传统，登基之后又和好几任教皇打得不可开交。

我已经尽量简化地叙述了，就从红胡子的儿子亨利六世驾崩到孙子腓特烈二世登基不到二十年的时间，就已经乱得非同寻常。不同的家族，和不同的外国结盟，和教皇的关系不断变换，甚至出现两个敌对皇帝并存的局面，德意志简直乱成了一锅粥。这还没乱到头。和教皇斗了一辈子的腓特烈二世，人称"最后一个霍亨斯陶芬"，在1250年驾崩。他的儿子康拉德四年之后也去世了，诸侯们反反复复，选出过好几个皇帝，但谁都不作数，都没有得到普遍的服从和教皇的加冕。直到1273年，教皇协调之下诸侯们选出了哈布斯堡家族的鲁道夫当皇帝。历史上把这二十几年的乱世叫作"大空位"，皇帝宝座空着没人坐，德意志陷入了无法无天的无政府状态。皇帝的宝座不是没人想坐，也不是没人宣布自己坐上了宝座，而是想坐的人太多，宣布自己坐上去的人太多，结果谁都没真的坐上去，谁都没得到普遍承认和服从。即便告别了"大空位"，皇帝宝座后来还是在几大家族之间不断倒手。[3]

我在《罗马史纲》第三章第4节专门讨论过罗马帝国皇位继承的硬伤：罗马是一个军国，罗马皇帝作为军国的领袖必须是大将军，军事对效率的超高要求决定了家族世袭制根本无法运转，因为皇帝父子同为大将军在现实中几乎不可能出现，强行以血统为依据传位，既不符合罗马强大的共和精神，也很容易将孤儿寡母置于争夺帝位的群狼之中，最终只会导致皇室被残酷消灭。[4]

神圣罗马皇帝们面对的帝位继承难题比罗马皇帝们有过之而无不及。一方面，他们和罗马皇帝一样是军队统帅，这意味着家族世袭制对他们来说是非常危险的。而且，日耳曼国王的选举传统在很大程度上也排斥王权为家族私有。红胡子的儿子亨利六世曾向诸侯建议皇位由他们霍亨斯陶芬家族世袭，被诸侯们拒绝了。

但另一方面，神圣罗马皇帝们却严重依赖血统，血统这个对罗马皇帝来说不必看重的因素却是他们的传统和立身之本。血统不仅是贵族的实力来源，也是他们的神圣性的来源，作为帝国第一贵族的皇帝必须出自名门望族。如此一来，武力原则和血统原则，对皇帝来说似乎都是天经地义，必须都要，但它们却在很大程度上严重冲突了，武力统御和家族世袭很难兼容。这种不兼容是神圣罗马皇帝的继承大事频繁陷入乱局的根源。皇帝不能彻底依靠武力，轻视血统，反过来也不行。也就是说，皇帝没有一根一竿子撑到顶的擎天柱。再加上教皇和诸侯都有实力也有原则来名正言顺地"捣乱"，帝国的皇帝总是难产就一点也不奇怪了。

这个时候我们就好理解《金玺诏书》这个解决方案了。它是想通过整合和吸收贵族的力量来解决皇位继承的稳定性问题。选帝侯选举法确实离我们熟悉的秦始皇的家族世袭制差太远，但它委曲求全地成就了一套适合中世纪的弱政治的方案。第一，选帝侯只有七位，比数十上百的诸侯七嘴八舌地参与高效得多。第二，选帝侯都由大家族把持，形成了"大户机制"，也就是成员再多，最后是固定的大家族说了算。第三，选举规则、选举地点都有明确规定和保障性的规定，不是谁拉起队伍、找个理由在什么地方就能自称皇帝了。第四，没有给教皇位置，实际上是皇帝联合诸侯排除教皇在德意志的政治影响力。现实当中能不能排除教皇干预还得继续展开斗争，但至少在法律上皇帝的产生与教皇无关。

查理四世委屈了——但绝没有消灭——血统原则，但他在帝国宪法的形式上求得了全，皇帝的产生全由德意志诸侯决定。选择这样一个办法，其实不是什么创新，而是汲取以往数百年皇帝难产乱局的教训，承认以往大贵族选帝的权利和惯例，发扬以往抵制教皇的传统，整合成了一个可行的办法。《金玺诏书》规定的选帝制度成为帝国最重要的基本法。

所书何用

《金玺诏书》这样一个在弱政治里面委曲求全的弱办法,怎么理解才好呢?它对人类究竟有什么用?

本节一开始就提过传统理解,很多历史学家认为《金玺诏书》害了德国,它让德国在基本法的根本层次上存在重大缺陷,阻碍了它的国家建设,因为选帝侯制度下很难产生强势皇帝,国家建设就没有强劲的发动机,自然也就落后于英法。英国著名史学家布赖斯是持这种观点的典型代表,他的评论非常尖锐,还指控查理四世通过《金玺诏书》"使无政府状态合法化,而称之为宪法"。[5]

我们暂时放下布赖斯的愤怒,把看历史的焦距略做调整。语文里面有一个原则,叫作:怎么理解text,取决于context。一个词、一句话、一段话、一篇文章乃至一本书,必须找到它的语境才能理解。历史事件也是一样的。当我们把同一个历史事件、制度、文献放进不同的脉络,意义就会大不一样。

以布赖斯为代表的对《金玺诏书》的严厉批评,其语境和脉络是非常现代的。其中的标准很明显,现代的基本任务就是建立强大的国家。布赖斯的名著《神圣罗马帝国》写于1864年,当时德国尚未统一,英国已经是日不落帝国。对德国饱含同情、对历史满腔热爱的布赖斯,以自己时代的标准对中世纪帝国发出苛评,实乃情理之中,无可厚非。用这种19世纪的后见之明去回看中世纪的帝国,有利于建成现代国家的,就是历史宝藏,比如后面会重点谈的议会、王权、《大宪章》、大学、城市、资产阶级;不利于的,就是历史垃圾。这种看法有它的道理,但不是唯一正确的道理。

读史使人明智,很重要的一项技能就是历史必须变换焦距来看,而且要在不同的焦距之间灵活切换。用强国之路的视角看《金玺诏书》,满眼是教训,其实是"近视"的看法,是现代五百年的看法。如果我们把历史的焦距拉远、拉长,很可能就会发现其中的宝藏。

现代这五百年的基本主题是强国竞争的政治,但它是人类有过的唯一的政治吗？显然不是。它是人类将永远停留在其中，与人类未来一并终结的政治吗？换句话说，人类往后的历史再也跳不出列强竞逐的局面？这种局面既不是我们想要的未来，也早已被撕开了裂缝。这个裂缝就是联合国。联合国以安理会为核心，而安理会的运行机制正好就是《金玺诏书》使用的"大户机制"。五个常任理事国必须取得一致，重大的事项才能推进，其中有一个大国不支持，这件事情就推不动。世人对联合国也多有怀疑和纠结。要么它会变成某个大国的工具，要么它什么事也办不成，能干脆废除它吗？好像又不能。那为什么又不能呢？

如果我们理智上认为不能废除联合国，至少说明它还是有用的、有必要的，尽管一时也说不清楚它到底有什么用。这种说不清楚的有用和必要其实就是弱政治必然存在的一种重要形态。哪怕强国政治已经成为近五百年的主旋律，弱政治依旧存在。它不能像建造国家这架战争机器以及机器之间的硬碰硬那样使人热血澎湃，它总是充满了漫长的协调、无奈的妥协、低效的行动，但从中磨砺出来的折中、忍让、相互理解、共建制度等优秀品质和行动模式是硬碰硬的强国政治代替不了的。

从长远来看，弱政治不只是人类政治的前途所在，也是人类政治的真实处境。说它是好前途，是希望政治早日能在全世界范围内摆脱军事斗争的底色，变成讲道理、立规矩的游戏。这个愿景虽然极其遥远，但方向是值得期许和努力的。强国政治最大的问题就在于它没有出路。都说国际社会是无政府的丛林状态，但"无政府状态是国家造就的"。[6]国际政治的安全困境就是这种强国政治的集体无理性的典型病征：每个国家都以自保的理由扩军备战，自动形成了相互防范乃至敌对的国际关系格局，这是国家间的囚徒困境。照此逻辑往下演化的人类前途，除了发生世界大战毁灭地球之外，几无别的可能。现实固然强大，但它却是一条死路。从国际政治演化值得期待的方向来看，在弱政治的技法上做更多的文章或许可能探索出些许微末的生路，人类酿成的五百年相互对峙和相互毁灭之势或许还有转圜。联合国只是这种艰难探索的开始。

弱政治技法的发扬和开掘仍然是非常有必要的，它甚至是我们跳出五百年强国政治丛林世界怪圈的法门。世人皆厌恶强权政治，却又习以为常，非常突出地表现在不假思索地认为打倒强权政治唯一可行的办法就是自己成为强权。两次世界大战都证明这种彼可取而代之的想当然不仅天真甚至愚蠢。事实上，第二强国两次都没有把第一强国挑落马下。而且我们可以合理推测，即便它们挑战成功，那将是更加可怕的强权世界。强权对决的逻辑中根本不可能产生世界和平。这个时候我们再看《金玺诏书》，折中、忍让、互相理解、共建制度的弱政治虽然免不了漫长的协调、无奈的妥协和低效的行动，但它是朝着全球共治的正确方向在拱卒。其中的关键当然是让第一诸侯遵守《金玺诏书》，它得尊重"大户机制"，但基本的办法不是处处和它针锋相对，也不是掀桌子另组新局，而是用合乎道义的利益和解决问题的方案联合更多的伙伴，让参与各方都不能离弃平台自行其是，让平台上的共商、共建、共赢成为共治的基础。从通往值得期待的未来的角度来看，《金玺诏书》可以挖掘和发扬的内容还有很多很多。

注释

[1] 王银宏：《1356年〈金玺诏书〉与德意志国王选举制度》，《史学月刊》2016年第7期。（**）

[2] 李筠：《论西方中世纪王权观：现代国家权力观念的中世纪起源》，社会科学文献出版社，2013，第67-69页。（***）

[3] 赫伯特·格隆德曼等：《德意志史 第一卷：古代和中世纪》（下册）第五章，张载扬、陆世澄等译，商务印书馆，1999。（**）詹姆斯·布赖斯：《神圣罗马帝国》第13、14章，孙秉莹、谢德风等译，商务印书馆，2000。（***）

[4] 李筠：《罗马史纲》，岳麓书社，2021，第352-369页。（***）

[5] 布赖斯：《神圣罗马帝国》，第216页。

[6] 亚历山大·温特：《国际政治的社会理论》，秦亚青译，上海人民出版社，2014，第XXII页。

第三章

教 会

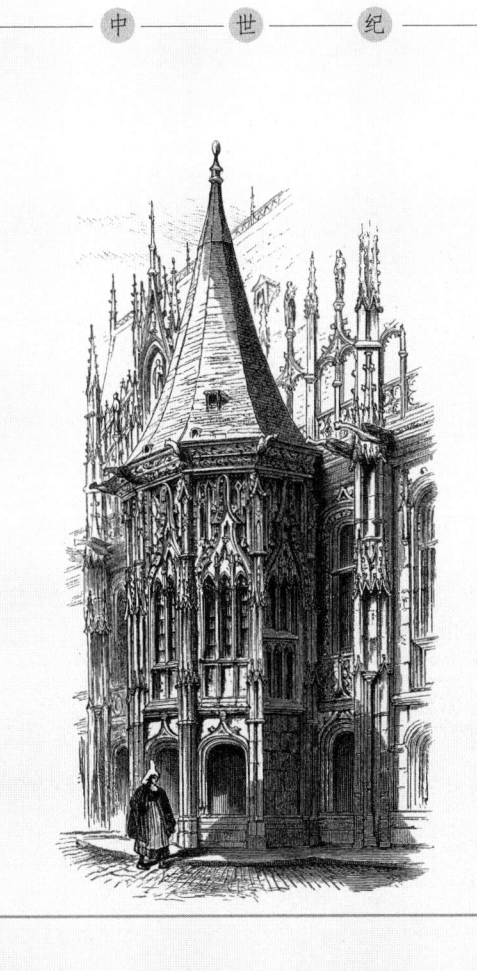

——中——世——纪——

前一章我们看了第一个专题展室：神圣罗马帝国。看完之后是不是和我一样觉得它有点让人失望？用秦始皇开创的中华帝国来对比，神圣罗马帝国确实远不够威武雄壮，不过，不一样才是正常的。我之所以把帝国设为第一专题展室，就是因为它至少在中国人的认识当中是有中华帝国可以比对的，通过"失望"起码可以建立起"不一样"的认识。踏入中世纪史深水区的第一步有了收获，我们就可以继续深入了。

这一章，我们的第二专题展室，主题是教会，它是中国人不太熟悉的。教会，中国古代不曾有过，即便现在有了，即便有人身处其中，也很难说清楚它的宏观面貌和历史根源。而中国人所不熟悉的教会，正是中世纪史当中最重要的力量，也是西方文明区别于拜占庭、伊斯兰、古代中国和其他文明的结构性力量。帝国、皇帝、王国、国王、封地、贵族、城市、商人、行会、农民……在所有文明当中都有，但有教会的古代文明就不多了，教会把自己打造成帝国一般的庞大体系并且成为一个文明的主导性力量，唯有西方的中世纪。

中世纪教会塑造了欧洲文明的结构性特征，在很大程度上决定了现代西方的走向和诸多特质。中世纪的教会是理解中世纪乃至理解整个西方的重中之重。因此，尽管其他专题展室也非常重要，但本章这个第二专题展室是本书这个博物馆的核心。

12
教廷
基督教会的核心

前一章已经多次提及教会,无论是教会扶助法兰克人成为新的天选民族,还是教会主导了西方与拜占庭的决裂;无论是查理曼被教皇占了便宜,还是红胡子毕生与教皇为敌,和帝国相关的大事实际上都少不了教会。教会在中世纪史上的重要性甚至超过了帝国,这在整个人类历史上都是不多见的。现在,我们进入教会内部,以它为主角来看中世纪。一旦进入教会内部,我们不熟悉却非常关键的差异点马上就出现了,它就是教廷。我们分三部分看教廷如何引领中世纪教会发展壮大:第一,教会的演化;第二,教廷的崛起;第三,教廷的稳固。

教会的演化

中世纪是由基督教主导的时代,很大程度上也可以说,中世纪是由教会主导的时代。教会是中世纪早期西方文明的领导者和引路人,它不仅在混乱中维系和建造秩序,而且成为日耳曼人的导师,把他们引入文明。而教会的核心是教廷。粗略而言,我们可以把教廷理解成以教皇为领袖和首脑的教会政府。[1]

我们先简单看看目前的罗马教廷(梵蒂冈),建立起对教廷基本的认识。教廷由教皇、两大会议、枢机院、国务院、九个圣部、三大法院、三个局、十二个委员会构成。教皇相当于总统;两大会议是大公会议和世界主教团会议,均由教皇主持,决定重大事项;枢机院由枢机主教(俗称"红衣主教")组成,在教皇领导下处理教会日常事务;国务院由国务卿领导,统领各部事务;九个圣部相当于各部委;三大法院包括圣赦院、最高法院、圣轮法院,大致而言,圣赦院处理大赦和良心案件,最高法院是天主教世界的终审法院,圣轮法院处理上诉案件并协助下级法院展开工作。[2]现在的梵蒂冈教皇国占地面积只有罗马城内的44公顷,但在政府机构设置上也是麻雀虽小,五脏俱全。这只五脏俱全的小麻雀的渊源一直可以追溯到两千年前耶稣嘱托彼得领导教会。它在中世纪的时候一步步建立起了各种政府机构,不过在那个时代,它可不是小麻雀,而是巨无霸。

对于梵蒂冈教皇国的政府机构,我们一般人没什么兴趣,就算有兴趣也不能随意参观。不过,梵蒂冈这小小的44公顷可能是世界上数一数二的艺术珍品荟萃之地,是艺术旅行的绝佳胜地。别的不说,单是圣彼得大教堂就汇集了文艺复兴大师布拉曼特的建筑、贝尔尼尼的雕塑、拉斐尔的画作,围绕在三位大师周围为圣彼得大教堂添砖加瓦的著名建筑师、雕塑家、画家难以胜数。以圣彼得大教堂为核心的梵蒂冈,每一寸土地都渗满了历史典故,畅游其中,你对西方史、罗马史、中世纪史、文艺复兴史、艺术史越熟悉,看到的宝贝就越多,感慨也就越多。[3]像圣彼得大教堂这样的建筑奇观和拉斐尔西斯廷天顶画这样的神品,有多少钱都是买不来的,但它们确实是以海量的金钱为后盾的。一般游客只要欣赏艺术之美就好了,不过我在圣彼得大教堂里欣赏教皇青铜华盖的时候蹦出了一层政治学的心思:能够筹集海量的金钱,并让它们向特定的目标集中,背后一定有一个庞大且井然有序的组织在高效地运转，支撑起诸般大事的运作。无数艺术珍品的背后是强大的教廷。

强大的政府领导国家实现宏伟的既定目标，这对中国人来说再熟悉不过了。但对其他国家、其他古老文明来说，并不是理所当然，而发生在教会身上，则是极为罕见的事情。我们来看教会的组织。首先要明确，教廷和教会不是一回事。有宗教的地方或多或少都可能有教会，因为信同一种宗教的人们大多会有自己的团契，神不能一个人单独信，要大家一起信，信徒就会自发组织起来。但信徒有了自己的团体，却不一定会有教廷，事实上，大多数宗教都没有教廷。比如和天主教信仰同一个上帝的东正教和新教就没有教廷。今天的基督教世界，大致一分为三：天主教、东正教、新教。8世纪到11世纪，基督教分裂为西方的大公教和东方的东正教；16世纪，西方的大公教分裂为天主教和新教。在基督教的三大分支当中，只有天主教有罗马教廷，东正教和新教不仅不把罗马教廷当成自己的中央管理机构，也不承认罗马教皇是最高宗教领袖。而且，新教和东正教系统内部也都没有天主教罗马教廷那样的中央管理机构，也没有教皇那样的至尊职位和角色。天主教以教皇为首脑、以教廷为政府的组织，是同样信仰上帝的东正教和新教都没有的。

问题的实质在于教阶制。也就是说，教会当中有没有形成上下等级，在上者有制度规定的权力和责任，在下者有制度规定的服从的义务，就像军队里面有军师旅团营连排班的建制一样。有这样一套刚性的等级建制，任何组织都会形成金字塔的结构，教会也不例外，它的顶层就是教廷，顶端就是掌控教廷的教皇。教廷是教会自身变成等级化权力体系的结果。

没有教阶制这样一套等级权力建制，教会也可以有组织，不过它的结构就是网络状的，而不是金字塔状的。教区和教区之间的联系就像平等的人和人之间一样，靠沟通、靠商量、靠契约，没有办法靠命令、靠纪律、靠制裁。在没有教阶制的地方，一个教会，主教就是当地信徒的长老，他更多的是凭威望、人品、知识和经验管理他熟悉的老乡，他对他们甚至没有法定权力，大家在一起是靠共同信仰和共同生活带来的信任。相应地，各地教会联合成了更大的教会，但内部并没有上下级关系，更没有所谓的中央，要是有共同事务，就大家聚起来开会讨论决定。基督教会其实一开始也是这样的。

那么，基督教会怎么会制造出教阶制呢？这关系到基督教会在历史上的资源禀赋和文明责任。

建造起教阶制的等级权力体系，基督教会有独特的资源禀赋，关键在于基督教会曾经跟罗马帝国学习过。罗马帝国靠法律、行政命令和等级化权力管理广大疆域和庞大人口，教会在形成初期和这套系统对抗过，在成为国教之后教会更是全面地学习过。我曾经在《罗马史纲》里专门讲过，"教会继承了帝国的衣钵"，基督教会对罗马帝国的继承是全方位的，其中就包括权力的运用和权力体系的建造。[4]帝国晚期的时候，帝国政府在西部支撑不住了，帝国甚至授权教会代理了它在西部的管理职权，教会直接上手变成帝国政府了。不过当时的教会还不够成熟，自己还没彻底形成一个权力金字塔。

教会从皇帝手中接过西方统治权的时候，实际上帝国已经行将就木，接过帝国衣钵的教会已经开始承担维护西方文明存续的重任了。不久之后，西罗马帝国灭亡，西方全是烧杀抢掠的蛮族，身在君士坦丁堡的皇帝们也没有实力为西方提供基本的安全保障，教会的统治和管理压力陡然增加，建立教阶制的权力金字塔就成了迫在眉睫的事情。教阶制客观上可以看成中世纪早期乱局逼迫教会承担存续西方文明责任的结果。如果没有出现普遍的混乱，教会不用填补帝国垮台之后留下的政治真空，它在从容不迫的状态下，大概率是大家和和乐乐地听老爷爷讲故事就好了，完全没必要制造出高度刚性的上下尊卑体系。

形势如此，西方的教会变成金字塔就是情理之中的事情了，在资源上它掌握了罗马帝国的治理技艺，在客观形势上它必须承担起维系文明的重任，唯一需要的就是教会主观上想不想这么干。当然想！权力金字塔是制造权力的法宝，想牟取权力的人必须建造权力金字塔。其中最有资格做成这件事情的当然是西方教会之中的首席主教：罗马主教。基督教会最终在罗马主教们的领导下变成了权力金字塔，他们自然也就成了教皇。教皇是建造教会金字塔的首席建筑师和工程师。

教廷的崛起

西罗马帝国灭亡之后的西方，确实是一片混乱。但是，有危就有机。中世纪早期的混乱是教会凝聚权力的大好时机。

对比来看，东正教和新教都没有遇到这种历史机会。帝国东部并没有崩溃，也没有陷入普遍的混乱，君士坦丁大帝留下的秩序仍然在有效运转。在拜占庭的秩序中，君士坦丁堡大牧首从来都没有摆脱拜占庭皇帝的控制，皇帝故意压制东正教会的成长，东正教会从来都没有机会建立自己的教廷。前一章提到拜占庭的破坏圣像运动，就是它让拜占庭皇帝成功地控制了拜占庭教会，东正教会自此之后一直匍匐在皇帝脚下。

千年之后，路德领导宗教改革反对教皇，核心理由之一就是反对教阶制，他甚至倡导教士和平信徒之间都是平等的，极力推动基督教内部的平等，新教的基调就是抹平基督教内部的差等，要把基督教变成从内到外都是上帝面前人人平等。新教从中世纪的大公教中挣脱出来之后，自然不会回到它本来反对的金字塔结构。所以，反教廷的新教不会再自建教廷。否则，它就违背了自己的原则，辜负了新教徒的信任，自然也就自我瓦解了。如此看来，只有中世纪早期的基督教会碰到了人类历史上几乎唯一的建造自己教廷的机会，教皇们确实也抓住了这个绝无仅有的机会。

从历史进程和政治逻辑来看，教廷是基督教会在罗马帝国晚期和整个中世纪力推中央集权的结果，而这个超长中央集权进程的主角就是历代教皇。教廷是金字塔式的权力结构，它的核心是教皇，我们可以把这种统治形式称为教皇制，就像我们通常把美国以总统为核心的权力结构称为总统制一样。

在中世纪早期，帝国毁了，蛮族不仅无力建造新秩序，还是基本秩序的破坏者，教廷这个以教皇为首脑的政府就是这个时代最重要的秩序提供者和维护者。显然，这样一个权力金字塔不是一天建成的。那么，教廷到底是如何被教皇们打造出来的呢？我们来看四位雄才大略的教皇，他们每一位在中世纪史上的地位甚至都不逊色于欧洲之父查理曼。

第一位是公元453年前后的教皇利奥一世。

传说这一年利奥受罗马皇帝委托去和无敌匈奴王阿提拉谈判，请求他不要毁灭罗马城，阿提拉居然答应了，罗马城由此得以保全。传说归传说，阿提拉为什么没有进军罗马一直是未解之谜，但可以肯定的是，利奥是历史上第一位真正的教皇。倒不是因为他劝服了阿提拉，而是因为教皇制被他主动地建立起来，而且得到了皇帝和整个教会的承认。

在利奥之前，罗马主教只是诸多大主教之一，虽然地位比较高，但只是同行当中的第一人，而不是高于红衣主教们的教皇。基督教成为帝国国教之后，它的组织建设开始模仿罗马帝国，帝国的行省都有了相应的主教和他们管辖的主教区，几个主教区由一个红衣主教掌管。罗马和君士坦丁堡、亚历山大、安条克、耶路撒冷并列为五大教区。

后来有人开始讲罗马教区的优越地位，讲罗马是新耶路撒冷，他们的依据是《圣经》里首席使徒彼得的故事。在《圣经》里，耶稣对彼得说："你是彼得，我要把我的教会建造在这磐石上，阴间的权柄不能胜过他。我要把天国的钥匙给你，凡你在地上所捆绑的，在天上也要捆绑；凡你在地上所释放的，在天上也要释放。""彼得"和"磐石"既同音又同义，耶稣以互文明确了受托人就是彼得。还有，耶稣在受难之后复活，专门查证彼得的信念之后，放心地三次对他说："你喂养我的羊。"[5]"羊"在基督教里是信徒的象征。耶稣的这些话似乎都确凿无疑地成了耶稣把教会托付给彼得的依据。进一步，教皇制的支持者们把彼得说成第一任教皇。就这样，耶稣通过彼得建立教会，把教会交给他掌管，彼得把位子传给了后来的教皇。所以，教皇宝座又叫"使徒圣座"，这里的使徒专指彼得。

这些故事到了利奥一世手里彻底变成了教皇制的依据，因为他凭实力做成了教皇，古老的故事就真的有用了。利奥非常主动地把教皇权威的原理讲出来，而且讲得非常硬："服从彼得的权威，就是服从基督的权威；否定彼得的权威，就是将自己置身于教会的奥秘之外。"[6]把这句对彼得权威的强调与另外两条基督教原则连在一起，教皇权威在理论上就是不可撼动的。一条就是前面提到的"彼得是首任教皇，他把教皇圣座传给了后来的教皇"；另外一条是"教会之外无救恩"。最终的原则就径直变成了不服从教皇的权威就得不到上帝的救赎。

利奥不仅善于利用古老的故事，而且在硬实力上的表现完完全全是一幅雄才大略的皇帝模样。他不仅在帝国西部积极协调军务、抵抗蛮族、维护统一，而且得到了皇帝瓦伦提尼安三世的首肯，皇帝把他称为教会君主。皇帝给高卢将军发布命令，强迫拒不服从利奥的当地主教必须加入教皇法庭，受其司法管辖。皇帝为自己这么做给出的理由是："捍卫各处教会和平的唯一途径就是普遍承认其领袖地位。"[7]显然，皇帝有力地支持了罗马主教摆脱诸多大主教之一的地位，跃升为诸多大主教之上的教皇。

在教会内部，利奥也积极地维护教会的统一性和教义的正统性，他经常指示各地主教反对异端，并且以长信的形式仔细地说明其中的神学原理，俨然一副教义权威尽在掌握的严父作风。他成功地控制住了其他大主教和反对派，召集宗教大会，解决宗教争端，堂而皇之地以教皇自居。他的所作所为和地位得到了普遍的承认，承认的标志就是公元451年的卡尔西顿公会。尽管利奥没有直接参会，公会议还是完全围绕利奥展开，参会者甚至热烈欢呼"彼得已经通过利奥说话了"！[8]教会团结在了教皇周围。

就这样，教皇制在雄才大略的利奥手里基本建立起来了。不过卡尔西顿公会议留下了一个重要的争议：在皇帝和东部教会的力推之下，会议决议将君士坦丁堡大牧首升格为新罗马主教，成为帝国东部教会唯一的最高领袖，与利奥平起平坐。这显然不是利奥想看到的，但他的代表在公会议上抗议无效。东西教会各有至尊、各有管辖，为前一章提到的东西教会分裂埋下了伏笔。后来在破坏圣像运动之后，东西教会进一步变得各有教义、各有庇护、各有道路，分道扬镳也就势不可免。

无论如何，利奥让世界知道了教皇应该是什么样子的，而且是值得尊敬和信赖的，西方团结在教皇周围的时代已经到来。

教廷的稳固

教会史上第二位雄才大略的教皇是公元590年登基的大格里高利。他登基时，西方已经进入中世纪一百多年了。"大格里高利无疑是古代晚期和中世纪早期最伟大的教皇，或许也是有史以来最伟大的教皇。"[9]

如果说利奥一世还有皇帝支持，大格里高利就只能靠自己了。那时候西部已经没了皇帝，而君士坦丁堡的皇帝已经不把西部放在心上了。公元590年，大格里高利登基为教皇。这个时候，曾经作为帝都的罗马城已经惨不忍睹。我们看看罗马城在帝国晚期和中世纪早期的变化，就知道西方当时的惨状了。公元410年，蛮族首领阿拉里克攻占罗马城，造成"罗马浩劫"之后，罗马城急剧衰落。西罗马皇帝在此之前就已经不在罗马城驻跸。公元476年，蛮族首领奥多亚克废黜西罗马末代皇帝，西罗马帝国由此灭亡，罗马城里的人们漠不关心，因为帝国已经放弃曾经的帝都很久了。取代奥多亚克的蛮族首领狄奥多里克倒是把罗马城搞得热热闹闹，但好景不长，他在公元526年去世。

就在此时，东罗马皇帝查士丁尼派大将军贝利萨留收复帝国西部，在帝国军队与蛮族部落的多年混战当中，整个意大利生灵涂炭，曾经繁荣富庶的意大利变得赤地千里。罗马城也未能幸免。贝利萨留曾三次发动收复罗马城的围城大战，蛮族首领托蒂拉自毁罗马城墙突围而出，并扬言将夷平罗马城。在贝利萨留的恳求之下，托蒂拉率军撤离。此役过后，世界上第一个人口达到百万的城市罗马城，人丁仅剩三万。惨胜的贝利萨留并没有来得及治理罗马和意大利，波斯来犯迫使皇帝查士丁尼命令他回军保卫君士坦丁堡，数年苦战的成果一夜之间付之东流。贝利萨留带走了帝国军队，却留下了黑死病。从东方经海路在君士坦丁堡上岸的黑死病被带到了帝国军营，传遍了西方。而且，贝利萨留撤退，新一波的蛮族又来了。没了东罗马的帝国军队,还遭受大瘟疫的侵袭,蛮族侵袭又此起彼伏,这时候的西方真是屋漏偏逢连夜雨。这就是大格里高利登基时的罗马城和西方。[10]从他的业绩来看,大格里高利之所以配得上"伟大"这个名号,能和罗马帝国时代的圣人安布罗斯、哲罗姆、奥古斯丁相提并论,成为基督教的"四大圣师"之一,正是因为他在废墟当中撑起了教会,也撑起了西方。他就是教会带领中世纪早期的西方在黑暗中死扛下来的化身。

格里高利出身名门,祖上甚至出过教皇,他本人在三十岁的时候曾出任罗马市长,五年后他辞官归隐,过上了沉思和写作的生活。但好景不长,教皇本笃一世不顾他本人意愿强行任命他为教会七大执事之一,不久之后伦巴第人围攻罗马,新任教皇帕拉纠二世命他为教皇特使去君士坦丁堡讨救兵。格里高利没有讨到救兵,罗马城也没有被毁。帕拉纠许以重金,伦巴第人退兵。格里高利继续在君士坦丁堡当大使,一待就是七年。在大使任上,格里高利游刃有余,不仅完成外交任务,而且与拜占庭宫廷相处甚欢,他甚至成为拜占庭皇长子的教父。但他热爱罗马,不仅拒绝学习作为拜占庭官方语言的希腊语,而且不太看得起拜占庭,他曾对友人感慨:"怎么会有人被君士坦丁堡诱惑?怎么会有人能够忘记罗马?"公元589年,他被召回罗马,协助帕拉纠解决一起严重的宗教分裂事件。公元590年,罗马受到黑死病袭击,满城都是死尸,教皇帕拉纠也染病驾崩。格里高利在众望所归之下登基为教皇。[11]

大格里高利对于中世纪教会的贡献涉及方方面面。

第一,他坚持正统的教义,和各种丧失信心的异端邪说做斗争。各个地方此类问题甚多,我们只举一例便知他对教义的决绝维护:当拜占庭皇帝莫里斯——这位皇帝曾让自己的皇长子认大格里高利作教父——发布圣旨禁止退伍军人进入修道院过隐修生活之时,大格里高利给皇帝的信函措辞极为严厉。他不仅提醒皇帝君权来自上帝,而且提醒皇帝上帝的审判很快就会到来。

第二,他鼓励传教,教廷逐渐成为向各路蛮族有组织传教的源头和后盾。"传教士"一节当中指派圣奥古斯丁去英国传教的教皇就是他。此外，北非、高卢、西班牙的传教和蛮族的皈依，他也积极推动。在传教和教会扩展的意义上，罗马逐渐走出去，不再完全处于被各路信异教和异端的蛮族围困的状态。

第三，他对拜占庭皇帝、大牧首以及各路主教保持高姿态，坚持教皇是整个基督教世界的最高领袖和主心骨。在给拜占庭皇帝、君士坦丁堡大牧首和许多主教的争辩信函中，他都坚持罗马教皇是普世教皇，是唯一的，君士坦丁堡大牧首不是普世的，只是地方的。他为教皇的至尊地位奋斗了终身。

第四，他把教廷财务打理得妥妥帖帖，不仅内部管理机构有章法，而且拥有了4600多平方公里的领地，教廷成了大地主，收入有了稳定的着落。

第五，他大力支持修道院建设，一座座修道院不仅成为信徒们追求隐修生活的共同家园，也成为混乱的中世纪早期保存西方文化香火的主要阵地。修道院成为教会在中世纪早期混乱的局势中筑起的堡垒，在基督教的修行、研究、仪轨各方面都做出了巨大贡献。

第六，他鼓励通过音乐和绘画创作来让老百姓的宗教生活丰富起来。在那个人人都是文盲的年代，音乐和绘画对于传播宗教的作用是不可估量的。《格里高利圣咏》至今仍然在天主教教堂里吟唱。

格里高利于公元604年驾崩，他的墓碑铭文是"上帝的执政官"，在他驾崩后不久，教会加封其名号"伟大的"（the Great），所以后世称其为大格里高利。大格里高利系统地打开了教廷的局面，在坚持教义、树立权威、推动传教、管理教会、营建修道院、改革礼俗各个方面都取得了巨大的成就，为后世的教皇做出了榜样。"中世纪教皇的特权在很大程度上要依赖于格里高利通过这个多事时代维系下来的实干政府。"[12]教廷作为教会的核心、教会作为西方的引领者在他手中算是稳住了。

企稳向上的教廷将爆发出令人意想不到的巨大能量，决定性地改变西方文明的走向，这在第三位和第四位雄才大略的教皇身上爆炸性地体现了出来。他们是格里高利七世和英诺森三世。下面两节就是他们的故事。

注释

[1] 天主教官方文件和许多学术著作都将Pope译为"教宗"，本书遵从习俗译为"教皇"，凡本书所引文献中译为"教宗"处，为保持本书用语统一，一律改为"教皇"。凡本书所引文献中译为"格雷戈里""格列高利"，为保持本书用语统一，一律改为"格里高利"。

[2] 涉及教廷组织的教会法条文为《教会法典》第330条至367条，条文内容英文版请阅"梵蒂冈教皇国官方网站"：https://www.vatican.va/archive/cod-iuris-canonici/cic_index_en.html。相关条文解说，参见陈介夫：《天主教法典注释》，内部发行，1997，第255-277页。（***）奥斯瓦尔德·J. 莱舍尔：《教会法原理》，李秀清、赵博阳译，法律出版社，2014，第51-58页。（**）

[3] 彼得罗西洛：《梵蒂冈城》，梵蒂冈博物馆，1997。（*）

[4] 李筠：《罗马史纲》，岳麓书社，2021，第403-419页。（***）

[5] 《圣经·马太福音》第16章第18-19节，《圣经·约翰福音》第21章第15-23节。

[6] 埃蒙·达菲：《圣徒与罪人：一部教宗史》，龙秀清译，商务印书馆，2018，第65页。（***）

[7] 布鲁斯·雪莱：《基督教会史（第二版）》，刘平译，北京大学出版社，2004，第152页。（**）

[8] 同上。

[9] 达菲：《圣徒与罪人：一部教宗史》，第100-101页。

[10] 菲迪南·罗特：《古代世界的终结》第十四至二十章，王春侠、曹明玉译，上海三联书店，2008。（**）罗伯特·福西耶主编《剑桥插图中世纪史.350~950》，陈志强、崔艳红等译，山东画报出版社，2006，

第50–57页。（**）克里斯托弗·希伯特：《罗马：一座城市的兴衰史》，孙力译，译林出版社，2018，第92–97页。（*）

[11] 达菲：《圣徒与罪人：一部教宗史》，第84–88页。

[12] 雪莱：《基督教会史（第二版）》，第184页。参见达菲：《圣徒与罪人：一部教宗史》，第89–100页。

13
革命
二元结构的定型

大格里高利身后,教皇们并没有一路高奏凯歌,相反,经历了一段不堪回首的低潮。西方遇到了拜占庭历史上数一数二的英主皇帝希拉克略(610—641年在位),教皇完全被他控制,有的教皇当选者等待皇帝承认的回信甚至超过了一年的时间。随后,基督教内部发生了重大的教义争论,教皇马丁一世甚至在自己的官邸拉特兰宫被逮捕,被押往君士坦丁堡受审,最终以谋反定罪。其后的教皇都是由拜占庭选任的希腊人,而不是西方本地的拉丁人。[1]

不过,西方的混乱使得希腊人教皇们不得不和西方的蛮族频繁交往,西方教会和法兰克人的联盟就是在这段时间逐渐酝酿出来的。公元751年,最后一位希腊人教皇扎迦利为矮子丕平加冕,宣告丕平家族的加洛林王朝取得正统地位,取代延续了近三百年的墨洛温王朝。公元756年,丕平回教皇以大礼,不仅挥军南下击败了围困教皇的伦巴第人,还将罗马城献给了教皇,教皇国由此诞生,史称"丕平献土"。[2]之后,教廷与加洛林王朝的关系越走越近,就有了公元800年圣诞节教皇利奥三世为查理曼加冕,欧洲文明由此诞生。

但绝不要以为有了和查理曼的联盟,教廷就可以高枕无忧了。教会五百年前面对君士坦丁大帝、两百年前面对希拉克略的尴尬处境又会再次出现。有了强势皇帝的保护,教会也许会迅速发展壮大,教皇和教廷却直接面临着被帝国收编的危险。罗马帝国时代的教会制造出了一面反抗帝国收编的大旗,叫作"教会自由"。哪里有政权对教会的干预和控制,哪里就有打起这面大旗的反抗。

显然,查理曼和君士坦丁大帝一样,把教会当成自己的下属,具体来说,教皇、红衣主教、主教、修道院院长就应该是他手下的封臣。查理曼身后,法兰克人的加洛林帝国一分为三,但奥托大帝的新罗马帝国依旧延续查理曼的教会政策。自查理曼加冕之后的两百年,教皇迅速陷入了封建政治的泥潭,和世俗贵族沆瀣一气,大多不仅恶名昭彰,甚至不得好死,变成了政治丑角,大有淹没在封建洪流中的态势。[3]

历史总是比小说更精彩,正当我们以为教皇们从此没落,会永久性地沦为西方皇帝手下的佞臣之时,他们却爆发了,犹如平地一声惊雷。"教皇革命"到来,教廷跃居帝国之上。而且,从前混乱不堪的、被动挨打的、疲于应付的欧洲似乎突然抖擞精神,变得积极上进、奋发有为,整个西方文明迅速进入了上行的快车道。"教皇革命"是中世纪史上的头等大事,我们分三部分来看这场惊天动地的大事:第一,叙任权之争;第二,政与教之分;第三,西与东之别。

叙任权之争

"教皇革命",所为何来?作为西方的最高宗教领袖,教皇为什么要革命?要革谁的命?怎么革的命?

要革命,肯定是有极大的不满,哪个教皇对谁有什么样的不满,以至于必须通过迅速的、暴烈的、翻天覆地的激烈行动去克服和改变呢？教皇革命在当时体现为叙任权之争。所谓叙任权，就是任命各级主教和大小修道院院长的权力。有了这个争夺的焦点，我们可以把教皇革命看成：第一，教皇对于自己不掌握任命权极度不满；第二，任命权掌握在以神圣罗马皇帝为首的大贵族手里，他们就是教皇革命的对象；第三，教皇要夺回任命权，不惜和皇帝正面对决。结果，教皇赢得了叙任权之争。但教皇革命蕴含的问题远比抢夺叙任权要复杂得多，我们一层层深入，教皇革命的极端重要性将一层层显露出来。

第一，革命的基础是要酝酿的。

现在我们认为红衣主教、主教、修道院院长就应该是教皇来任命，要是叙任权在别人手里，夺回来就是天经地义的事情。就这么一个简单的认识，其实并不是理所当然。

前一节我们专门谈了教廷，教会并非天生就是金字塔权力结构，打造权力金字塔是一个极其艰难的过程，经过许多伟大的教皇努力奋斗才实现了这个结果。把教会打造成权力金字塔，把教廷打造成权力金字塔的顶层，关键就是教皇革命。有下属才有层级，有层级才有金字塔，有金字塔教皇才是处于顶端的至尊。试想，如果大大小小的主教和修道院院长都不归教皇任命，自然也就不归教皇管，教皇实际上也就根本没有权力金字塔，教皇头衔在权力的意义上就是一张空头支票。

可问题是，主教和修道院院长在查理曼之后都成了封建贵族，他们和查理曼的子子孙孙关系紧密。好的，成了世俗政治里面的能臣干将和封疆大吏；坏的，成了披着教皇披肩行各种肮脏勾当的无耻混蛋。查理曼主动地把他们编入了封建网络，因为他们识文断字，又有管理能力，还有信徒拥戴。查理曼的方略和五百年前君士坦丁大帝收编教会是一样的，就是要让它成为帝国统治的帮手。所以，无论罗马帝国的传统、查理曼的加洛林现实，还是旁边的拜占庭模式，主教和修道院院长由皇帝任命，成为皇帝的文臣，都是自然而然甚至天经地义的事情。在这些主流的权力结构当中，叙任权不用说，自然不属于教皇。如果说叙任权还和教皇有关的话，恐怕是教皇被皇帝或者大贵族提名甚至任命。

什么人认为主教是皇帝的文臣这种模式大大地不妥呢？克吕尼修会。后文会专门谈修会，这里必须先说明，基督教本就起于草根，它一直有各式各样从民间成长起来的运动，其中一些成了修会。有很多修会不被后来强势的教廷认可，成了异端。克吕尼修会于公元910年在法国小镇克吕尼创立了修道院，在之后的一个世纪，它建立的修道院超过了一千座，均由总院院长管辖，形成了一个高度组织化的权力网络。克吕尼修会对当时的教廷极其不满，教皇、主教和院长们成了诸侯，锦衣玉食、声色犬马、大权在握、杀伐决断，都离耶稣教导的虔诚、谦卑、谦虚、贫穷太远了，他们甚至道德败坏、腐化堕落、娶妻生子、买卖圣职、狼狈为奸，整个教会已经被这些变成诸侯的主教和院长败坏得不成样子了。教会出现大危机的根源就在于高级教士的世俗化，而关键点就在于他们的叙任权掌握在世俗政权的皇帝和国王们手里。再不夺回叙任权，教会就完了。

克吕尼修会一边严厉批评主教和院长的堕落，一边组织信徒过虔诚、谦卑、谦虚、严肃的宗教生活。克吕尼运动从10世纪开始，一百年间席卷了整个欧洲。教会上层有多腐化，下层运动就有多激烈。作为教皇革命起因的不满，不是来自一两位有作为的教皇，而是激荡百年的宗教运动。克吕尼运动为教皇革命铺垫起了雄厚的基础。教皇革命的根源是教会自下层发动的自救行动。

第二，革命的发动是需要领袖的。

光有群众基础不足以成事，还得有革命领袖，只有领袖能够把革命群众的不满转化成目的明确、手段得当的革命行动。教皇革命的领袖是格里高利七世，他是我们要看的中世纪史上第三位雄才大略的教皇。

格里高利七世1073年登基为教皇之前叫作希尔德布兰德，是克吕尼运动的坚决拥护者，是教会改革的干将。他在改革中颇有作为，我们看其中最重要的一件事情，就知道他在改革派当中的地位了。

如果说教会被世俗政权控制了，腐化堕落了，最应该改革的教会职位是哪一个呢？正是教皇这个职位。如果教皇由皇帝、国王、罗马城的大贵族来挑选，没什么规矩可讲，都是各方力量钩心斗角地尽量安排自己人，选出来的教皇大概率是胡作非为的混蛋。所以，教皇和教廷长期被克吕尼运动看成腐败的大本营。好几任教皇都试图在皇帝的支持下改变这种局面，实质性的动作是在尼古拉二世在任的时候，他颁布了教皇选举法。教皇选举法的核心规则是教皇只能由七位枢机主教选举产生，征询枢机教士和枢机执事赞同后，由民众喝彩通过，皇帝只能追认。无论是拜占庭皇帝、神圣罗马皇帝，还是任何世俗大贵族，都被明确排除在外。这套规则的细则不断完善，但核心原则一直沿用至今，而这套方案的谋划者和推动者就是希尔德布兰德。

教皇选举法不只是解决了教皇一个职位的问题，围绕着教皇选举法，教会改革的核心团队形成了，教皇革命就有了领导集团，希尔德布兰德就是领导核心。他们不仅成功地把教皇的产生和各种世俗力量划清界限，而且围绕着教廷自己控制的红衣主教团、枢机执事和各种关键职位打造教廷。教皇有了一帮和自己一样在乎教会纯洁的得力干将，教廷才有可能成为名副其实的权力机构，与皇帝展开正面对决，教会变成独立于皇帝的权力金字塔就有了最坚实的组织核心。

一旦教皇和他的核心团队稳固了，下一步自然是要纯洁所有的主教和修道院院长职位，教皇和皇帝的正面对决就不可避免。希尔德布兰德是革命意志非常饱满的领袖，让教会摆脱腐化、重回纯洁是他的使命，教会要成为至高无上的组织，不再受任何世俗势力的污染。他立场异常坚定，视野极其广阔，战斗力极强，政治手段极为高超，他的战友甚至开玩笑称他是"神圣的撒旦"。[4]

第三，革命的后果是超出预料的。

"神圣的撒旦"在1073年登基成为教皇格里高利七世。其实在他登基之前，他的前任亚历山大二世就已经和神圣罗马皇帝亨利四世闹得不可开交，教皇已经革除了皇帝的教籍。格里高利七世更强势，把教皇和皇帝的冲突推向了巅峰。之所以说是巅峰，不是因为他也革除了皇帝亨利四世的教籍，也不是因为后来亨利跑到他度假的卡诺莎城堡下跪求饶，而是因为他在1075年发布了《教皇如是说》这份文件。《教皇如是说》一共27条，全文如下：

1. 罗马教会由上帝单独创建。
2. 只有罗马教皇能正当地称为普世的。
3. 只有他能够废黜主教或使其复职。
4. 他的使节——即使教阶较低——在宗教会议上高于所有的主教，并有权做出废黜主教的判决。
5. 教皇有权废黜不称职者。
6. 在各种事情当中，我们也不能与被他开除教籍的人同居一室。
7. 只有他有权根据时代需要颁布新的法律，召集新的宗教会议，建立修道院，分割富裕的主教管区或合并贫穷的主教管区。
8. 只有他有权佩戴帝王徽记。
9. 只有教皇的脚能被所有的王侯吻。
10. 只有他的名字才能在教堂中被念诵。
11. 他的头衔是世界上唯一的。
12. 他能废黜皇帝。
13. 如有必要，他能将主教从一个地方调动到另一个地方。
14. 如他愿意，他有权任命任何教会的教士。
15. 由他任命的教职可以管理其他教会，但却不受其他人的管辖，他也不能从其他主教那里接受更高教职。
16. 没有他的命令，宗教会议不能称为大公会议。
17. 没有他的认可，任何书或其章节都不能视为教会法规。
18. 任何人都不能撤销他的任何判决，所有人中唯有他一人能撤销这种判决。
19. 他自己不受任何人审判。

20. 没有人胆敢诅咒向使徒宝座上诉者。
21. 每个教会的较重要的案件要服从使徒宝座的裁决。
22. 罗马教会从未犯错误，也永不犯错误，《圣经》作证。
23. 罗马教皇如果依教规任命，无疑具有来自圣彼得的神圣性……
24. 由他命令或得他允许，处于从属地位的人对其上级可以提起诉讼。
25. 他可以不通过宗教会议废黜主教或使其复职。
26. 一个人如果不与罗马教会保持一致，就不能称为大公教会的。
27. 教皇能解除不义之人的臣民的忠诚誓约。[5]

《教皇如是说》里的教皇完全把皇帝踩在脚下，这份文件完全是格里高利七世给皇帝亨利四世的战书。亨利当即宣布废黜格里高利予以回击，格里高利以革除亨利教籍予以反击，亨利怒不可遏，发兵罗马。结果，格里高利挑动帝国诸侯作乱，亨利后院起火，只能去卡诺莎给格里高利下跪认错。这是人类历史上极为罕见的政治奇观。

得到宽恕的亨利回家收拾后院，后来真的攻占了罗马，格里高利死在了逃亡的途中。但事情没有随着两位当事人的先后驾崩而结束，他们的继任者把这场冲突持续了五十年，直到1122年双方签订《沃尔姆斯协定》才算告一段落。不过，事情还是没完，直到百年后的皇帝红胡子腓特烈和教皇英诺森三世，政教双方异常激烈的攻防大战一直好戏不断。

我们回头再看格里高利七世的《教皇如是说》，巅峰之作，莫过于此。如果你跟对手说我比你强，你能找多少条什么样的理由呢？格里高利针对皇帝找了27条，而且条条致命。有了这27条权力，教皇、教廷、教会的政治想象空间就被打开了；唯一的帝王地位，基督教世界的最高立法权、最高司法权、最高任命权，等等。原来教皇可以如此强势。强势是要有章法的。《教皇如是说》是格里高利七世为后来的教皇、教廷、教会制定的政治总纲领，后来历代教皇的使命就是去实现它，把它打开的政治空间变得充实。而最接近实现的,就是下一节的主角教皇英诺森三世。作为革命宣言的《教皇如是说》不只是一份单次搏斗的战书,更是教皇全面扩张权力、建立教会金字塔的蓝图。叙任权之争引爆的教皇革命会沿着教皇权力扩张的道路扫荡了整个欧洲文明,让它变得生机勃勃,甚至焕然一新,四处都出现了意想不到的后果。

政与教之分

教皇革命意料之中的后果之一便是教会自由在很大程度上得以实现。教会针对帝国和其他世俗政治势力的独立性得以大大加强。这是革命的目的,很大程度上实现了。西方的政教二元化结构由此定型。

君士坦丁、希拉克略和查理曼治下的教会,都在为自己的独立和自由苦苦抗争。教皇革命把教会推向一个非常明确的轨道,就是实现自己的独立和自由。经过几代教皇的努力之后,教会基本上实现了从君士坦丁时代以来的夙愿:教会的政策自己说了算,不再是皇帝说了算;教会的人员自己任免,不再是皇帝、国王和大贵族任免;教会的教义自己召集大公会议决定,不再是皇帝召集;教会的权力自成一个系统,不再是皇帝权力系统的组成部分;教会的法律自成一个系统,有覆盖整个基督教世界的普遍效力,体系最完善,在之后的三百年甚至更长的时间是西方乃至全世界最优秀的法律体系。

教会是当时推动法治的核心力量。从1159年教皇亚历山大三世开始,一连串教皇都是教会法学家,教皇们积极地通过完善法治来扩张自己的权力。教会之所以出现法学家长期执政的状况,和教会法的成熟大有干系。之前的1140年,格拉提安完成了《教会法汇要》,把历代教皇发布的法令不仅集成到一起,而且消除法令之间的歧义和冲突,整理出一个条理分明的系统。在此基础之上,后人增补了新颁布的教皇法令,最终形成了《教会法大全》。它是体系化的统治工具,因此成了各国国王、立法者和法学家研究和学习的榜样。教会利用法律来实现自己的独立,打造一个饱满的权力体系,对我们来说可能相对陌生,但在法治传统极其强大的西方完全是情理之中的事情。

格里高利七世发动的教皇革命引发了教廷和帝国的正面对决,为了在斗争中取得优势,教廷全面地、迅速地、成功地把自己打造成权力金字塔。"在格里高利七世之后,教会具备了现代国家绝大部分的特征。"[6]尽管它还不是完整的现代国家,但它成了各王国效仿和追赶的榜样。各国国王亲眼见证了教皇们在一次次斗争中凭借体系化的权力击败了松散而软弱的神圣罗马帝国,都以教廷为模板展开自己的国家建设。教廷在数百年间成了权力体系建造竞赛中的领头羊。这是教皇革命意料之外的结果,不过,按照人类最基本的后来者学习和追赶领先者的逻辑,可以合理推断它一定会在政治势力多元的西方内部发生。

但是,独立之后甚至成为领头羊的教会究竟会成长到如何强悍的地步,会不会强悍到反过来吞并和收编世俗政权,在权力体系建造的竞赛当中谁对这个问题也没有把握。按照君士坦丁、希拉克略、查理曼的方略,教会被世俗政权收编,这种一元化的危险趋势已经被教皇革命终结了。但问题是,反向的进程会不会开启,飞速膨胀的教会会不会像早期的伊斯兰教那样,宗教领袖完全吸收了世俗权力,集教权和政权于一身?这种趋势,不仅让皇帝、国王们很害怕,也让教会内部的有识之士觉得害怕。有远见的高级教士在格里高利七世发动教皇革命的时候就明确提醒他这种危险迟早会出现。

教皇革命之后,教皇和教廷气势正盛,比神圣罗马皇帝和神圣罗马帝国更强大,在很长时间充当了中世纪的主心骨。不过,教会没有吞并世俗政权,在那个所有政治势力的实力都很有限的年代,它根本办不到。客观上,教会自己没有掌握军队,而且,它的统治能力也远达不到现代国家的水平,不足以取代帝国和各王国的政治统治。而在主观上、理论上、道德上,教权吞并俗权不要说皇帝、国王、诸侯们不接受,就连教会和教廷内部的高级教士和理论家们也不接受。教会自君士坦丁时代以来就高举"双剑论"来维护自己的自由和独立,就是说,教权和政权是两把剑,不能都掌握在皇帝手中。到格里高利七世发动教皇革命,这套理论已经反反复复地讲了七八百年,怎么教权今朝得势,就抛弃它了呢?两把剑也不能同时掌握在教皇手中。最终，皇帝和国王们的周旋和抵抗，教会内部对教皇权力的节制和管控，全社会对政教一元化的长期抵制，使得教皇革命所带来的一元化危险被化解。教权，也没有吃掉政权。[7]

教会成为中世纪最饱满也就是最强悍的权力体系，但它也无法收编世俗政权，实现反向的政教一元化，西方的政与教就成了二元系统。至此我们可以明确地说，有人把中世纪看成政教合一的社会政治结构，并用这一点来证明中世纪是黑暗的，完全是大错特错。教皇革命实现了自君士坦丁时代以来教会自由的夙愿，让教权独立于政权，甚至在数百年之内比政权还要强大，政权无法再像君士坦丁、希拉克略、查理曼那样轻松地把教权当成自己的分支来行使。虽然教权和政权在中世纪仍然共享了基督教信仰、多元分散的社会政治结构，它们也存在合作，但它们成了各自都有其内在逻辑的两个系统。中世纪恰恰拥有了人类历史上极为罕见的政教二元化结构，说它是政教合一完全是没有历史依据的误解。中世纪是最典型的教权吃不掉俗权、俗权也吃不掉教权的年代。西方变成了人类历史上绝无仅有的政教二元化社会。

西与东之别

西方的政教二元化结构是由中世纪奇特的历史机缘造成的，而这种奇特历史机缘的核心事件就是教皇革命。它掀起了教会针对世俗政权的独立运动，建成了当时最强悍的政府系统，压制了帝国和各王国。不过它的扩张之势被多元的社会政治力量从四面八方遏制住了，它也没有实现权力的一元化。中世纪这种典型的政教二元化结构几乎是人类历史上的独一份，和东方的所有文明都存在着结构性差异。

在人类各大文明之中，通常是教权比俗权弱小，教权被俗权吞并、掌控、收编的例子比比皆是，比如君士坦丁的罗马帝国以及作为它直接继承人的拜占庭。这种模式是"世俗国家吞没了教会，王权吸纳了教权"。同为信仰一神教的伊斯兰文明，则是"教会吞没了国家，教权吸纳了王权"。[8]教权和俗权之中强大的一方吃掉对方是常态。像中世纪这样任何一方都吃不掉对方的局面，反而极为罕见。正是这种罕见的政教二元化结构成了西方文明区别于其他文明的结构性特征，它恰恰是在中世纪形成的，恰恰是因为中世纪教会的组织建设非常成功才得以挺立。也就是说，真正让中世纪和后来的西方独具特色的关键历史节点是教皇革命。

中世纪通过教皇革命形成的政教二元化结构，在人类历史上仅此一家，别无分店。我们可以从很多方面来界定西方，比如从古希腊开始的理性传统和多元传统，从古罗马开始的共和传统和法治传统，从基督教开始的一神教传统和灵性传统，但政教二元化结构在很大程度上比它们都重要，也更有独特性。希腊、罗马、基督教的传统，拜占庭也全都有明显的继承和发扬，但政教二元化结构却是西方自己在中世纪演化出来的，与同时代的拜占庭和伊斯兰、与之前的古希腊罗马都构成了根本的差别。

政教二元化的结构使得西方诸多根本特征得以形成和发展。西方正是在这种基本的结构约束下走上了自己独特的道路，从此彻底地成为西方。比如，政教二元化使得教皇和皇帝都不可能同时拥有超强的硬实力和软实力，"剑"（Sword）和"道"（Word）不可能掌握在同一个人手里。如此一来，他们其中的任何一个就无法凝聚起软硬兼备的实力去实现大一统，西方就只能是列国并存的格局。再比如，政教二元化使得讲政治的道理变得非常重要，武力消灭不掉各种对手又得和他们长期斗争，嘴仗就得一直打。为了比谁更有理，各种政治法律理论层出不穷，讲权利、讲法治、讲制衡、讲道义，花样繁多、高论迭出。对于中世纪政治理论的许多争论一直延续到了17、18世纪，现代政治理论为了妥善解决这些争论而发明出来的概念和理论，都成为现代世界的核心政治观念，比如人民主权、国家利益、天赋人权。

教皇革命使西方真正成为西方，西方从此走上了一条被自己的政教二元结构约束的独特道路。

注释

[1] 埃蒙·达菲:《圣徒与罪人:一部教宗史》,龙秀清译,商务印书馆,2018,第103-123页。(**)

[2] 詹姆斯·布赖斯:《神圣罗马帝国》,孙秉莹、谢德风等译,商务印书馆,2000,第34-43页。(***)罗伯特·福西耶主编《剑桥插图中世纪史.350~950》,陈志强、崔艳红等译,山东画报出版社,2006,第381-391页。(**)

[3] 达菲:《圣徒与罪人:一部教宗史》,第132-147页。

[4] 哈罗德·J.伯尔曼:《法律与革命——西方法律传统的形成》,贺卫方、高鸿均等译,中国大百科全书出版社,1993,第113页。(***)

[5] Brian Tierney, *The Crisis of Church & State: 1050-1300* (Englewood Cliffs: Prentice-hall, Inc., 1964), pp.49-50. 中文采用了丛日云先生的译文,参见丛日云主编《西方政治思想史》(第二卷:中世纪),天津人民出版社,2005,第203-204页。(*)

[6] 伯尔曼:《法律与革命——西方法律传统的形成》,第136页。为统一本书用语,依据英文原文modern state,将中译"近代国家"改为"现代国家"。参见Harold J. Berman, *Law and Revolution: The Formation of the Western Legal Tradition*(Cambridge: Harvard University Press, 1983), p113。

[7] 李筠:《论西方中世纪王权观:现代国家权力观念的中世纪起源》,社会科学文献出版社,2013,第80-85页。(***)

[8] 丛日云:《在上帝与恺撒之间:基督教二元政治观与近代自由主义》,生活·读书·新知三联书店,2003,第301-309页。(**)

14
教皇
监护尘世的父权

我们已经讨论过好几位教皇，是时候用其中最强势的一位来解析教皇里面蕴含的中世纪逻辑了。"教皇"一词在英文里是pope，在拉丁语里是papa，原意就是"父亲"。提起教皇，你会想到什么呢？天主教的最高领袖，慈祥的老爷爷，还是中世纪这个黑暗时代的总代表，无恶不作的首恶？他好像很神秘，又很重要。前面我们讨论了教廷和教皇革命，以教阶制为组织原则建立起来的教会金字塔是中世纪最重要的权力体系。教皇就是这个体系最重要的建造者和受益人，他们在很长时间都是中世纪的绝对主角。到底怎么样定位教皇在中世纪的角色呢？我给他的定位是中世纪的监护人，教皇权威就是"监护尘世的父权"。教皇既是中世纪的推动者，又是妨碍者：没有他，中世纪无法茁壮成长，但是，不踢开他，中世纪就无法结束，西方就无法走进现代。我们分三个部分来解析教皇：第一，教皇的巅峰；第二，教皇的优势；第三，教皇的出局。

教皇的巅峰

从公元33年彼得受耶稣嘱托掌管教会到现在,一共有260多位教皇。属于中世纪的教皇从圣辛朴力修开始,到亚历山大六世,有160多位,其中最风光的是英诺森三世,就是我们要看的第四位雄才大略的教皇。英诺森三世在历代教皇中权力之盛,恐怕前无古人,后无来者,他是"教皇权力和影响臻于鼎盛的最佳代表"。[1]在他任上,教皇登上了西方之巅,教廷达到了完满形态,神圣罗马帝国、法国、英国都臣服了。

从基督教的发展史我们可以大致推测教皇权势的起伏,它大致呈一个马鞍形。古罗马时代,基督教长期被帝国迫害,许多教皇被抓、被杀、被流放,第一任教皇彼得就被罗马帝国钉了十字架。到了君士坦丁时代,基督教合法化了,教皇被皇帝控制成了理所当然,教皇们过得一点也不舒服。中世纪早期,教皇一方面被蛮族欺负,一方面被拜占庭皇帝欺负,终于借助查理曼之力摆脱了拜占庭,却又被查理曼编入了封建网络,陷入了封建的泥潭。中世纪结束之后,西方进入现代,现代世界的世俗化越来越迅猛,宗教的地位也明显下降。宗教不再覆盖全社会,成了社会的诸多领域之一。教皇在现代世界已经不再是号令全世界的至尊,而变成了全世界的诸多宗教领袖之一。[2]

所以,教皇一定是在基督教和它的教会占据主导地位的中世纪最风光,尤其是在教皇革命之后。可想而知,中世纪的第一教皇,就是整个基督教历史上的第一教皇,他就是英诺森三世。在很大程度上,我们甚至可以把他看成中世纪第一人,他代表着中世纪的辉煌。

英诺森三世1198年登基成为教皇,当时只有37岁,当时已经是赫赫有名的神学家和教会法学家。他是全才教皇,文武兼修,雄才大略,在他手上,教会、教廷和教皇的威望和控制力达到了顶峰。

先来看看英诺森的武略。从政治上看,英诺森是中世纪最接近天下共主的教皇。他几乎收服了所有政治对手,把神圣罗马帝国、英国、法国这些大国全部纳入掌控，甚至名义上把已经分裂出去的东正教重新纳入罗马的管辖。整个西方，乃至拜占庭，都以他为最高权威。

神圣罗马帝国一直是罗马教廷最主要的对手，因为双方都坚决认为自己是普世的共同体，皇帝和教皇都想成为西方的最高领袖，也都想把对方踩在自己的脚下。双方争夺至高地位的斗争从公元800年圣诞节查理曼大帝加冕就开始了，贯穿了整个中世纪，延续到了现代早期。前一章我们看了红胡子腓特烈和教皇亚历山大三世的激烈斗争，英诺森的前任就是亚历山大三世。显然，英诺森是在教会和帝国的斗争趋于白热化的态势中成长起来的。他对帝国和各王国的强硬姿态贯穿了他的一生。

在和宿敌皇帝们的较量当中，英诺森大获全胜。他登基之前，红胡子腓特烈因为米兰惨败和诸侯纷争，已经和亚历山大三世达成和解。数年之后，红胡子在十字军东征途中渡河溺水驾崩，英诺森的好戏开始了。他先防范红胡子继承人皇帝亨利六世的"霍亨斯陶芬大战略"，对亨利的幼子（后来的腓特烈二世）继承西西里王位大加阻挠。因为亨利一旦成功，教皇国就会被夹在北方的帝国和南方的王国之间。天赐良机，正当双方剑拔弩张之时，亨利六世驾崩，帝国陷入一片混乱，英诺森趁势收割战果：第一，西西里王位确实由亨利的幼子继承，但主要管事人由他委派，最重要的是，在兵荒马乱之中他接受了亨利遗孀的请求，成为亨利幼子的监护人。第二，离间意大利北部城市与帝国的关系，让他们成为反帝国亲教皇的势力，在帝国与教皇国之间筑起战略缓冲区。第三，主动干预皇帝的产生，在他手下酝酿出了三任皇帝。

亨利六世的兄弟菲利普当选德意志国王，请求英诺森替他加冕为皇帝，英诺森端起架子告诉菲利普：在皇帝选举有争议的时候，教皇有权自由地裁决谁最适宜当皇帝。因为他更希望和菲利普争夺皇位的奥托得势。随后菲利普被刺杀，奥托登基。但奥托登基之后继承了红胡子父子的遗志，与英诺森敌对。英诺森当即革除了奥托的教籍，德意志诸侯趁势推翻奥托，这时候英诺森扶立亨利的幼子登基为腓特烈二世。英诺森在教皇任上，坚决主张教皇有权力决定哪个候选人最终能当上皇帝，他做到了。当诸侯成为皇帝之后不积极履行对他的承诺或者和他敌对，他有办法把他们拉下皇位。英诺森在位期间，教廷对帝国保持着绝对的政治优势。

在和法国、英国的较量当中，英诺森也保持完胜。法国国王菲利普·奥古斯都毁弃了和丹麦公主的婚约，丹麦告到了老教皇亚历山大三世那里，老教皇宣布法王无权单方主张婚约无效。但法王根本不理会老教皇的决定，另娶了德国公爵的女儿。英诺森上台之后也遭到法王的拒绝，他非常强硬地停止了法国全国的基督教圣礼，除了洗礼和葬礼，一切宗教礼仪活动全部暂停，法国所有人在宗教上都没法运转了，于是国王屈服了，最终娶了丹麦公主做王后。

英诺森与英国的斗争更精彩。无地王约翰想任命自己的亲信担任坎特伯雷大主教，英国教士们则选举了他们自己中意的人选，双方告到英诺森那里。英诺森召集英国教士代表来罗马开会，宣布当场进行选举，而且，他撇开争吵的双方，提名自己的同学兰顿为候选人。兰顿当选，约翰拒不承认。这个时候，英诺森停止了英国的宗教活动，而且革除了约翰的教籍，还敦促法国国王菲利普·奥古斯都率兵登陆英国。约翰屈服了，不仅承认兰顿为坎特伯雷大主教，还承认他自己是教廷的封臣，每年向教廷纳贡。事情还没完，过了几年，无地王约翰的暴行惹怒了男爵们，正是在兰顿的召集之下，男爵们迫使约翰签署了著名的《大宪章》。

三大国都尽在掌握，其他的王国、公国就更不在话下。它们出现大事，比如挪威、瑞典、波希米亚、匈牙利的王位继承问题，英诺森都积极主动地从中调停，几乎全部获得成功。从政治局势上看，教皇居于皇帝和国王之上，不再是当年教皇革命的口号，而是变成了事实。

英诺森收服皇帝和国王们，不光是有停止宗教活动和革除教籍的绝招，他还特别善于审时度势，把各国诸侯反对皇帝和国王的斗争为自己所用。但这还不是最厉害的，他最厉害的地方是阐发了一大套理论，让所有人觉得他这么管皇帝和国王确实有道理。

我们就来看看英诺森的文韬。英诺森在成为教皇之前就已经是高级神学家了,他的著作《弥撒的奥秘》后来成为标准的基督教礼仪手册的基础,也就是说,只要是基督徒就要做弥撒,只要做弥撒就得按他写的规矩来。

英诺森当上教皇之后,彻底把教皇居于基督教世界至尊地位的理论讲成了一套完整的大故事。他说,教皇的权力不仅是统治教会的权力,也是统治全世界的权力;教皇是上帝和人之间的中介,教皇低于上帝,但高于所有人;教皇可以审判所有人,不被任何人审判,作为俗人的皇帝也不例外;教皇权力是太阳,皇帝和国王的权力只是月亮,月光来自阳光,他们的权力来自教皇。英诺森讲这些道理的时候不只是利用《圣经》和神学著作,还利用加洛林王朝和德意志皇帝们的各种法令,他既是神学家又是法学家,道理都让他讲完了。所有皇帝和国王都很难反驳。在文化上、思想上、道理上,英诺森对皇帝和国王们也建立起了绝对优势。[3]

1215年,英诺森主持召开了第四次拉特兰大公会议。这是自君士坦丁大帝八百多年前召开尼西亚公会之后规模最大的公会议,是中世纪基督教世界最重要的盛会之一。会议作为基督教世界的最高立法形式,把英诺森的很多理论直接变成了基督教的正统教义和教会法规定。基督教在中世纪的昂扬奋进也在这次大会上达到了顶峰。会后不久,英诺森三世于1216年驾崩。

最后,英诺森还是一位精力充沛、兢兢业业的管理者。他把教廷管理得井井有条,教廷的立法、行政、司法在他手里系统化了,成为中世纪第一个中央集权的金字塔权力结构。他掌握着这个时代最有效率的机构,和皇帝、国王们对抗。腓特烈二世之后的皇帝们自顾不暇,各国国王却对英诺森这套权力体系心领神会,都拼命地模仿和学习。教廷成为各国学习的榜样,后来的各民族国家就是在和教皇国的竞争性学习中成长起来的。

教皇的优势

讲完了英诺森三世这位中世纪第一教皇的故事,我们来剖析一下教皇的优势,到底是什么让教皇在中世纪的大多数时候占据了绝对主角的位置,红胡子那样雄才大略的皇帝也只能无奈地为他们当配角。

第一，教皇在中世纪几乎掌握了绝对的理论优势，大道理在很长一段时间被他们垄断了。

英诺森之所以成为中世纪第一人，很大程度上是因为他集成了历代教皇强化教权的各种大道理，让所有对手都很难辩驳。如果连皇帝权力都是经由教皇这个必要的中介才能从上帝那里取得，那还有什么权力能不经过教皇许可就到手呢？没有了。一切权力都来源于上帝，变成了一切权力都来源于教皇。教皇权力真的成了监护尘世的父权。

你可以强辩，大道理我不信，英诺森那套说法都是骗人的。且不论中世纪全民信仰基督教，教皇作为基督的代理人就是上帝在尘世的代表，即便中世纪有野心的王侯将相不想承认教皇的至尊地位，他们也找不到理据来反驳。那就不反驳，直接动手。问题是，大道理讲不过就直接对教皇动粗，就是冒天下之大不韪的理亏。正所谓名不正，言不顺，言不顺，事不成。所以，欧洲之父查理曼被教皇占了便宜也只能咬咬牙把哑巴亏咽下去，正面对决的亨利四世最后只能去卡诺莎城堡给教皇下跪求饶，即便红胡子和后世的很多皇帝把教皇赶出了罗马城，教皇一旦安定下来，又会反咬一口，各国国王和诸侯会借着教皇的大旗频频生乱。教皇的绝对理论优势，直到大学出现，才开始被削弱；直到但丁出现，才开始被正面抨击；直到马基雅维利和路德出现，才开始走向崩溃。[4]

当然，光会讲大道理远远不能成为绝对主角的，教皇的法宝至少还有三件。教皇的第二个巨大优势是他们最会玩高层政治。相比教皇，蛮族出身的帝王将相大多数都是没见过世面的土包子，教皇再不济，也是罗马城的贵族出身。想当年，在罗马帝国时代，米兰大主教安布罗斯就可以让狄奥多西大帝忏悔认错，那可是宣布基督教是帝国唯一合法宗教的皇帝啊！教皇们在中世纪的高层政治斗争经验最丰富，他们面对的是拜占庭皇帝、查理曼、神圣罗马皇帝和各国国王这样的对手。而神圣罗马皇帝，主要对手是帝国境内的诸侯，比教皇低了不止一个档次，国王们的就更低了。所以，教皇们总是能在各国和诸侯当中找到自己的同盟军,让他们及时地给进军罗马的皇帝和国王们拆台。教皇们在中世纪耍的外交手段,在整个人类历史上都算得上是技艺高超。

教皇的第三个巨大优势是拥有高度组织化的政府,就是教廷。说教皇完全没有硬实力是不对的。教皇确实在绝大多数时候不掌握军队,但他们建立起来的教廷是中世纪政府的榜样。也就是说,和皇帝和国王们比起来,教皇背后的组织最庞大、最得力、最高效。当皇帝和国王们还在为降服各路诸侯苦苦挣扎的时候,教皇已经把教会打造成一个井然有序的司法上诉体系,相应地,教会法的各种法律法规是最为领先的,行政管理水平和财政管理水平也是当时最高的。教皇对各地红衣主教和主教的指挥远比皇帝和国王们对自己公爵和伯爵们的指挥更有效。

教皇的第四个巨大优势是拥有最广大民众的支持。各国人民爱自己的国,忠于自己的王,是很晚的事情,它在14世纪被发明出来,到15、16世纪才开始占据上风。这种民族主义的、爱国主义的、特殊主义的逻辑恰恰是国王们发明出来对付教皇们的。[5]在此之前,国王们的威望很难和教皇相提并论,连皇帝的威望都比不上。在交通和通信都极为落后的中世纪,教皇和国王一样是"山高皇帝远",但作为基督代理人的教皇的形象远比连自己的故事都讲不好的国王们要清晰得多。

教皇成为中世纪的绝对主角是有充分依据的。尽管中世纪也出了很多胡作非为的混蛋教皇,但总体上来看,有作为的教皇实际承担起了罗马帝国崩溃之后西方秩序的主心骨、维护者、建造者的角色。谁管事,谁承担责任,权力就归谁,谁就壮大得最快,再加上理论水平最高、政治斗争经验最丰富,教皇顺理成章地成为中世纪的至尊。

教皇的出局

教皇这么重要、这么强悍的角色,最终为什么出局了呢?

教皇以基督的代理人自居,整个西方长期处于他们的笼罩之下。按照基督教教义，教会即便到了末日审判也不会消亡，它在天堂仍然会存在。不过，天堂里有基督，应该就不需要教皇做代理人了。看来，按照远景规划，教皇是要监护尘世直到末日的。西方没有按照教皇的愿望走下去，相反，西方摆脱了教皇的监护，走进了现代。监护人不撒手，孩子就长不大，其实监护人大多不愿意撒手，他们的手大多是被孩子挣脱的。作为监护人的教皇，落入了被极力摆脱的尴尬境地，马基雅维利和路德就是杰出代表，因此他们也成为西方结束中世纪、迈入现代的领路人。问题就在于，沿着英诺森三世的路走下去，教皇为什么会在中世纪后期变成阻碍西方前进的力量呢，曾经的勇者怎么就变成恶龙了呢？

我们先看最直接的历史图景，也就是中世纪后期被人嫌恶的教皇们是什么样子的。我在《西方史纲》第三章第十节曾经讨论过：强势的教皇们打造教廷，率先建成了强大的权力体系，可教会的目的不是拥有强大的权力，而是让信徒的灵魂得到照料。背离了自己的基本目的和原则去追求权力是极端危险的，它必然会导致组织严重异化。教皇和国王一样执着于收税、征兵、盖宫殿，疯狂攫取资源，弄潮于世俗化的大浪之中，很快就丧尽了信徒的信任。[6]

其实从英诺森三世身上我们已经能明显地看见，他像极了帝王，而不太像神父。我曾经在拉特朗宫大殿里的英诺森三世墓前伫立许久，有一连串问题想要问他。他觉得自己掌管的到底是教会还是帝国？他想要的到底是无尽的权力还是信徒的虔诚？他是否知道沿着他的路走下去，教皇、教廷、教会大概率会跌入无底的深渊？无论他本人如何作答，他的继任者们给出了明确的答案，他们在经营政治的路上极力效仿他，却把信徒灵魂的照料越来越抛诸脑后。

英诺森三世之后的教皇们先是和皇帝腓特烈二世斗得不可开交，后来又和法国国王厮打在一起，最终酿成了"阿维尼翁之囚"和"教会大分裂"。帝国在腓特烈二世驾崩之后迅速陷入了没有皇帝的"大空位"乱局，但教皇们并没有从劲敌的巨大失败中收获多少好处，反而一步步走向深渊。在政治形势上，英国和法国的实力逐渐增强，意大利因为拥护皇帝（反对教皇）和反对皇帝（拥护教皇）分裂为吉伯林派和圭尔夫派，教皇们要面对的劲敌和难题越来越多。在人事和财务上，当年教皇革命痛斥的买卖圣职变成了教廷的重要财源，正经上任的主教也要被教廷和红衣主教勒索。在社会形象上，教皇遭到了严重的质疑、讽刺和批判。有人编排了一个传说，在其中，教皇威仪尽毁。

这个传说最早可查的文献在1250年，说教会出现了女教皇。话说英国美少女乔安女扮男装成为修士，一路蒙混过关，最终还当选了教皇。她与情人欢愉不断，终于在游行之时因坐骑受惊而当街早产。教皇在大庭广众之下生了孩子！在传说的大多数版本中，她当街就被愤怒的信徒围殴杀死。这个传说今天听起来都让人觉得匪夷所思，却在基督教占据主导地位的中世纪流传了四百年，被无数普通信徒津津乐道，甚至连神学大师奥卡姆都把它当作抨击教皇的武器。西方对这个传说的挖掘也一直乐此不疲，延续至今。[7]如此说来，教皇在13世纪就开始威信扫地并非空穴来风。

所谓"阿维尼翁之囚"表面上是说教皇的驻地不在罗马而在阿维尼翁，实际上是教皇被法国控制了。1303年，不可一世的教皇卜尼法八世遭到法国士兵围攻，虽然没有伤及性命，但他心力交瘁，一个月之后便驾崩了。之后的教皇迁居阿维尼翁，与法国"亲近"，一待就是70年。其间教皇大多是法国人，他们任命的134名红衣主教当中有112名法国人，在其他22名非法国红衣主教当中，14人来自意大利，2人来自英格兰，德意志则一个都没有。教皇和教廷的法兰西化使得他们的普世性遭到质疑，他们是基督教世界的领袖，还是法国国王的应声虫？

比阿维尼翁之囚更尴尬的局面是结束阿维尼翁之囚的解决方案带来的，教皇回到罗马这件所有人看来天经地义的事情，却酿成了教会大分裂。1377年，教皇格里高利十一世迁回罗马，次年驾崩。一群法国红衣主教在罗马贵族和民众的围困下选举出了新教皇。他们和新教皇不睦，跑回阿维尼翁说当初的选举是在被胁迫的情况下进行的，又选出了一位教皇。结果，罗马一个教皇，阿维尼翁一个教皇，都带着自己的红衣主教团和教廷，都说自己是正统、对方是冒牌货。法国和它的同盟国支持阿维尼翁教皇，其他国家支持罗马教皇。分裂一直持续了三十多年。

1409年，在法国国王和神圣罗马皇帝的支持下，基督教世界在比萨举行大公会议，结束教会大分裂。大会的方案是双方教皇同时退位，选举一位新教皇。新教皇倒是选举出来了，可两位老教皇都出尔反尔，结果出现了三位教皇并立的尴尬局面。1417年，康斯坦茨公会才使三皇归一，马丁五世成为唯一的教皇。曾经威严神圣的教皇和教廷，在一百多年的"阿维尼翁之囚"和"教会大分裂"当中，闹剧不断，沦为笑柄。[8]

如此乱局之中，各路教皇都极力追求硬实力，以信仰的名义搜刮民脂民膏和买卖圣职，为培植势力任人唯亲，为享受奢华生活大兴土木，与各路王公贵族结亲交友、沆瀣一气，与各路强悍的雇佣军建立稳定的交易关系，无数龌龊的恶行如潮水般涌来，不仅走向了基督教自身的所有反面，甚至形成了人类历史上数一数二的肮脏政治。但丁、彼得拉克、马基雅维利和路德反抗的就是这样的教皇和教廷，相应地，随着西方沿着他们开创的道路大踏步前进，教皇和教廷也就成了恶势力总代表。

从教皇在中世纪后期的堕落回望英诺森三世的巅峰，教皇能避开这条不归路吗？占尽优势的教皇能不出局吗？我的答案是不能。我把教皇扔进了一个"不可能三角"。这个三角的三个顶点分别是教徒虔诚、教会金字塔和教皇权威。三者只能得其二，不能全得。英诺森三世是最接近三者兼顾的，但在他治下，教徒虔诚这个角已经出大问题了。异端教派风起云涌，英诺森想了很多办法去平息，包括召集十字军武力消灭异端教派。

建制化的教会权力金字塔不可能满足热情信众的宗教需求。一个宗教为什么要有这么多等级、规矩、礼数，本身就是值得反思的。而且，因为追求权力，教会势必染上奢华、腐败、阴谋、血腥。宗教壮大之后不可能避开政治和权力，但权力不应该成为高于信仰的目标。爱上帝不是应该让更多信徒的灵魂得到安顿吗？信基督不是应该看淡尘世和肉身吗？入教会不是应该自由地结成团契吗？权力很难改善人心，相反，倒是很容易扭曲人心。谋权力以求正人心，在根本上就是南辕北辙、缘木求鱼，在绝大多数情况下都是火中取栗。

教皇可以通过中央集权打造权力金字塔，但教会越是建制化，就越难照管各式各样的宗教热情，也必定会沾染上更多的罪恶，因此，反对它的异端必定越来越多。中世纪的教皇在英诺森的引诱下不假思索地选择了要教会金字塔和教皇权威，教徒虔诚迟早保不住，最终就只能面对宗教改革的来临。西方走进现代，信仰的虔诚由民众自发实现，强硬的中央集权由国家实现，教皇就出局了。权威、权力体系、信仰虔诚三元俱全的教会就是通天的巴别塔，塔顶的教皇就会取代上帝的位置，这是上帝所不容许的。

另外，拥有领袖权威和信徒虔诚却没有权力体系的情形，其实在历史上极其频繁地出现，人类古往今来几乎所有的群众运动都是如此。运动进行到一定的关口，就必须对要不要打造权力体系做出抉择。打造权力体系，就会走上中世纪教皇的不归路；不打造权力体系，运动是否还能维系，是否能对抗政府的绞杀，将成为生死攸关的大问题。

拥有信徒虔诚和权力体系却没有领袖权威的情形是否存在？有权力体系，就必定要有顶端的唯一掌权者吗？这种模式不常见，但它罕见的存在却为人类带来了极其宝贵的共同体生活经验，它的典型就是早期的罗马共和。公元前202年西庇阿在扎马会战中击败汉尼拔之前，罗马共和并没有出现鹤立鸡群的领袖，即便在西庇阿功成名就之后，他也没有成为罗马的主宰。共和由元老院集体领导，权威属于元老院，西庇阿只是元老院的一员，他离他的同侪们并不远。那时的罗马人民奋进昂扬，那时的罗马机构井井有条，罗马共和的辉煌正是在那段时间铸就的，被波里比阿、李维这些顶级史学家大书特书。[9]

这种相对较为可取的情形之所以不常见，很大程度上是因为绝大多数人很希望也很习惯权威是人格化的，要由唯一一个有血有肉的人来担当。人总是太容易将自己和世界的希望寄托在大人物身上，却不明白真正的大人物千载难逢。其实即便大人物真的出现，也未必是福，比如英诺森三世。因此，抽象权威、法律权威、集体权威的有效运转一直是人类追求共同美好生活路上的超级难题。

回望教皇们在中世纪一千年的作为，他们带领西方在帝国覆灭之后持守信仰、维护秩序、赓续文化、勇敢生活，也引领了金字塔权力体系的建造，在这个过程中，他们获得了几乎无上的权威。但后来的他们像所有迷恋权力的人一样，自以为是却遗失了原则和正道，堕入深渊。信仰和权力体系仍然继续成长，曾经的监护人已经成为成长的障碍。通过宗教改革和现代国家建构，西方艰难地挣脱了监护人，走进了现代。

注释

[1] 埃蒙·达菲：《圣徒与罪人：一部教宗史》，龙秀清译，商务印书馆，2018，第191页。（**）

[2] 保罗·波帕尔：《教皇》，商务印书馆，肖梅译，2000。（*）达菲：《圣徒与罪人：一部教宗史》。

[3] J. H. Burns (ed.), *The Cambridge History of Medieval Political Thought, c. 350–c. 1450* (Cambridge: Cambridge University Press, 2003), pp. 342–349, 427–430. （***）彭小瑜：《教会法研究——历史与理论》，商务印书馆，2003，第213-222页。（***）约翰·麦克曼勒斯主编《牛津基督教史（插图本）》，张景龙、沙辰等译，贵州人民出版社，1995，第187页。（**）

[4] 李筠：《论西方中世纪王权观：现代国家权力观念的中世纪起源》第一章，社会科学文献出版社，2013。（***）

[5] 本尼迪克特·安德森：《想象的共同体：民族主义的起源与散布》第二、三章，吴叡人译，上海人民出版社，2005。（***）

[6] 李筠：《西方史纲》，岳麓书社，2020，第212-215页。（*）

[7] 达菲：《圣徒与罪人：一部教宗史》，第205-206页。雅克·勒高夫：

《中世纪的英雄与奇观》，鹿泽新译，四川文艺出版社，2020，第161-168页。（*）

[8] 迈克尔·琼斯主编《新编剑桥中世纪史. 第六卷. 约1300年至约1415年》第十九、二十章，王加丰、柴彬等译，中国社会科学出版社，2016。（***）

[9] 参见李筠：《罗马史纲》，岳麓书社，2021，第50-79页。（***）

15
修会
中间道路的艰难

我们看过了中世纪的教廷，它在教皇们的苦心经营之下成长为等级化的权力体系，教皇和教廷凭此过人实力引领了中世纪的发展，西方也由此形成了区别于其他文明的政教二元化的基本社会结构。不过，教皇和教廷并不是中世纪教会的全部，还有一部分也非常重要，就是修会，比如本笃会、方济各会、多明我会等等。中世纪史上，修会层出不穷，是一道非常壮观的风景，它也是理解中世纪教会极其重要的观测点。

有了教廷，为什么还会有修会？这个问题并不复杂，打个不完全恰当的比方，这就好比你上过大学，不还是去"新东方""中公""沪江"或者"长江""中欧"继续学习吗？现在甚至可以方便地去"得到""喜马拉雅""看理想""B站"这些APP上面继续学习。正式体制无法满足你学习的激情，你就会自己读书，如果找到志同道合的朋友就更好了，一起建立学习小组或者读书会。如果这个读书会里有学习尖子能给大家讲学习心得，他还愿意张罗，读书会就会逐渐固定下来，成为你生活的重要组成部分。修会的出现是因为教廷满足不了亿万信徒的宗教需求，它是生生不息的宗教激情自我实现的基本形式。我们分三个部分来看修会：第一，四大修会；第二，异端邪说；第三，教会难题。

四大修会

修会同教会一样古老，比金字塔式的教廷更古老。不那么严格地说，基督教一开始就是耶稣创立的修会，他们修的上帝之道和犹太教的不一样，于是自立门户。不过，严格来说，基督教的修会是中世纪独特的产物。中世纪史上著名的修会很多，我们看其中最重要的四个，它们大致属于三个不同的时期：中世纪早期的本笃会，中世纪盛期的方济各会和多明我会，还有中世纪刚刚结束时候的耶稣会。我们先一个个顺着看，然后再挖掘它们背后的中世纪大势。

圣本笃创建本笃会大约是在公元529年：圣本笃率领大批追随者在罗马城附近的卡西诺山上颁布了本笃会《会规》。这个《会规》特别重要。我们可以把它看成基督教从此以后批量生产修士和修道院的标准手册。普通信徒想过献身上帝的宗教生活该怎么办，从此有了章法。

在圣本笃颁布《会规》之前，基督教修士是什么样子的呢？用我们熟悉的印象来说，就是苦行僧。自从有了基督教，隐秘修士就出现了，他们抛弃财产、家庭和所有的社会关系，跑到沙漠里过苦日子，相信极端禁欲的苦修是通往天国之路。这些隐秘的苦行僧基本上都是单独行动，他们也获得了巨大的声誉，成了基督徒的榜样。因为基督教本来就教导信徒，此岸世界的一切都不重要，世界末日来了都会毁掉的，扔掉它们、拥抱上帝才是正路。禁欲，既是专心修道的基本要求，也是其必要条件。世界上各大宗教的专职修道者都必须遵循非常严格的禁欲纪律。对基督教来说，禁欲就是强行切断和这个堕落的、短暂的、即将毁灭的世界之间的联系。罗马帝国后期，世道混乱，出世修道的人就更多了。圣本笃本人早年就是个苦行僧，他因此赢得了巨大的声誉和众多的追随者。[1]

这个时候我们再来看圣本笃的《会规》，就容易抓住它的社会机理了：《会规》就是把苦修生活组织化、制度化、体系化的标准。它把一个隐秘修士的禁欲苦修生活，变成了一般信徒可以企及的修道院修行生活，也就是说，它把大家向往的生活用建立修道院的办法向大家开放了。而且，它也推动了基督教隐修的发展，"隐修传统的继承和扬弃在本笃会规中并没有停滞下来，而是得到了进一步的成型和阐述"。[2]

我们现代人充满了世俗的欲望，很难理解为什么圣本笃和他的《会规》具有如此巨大的吸引力。道理并不复杂，打个不恰当的比方，当你非常渴望挣到钱的时候，有人告诉你他那里有一整套稳定的、可预期的、可操作的方法，你大概率会跟他走。因为你以为这个人为你打开了你和你最渴望的目标之间的通路。你把自己澎湃的挣钱欲望换成对上帝救赎的渴望，就能理解中世纪早期的人们为什么对圣本笃推崇备至了。有了灵魂得救的强烈动机，《会规》对修士严格乃至苛刻的要求也就容易理解了。

《会规》的核心有两条：稳定和顺服。稳定，就是修士不得随便换修道院；顺从，就是修士服从院长的命令。

修士们离开世俗生活进了修道院都干什么呢？祷告是修道院生活的核心，一天八次，白天七次，晚上一次，什么时间该祷告了都是有规定的。祷告的内容是什么呢？诵读《圣经》的《诗篇》和其他经文。由于本笃会就是这样一个以学习为中心任务的组织，修士们就大量地誊抄经文和其他著作，他们的抄书成了中世纪早期保存文化香火最重要的渠道。

修士们在修道院里都要从事体力劳动，富家子弟来了也一样。圣本笃坚决认为艰苦的体力劳动可以带来最高的精神成就，他要把修士塑造成光荣的劳动者，而不是只会抄经的书呆子。修道院的生活很艰苦，但《会规》也不是让大家一苦到底，它允许修士一天吃两顿，可以有菜肴，有水果，还可以适当喝点酒，睡觉可以有枕头和被子。比起早年的沙漠修士们住山洞，只吃饼、盐和水，已经很人道了。当然，结婚是绝不允许的，戒色是修士必须遵守的教条。[3]

本笃会用修道院来实现追随上帝的穷苦生活、禁欲生活、修道生活。中世纪最重要的教皇之一大格里高利对它大加赞赏，并且全力支持它的发展壮大。大格里高利对圣本笃设计的修道院构想应该是感触颇深：堡垒，基督教的堡垒。对圣本笃来说，修道院是在充满敌意和邪恶的世俗汪洋大海中保存上帝之道的堡垒；对教皇大格里高利来说堡垒的意味又多了一层，修道院是在充斥着蛮族强盗的混乱世界中让基督教活下去的堡垒。本笃会和它的修道院在混乱的中世纪早期不仅为信徒提供了肉身的安全，还提供了灵魂的安顿，这里有信仰、有理想、有纪律、有修行。它们成了基督教会撑起整个西方的一个个支点。

后来的克吕尼会和西多会，都是对本笃会精神的发扬，它们分别创立于910年和1115年。前文提过，克吕尼会为格里高利七世发动的教皇革命做好了铺垫。西多会在12世纪也显赫一时，他的领袖明谷的圣伯纳德是12世纪的宗教领袖。"骑士"一节提到过，基督教收服骑士的纲领性宣言《新骑士颂》就出自他的手笔，这个世纪的很多教皇和红衣主教都是他的学生。

真正把修会升级到新高度的是13世纪创立的方济各会和多明我会。它们都坚持"使徒贫困"的立场。什么是"使徒贫困"？简单来说就是，信基督教就应该穷。追随耶稣、追随使徒们，过的就应该是他们那样的穷日子。圣方济各对这个问题看法明确，立场坚定。有主教问圣方济各：你们的修会没有修道院，不种粮食，甚至不要财产，那你们怎么活下去呢？圣方济各的回答发人深省："如果我们有财产的话，我们会需要武器和法律来保护我们的财产。"[4]财产是身外物，有了这个起点，我们的身外物就会一层层往上累加，我们就会向外不断地叠床架屋，就很容易忘记向内关照自己的灵魂。所以，方济各会和多明我会都规定自己的修士只能端着碗乞讨为生，他们因此又叫托钵修士。

1209年，圣方济各把托钵修士建立自己修会的请求带到了罗马，他对面是教会史上最强势的教皇英诺森三世。英诺森不喜欢他，也不太想批准修会的成立，就跟他说：他看起来跟猪差不多，应该到猪群里打滚。圣方济各真的就去了，然后满身脏污地回来对英诺森说，我已经按您的吩咐办了，现在您能满足我的请求了吗？英诺森批准了。[5]方济各会的修士们不辞辛劳地向贫苦大众传递正确的基督教道理，并且为他们提供各种帮助和服务。他们自身不求任何享受，只为基督徒解惑解困，方济各会因此受到底层百姓的爱戴和信赖，圣方济各也因其人道主义被后世的西方广为颂扬。[6]

圣多明我比圣方济各年龄大12岁，但建立修会的行动晚一些。1217年，教皇洪诺留三世批准多明我会建立。和方济各会提供社会服务不同，多明我会的重点是传播正确的教义。多明我会修士特别注重学习和研究，很快，多明我会就成了神学家的摇篮，他们里面出了伟大的阿尔伯特和他的学生——更伟大的托马斯·阿奎那。多明我会对教廷忠心耿耿，他们自称"上帝的猎犬"，加上理论水平高，他们很快就被教皇委派了一件极其重要的任务：审判异端。1220年，教皇洪诺留三世收回了所有主教裁判异端的权力，交由多明我会专门负责。这就是臭名昭著的宗教裁判所的由来。所谓宗教裁判所，不是专门在罗马或者马德里设置小黑屋，把持有不同观点的人抓进去刑讯逼供。它没有固定的办公地点，它就是教皇指派的几个多明我修士。异端在哪里被指控，他们就去那里办宗教裁判所的差。圣多明我本人来自西班牙，多明我会在西班牙的根基最雄厚，西班牙的宗教裁判所相应地就特别"能干"。[7]

最后，不得不提一下耶稣会，严格来说它已经不属于中世纪了，但它很有作为，而且和中世纪建立修会的逻辑完全吻合。耶稣会在1540年由教皇保罗三世批准建立，它的创始人是路德同时代的罗耀拉。路德对教皇和教廷公开宣战，否认它们的权威，建立起没有教皇和教廷的新教。罗耀拉刚好相反，他狂热地拥护教皇和教廷，建立起完全模仿军队的耶稣会。耶稣会不仅热情饱满，而且组织特别有力，罗耀拉称耶稣会是耶稣的骑兵。教皇和教廷就用耶稣会来对付路德开启的新教各派。[8]

异端邪说

修会是教廷满足不了信徒们热烈宗教需求的结果，但这种需求究竟热烈到什么程度，是我们现代人难以想象的。我们来看看异端的风起云涌，就容易理解修会的存在为什么很有必要，又异常艰难。这其中到底是一个什么样的格局呢？整个中世纪基督教的格局不是两分，而是三分。除了教廷和修会，还有异端！

异端怎么会是宗教的一部分？异端从来都是宗教的一部分！有正统就会有异端，只要宗教存在，异端就必然存在。因为只要宗教里有分歧，就很可能形成正统和异端的区分，就看提出异议者是不是对当权者构成了教义和组织上的重大威胁。

基督教早期的异端，很多都是由于对教义有自己的理解而被判定而成，我们可以把它们看成从巴勒斯坦地区诞生的基督教成为世界宗教过程中无数的本土化方案。就像观音菩萨在印度是英武挺拔的男子像，到了中国就逐渐变成了温婉柔美的女子像。我们前面看过了罗马帝国时代最著名的异端教派阿里乌派。他们就不承认三位一体的教义，君士坦丁大帝召开尼西亚公会，宣布他们为异端。这种教义分歧在什么时代都有，因为不同的人必定对教义有不同的理解，关键在于教会为了维护教义的统一性必须宣布某种说法是正统，和它对立乃至不一样的说法都是异端。不然的话，你信你的，我信我的，教会不就分裂了嘛。

罗马帝国晚期，大神学家奥古斯丁曾经通过驳斥多纳图派树立起处理正统和异端关系的基本原则，他的教导成为教会捍卫自身统一性最强大的理论武器。事情大概是这样的。基督教成为罗马帝国国教之后，和帝国的亲密合作就开始了，君士坦丁大帝不是力挺教会对付阿里乌派吗？北非的多纳图派公开挑战罗马教会的权威，并且挑起了"什么是真正的教会"的争论。在他们看来，教会是纯洁的，世俗是肮脏的，罗马教会与罗马帝国合作，对他们来说就成了"海外敌对势力"。如果以"教会的纯洁"为标准，是不是每个教派都可以声称自己最纯洁，进而自立门户？如此一来，教会必然陷入无尽的分裂，也就瓦解了。

这个时候，奥古斯丁的方案是，以罗马教会为尊。确实，人间的教会和真正的教会不是一回事，人间的教会必定混入了很多坏分子，可问题是谁有权宣布什么样的教会是真正的教会，谁有权把坏分子剔除出教会呢？答案是只有上帝。上帝在末日审判的时候会仔细甄别，坏人不可能上天堂，到了天堂里，教会就完全纯洁了。在此之前，没有人有资格审判其他人。任何自认有权制定纯洁标准审判他人的，都是对上帝的僭越。在末日来临上帝做出最终审判之前，罗马教会最接近真正的教会，要以它为尊。[9]显然，奥古斯丁的理论在政治上对教皇和教廷非常有利，但他的神学大义只能襄助罗马教会和后来的教皇、教廷拥有权力通过认定和打击异端来维护教会的统一，却无法阻止异端源源不绝地产生。

本笃会不太涉及异端的问题，它主要解决的问题是基督教的微观秩序，就是教会的最小单位在混乱中怎么建立起来，怎么帮助基督徒过一种符合正道的共同宗教生活。可以说，本笃会是中世纪基督教会极其重要的基础设施，本笃会修道院对于中世纪的意义，就像公司对于今天市场经济的意义。而方济各会和多明我会的任务就大不一样了，它们的兴起针对的就是异端。

异端一直有，但在12世纪变成了大问题。12世纪怎么会冒出一大堆异端呢？异端不是从来就有吗？异端确实是从来就有，但12世纪的异端针对的就是教皇和教廷。教廷成长起来了，却不是贫苦的基督徒们想要的。表面上，教皇住进了宫殿，主教们穿上了华丽的衣服，教堂里金光灿灿，教规越来越细密，实际上，这些东西远离了普通信徒。热情的信徒们开始另寻出路，同时，他们把教廷这个权力金字塔看成贪婪和腐败的象征。

12世纪出现了很多效仿使徒过穷日子的异端，他们集结成了自己的教会，有了很大的势力。其中的阿尔比派非常强大，以至于教皇英诺森三世召集了十字军用武力去消灭他们。1233年，教皇格里高利九世指派多明我会负责的宗教裁判所全面打击阿尔比派。这个派别终于在14世纪消失。不过，反对教皇、教廷、教阶制，痛斥奢华、腐败、伪善的异端教派此起彼伏，层出不穷，16世纪，路德发动宗教改革的动力至少可以上溯到12世纪。中世纪虽然是基督教一统天下的时代，但在这面大旗之下，宗教力量是非常多元而且活跃的，绝不是铁板一块，更不是死气沉沉。

圣方济各和圣多明我就生活在这样一个宗教热情极为饱满的时代。对教皇和教廷不满的异端层出不穷，他们要建立新的修会去平息异端，防止更多的信徒变成异端。中世纪后期的宗教格局就明明白白摊开了：教廷和异端是宗教生活和教会组织的两个极端，一方有权、有钱，另一方有热情、有民心，修会位于两者中间，想要通过自己的组织化努力维持教会的统一。中世纪基督教世界的三方势力，用今天的话说就是建制派、造反派和乞丐党。为了避免整个教会在造反派对建制派潮水般的攻击中彻底毁掉，乞丐党准备吸收一些造反派的道理和做法，去帮助建制派稳住大局。

然而，中间道路在所有地方都是极其艰难的。回想一下教皇英诺森三世接见圣方济各的场景。高高在上的他会不会把圣方济各直接看成造反派了呢？圣方济各拥有的民心是不是也让他脊背发凉？圣方济各到底想干什么，会不会效仿耶稣当年自立门户，从基督教当中分裂出"方济各教"？即便他看清楚圣方济各是为了整个教会的团结，无意挑战教廷权威，可圣方济各顽固坚持使徒贫困的道理啊！穷，如果成了对的和善的，恢宏壮丽的圣彼得大教堂和拉特兰大教堂不就是错误和邪恶的吗？所以，后世的教皇把方济各会也判为异端。

建制派面对层出不穷的异端，连方济各会都不相信了，戒备心越来越强，标准越定越高，于是就越来越依靠宗教裁判所。教皇们希望通过宗教裁判所来切除教会里坏掉的手指或者脚趾，却加剧了整个教会的分裂和衰败。显然，作为中间道路的方济各会和多明我会在这种教皇们制造的非此即彼之中，也只能划线站队。多明我会向右，去负责宗教裁判所；方济各会向左，去酝酿反罗马的革命。

我们重点看方济各会这一路，因为它的发展和后世西方的走向关系更加密切。当年尽管有门徒劝圣方济各自立门户，但圣方济各本人从来都没有裂教而自成宗主的野心。[10]处于权力金字塔顶端的教皇们落入了"总有刁民想害朕"的窠臼，建制派把来帮忙的乞丐党也当成了造反派，造反派的阵营自然也就不断壮大。教皇们的高姿态打压行动层出不穷，方济各会被打成异端，方济各修士、大神学家奥卡姆的威廉转身逃入皇帝的庇护，成为坚决的反教皇分子。你可能对他提出的"奥卡姆剃刀"方法论略知一二，但你很可能不知道，他的唯名论哲学动摇了整个中世纪的哲学基础。[11]

从阿尔比派异端，到圣方济各和圣多明我的中间道路，再到奥卡姆的威廉被判为异端，我们可以明确地看到三分格局迅速变成了两分，中间道路破产，建制派高压之下涌动的是造反派的滔天巨浪。最终，路德点燃了反教皇和教廷总攻的熊熊烈火，基督教世界无可挽回地再次分裂。路德的《九十五条论纲》出炉，教皇是教会毒瘤的结论被坐实，大家再也不相信建制派，自己组织自己的教会去了。

教会难题

至此，我们基本上复盘了中世纪教会的兴衰。这段跌宕起伏的历程真是让人唏嘘不已。

教会是信徒的团契，是宗教热情的集结。我们现代人很难理解中世纪的一个重要原因就是我们几乎都没有宗教热情。不过，借用社会学家西美尔的说法，也许能帮你找到一点体会宗教热情的感觉。我们现代人对钱很计较，天天都在算计钱的事情，听见能挣钱的消息就特别兴奋，为了钱你争我夺甚至不择手段，我们对钱特别有热情。在现代世界，钱不只是用来买东西的东西，不只是衡量物之优劣的标准，它渗透到我们的心里，穿透了我们的所有评价标准，凝结成了文化，形成了属于它的世界图景。"货币的意义就是作为一种不偏不倚的普遍性的东西，在所有这些兴趣和风格的运动、冲突、平衡之中而又置身于其外。"[12]钱是手段，但它逐渐变成了绝对的手段，进而变成了绝对的目的。如果把钱换成上帝，你大概就能体会到中世纪人的状态，他们对上帝特别热情，对和上帝有关的事情特别计较。尽管现代人对钱已经可以用狂热来形容，不过我认为我们现代人对钱的热情还是不如中世纪人对上帝的热情那么饱满和强烈。用对肉身的态度来比较一下，高下立判。没有一个人爱钱可以为之献出生命，"钱挣了，人没了"是挣钱的人最不能接受的事情。但为上帝献身，对中世纪的基督徒来说，简直是求之不得。

　　面对宗教热情无比饱满的群众，教会该怎么办呢？或者说，教会应该是什么样子的呢？从12世纪异端层出不穷到路德1517年摧毁教廷权威这几百年的历史来看，基督教这种天生的穷人宗教最终并不接受中世纪早期成长起来的权力金字塔。从教义来看，基督教天生追求平等，上帝面前人人平等。不平等是需要做出解释的，给出了解释群众也不一定会满意，长期来看，群众一定不会满意。无论教皇和教廷找了多少理由为自己辩护，终究都是虚伪的借口。方济各会和多明我会哪怕是站在下层的立场去帮上层的忙，最终也没有成功，统一的教会还是坍塌了。相比而言，印度的婆罗门教就不存在这样的难题，它天然认定这个世界是不平等的，不平等不需要解释，平等才需要解释，而且即便给出平等的理由，信教群众也不接受。

　　修会所走的中间道路没能消解建制派和造反派之间的对立。因为这种对立表面上是教廷和异端的对立，实际上是基督教内部两大原则之间的冲突。权威与平等的冲突是人类秩序之中无法消除的元问题，它存在于基督教会之中，也存在于国家之中，甚至存在于所有组织之中，只不过程度不同。人类在建造庞大秩序的时候，权威和平等的冲突会直接显现为"教廷式权力金字塔的两难"，基督教会的这种两难境地非常值得深思：一方面，没有教廷式的权力金字塔建设，就没有足够的权威，就无法组织、动员、管理贫苦的亿万信徒，经书上许诺的幸福在尘世中就无法兑现；但另一方面，有了教廷式的权力金字塔建设，有了足够的权威，它就会远离乃至脱离贫苦的亿万信徒，在世俗的泥潭中变得贪婪、腐化、堕落，也就会被信徒们抛弃。宗教信仰的维系，和权力体系的建设真的无法兼容、兼得、兼顾吗？中世纪基督教会充分暴露出来的这个大难题，现代世界仍然必须面对。现代世界诸多领袖级人物都是因为对这个问题拿出了卓有建树的办法而名垂青史，路德、加尔文领导的宗教改革给出了一种方案，博丹的主权理论和威斯特伐利亚和约给出了一种方案，马克思和列宁的共产主义理论给出了一种方案……归根结底，现代世界也不可能消灭权威与平等冲突的问题，也没有彻底摆脱"教廷式权力金字塔的两难"，只是根据自己的时代条件给出了更多精彩的解决办法。

注释

[1] 威利斯顿·沃尔克：《基督教会史》，孙善玲、段琦等译，中国社会科学出版社，1991，第156-161页。（**）布鲁斯·雪莱：《基督教会史（第二版）》，刘平译，北京大学出版社，2004，第127-135页。（**）

[2] 米歇尔·普契卡：《本笃会规评注》（上），杜海龙译，上海三联书店，2015，第6页。（***）

[3] 米歇尔·普契卡：《本笃会规评注》（上下），杜海龙译，上海三联书店，2015。

[4] G.K.切斯特顿：《方济各传 阿奎那传》，王雪迎译，生活·读书·新知三联书店，2016，第85页。（**）

[5] 胡斯托·L.冈萨雷斯：《基督教史》（上卷），赵城艺译，上海三联书店，2016，第358-360页。（**）

[6] 约翰·麦克曼勒斯主编《牛津基督教史（插图本）》，张景龙、沙辰等译，贵州人民出版社，1995，第182-184页。（**）

[7] 雪莱：《基督教会史（第二版）》，第235-237页。

[8] 同上书，第310-313页。

[9] Augustine, *Political Writings* (Cambridge: Cambridge University Press, 2001),

pp. 128-203.（***）奥古斯丁：《上帝之城：驳异教徒.下》卷二十二，吴飞译，上海三联书店，2009。（***）李筠：《西方史纲》，岳麓书社，2020，第175-177页。（*）

[10] 切斯特顿：《方济各传 阿奎那传》第八、十章。

[11] 罗素：《西方哲学史》（上卷），何兆武、李约瑟译，商务印书馆，1982，第569-577页。（**）约翰·马仁邦主编《劳特利奇哲学史（十卷本）.第三卷，中世纪哲学》第十四章，孙毅、查常平等译，中国人民大学出版社，2008。（***）

[12] 西美尔：《货币哲学》，陈戎女、耿开君等译，华夏出版社，2018，第535页。（***）

16

十字军

武装朝圣的旅程

"教会"专题展室的最后,我们来看十字军东征,它是中世纪史上几乎最难说清楚的事情,而且,它和现代西方的形成关系也不明确。几乎涉及它的任何问题,都会有截然对立的答案。它是防御,还是侵略?它是为了信仰,还是为了掠夺?它是各显神通,还是乌合之众?它是战果辉煌,还是一败涂地……类似的大问题还有不少。我之所以把十字军东征放在"教会"展室,很重要的原因是它是由教会启动的,教皇在其中发挥了关键作用,不过,十字军东征的后果却是他们和世间所有人都没有预料到的。我们分三个部分来解析中世纪的这段奇幻旅程:第一,九次东征;第二,信仰驱动;第三,复杂后果。

九次东征

十字军东征一共九次,也有说法是八次,就看最后到底是算一次还是分成两次。从1095年第一次东征开始,到最后1291年十字军建立的耶路撒冷王国彻底灭亡,大约经历了两百年的时间。九次东征的基本情况大概是这样的,我们按照时间顺序配合主角的名号先捋一遍。

第一次,1095年,教皇乌尔班二世应拜占庭皇帝阿列克塞一世求援,在法兰西境内展开巡回演讲,动员所有基督徒帮助拜占庭抵抗穆斯林侵袭,并且夺回耶路撒冷。十字军运气特别好,在1099年拿下圣城耶路撒冷,建立起耶路撒冷王国。

第二次,1147年,法国国王路易七世和神圣罗马皇帝康拉德三世领衔出征,帮助耶路撒冷王国抵御塞尔柱突厥的进攻。但在两年后,他们没有实现攻下大马士革的目标就撤退了。之后的四十年,十字军最主要的对手一路崛起,在1187年攻占了耶路撒冷,他就是埃及阿尤布王朝的创始苏丹萨拉丁。

第三次,神圣罗马皇帝红胡子腓特烈、英国狮心王理查德、法国国王菲利普·奥古斯都领衔出征。1187年,红胡子出兵,旗开得胜,可惜渡河的时候溺水驾崩,没有和萨拉丁直接交手。理查德随后赶到,和萨拉丁对峙,取得大胜。老迈的萨拉丁很快染病去世了,那是1193年。理查德因为弟弟约翰在国内谋反匆匆回国,半路却被绑架,母亲花了高价才把他赎回。不过,狮心王理查德名震西方和东方。

第四次,教皇英诺森三世发动东征,法兰西和意大利贵族纷纷参战,结果他们完全落入了威尼斯总督丹多洛的计划之中,最终攻占了君士坦丁堡,拜占庭元气大伤。那是1204年。

第五次,1213年,英诺森三世再次发动东征,十字军最后进军开罗,意图剿灭那里的穆斯林政权,结果因为完全不熟悉地形而一败涂地。

第六次,1228年,神圣罗马皇帝腓特烈二世出征,这是十字军东征历史上暴力程度最低、智力含量最高的一次,腓特烈二世用外交谈判的方式获得了穆斯林对耶路撒冷基督徒和朝圣者的安全保证。不到一年,他就回国了。

第七次,1248年,法国国王圣路易率兵出征,进攻开罗,战败被俘。他和他的贵族们在1250年交了赎金之后去了耶路撒冷。

第八次，1270年，圣路易又来了，可惜登陆突尼斯之后没多久他就染病驾崩。随后，英国王子爱德华赶来援助，和穆斯林作战之后签订了和平条约，1272年，他赶回国继承王位，成为大名鼎鼎的爱德华一世。爱德华驰援圣路易，如果单独算，就是第九次。

1291年，十字军建立的耶路撒冷王国的最后一个据点被埃及穆斯林马穆鲁克王朝的军队攻占，十字军近两百年的战果在政治和军事上彻底归零。之后再也没有十字军来收复耶路撒冷了。

十字军东征真可谓波澜壮阔。参与十字军东征的大人物有中世纪最著名的教皇、皇帝和国王，没提到具体姓名的重要贵族和骑士成千上万，当然，还有无数的普通士兵。东征此起彼伏近两百年，七八代人为之浴血沙场，确实是前仆后继，一波还未平息，一波又来侵袭。

十字军取得的战果确实也不少，其中最重要的战果是断断续续差不多存活了两百年的耶路撒冷王国，人称"天国王朝"。耶路撒冷王国之所以是十字军东征的重大战果，是因为它和十字军东征的直接目标密切相关：十字军东征最重要、最鼓舞人心的目标就是收复圣城耶路撒冷。所以耶路撒冷王国存在，耶路撒冷在基督教西方的手里，十字军的奋斗和牺牲就有最明显的结果摆在世人面前。

三大骑士团——医院骑士团、圣殿骑士团和条顿骑士团，也是十字军东征的战果。三大骑士团就是在耶路撒冷建立的，它们一直是守卫耶路撒冷的主力。不过，它们的影响没有局限在耶路撒冷，而是遍及整个西方。它们成功地实现了圣伯纳德在《新骑士颂》里面的教导，用武功捍卫基督教事业，不仅培养出一大批有理想、讲武德、守纪律、懂谋略的典范骑士，而且推动了欧洲各方面事业的发展。比如，集高流动性和高安全性于一身的骑士团成功地经营起横跨欧洲的银行业务。不过，这也为它们后来的杀身之祸埋下了伏笔。又有武力，又有美名，还有巨额财产，圣殿骑士团让法国国王美男子菲利普既如坐针毡，又垂涎三尺。菲利普有计划地消灭了从耶路撒冷撤回来的圣殿骑士团，将他们的巨额财富据为己有。这是对骑士和骑士团的致命打击，从此之后，整个骑士阶层逐渐萎缩，走向没落。[1]

从直接的军事成果来看，十字军东征的战果不算辉煌。之所以有九次，就是因为之前的战果守不住。如果十字军真是所向披靡，无论是巴格达的穆斯林政权，还是开罗的穆斯林政权都被打得落花流水，也就不需要一波又一波地去了。1095年十字军开始集结的时候，西方刚刚从维京人的侵袭之下安定下来，教皇革命爆发也没过多久，西方刚走入上行的通道，其实实力非常有限。所以，从西方当时的状况来看，十字军东征不是已经强大的西方对外输出武力，而是开始走入正轨的西方借东征的契机来拉动自身的成长。

九次东征当中，爽快的胜利并不多见，一败涂地和灰溜溜撤退倒是不少。十字军的力量比起当时比较强大的穆斯林政权和军队，差距还是不小的。看清楚耶路撒冷的地缘政治，我们就更容易明白耶路撒冷王国为什么还能断断续续地存在，十字军一次次去了还是多少能讨到一点便宜。一句话，耶路撒冷对于穆斯林没那么重要。

不错，耶路撒冷对于穆斯林也是圣城，排名仅次于麦加和麦地那。传说先知穆罕默德在耶路撒冷登霄夜游七重天，穆斯林后来在耶路撒冷的圣殿山上修建了圆顶清真寺和阿克萨清真寺。但是，耶路撒冷对于穆斯林的两大政权都是边缘，而不是核心。穆斯林的传统政权在近东，也就是地中海东岸的阿拉伯半岛和两河流域。第一次十字军东征的11世纪末，统治穆斯林的阿巴斯王朝已经是第二王朝，首都从原来的大马士革迁到了巴格达，它的重心在两河流域，耶路撒冷是帝国的边缘。另一个穆斯林政权是穆斯林的分支，在北非经营，叫马穆鲁克王朝，首都在开罗，对它来说，耶路撒冷也是边缘。十字军来了，到底是巴格达管呢，还是开罗管呢？好像都管，也都不认真管。唯一认认真真和十字军在耶路撒冷较量的就是埃及苏丹萨拉丁。他一来就拿下了耶路撒冷，而且扫荡了耶路撒冷王国的所有据点。也就是说，只要开罗一认真，十字军根本吃不消。和萨拉丁交手仍然取得战果的，唯有英国的狮心王理查德，他因此成为中世纪数一数二的大英雄。

信仰驱动

分析战略局势和地缘政治，我们容易从理性的角度去理解十字军东征的脉络。双方实力对比大致可以解释为什么东征发动了九次，此起彼伏近两百年。但这远远不够，因为还有一个关键的因素，就是十字军东征参加者的人心，我们还没谈。这是理解十字军东征最困难的地方之一。

现代人爱钱，所以很容易把自己的动机套在古人头上，说十字军东征就是为了去抢钱。十字军也确实干了不少抢钱的事情。但是，用抢钱，也就是贪婪，作为十字军东征的动机，其实是说不通的。十字军东征的目标是收复耶路撒冷，难道他们是要去耶路撒冷抢钱吗？而且，11世纪的西方已经穷了很久，没怎么见过钱，也就不会主动惦记钱。惦记钱的，其实是见过钱却又没钱的人，没见过钱对钱又没太多概念的人反而没那么惦记钱。况且，教皇、皇帝、国王、大贵族都不缺钱，相反，他们参与这个事情倒是要先赔不少钱进去。这些都不是最重要的。

最重要的是，那个时代的精神气质和今天的完全不同，几乎快要成"阴阳两隔"了。我们前面重点谈过，11世纪的西方是一个宗教气氛非常浓重的社会，宗教占据了人心的绝大部分，世俗生活在人心里分量很轻，有世俗生活，但大家普遍认为意义不大。他们最关心的、最焦虑的、最在乎的是怎么样得到上帝的拯救，末日就快来了，怎么才能上天堂而不是下地狱呢？十字军是解决这个最大的问题的好办法，想出这个办法的人就是教皇乌尔班二世。尤其是手上沾满鲜血的贵族和骑士们，"教皇乌尔班实在是太了解他们心中的焦虑了"。[2]

乌尔班二世是格里高利七世忠实的继承人。回想教皇革命，克吕尼运动要纯洁整个基督教世界，革命的对象就是控制了主教和修道院院长任命的世俗政权，格里高利七世的办法就是从皇帝手中夺权，直接成为基督教世界的最高领袖。格里高利七世已经开始琢磨组建教皇军队的事情，不过他当上教皇之后马上就和皇帝亨利四世扭打在一起，这个事情就搁置了。作为克吕尼修士出身的乌尔班二世也继续和皇帝做斗争,这时候恰好拜占庭皇帝发来了求救信,他就借机开始打造"教皇的军队"。教皇是十字军官方授权的源头,是十字军的最高司令官。

违逆教皇的旨意,即便取得军事胜利也要被革除教籍。比如,第四次十字军东征攻占了君士坦丁堡,而且烧杀抢掠、无恶不作,教皇英诺森三世大为光火,我根本就没让你们去干这个!他立即革除了威尼斯总督丹多洛的教籍。更有意思的是,皇帝腓特烈二世和教皇格里高利九世严重对立,教皇多次催促,皇帝都未应征,教皇因此将他两次革除教籍。但在没有教籍(他的整个队伍没有得到教皇祝福,因而死后不能直接上天堂)的情况下,不把教皇放在眼里的腓特烈自己带着队伍出征,他靠外交而不是靠军事手段取得了重大战果,不仅未能得到教皇承认,教皇反而召集军队进攻他在意大利南部的领地。[3]

教皇的军队要有自己独特的使命,宽泛地说,是保卫基督教事业,具体地说,就是收复耶路撒冷。为使命献身有什么奖励呢?烈士可以直接上天堂,之前的种种罪孽可以一笔勾销。在此之前,做哪些事情可以让基督徒上天堂而不是下地狱呢?第一,祷告,虔诚地向上帝忏悔自己的各种罪孽。第二,通过施舍或者捐赠帮助弱小和贫苦的人群。第三,朝圣,去有圣迹的地方朝拜。这第三点也是十字军东征的重要动力,很多人把东征当成了"武装朝圣"。即便打不赢,去朝圣也好,死了更好,直接上天堂。从宗教的高度,教皇乌尔班二世给所有西方人铺设了一条直达天堂的路。那个时候的人既不爱钱,又不怕死,灵魂因为牺牲而得到拯救,人生得以圆满。[4]这就是圣战的心理原理。十字军东征确实是宗教圣战。不过,道理对老百姓而言说起来简单,也不是一拍脑袋就想出来的。在《圣经》和奥古斯丁的著作找出依据,讲成一整套圣战理论,变成布道词动员信徒参战,需要一个过程,也需要理论大师。其中最著名的理论大师就是前面多次提及的圣伯纳德。他的《新骑士颂》就是在这样一个时代任务和理论脉络中最好的答卷。

有了"武装朝圣"的核心原理,我们就不必再为十字军东征当中各种不同的动机感到困惑了。比如教皇们借机扩张势力和权力,皇帝、国王们也如此，要成为基督教世界的领袖。没资格当领袖的公爵、伯爵和骑士们要建功立业，要扬威沙场，要痛快厮杀。普通老百姓要朝圣，要灵魂得救，也想找点机会升官发财。一句话，我们现代人熟悉的世俗权力和金钱的动机他们也有，但是，这些动机是在宗教动机的大背景和大原则之下运转的。这不是虚不虚伪的问题，而是基本观念和思维方式到底是宗教的还是世俗化的问题。有了宗教背景，我们再去看十字军东征的各种细节的时候，就不会觉得那么匪夷所思了。

复杂后果

十字军东征到底给西方带来了什么后果？答案有很多。我认为最重要的是，它是中世纪最大的鲶鱼。就这么一条鲶鱼，搅得所有的沙丁鱼都很活跃，中世纪就全面地活跃起来了。无论是具体的哪一条沙丁鱼，还是整个鱼池，都受它影响，却又很难直接找到明确的联系。

11世纪的教皇革命一石激起千层浪，它是转折性事件，中世纪从此进入上行通道，各种事业全面开花。十字军东征紧随教皇革命启动，它是由教皇发动的，它之所以成为鲶鱼，就在于它把所有人都卷入其中。教皇和皇帝之间的斗争，是顶级权力精英之间的游戏。当时的战争都是骑士战争，老百姓根本不参战，上层闹得再凶，老百姓也没什么好处，他们只是战争的受害者。十字军东征则不同，教皇主动地把所有信徒全部动员起来成为自己手中的政治砝码，这种全民极速政治化的大动作，在现代社会相对常见，在古代社会却极为罕见。

人民通常是沉睡的，一旦被唤醒，后果必然是全方位的。很多后果是动员者可以预料的，更多的却是他们无法预料的。可以预料的是，在军事上，十字军使得整个西方的武力素质明显提高，骑士们不再是简单的流氓强盗，他们变得有组织、有纪律，有理想、有信念，有武德、有操守，有战略、有战术，三大骑士团就是这种进步的结晶。它们就是骑士阶层的顶峰。在经济上，由于大规模人口的长距离流动，人们的眼界更开阔了，即便没有去过那些好地方，也越来越频繁地听说过，闭塞的心被打开，各种需求也就出现了。这种心智的进步即使不是商业革命的直接动力，起码对商业革命是大有帮助的主观条件。最重要的当然是宗教上的，人们的宗教热情普遍地高涨，原来只是克吕尼修士们积极地追求宗教虔诚，现在，大家都加入了这个行列。一旦人心活了，充满能量，什么事情都会向前飞奔。

但就因为人心被唤醒，人的主动性大大增强，事情也就很难按照任何人预想的方向发展。十字军东征由教皇发动，却很快超出了教皇的控制，即便强悍如英诺森三世，也完全预料不到十字军被威尼斯当成了劫掠君士坦丁堡的工具。"在13世纪里，像英诺森三世这样的教皇竭力通过对圣战加强管理并予以有效的制度化来控制十字军东征。但他们面临着相反方向上的问题：如何既不熄灭在这些圣洁的战役中赐予力量的火焰，又抑制过分的狂热？他们未能找到一个可行的方案……"[5]

教皇的"失控"不止于十字军东征，而是全方位的，因为他们通过十字军东征唤醒的不只是贵族和骑士，而是所有基督徒。这与上一节我们重点谈过的12世纪之后异端层出不穷密切相关。宗教活力的迸发让所有人主动地追求自己认为正确的宗教生活。所谓"正确"就是和大多数人生活实况最为接近的"使徒贫困"，它针对的就是教皇和教廷的官方标准，这些官方标准都成了包裹奢华和腐败的虚伪托词，于是异端遍地开花。方济各会和多明我会就是安顿澎湃宗教激情的新组织。它们的出现以及它们的失效充分说明，教皇动员起来的宗教热情，自己根本没法有计划地加以控制。

如果教皇是这样，算得到初一，算不到十五，那么，皇帝、国王、大贵族、骑士、老百姓也一样。中世纪本来就是一个多元的社会，十字军动员令把大家全部激活，在这样一个被鲶鱼搅动的池子里，各方力量碰撞的频率越来越高，力度越来越大，后果也就更加无法预料。借用未来学家凯文·凯利的说法，"失控"只是表面，背后真正的局面是"涌现"，各式各样的新事物在旧势力的失控格局下涌现出来，新世界由此诞生。[6]中世纪就是在这样一种多元因素激烈博弈的状态中走向了现代。

注释

[1] 丹·琼斯：《圣殿骑士团：崛起与陨落》，陆大鹏、刘晓晖译，社会科学文献出版社，2020。（**）

[2] 托马斯·阿斯布里奇：《战争的试炼》，马千译，民主与建设出版社，2020，第39页。（**）

[3] 赫伯特·格隆德曼等：《德意志史 第一卷：古代和中世纪》（下册），张载扬、陆世澄等译，商务印书馆，1999，第27-32页。（**）阿斯布里奇：《战争的试炼》，第544-554页。盐野七生：《十字军的故事：全四册》（下）第四章，万翔译，中信出版社，2017。（*）盐野七生：《皇帝腓特烈二世的故事》（上）第四章，田建国译，中信出版社，2018。（*）

[4] 约翰·麦克曼勒斯主编《牛津基督教史（插图本）》，张景龙、沙辰等译，贵州人民出版社，1995，第148-150页。（**）布鲁斯·雪莱：《基督教会史（第二版）》，刘平译，北京大学出版社，2004，第206-209页。（**）

[5] 阿斯布里奇：《战争的试炼》，第640页。

[6] 凯文·凯利：《失控：全人类的最终命运和结局》，张行舟、陈新武等译，电子工业出版社，2016。（*）

第四章

王　国

中——世——纪

前面两章我们讨论中世纪的帝国和教会，它们全面地覆盖了中世纪的西方，从行为、组织到政治想象，再到信仰，它们就是中世纪最大的框架。帝国和教会都是既顶着神圣又顶着罗马之名，招牌很大。在招牌底下，中世纪并不是铁板一块，而是暗流汹涌，其中最重要、最明显、最强悍、最有前途的暗流便是王国的兴起。

王国四处都有，宽泛来说，王国遍布了人类所有的古代文明。中世纪是一个王国非常多的时代。我把中世纪的王国布置成我们的第四展室，是因为它非常有自己的特色。王国既不是中世纪的顶级政治共同体，也不是中世纪的顶级精神共同体，它们分别由帝国和教会来担当。在帝国和教会的天花板下面，王国走出了一条属于自己的独特道路，最终成为中世纪激烈斗争和博弈中最大的赢家。

比起帝国和教会，王国在中世纪走过的道路既实际又实惠。它们不需要也没有资格去争夺文明担当者的地位，它们既不可能也没有必要把罗马的正统揽上身，它们更需要面对和解决的是本地的问题。封建是王国解决所有实际问题的底层方案，但这个方案自己很快也成了带来很多大麻烦的问题。中世纪的王国都是封建王国，王国既要利用封建、依靠封建，又要抑制封建、克服封建，国王、贵族、议会、法治、战争都在封建的底色上留下了浓墨重彩的篇章。

17

封建
权宜之计的固化

说中世纪是封建社会当然是对的。西方的中世纪是人类历史上最为典型的封建社会。封建几乎可以当成中世纪的代名词。

前三章已经提过封建很多次了。比如骑士是封建体系中相对低阶的特权阶层；查理曼普遍推行封建制度，使它基本上覆盖了整个西方；教会也被查理曼和其他皇帝、国王编入封建网络；教皇也有自己的封建领地，也是大领主，英国国王曾变成了他的封臣；作为诸侯的封建贵族，是教皇对付皇帝和国王们天然的同盟军……封建带来的政治多元性使得中世纪的政治斗争异常复杂，意图实现大一统的帝国和教会都泥足深陷，壮志难酬。

究竟什么是封建呢？

提起封建，中国人一定不陌生，很可能会想到中国古代也有封建社会。不过，把秦统一之后中国的基本社会政治制度叫作封建是完全不恰当的。秦朝以前的周朝才是典型的封建，秦朝恰好是严格反对周代封建的。[1]中世纪的封建和周代的封建倒是有几分相似，却也存在着重大的差异。我们分三部分来看清楚中世纪的封建：第一，封土建邦；第二，私权昌盛；第三，资产评估。

封土建邦

封建，就是封土建邦。中世纪就是一个到处封土建邦的时代，封建是中世纪的基本社会政治形态，概括地把中世纪叫作封建社会并不错。但是关于封建，有很多大问题，到现在为止，史学界还是没有完全达成一致。我们挑其中最基本的两个看一看。

第一个大问题，封建到底是什么样子？

封建就是一个人对另一个人的服从和服役。服从对方的这个人叫作封臣，得到对方服从的这个人叫作领主。封臣服从领主，为领主服役，主要就是为领主打仗。作为对价，领主赐给封臣一片土地，就是封土，封臣享有封土上的经济收益和管理封土上各种事务的权力。双方签订契约，各自享有权利、负担义务。一方违约，对方的义务就自动解除。[2]

不过，就这样一个领主与封臣以服役和封土为基本内容的契约关系，涉及的问题几乎是无穷无尽的。我们先看三个必须进一步明确的问题：

首先，封土能不能世袭，传给子孙？原则上是可以的。但继承的时候要不要领主同意？领主同意之后，要不要交继承费？要交的话，交多少？各地的习惯大不一样。

其次，封土能不能再分封？原则上是可以的。但再分封出来的小封臣是不是大领主的封臣？各地的习惯又不一样了。欧洲大陆的基本规则是"我的封臣的封臣不是我的封臣"，但它到英格兰就作废了。

最后，封臣是不是对封土上的农民享有司法裁判权？原则上是享有的。但是，封臣的司法裁判权和大领主的司法裁判权是什么关系呢？农民对自己领主的裁判不服，可以跑到领主的领主那里上诉吗？各地的习惯又不一样了。

之所以说"封建是什么"是个超级难题,就是因为封建具体而言几乎是无限多样的。大体来说,封建就是领主和封臣签下契约,但契约里面的具体内容大不一样,可以说是千奇百怪。不仅英格兰、法兰西、德意志、西班牙不一样,就连这些大国的不同地区也不一样。甚至可以说,根本找不到两份完全一样的封建契约。[3]

而且,中世纪在很长一段时间都处于文化水平非常低的状态,带来的直接后果便是文献极其匮乏。绝大多数人,包括国王和贵族在内,都是文盲。即便双方通过契约达成封建领主和封臣的关系,大多数情况下也不会用纸笔把契约写下来,更不存在签字。1100年之前,即便是国王和他手下重要的伯爵达成封建契约,落实成文书的也极为罕见。还有,中世纪的方言极为多样,法兰西、德意志、意大利、西班牙这些大国之内都有多种不同的大方言,小方言更是不计其数。即便是契约落在纸面上,关键用词是什么含义,其中包括什么样的权利义务,也非常难解。所以,封建契约对我们来说几乎是"不可见的"。占据封建契约主流的其实是没有落实成文字的各种具体情况,能帮我们推测大概内容的主要是当地习俗和少量极其珍贵的文献。

封建契约无限多样,其实并不是匪夷所思的事情,而是完全合情合理。我们想想自己签订的合同,买房的和买车的能一样吗,买保险的和买基金的能一样吗?你可能会说,买房的合同和买车的是不一样,不过所有买房的合同基本都一样。确实,买房的合同都差不多,它叫格式合同。房屋买卖这个行业经过了无数的交易,长期总结之后拿出了稳定的条款,国家甚至对很多条款给出了指导性意见:哪些条款必须有;必须写成什么样;哪些问题不得在合同中做出约定;等等。格式合同是归纳总结的结果,是以无数的合同作为基础的。市场上还没有过庞大的交易量,就不可能有格式合同,就只能一事一合同。中世纪封建契约的多样性就是因为每对领主封臣都有自己的合同。

经验积累是格式合同产生的必要条件,但不是充分条件。对于封建契约,即便经验积累得再丰厚,也不可能有格式合同,因为其中的条款不可能有统一的写法。封建契约涉及封臣权利的至少有封土继承、收益、司法裁判的效力，相应地，涉及封臣义务的至少有他要帮封君打多少仗、每次带多少人马，等等，每一项都涉及重大利益，每个人都会为自己拼命争取，自然不可能抄别人的合同。

所以，封建从微观上来看几乎是无限多样的。多到什么程度呢？多到任何历史学家看了无数的档案材料，然后提出一种格式说这是中世纪的标准，马上就会有别的历史学家站出来说什么地方、什么年代就不是这样的，你提出的那个标准根本不是标准。这样一来，我们还是把"封建"这个词当作一个大名词来看比较恰当，提起它的时候一定要注意它里面埋藏着几乎无穷无尽的多样性。封建的多样性是中世纪这个时代的多样性极其重要的体现和基础。

在封建契约的内容无限多样的前面，有一个封建关系的重要因素反而有比较明显的统一性，那就是礼仪。中世纪的很多文献和绘画记录下来的臣服礼和效忠礼的场面似乎相差不远。我们先看一段非常戏剧化的场面。《权力的游戏》第六季第一集，珊莎·史塔克逃出拉姆斯·波顿的魔爪，但被其士兵追杀，大块头美女骑士布蕾妮将她救下之后，再次请求成为她的封臣，二者非常简洁地完成了臣服礼。

布蕾妮双手将宝剑置于珊莎面前，单膝跪地，郑重提出请求："珊莎女士，我再次提出向您效忠的请求。我会保护您，听从您的指示，必要时为您而死。我以新旧诸神的名义起誓。"

珊莎郑重地回以誓言："我发誓，你将永远在我的炉边有一席之地，你我同桌饮酒，同桌吃肉，我发誓将永远不会让你的效忠蒙上污名。我以新旧诸神的名义起誓。请起！"

虽然只是一段简短的对白，但已经比中世纪绝大多数臣服礼复杂太多了，它几乎就是中世纪臣服礼最成熟的样子。实际上，臣服礼非常简单，一个人将自己的双手合起，递向对方，对方用双手接住、握住，就算礼成，甚至都不需要跪拜。递出双手的人是封臣，递出双手意思是我愿意成为你的人；接住双手的人是领主，接住并握住递来的双手意思是我接受你成为我的人。随着中世纪封建关系的不断扩展，臣服礼的礼数越来越复杂，添加了更多的动作和用语，逐渐被固定下来。比如跪拜表示庄重，比如珊莎和布蕾妮嘴里的漂亮话。以神的名义起誓，在很长一段时间里并不存在，甚至在进入中世纪很长一段时间之后也不必以上帝的名义起誓。因为以握手为核心仪式的臣服礼早在日耳曼人认识上帝之前很久很久就已经形成了。

臣服礼和效忠礼存在明显的差别。珊莎和布蕾妮这场戏既是臣服礼，也是效忠礼。臣服礼一生一次，效忠礼可以有很多次。比如出征之前，将士们会再次宣誓效忠自己的领主。在封建关系中，臣服礼的礼成意味着双方的契约达成，互相拥有权利，互相负担义务。效忠礼则不是，它是单方面的封臣向领主宣誓效忠，领主并不需要对封臣有什么承诺。[4]

了解了封建契约的内容和缔约的礼数，第二个问题"封建从什么时候开始"很难说清楚，其实也在情理之中。我们来粗略地看它的概貌。

一般认为，封建产生于日耳曼蛮族的亲兵团。蛮族首领有一帮为自己卖命的亲兵，他们之间非常紧密的关系从战场上延续到了统治中。这个道理并不复杂。假设你是一个只会打家劫舍的强盗头子，领着一帮强盗兄弟，你跟这帮兄弟不会全都一样亲吧？总会有亲疏远近，而且，你一定还会评判谁能干，谁能打，谁立的功大，谁立的功多。打下一片地盘，你准备怎么管呢？你既不懂行政，又不懂管理，也不懂法律，甚至连字都不认识，就是个文盲大老粗。而且，兄弟们跟着你出生入死，必须有回报。土地这种当时最重要的财富，也是你手里掌握的最重要的财富，你得拿出来犒赏他们。金银财宝你都必须和兄弟们一起分享，土地就更重要了。何况，金银财宝你还可以独吞，土地，你根本没法独吞。即便你胆敢忘恩负义地除掉所有曾经一起出生入死的兄弟，你不还是得派人去管理土地。所以，你雄霸天下，就必须把地盘分给兄弟们，论功行赏，再加上亲疏远近的考虑，让兄弟们各守一方，也就是让他们各管一方、各享一方。为了保证他们有了自己的地盘还认大哥，你跟他们每个人都要签契约，保证土地可以换来他们的效忠、服从和军事服务。兄弟们一个个成为你的封臣，得到了你赐予的封土，去建立他们的邦国，你的王国就成为一个封建王国，你也就从强盗首领变成了国王。这就是封建形成的基本逻辑。它不是任何人精心设计的产物，就是没有文化、没有政治素养、没有治理技艺的日耳曼人凭借最基本的常识和逻辑找到的办法，对他们来说甚至是入主西欧之后几乎唯一可以采用的办法。

封建在经济上出现，要早于中世纪，它在混乱的罗马帝国后期就已经出现了。帝国军队无法有效地维持和平，蛮族的冲击此起彼伏，各地就开始自保，有地产的富人们建立起庄园，农民在其中种地交租。典型的地主-农民之间的租佃关系和庄园制的组织形式在罗马帝国晚期的西方已经遍地开花。[5]但这和日耳曼亲兵团的私人效忠、打家劫舍、分享战利品的逻辑不同，租佃关系和庄园制只是为中世纪准备好社会经济生活的可行办法，日耳曼亲兵团的军事和政治逻辑推动中世纪封建社会成功封顶，在顶层建立起统治秩序。

中世纪最早的封建王朝是公元481年克洛维建立的墨洛温王朝。它是法兰克人建立的第一个王朝。墨洛温王朝和各种日耳曼部落混战的6世纪和7世纪，西方逐渐从一个部落社会进入等级社会，部落的宗族传统与新时代的战争需求结合到一起，形成了一个"适应战争的宗族社会"。[6]显然，在这种社会当中，日耳曼亲兵团的军事和政治逻辑迅速扩展，人和人之间的高度依附关系成为理所当然，这就为领主-封臣双方形成有权利义务的契约关系奠定了基础。

墨洛温王朝传了没几代，国王都不管事，被叫作懒王，朝政被宫相把持了。公元715年，查理·马特成为宫相，他在公元732年的普瓦提埃战役中击败了阿拉伯人，如若不然，西方很可能在那个时代就被穆斯林消灭了。他的儿子矮子丕平继任宫相之后，终于在公元751年废黜了墨洛温末代国王，自己称王。丕平由此开创加洛林王朝，他的儿子就是查理曼。

在加洛林王朝，封建关系全面普及，封建契约大量产生，这是查理曼治理庞大帝国的基本手段。他甚至把教皇、主教、修道院院长都变成了自己的封臣。所以，封建首先在哪里产生很难追溯，但我们可以明明白白地看到它在加洛林王朝全面铺开了。尽管加洛林王朝在查理曼三个孙子签订的《凡尔登条约》后被一分为三，不过，封建作为日耳曼人实施有效统治的基本办法被顺利地继承下来，成为中世纪最基本的社会、经济、军事、政治状况。

私权昌盛

中世纪封建的核心是契约。领主能让封臣干什么，封臣能从领主那里得到什么，都靠契约。这是中世纪封建和中国的西周封建最大的不同。两相对比，我们可以把中世纪封建制称为契约封建制，把中国西周的封建制称为宗法封建制。

西周封建的核心不是契约，而是宗法。王国维先生说："立子立嫡之制，由是而生宗法及丧服之制，并由是而有封建子弟之制，君天子、臣诸侯之制。"[7]嫡庶长幼有序，就可以它为依据分封子弟，就有了君臣之义。夏朝和商朝也有封建，但不是以天子家族的血缘关系为标准的，从《史记》上看，更接近日耳曼亲兵团分享战利品。从周公制礼作乐开始，宗法成为分配权利和权力的首要标准，天子之家根据宗法制展开封建，就成了一个个国，所有国在一起构成了天下，正所谓天下一家。[8]

周公制礼作乐，就是把血缘亲疏和权利义务对应起来。嫡长子就继承父亲的权位和财富，弟弟们得到封土，离开家出去建国，正妻所生的嫡子们的待遇要比侧室们所生的庶子们的要好。但在整个过程中，没有契约。无论是父亲在位之时分封诸子，还是父亲去世后新君分封众弟，他们之间都没有契约。谁该得什么，原则上已经由周公定下了，不需要讨价还价，在宗法制下根本没有讨价还价的空间存在。

举一个周公礼制的例子。中国有一句老话叫作"是可忍，孰不可忍"，这句话是孔夫子说的。什么事情惹他老人家那么生气呢？跳舞的人数，"八佾舞于庭"。[9]八列舞者跳舞怎么就让温良恭俭让的孔夫子怒不可遏呢？因为是违制。天子才可以用八佾，诸侯六佾，大夫四佾。本来只能享受六佾的诸侯用了八佾，就坏了规矩。有人可能会说，孔夫子不要那么较真，不就是跳个舞嘛，没什么大不了的，诸侯们就是高兴一下，即便违制了，又不是谋逆谋反，至于生那么大气吗？在孔夫子看来，这就是"礼崩乐坏"。周公制定的规矩，诸侯们完全不放在心上，带头破坏规矩，天下大乱由此而来。从孔夫子的认真态度，我们可以明显地看出，周公对宗法制及其衍生出来的封建制做了非常细致的规定，自然没有任何人讨价还价的空间。

这个时候我们再回头来看中世纪的契约封建制，就容易理解它的特点以及和中国西周封建的差别了。中世纪封建的核心是契约，契约是双方达成的合意。用老百姓的话说，你同意，我也同意，以后咱俩的关系就这么处，用法律的话说，就是权利义务生成了。中国西周的封建不是君臣合意，而是根据宗法制，特定身份的人就有相应的权利义务，任何两个人都不能私自商量去改动规定好的权利义务，只能照章执行。

那么，中世纪的封建制像中国西周一样讲宗法吗？当然也讲，血缘在中世纪是非常重要的。中世纪是一个身份的社会，出身于什么样的家庭，决定了绝大多数人的一生。中世纪的领主如果有很多嫡子，也必然会让他们继承不同的权利和权力。中世纪早期盛行的是诸子均分的原则，无论长幼，只要是嫡子，一起均分。不能均分的东西，比如最尊贵的国王头衔，就由大哥继承，弟弟们成为公爵，但土地必须均分。查理曼的三个孙子就是根据诸子均分的原则签订《凡尔登条约》瓜分了加洛林帝国，东法兰克王国（德意志）只是更尊贵一些，但不是西法兰克王国（法兰西）和中法兰克王国（意大利）的宗主和上级，帝国一裂为三。

很显然，诸子均分对政权的稳定和强盛非常不利，因为它意味着每一个国王的驾崩就会带来王国的四分五裂，公爵、伯爵一样如此。经过两三百年的磨砺，长子继承制逐步建立起来，长子继承王位（爵位），弟弟们不再和他平分。[10]弟弟们要么从文，进入修道院，在教会里晋升，最好成为主教、红衣主教甚至教皇，和作为国王或者公爵的哥哥相互照应；要么从武，请专门的教练培养，或者进入骑士学校，日后成为骑士，为哥哥效力，或者更好地是成为国王或者其他大贵族的亲兵，被他们封为贵族，和哥哥相互照应。

中世纪因为基督教严格的一夫一妻制的规定，不存在中国的庶子身份。没有侧室，自然也就没有庶子。凡是非婚生子嗣，都没有合法的继承权。所以，庶子没有机会直接继承父亲的王位（爵位）。不过，父亲还是会照顾非婚生子女，在帮助儿子成为主教或者骑士的路上，在帮助儿子和女儿寻得门当户对的大户人家这件事上，父亲也会不遗余力。通常来说，只要父亲有不止一个儿子，他就会在活着的时候把儿子们各得什么都安排好，长子或许一定会得到爵位和主要领地，但他和弟弟们之间还有很多权力和利益必须由父亲做出分配。

领主去世，无论对他的领主还是他的封臣而言，所有契约都自动终止。长子继承父亲的爵位，一方面他要和父亲的领主续约或者重新签约，另一方面和父亲的封臣们也是如此。前一方面意味着新领主要得到国王的认可和授权，后一方面意味着新领主要把父亲的老部下们转变为自己的势力。无论是国王还是封臣，在这个时候都有机会重新讨价还价。如果新领主的实力不如父亲，他就会面临着同时被上下欺负的危险，他的封地和特权都会严重受损。所以，父亲许诺的继承权并不是保险箱，每个领主都必须全力争取自己的地位和权力。这就是契约带来的麻烦，人死如灯灭，自己的灯只能由自己来点亮。

至此，我们可以明确地讲：封建契约是理解中世纪封建政治的基点，它的核心特征是私权昌盛。

按照我们现代人或者古代罗马人的规矩，公和私是两回事，遵循不同的基本逻辑。私法，就是平等人之间的法律，正义就是尊重和维护每个人应得的利益。它的边界是不伤害别人，不违反公序良俗和法律规定。私法的主体是民法。公法，就是政权对公民的管理，正义就是维护秩序。它的边界是不侵犯公民权利、不损害公共利益。公法的主体是宪法、行政法、刑法等等。

拿这种框架来看中世纪，中世纪就是一个私权特别昌盛的时代，很多本来应该是公法管的事情，都是由私人契约定下来的。比如，一个人现在是哪国公民、是哪国国籍、持有哪国护照，就是纯粹的公法问题，由宪法、国籍法来管，国家移民管理局依法发放护照。没有人会想，我和谁商量一下，只要我们俩同意，就从中国公民变成美国公民了。在中世纪，这样的事情反而是正常状态。一个公爵，他到底是英国国王的封臣还是法国国王的封臣，很可能变来变去。无论是战争还是密谋，只要这个公爵向一国国王表示臣服，他封土上的人就全部跟着他变了归属。那个时候还没有国籍的概念和规定，只有"我是谁的人"的观念和活法。也就是说，今天或者古罗马，必须用公法规定的大事，中世纪都可以由封建契约来约定。不仅封臣给领主提供多少骑士参战可以约定，连司法审判能管什么样类型的案件都可以约定。甚至杀人犯在领主法庭上是可以和作为法官的领主讨价还价的，多给点钱，杀了人不偿命，完全是可能的。

我们回到封建契约签约的那一刻，对于封臣一方，契约至少会约定封土的所有权归属和封土上的司法裁判权两个问题。可这两个问题涉及的是不同的东西，土地所有权是私权利（right），司法裁判权是公权力（power），能说土地是我的，案子就归我判吗？从土地的私权利能推出法庭的公权力吗？按照我们和古罗马人的想法，私是私，公是公，它们之间没有联系，两件事应该分开办。但是在中世纪，它们就是混在一起的，两件事总是一起办。封建的中世纪就是一个公私不分的时代，正是这样一个right和power交缠的时代，酝酿出了很多独特的社会政治逻辑。

资产评估

中世纪是封建社会。封建契约合意约定大事的逻辑决定了这是一个公私不分的时代，政治、法律、社会、经济、习俗、观念各个层面都是公私不分。这种状况带来了什么样的后果，或者反过来说，这种状况对现代西方的形成而言到底是正资产还是负资产？我们先看两种看上去都有道理却是相互冲突的说法。

有人说封建培养了民主，因为民主就是大家同意。契约是双方同意，养成这种习惯，同意就成为政治当中不可或缺的要素，民主也就水到渠成。甚至有人进一步强化封建和民主的关系说，越是中世纪封建发达的地方，越容易诞生现代民主国家，因为封建领主们限制住了国王的权力。英国的《大宪章》不就是男爵们和约翰王之间的高级契约吗？有了它，英国成了第一个现代民主国家。这种思路是把中世纪的封建当成现代民主诞生的正资产，封建越兴盛，就越有利于现代民主的诞生。

但是，还有另外一种说法也很典型，现代世界是市场经济的世界，封建是市场经济发展路上最主要的障碍。市场经济要形成统一市场，就必须克服封建割据。国王想从发达的市场贸易中获利，无论是直接地参与贸易，还是间接地因为贸易繁荣而增收税款，都需要打击封建，助推国内统一市场的形成。英国是推进市场经济最得力的国家，很好地完成了扫平封建的历史任务，率先成为现代世界的顶级强国。这种思路是把中世纪的封建当成现代市场经济的负资产，封建越兴盛，越不利于现代市场经济的发展。

那么，到底哪种对呢？怎么解释英国成为现代第一强国呢？它到底是得益于封建强盛，还是得益于消灭封建呢？

两种看法都有一定的道理，但都没有把中世纪封建和现代世界以及英国的关系讲清楚，关键在于它们都把异常复杂的封建和现代世界想得太简单了。无论是政治上的同意被封建孵化出来，还是经济上的统一市场去克服封建，都只是中世纪和现代之间的一重联系，它们取代不了对方，它们也不能排斥其他重要的中世纪走向现代的逻辑。封建是中世纪政治、社会、经济的基础性力量，但它也没有消灭掉中世纪政治、社会、经济中的非封建成分。比如，无论贸易如何起伏，它始终没有被消灭，而且在中世纪后期飞速发展，在经济中的地位也日趋重要。中世纪不是纯粹封建的，它还有许多重要的组成部分跟封建不沾边。封建本身极具多元性，其中的不同地域、不同阶层、不同教派会展开异常复杂的斗争与合作，也会与带有明显非封建乃至反封建色彩的希腊哲学、罗马法律、基督教信仰展开异常复杂的斗争与合作。所以，任何轻视多元性的思路在中世纪面前、在封建面前，都最多只是勾画出一条线索，而不可能勾画出中世纪走向现代的整幅画面。

要把从中世纪走向现代的路看得更清楚，我们需要很多"中间概念"，它们比封建、民主、市场经济的概念更小一些，相对也更准确一些，它们能充当这些大概念之间的连接和过渡。以"绝对主义王权"为例，它就可以把封建和民主、市场经济之间两条相互冲突的线索拧成一股绳。绝对主义国家的典型是伊丽莎白一世治下的英国。她要建设强大的现代国家，封建领主们就是她的政治障碍，她抑制诸侯的政策和行动会受到商人和资产阶级的欢迎和支持。也就是说，和她一样想让国家强盛的国王们加强了政治上的中央集权，在很大程度上帮助了统一市场的形成，诸侯在政治上没有权力了，割据自然就难以维系。资产阶级会因为地位的提升和市场的统一拥护国王们的中央集权，国王们能从资产阶级那里得到更多的税款和贷款，封建是被国王和资产阶级联手赶出政治舞台的。哪个国家的这种联盟越强大，克服封建就越有力，建成现代国家就越得力。封建在这样一个政治进程中逐渐消失。这个进程顺利与否，取决于绝对君主和资产阶级的联盟对封建领主们的政治优势有多大，采取的策略好不好，还有封建领主们的出路好不好。显然，这是一个长期斗争的过程，它从13世纪就开始了。

绝对主义是中世纪和现代的交接棒，它同时具有很强的中世纪特色和现代特征，法国国王路易十四的名言"朕即国家"很好地说明了这种性质。一方面，它是中世纪私权昌盛的顶峰，私人就是国家；另一方面，它又是现代公权兴起的起点，除了国王之外，其他贵族的私权在政治上都被剪除。这种"大私即大公"的局面是拥有两千年帝制传统的中国非常熟悉的，却是中世纪后期数代国王苦心经营的结果。在中世纪走向现代的历史进程中，国王是克服封建私权的主力。下面我们就来看看作为封建王国主角的国王们是什么样的。

注释

[1] 瞿同祖：《中国封建社会》，上海人民出版社，2005。（***）冯天瑜：《"封建"考论》，武汉大学出版社，2007。（***）

[2] 弗朗索瓦·冈绍夫：《何为封建主义》，张绪山、卢兆瑜译，商务印书馆，2016，第3-7页。（**）

[3] Susan Reynolds, *Fiefs and Vassals: The Medieval Evidence Reinterpreted* (Oxford: Oxford University Press, 1994). （***）

[4] 马克·布洛赫：《封建社会》（上卷），张绪山译，商务印书馆，2004，第250-253页。（***）冈绍夫：《何为封建主义》第一章。

[5] 汤普逊：《中世纪经济社会史（300-1300年）》（上册），耿淡如译，商务印书馆，1997，第57-68页。（**）罗伯特·福西耶主编《剑桥插图中世纪史.350~950》第一章，陈志强、崔艳红等译，山东画报出版社，2006。（**）

[6] 福西耶主编《剑桥插图中世纪史.350~950》，第81页。（**）

[7] 王国维：《殷周制度论》，《王国维全集》（第八卷），浙江教育出版社，2009，第303页。（***）

[8] 冯天瑜：《"封建"考论》第一章。

[9] 程树德：《论语集释》，程俊英、蒋见元点校，中华书局，2014，第175-180页。

[10] 李筠：《论西方中世纪王权观：现代国家权力观念的中世纪起源》，社会科学文献出版社，2013，第189-193页。（***）

18
国王
伟大使命的召唤

在中世纪，国王和皇帝不一样，国王可以有很多，皇帝只有一个；王国和帝国也不一样，王国可以有很多，帝国只有一个，理论上，所有王国都是帝国的一部分。不过，皇帝们天生是世界之主，要操心的事情太多，要面对的敌人太强大，而国王们相对不那么沉重的头衔可以让他们专心经营好自己的王国。从现实的历史进程来看，国王们比皇帝们更代表着未来，他们努力把自己的王国打造成强国的路线最终实质性地改变了中世纪的封建格局，把西方推入了现代。

我们得先把中世纪国王们的位置摆正。如果用中国西周的封建格局来打比方，中世纪的皇帝相当于中国西周时候的周天子，法国、英国、西班牙等国的国王相当于齐国、秦国、楚国的国君。西周灭亡之后，楚国国君称王，后来各诸侯国纷纷效仿，这都是违制，都是大逆不道。在周代，天理国法上王只有一个，就是周天子。春秋战国数百年间，王的名号因为各路诸侯的僭越已经变得廉价了。所以秦王嬴政统一天下之后郑重其事地把最高统治者的名号升级为皇帝。[1]

在中世纪，国王不能跟皇帝平起平坐，即便经常在战场上对决，在名义上还是要礼让三分。帝国只有一个，就是神圣罗马帝国，皇帝只有一个，就是神圣罗马皇帝。法国、英国、西班牙、瑞典的国王再强大，也不敢得意忘形地称帝。法国人拿破仑称帝是在1804年，他解散了神圣罗马帝国之后让自己的法兰西帝国延续上罗马帝国的法统。英国国王称帝更晚，差不多大英帝国都已经开始走下坡路了，维多利亚女王才于1876年称帝，她称的不是西方的罗马法统里的皇帝，而是印度女皇。因为成吉思汗的帝国法统在印度留给了莫卧儿帝国，维多利亚继承的皇帝头衔其实来自东方。

千年的中世纪，国王多如牛毛，形形色色的怪异国王层出不穷。[2]我挑选了最有代表性的三位展开讨论。在很大程度上，他们都是中世纪非常成功的国王，名留青史。不过，他们的成功却大不一样。因为他们受到了不同的伟大使命的召唤，扮演了极其不同的角色，在他们出色地完成使命之后，便定格为不同类型的国王典范。他们分别是荒唐国王狮心王理查德、圣人国王圣路易、坏蛋国王美男子菲利普。

荒唐国王

我们千万不要把中世纪的国王们都想成秦始皇的模样，为了国的强大殚精竭虑、夙兴夜寐，心里只惦着一统天下。像秦始皇那样把皇帝当成了战争机器的发动机，在中国历史上也不多见。这种国王是中世纪后期才出现的，大约在1300年之后才有了明显的迹象。要是国王不这样，他会是什么样呢？用我们现在的眼光来看，中世纪大部分国王都是荒唐国王，他们的典型代表是英国的狮心王理查德。我们通过解析他的"荒唐"事，弄清楚为什么中世纪的人们接受甚至崇拜这位荒唐国王。

第一件荒唐事，理查德勾结法国国王对付自己的父王。

理查德的父王是英国历史上数一数二英明神武的国王亨利二世。在他手上,英国领先各国实现了司法中央集权,而且创造出独特的普通法体系,治理水平甩开法国和神圣罗马帝国数十甚至上百年。[3]当时的亨利二世可谓威风八面,缔造了强大的金雀花王朝。他拥有英格兰,还有祖上留下的欧洲大陆地盘诺曼底,然后又征服了爱尔兰,加上夫人埃莉诺带来的嫁妆阿基坦,还顺路兼并了布列塔尼,形成了当时西方领地最大的王国。现在的法国有一大半的地盘都属于亨利二世。当时法兰西的卡佩王朝只掌握了以巴黎为核心的周边地盘,被亨利二世的金雀花王国三面包围。卡佩王朝的国王们拼了命地和金雀花家族作对,英法世仇由此生根。法国国王菲利普·奥古斯都找到的好机会就是亨利二世不安分的儿子们。

按照我们的常识,理查德应该好好辅佐自己的父王,把金雀花王朝继承下来好好经营,那么,法国国王应该是他的头号敌人才对。荒唐的是,理查德不仅娶了法国国王的女儿,而且公开地集结诸侯反叛自己的父王,还不止一次。第一次,理查德作为实力雄厚的阿基坦公爵,支持自己的大哥,也就是王位继承人小亨利,一起反叛父王,史称"无爱之战"。结果他们被强大的父王打败。大哥数年后去世,理查德被立为王位继承人。理查德在父王和法国国王菲利普·奥古斯都的战争中与后者保持良好的关系,父王一怒之下剥夺了理查德的王位继承权,理查德迅速转身与菲利普联手对付自己的父王。结果父王战败,签订了屈辱的条约,金雀花王朝摇摇欲坠,父王不久之后就病死了。逆子干出国破家亡的荒唐事,父王临终前还是把王位传给了他。那是1189年。[4]

理查德荒唐的反叛之所以大张旗鼓地搞,和封建契约的性质大有干系。忠于父亲、忠于自己的国王,是宗法制下的理所当然,如果是契约制呢?契约当然要讲诚信,在封建契约里对封臣来说就是讲忠诚。但和所有契约一样,封建契约也是合意,是双方在计算利益和对比实力之后达成一致同意的权利义务安排。如果利益和实力的格局变了呢,如果领主没有"善待"封臣呢?封臣认为从前的契约已经不适用于现在的格局,就会提出修约;如果领主不同意,封臣很可能撕毁契约,在封建格局中就是反叛。理查德和大哥一样希望父王早日交付更多的实权，英明神武却也顽固掌权的父王却对他们的呼声充耳不闻。在大哥做储君的时候，父王扶植理查德来抑制他，等理查德做了储君，父王同样扶植弟弟约翰来抑制理查德。理查德不断积蓄实力，终于被父王剥夺了王位继承权，他已经别无选择，只有和父王正面对决。

其实，在有一大堆国王的中世纪，"贤臣择主而事"是常态，所有封臣都在评估自己的利益在哪个领主手下可以更好地实现，自己有多少实力撕毁旧约达成新约。即便不讲道义地撕毁旧约，如果能够换来更强大的领主保护，甚至自己摇身一变成为顶级领主，又有何不可？契约的背后永远是利益的计算和实力的比拼，忠诚必须经得起利益和实力的考验。绝对忠诚是大一统的提法，在一个多元的社会政治格局中根本就不适用，要么是大家都不当真的嘴上说说，要么是别有用心的奸佞之臣取悦主人的政治马屁。对领主来说，封臣的忠诚更多是靠自己的实力去赢得，而不是靠讲忠诚的大道理。即便理查德没有背叛父王，他也必须自己去赢得所有封臣的效忠。而赢得效忠最好的办法就是率领他们去作战，然后取得一个又一个胜利，给他们更大、更多、更好的封地。理查德早就这么干了，只不过父王和卡佩家族的激烈战争不断升级，他必须找到自己的立足点，成为这场战争的领袖，才有可能成为胜利者，也才有可能成为真正的国王。

为什么王子在战争中不一定选择支持自己的父王呢？在国王与王子之间，封建契约有限的效力大大强化了王子"靠自己"的行为逻辑。封建契约和所有契约一样只对签约双方有约束力。父王即便拥有再多的封臣，诸多封臣加起来构成了一个庞大的金雀花王朝，但人死如灯灭，契约不会自动续到儿子头上。对理查德来说，可靠的选择不是等着父亲驾崩的时候再和各路诸侯续约，而是现在就把他们变成自己的封臣，无论带领他们和谁作战都可以，关键是在战争中证明自己的实力，成为他们的领袖。父王靠不住，只能靠自己，这不是父王不慈爱，也不是儿子不孝顺，而是封建契约效力有限，在根本上就做不到父子之间无缝交接。封建契约的固有性质导致了这种获取忠诚只能靠自己的行为逻辑。所以，中世纪各国王室当中，父慈子孝的情况并不多,儿子能干的结果大多不是顺利接班,而是我们中国人熟悉的玄武门之变。

第二件荒唐事,登上王位的理查德人称狮心王,他终于可以舒心爽快地做自己了,他要做什么呢?骑士!召唤他的正是骑士的理想。

理查德的外号之所以叫狮心王,就是因为他拥有一颗狮子一样的骑士之心。我们在前面谈过骑士,骑士是战士,追求的是大胆冒险、经历奇幻、武艺超群、临阵冲杀、节节胜利、荣誉等身。为了使骑士的暴力得到规训,才有了武功歌、宗教文和行吟诗。

狮心王理查德几乎是一位完美的骑士,把武功歌、宗教文、行吟诗里鼓励和赞美的品质都发挥得淋漓尽致,成了世人心目中的英雄。他之所以有实力反叛伟大的父王并最终获得成功,除了法国国王的大力支持之外,很重要的原因是他自己的敢作敢为、武艺超群、感召力强大和战略战术得当。这一切,都在第三次十字军东征当中完美地得到了体现。他人生辉煌的顶峰是所有中世纪骑士的梦想:带领十字军打败穆斯林,收复圣城耶路撒冷。

狮心王的对手是伊斯兰世界中战神一般的萨拉丁。在他出征之前,萨拉丁已经扫平地中海东岸,让前两次十字军东征的战果几乎化为乌有。理查德虽然没有彻底打败萨拉丁,但获得了数次重大胜利,而且他的部队人数远远少于萨拉丁。他的战功不仅让西方甚至伊斯兰世界都交口称赞。遗憾的是,狮心王没能收复耶路撒冷,弟弟约翰步了他的后尘,和法国国王勾结,准备谋朝篡位,他必须赶紧回国主持大局。不过,他和萨拉丁签订了三年的休战协议,意思是三年后他会回来。在此期间,基督徒可以自由且安全地进入耶路撒冷朝圣。理查德英俊潇洒、风流不羁,加上战功赫赫、威名远播,几乎成了当时女性梦寐以求的对象,有关他的风流故事,在中世纪流传甚广。狮心王成了完美的骑士国王,中世纪唯一能和他有一比的就是前面谈过的红胡子腓特烈。

按照我们的常识,国王不该亲自上阵打打杀杀,运筹于帷幄之中,决胜于千里之外就好了。汉高祖刘邦亲征匈奴,落入白登之围,新生的大汉王朝差一点土崩瓦解;明英宗亲征瓦剌,在土木堡被俘,大明王朝在于谦领导下取得北京保卫战的胜利，才得以幸存。即便像汉高祖和明英宗这样御驾亲征，也是在中军大帐指挥战争，决计不会身先士卒。中世纪恰恰不是这样，无论国王、贵族还是老百姓，都非常认可国王的第一品质是骑士。他应该身先士卒、率兵突击、英勇冲杀、快意恩仇。文弱的国王是会被鄙视的，不仅贵族和老百姓会鄙视，国王自己都会看不起自己。我们认为狮心王荒唐地以骑士自居，但在他的时代，他恰恰是国王的典范。伟大的英国史学家兼首相丘吉尔曾言，理查德"由于性格上存在着颇有英雄色彩的优缺点，成为中世纪最令人瞩目的人物之一。迄今为止，他一直被描写成骑士时代的产物和化身"。[5]

第三件荒唐事，狮心王理查德一点也不珍惜英国。

理查德当了十年的英国国王，就只有半年住在英国。而且，英国只是他的奶牛，为他出打仗的钱。英国的税能收来做军费就好，不够的话，卖官职、卖土地，都可以。他甚至说："如果我能找到一个适合的买家，我会把英国本身卖掉。"[6]

按照我们的常识，国家比君主重要，国家不是君主的私人财产。不过这都是现代观念。上一节"封建"谈过，中世纪是一个私权昌盛的时代，把封地和封地上的收益权、管理权、司法权当作私人财产，在中世纪是天经地义。如果是这样，国王把王国当作私人财产来对待就不是什么奇怪的事情。在理查德的时代，只有受伤的英国人会觉得他对待英国的做法不妥。但考虑到他不只是英国国王，他在欧洲大陆上还有诺曼底、布列塔尼和阿基坦，以一隅之财维系整个金雀花王朝的大局，也不是完全说不过去。

"国家高于君主""国家不是君主的私人财产""主权不可分割"等现代政治原则，正是对狮心王代表的中世纪原则的克服。现代国家原则之所以能够克服中世纪私权原则，是因为它更合理，也更强大。

我们来看狮心王把英国当作私人财产处置的做法有什么致命缺陷，就容易明白为什么看上去更讲道理的现代政治原则更加强大。狮心王的做法其实是无法持续的。道理并不复杂，权力必须具有公共性，不能是私人财产。权力姓公，不姓私，掌权者必须主动去实现执政为公。公共性不是任何主义对于权力的理论约束，而是权力本身得以存在和强大的基本要求。有权力，就意味着有服从。权力如果是私人财产，服从就是私人效忠。私人效忠就必然落入"贤臣择主而事"的利益计算和实力比拼，政治就处于高度投机的状态。换句话说，谁都是战战兢兢、如临深渊、如履薄冰，一招不慎便会身死国亡。强大的个人权力很容易因为阴谋和背叛土崩瓦解。即便强大如亨利二世，不仅免不了数任法国国王的终生敌对，甚至可悲地逃不过自己所有儿子的无情反叛。私权昌盛是一个巨大的黑洞，任何光芒四射的明星国王最终都会被它扯得粉碎。

对王国和百姓来说，权力的私有意味着王国和百姓面对的是令人发指的任性和专断。肆无忌惮地征税，毫不留情地镇压，卑鄙无耻地交易，满不在乎地出卖，在如此恶劣的剥夺之下，王国的领地不断变化，地上的百姓生存艰难，王国就很难谈得上稳定和发展。如此一来，国王可以掠夺的资源很容易走向枯竭，他们会愈发变本加厉地敲骨吸髓，整个王国就陷入了自我毁灭的状态。

骑士国王看上去很浪漫，却存在着毁己毁国的致命危险。现代政治的形成在很大程度上就是对狮心王这种中世纪私性权力逻辑的克服。

狮心王最终求仁得仁，死在了战场上。他的弟弟约翰继承了一个乱糟糟的金雀花王朝，约翰自己又一通胡作非为，完全丧失了大陆上的地盘，愤怒的贵族围困了他，于是有了《大宪章》。

圣人国王

中世纪也有比较符合通行道德标准的好国王，其中的典范是法国国王路易九世，世人尊称他为"圣路易"。一听名字就知道了，路易九世由教廷加封为基督教的圣人。路易九世的封圣发生在1297年，在他驾崩27年之后，当时的教皇卜尼法八世顺应广大民众的狂热崇拜和法兰西教俗两界贵族的反复请求，加封路易九世为圣人。

基督教对圣路易的高度肯定在中世纪绝无仅有，他是唯一被封圣的法国国王，神圣罗马皇帝、西班牙国王全都没有享受过这种待遇。挪威国王奥拉夫二世（1015—1028年在位）和英国国王忏悔者爱德华（1042—1066年在位）也被教会加封为圣人，不过他们业绩并无太多过人之处，他们封圣几乎可以看成教会对皈依基督教不久的挪威和英国的拉拢。尽管圣路易不是中世纪唯一的圣人国王，但圣人国王的形象几乎是他独立撑起来的，他的业绩涉及中世纪重要事务的方方面面，从中可以明显地看出他受到了基督教的召唤。他完美地履行了基督徒国王的职责，不仅让法国人无比爱戴，而且让敌对的英国和整个西方世界也心悦诚服，当时的英国史家称赞他是"国王中的国王"。[7]

圣路易生于1214年，这一年，他的祖父菲利普·奥古斯都赢得了布汶战役，打败了英国国王约翰和神圣罗马皇帝奥托的联军，金雀花家族在欧洲大陆上的地盘几乎全部被法兰西的卡佩家族收入囊中，法兰西成为当时的西方第一强国。伟大的祖父于1223年驾崩，父亲登基为路易八世，在位期间高调扩张，1226年在征战中染病驾崩。13岁的路易登基了，起初由母后布兰卡摄政，他的圣人国王之旅由此开启。

第一，以武功缔造和平。

作为基督教圣人，圣路易的武功没有像他对教会的扶助那样被大书特书，看上去也没有狮心王理查德的武功那么光鲜亮丽，但他对武功的驾驭却是中世纪乃至整个人类历史上都值得称道的光辉典范：胜利是为了赢得和平。圣路易不像祖父和父亲，也不像对手金雀花家族的亨利二世、狮心王理查德和无地王约翰，在他们的武功之中没有和平的立锥之地，胜利就是为了赢得更大的胜利，而圣路易把每一次胜利都转化成各国之间的和平共处。

圣路易在即位两年之后就不得不面对大贵族叛乱，无地王约翰的儿子亨利三世精心策划了这场反叛，并且领导贵族们用武力瓦解圣路易祖父和父亲建立起来的卡佩盛世。15岁的圣路易御驾亲征粉碎了叛乱，不过，他通过交换领地的方式和亨利三世修好，双方签订《巴黎条约》，亨利向圣路易称臣。后来，圣路易放弃了父亲干涉西班牙的政策，和西班牙国王签订和平条约，约定以比利牛斯山为界，两国稳定的国界一直延续至今。对于神圣罗马帝国，圣路易非常克制，尤其在皇帝腓特烈二世1250年驾崩后，帝国陷入"大空位"的乱局，威望和实力都如日中天的圣路易并没有趁机向东扩张，蚕食鲸吞帝国的地盘。

圣路易从不主动发动战争，相反，他总是积极调停西方各国之间的冲突。"伦敦害怕他，罗马重视他，而德意志帝国则妒忌他。"[8]他不仅调解了法兰西诸侯之间的争端，连英国国王和封臣之间的争端也调解，他的调解者盛名为整个西方所崇敬，甚至教皇英诺森四世在里昂召开大公会议对付皇帝腓特烈二世的时候，还有与会者提议请他出面调停。

圣路易热爱和平，他在留给儿子的"治国方略"中明确说："亲爱的孩子，听我说，尽你的一切可能，不让战争和争斗发生在你的土地上或你的属下之间，设法把它们压下去；这是上帝非常喜欢的事。"[9]中世纪的战争此起彼伏，教会一直在倡导"上帝的休战"，但武士出身的国王、贵族和骑士们哪怕迫于革除教籍的严厉惩罚，也很难息兵止戈，他们就是为打仗而活，所以根本听不进教会的和平劝导。圣路易是第一个甚至很可能是唯一一个把教会的和平劝导当真的国王。

第二，以公正治理王国。

作为法国人民和各国人民爱戴的国王，圣路易大大强化了司法审判在社会政治当中的作用，给人民以公正。他把巴黎高等法院从御前会议中分离出来，成为法兰西的最高法院，他本人承担全国首席大法官的职责，王室法院系统也逐渐成形。圣路易重视司法，针对的是什么呢？就是中世纪的暴力横行。

试想一个没有司法裁判的世界，靠什么解决人与人之间的冲突呢？只有靠暴力，谁拳头大谁说了算。可问题是，暴力只意味着强权，而不意味着公正。暴力横行、恃强凌弱、以大欺小的社会，是没有公正可言的。圣路易恢复了"国王四十天"的古老传统：贵族之间有纷争，四十天内只许宣战、不许交火，得先到国王面前请求裁决。贵族滥用武力得到了有效的抑制，王国境内的和平就有指望了。禁止私斗，是中世纪国王们实现国内和平的重点和难点。一方面，国王必须拥有强大的武力来威慑任何胆敢滥用武力的贵族；另一方面，国王必须加速推进司法系统的建设，为纠纷解决创造新的、可靠的、值得信赖的途径。从维护和平、解决纠纷的社会功能上来说，法律是战争的替代品，法官是战士的替代品，法院是军队的替代品。没有合格的替代品，社会就属于战争、战士和军队。

圣路易在万森橡树园亲自审案的场景几乎成为法兰西人民心目中公正的象征。而且，圣路易不仅在法兰西境内力推司法，即便在境外，只要他所到之处，他都坐堂审案，尽力以公正的裁判替代武力的比拼。他因此赢得了公正国王的美名。

第三，以虔诚侍奉上帝。

作为基督教圣人，圣路易虔诚侍奉上帝被大书特书，很大程度上是因为当时的史家大多是僧侣，对信徒的虔诚很在乎，对征战沙场没多少兴趣。作为信徒，圣路易堪称楷模，他是发自内心地虔诚侍奉上帝，而不是像马基雅维利教导新君主那样只要做得让别人以为你虔诚就行了。他一生的修行是根本不可能演出来的。

圣路易一生都过着修士一般的禁欲生活。他衣着简朴，不喜华服，没有仪式的时候也都是轻装简从。他一生遵守禁食的戒律，甚至一生遵守被鞭笞的戒律。他一生都按时祷告，得空就要钻研《圣经》，与身边的人讨论教义，向有学问的人学习请教。他喜欢聆听布道，自己也会布道。他崇拜圣徒，崇拜圣物。他忠于自己的王后，没有任何的私生活不检点，他们一共生下了六个儿子、五个女儿。按照基督教的生活仪轨，他堪称信徒典范。

而且，圣路易乐善好施，总是慷慨解囊。在政治上，他当然和中世纪所有雄才大略的皇帝和国王一样，把教会变成自己的得力助手。不过，虔诚的圣路易手法比唯我独尊的查理曼或者红胡子巧妙得多。他通过大量捐助和兴建教堂，成为教会的大施主，再加上他信仰虔诚、为人谦和，教会没有觉得自己是被他控制，而是和他达成了非常理想的合作状态。

圣路易的慈善和慷慨绝不是政治诡计，他针对普通贫苦百姓也乐善好施，慷慨解囊。他对同时代活跃的西多会、多明我会、方济各会非常熟悉，而且走得很近。甚至有传说他加入了方济各会。坚持禁欲修行的西多会、坚持"使徒贫困"道理的多明我会和方济各会都深刻地影响了圣路易。以慈善服务著称的方济各会服务的都是贫苦百姓，而非王公贵族。圣路易不仅兴建医院、赈济灾民，甚至为穷人洗脚，为麻风病人洗疮口。在贫苦老百姓看来，圣路易简直就是戴着王冠的圣方济各。

第四，以生命夺取圣城。

作为基督教世界的领袖，圣路易虔诚地发动了两次十字军东征，不过都以失败告终。参与十字军东征的皇帝和国王不少，但都很难说得上虔诚。在十字军东征当中取得巨大成功的狮心王理查德和皇帝腓特烈二世，都是在教皇的不断催促之下出兵的。他们的十字军东征是典型的骑士旅程，建功立业、扬威沙场、英名流芳，不同的是，狮心王的个人英雄主义色彩浓重，腓特烈二世的世界之主霸气更足。圣路易当然也是骑士，也有骑士的梦想，但在他身上，基督教信徒的虔诚明显压倒了日耳曼武士的血气。和之前两位帝王东征浓重的世俗风格不同，圣路易真的是把东征当成了圣战。

圣路易在东征的筹备问题上和狮心王理查德与皇帝腓特烈二世也不同，他精心准备了四年，甚至专门建造了艾格莫尔特这座港口城市。准备妥当之后，圣路易在1248年率领约百艘舰船、两千五百骑兵、一万步兵、五千弓箭手、八千战马浩浩荡荡开往北非，意图夺取开罗。但是痛快冲杀的法国骑士们受到传染病侵袭，穆斯林俘虏了几乎无兵可用的圣路易。最虔诚的基督徒国王成了异教徒敌人的阶下囚。王后筹集重金，一个月便赎回了圣路易，获释之后的圣路易去了耶路撒冷，一待就是四年。要不是摄政太后在1254年驾崩，圣路易可能会在圣城待得更久。比起狮心王理查德和皇帝腓特烈二世在圣城都没有待满一年，很明显圣路易真的很爱这座城市。

1266年，圣路易再次策划东征，又准备了四年，于1270年登陆突尼斯。

但圣路易的军队登陆后就遭到痢疾、斑疹伤寒等一系列恶性传染病的袭击，不到两个月，圣路易染病驾崩，享年55岁。

有史学家认为圣路易把十字军东征看成了自己毕生的最高任务，他在位期间的所有政策都围绕十字军东征展开。这种看法肯定是说过头了。[10]但毫无疑问，十字军东征是圣路易极其看重的伟大事业。虽然没能在军事上取得胜利，客死他乡，但对虔诚的他来说也算是求仁得仁，死得其所。圣路易在中世纪的信仰、道德、文化当中简直是无可挑剔的，是我们理解中世纪理想主义的化石。

坏蛋国王

狮心王更浪漫，圣路易更持重，他们是中世纪国王当中最亮丽的风景，是中世纪国王的典范，但他们都不代表中世纪前进的方向。如果中世纪沿着狮心王理查德的风格前进，骑士战争和私性权力就会无穷无尽；如果中世纪沿着圣路易的风格前进，虔诚信仰和公平正义就会浩浩荡荡。显然，真实的历史既不是纯粹的现实主义暗黑风格，也不是纯粹的理想主义阳光风格，而是二者的某种折中和混合。

真正率领中世纪走向现代的是坏蛋国王们。他们这种"高级坏"其实很难形容，在某种意义上可以说，卑鄙是卑鄙者的通行证。卑鄙者固然不像圣路易那样虔诚和高尚，但也不像狮心王那样热血喷涌、快意恩仇、坦荡不羁。他们拥有明确的目标、坚定的意志、冷酷的性格、高超的手段，既不会像圣路易那样把自己全部交给上帝，也不会像狮心王那样把自己全部交给自己，他们把自己交给了王权、王国和王朝，他们更像秦始皇。召唤他们的是权力。其中的典型代表是圣路易的孙子法国国王美男子菲利普。七百多年后，法国史家们仍然很难评价美男子菲利普，认为他"留给我们的困惑就像当时的人一样多"。[11]

美男子是圣路易的孙子，出生于1268年，他的父亲菲利普三世和教皇勾结谋夺阿拉贡的王位，1285年远征失败后染病驾崩，美男子继承了王位。美男子既不像父亲那么鲁莽，也不像祖父那么虔诚，他更像高祖菲利普·奥古斯都。卡佩王朝在菲利普·奥古斯都的苦心经营之下摆脱了金雀花王朝的威胁。他离间亨利二世父子兄弟的谋略终于使卡佩击败金雀花，法兰西成为欧洲第一强国。圣路易把卡佩王朝带到了世人仰慕的高度，菲利普三世在虚荣的驱使下开始四面出击，对西班牙和意大利指手画脚，甚至武力进犯，飘飘然有了"皇帝做派"。美男子没有延续祖父的圣光，也没有延续父亲的轻率，而是延续了高祖的务实、稳健和阴鸷。在他治下，卡佩王朝时期的法兰西启动了建设现代国家的伟大进程。我们来看他的两个大手笔。

第一，打倒教皇。

美男子遇上了自以为不可一世的教皇卜尼法八世，他们在征税和司法两件大事上针锋相对。在征税问题上，教皇宣布教会对所有世俗王国有免税特权，教皇才是所有教会财产的拥有者，未经他许可，国王不得向教士征税，教士也不得向国王纳税，违者革除教籍。美男子立即还以颜色，宣布法兰西臣民的财产未经国王同意不得出境。财源中断的教皇只得同意教士可不经教皇同意自愿向国王纳税。

在司法问题上，法兰西的王室法院判决一名主教犯下叛国罪，美男子请求教皇将他免职，以便惩办。教皇不但宣布这位主教只能在罗马受审，法兰西王室法院的判决无效，还取消了教士自愿给国王纳税的许可。美男子召集三级会议，全法兰西代表开会共商对抗教皇的大计，法兰西的议会由此启动，法兰西的爱国主义也由此高涨。美男子开议会根本就不是向全国人民讨主意，他胸有成竹，掀起爱国主义热潮捍卫王权、对抗教皇。美男子在三级会议上宣布法兰西只服从上帝的权力，这几乎是民族主义的法国针对普世教会的独立宣言。

教皇强硬地重申对世俗君主的权威，并且以革除美男子教籍相威胁。获得汹涌民意支持的美男子胆大包天地派出一队骑士进入意大利，和反教皇势力联合，围困了教皇。教皇受到凌辱，但侥幸逃脱，回到罗马之后不久便驾崩了。随后就是我们在前一章谈过的"阿维尼翁之囚"和"教会大分裂"，教皇、教廷、教会的权威一落千丈，教皇再也担不起西方共同精神领袖的大任了。教皇从巅峰跌落深渊，固然有其"自作孽"的原因，但美男子的打击既直接又凌厉，堪称第一推手。中世纪前半期引领西方成长的教皇、教廷、教会落入了堕落和分裂的渊薮，说美男子菲利普是基督教的罪人恐怕并不冤枉。

第二，毁灭圣殿骑士团。

任何对圣殿骑士团抱有倾慕之情的人都会痛恨美男子菲利普，几乎所有书写骑士团业绩的作者都对他给出了毫不留情的恶评。

> 菲利普四世生性冷酷，对文化没有多少好奇心，但他是个精于算计的狂热分子，执着于那种自私自利的虔诚，不忌惮以最大的恶意揣测别人，毫无顾忌地消灭任何敢于阻挠他的人。[12]

美男子菲利普毁灭圣殿骑士团是一场精心策划的阴谋。

1291年，阿卡保卫战失利后，作为守护圣地主力的圣殿骑士团损失惨重，把总部迁到了塞浦路斯岛。政治形势对圣殿骑士团也非常不利。大团长雅克·德·莫莱奉召谒见教皇，他想改变教皇把圣殿骑士团和医院骑士团合并的想法。然而事后来看，两大骑士团合并的动议只是一个借口。

当时的教皇是美男子控制下的克雷芒五世，编年史家描述他和美男子的关系是"你下令，我服从，永远是这样"。大团长不停地为圣殿骑士团的存续到处奔波，1307年10月12日，他还以高贵的身份参加了王室成员的葬礼，当晚他就被捕了。次日，法兰西全境的地方长官迅速抓捕圣殿骑士。他们被控犯有鸡奸、异端、攻击耶稣圣像和黑魔法等罪行，具体的罪名有七八十条。

绝大部分圣殿骑士都像绵羊一样束手就擒，少数赶到红衣主教面前为同伴誓证清白的圣殿骑士则直接被判罪名成立，处以火刑。几乎所有圣殿骑士，包括大团长莫莱，都在经历了无穷无尽的酷刑和折磨之后低头认罪。由于教皇发布通告，英格兰、西班牙和那不勒斯国王采取了和法兰西同样的措施。圣殿骑士团不仅从肉体上被消灭，而且被彻底污名化。1314年，教皇发布敕令，存在了192年、取得了辉煌战绩、被无数人崇拜的圣殿骑士团彻底解散，标志性的仪式便是大团长莫莱被处以火刑。不过，有关圣殿骑士团的传说一直在如火如荼地流传。[13]

圣殿骑士团的陨落标志着十字军东征的终结，也标志着骑士阶层的衰落，再加上教皇的堕落和教廷的腐化，可以说，典型的中世纪结束了。基督教理想主义的时代结束了，而我们熟悉的国家占据历史舞台中心的时代开始了。在14世纪初这个转折点上屹立的是美男子菲利普。他几乎干了所有打击旧时代、创立新时代的事情：他剿灭圣殿骑士团，没收骑士团的财产，不只是充实了国库，更重要的是把武力进一步集中控制到国王手中。这与他大规模地压制封建领主的行动是一致的。为了提升王权的控制力，他还努力营建官僚式的税收体系。虽然离建成绝对主义王权还有很大的距离，但是，撇开教会、集中武力、克服封建、建立官僚系统、打造战争机器、建构现代国家的逻辑，在他手上全部启动了。

美男子菲利普对中世纪的所有核心要素基本上都予以打击和控制：法国的基督教和它的教会明确开始被王权收编，尤其是作为主心骨的教皇被王权囚禁和监护；法国的骑士（武力）明确开始被王权垄断，尤其是作为其精华的圣殿骑士团成了不受控即被铲除和消灭的典型；法国的封建关系开始被王权解构，尤其是以王家税收大规模取代地租充实财政收入；甚至道德也没有幸免，尤其是以虔诚、谦卑、忍让为核心的基督教道德遭到了爱国主义激情的抨击和嘲讽。中世纪的各种支柱尽数遭到菲利普冷酷地挑战，甚至是毫不留情地践踏。后来的西方各国大致沿着这条路线把自己的王国打造成孔武有力的战争机器，这种战争机器的核心就是绝对主义王权，它一直延续到现代世界，直到成为英国光荣革命和法国大革命打倒的对象。从中世纪曲折蜿蜒的走势来看，不是骑士国王，也不是圣人国王，而是美男子菲利普这样的坏蛋国王引领西方走出了中世纪。

注释

[1] 司马迁：《史记》（第一册），中华书局，1963，第235-236页。

[2] 迈克尔·法夸尔：《欧洲王室另类史》，康怡译，生活·读书·新知三联书店，2016。（*）

[3] 克莱顿·罗伯茨等：《英国史．上册，史前~1714年》，潘兴明等译，商务印书馆，2013，第121-126页。（**）李筠：《英国国家建构论纲》，《英国政治思想新论》附录一，商务印书馆，2019，第207-246页。（***）

[4] 约翰·吉林厄姆：《狮心王理查》第四、六章，黄明浩译，民主与建设出版社，2020。（**）

[5] 温斯顿·丘吉尔：《英语民族史》（第一卷 不列颠的诞生），薛力敏、林林译，南方出版社，2004，第185页。（**）

[6] 罗伯茨等：《英国史．上册，史前~1714年》，第136页。

[7] 乔治·杜比主编《法国史》（上卷），吕一民、沈坚等译，商务印书馆，2010，第442页。（**）

[8] 皮埃尔·米盖尔：《法国史》，蔡鸿滨、张冠尧等译，商务印书馆，1985，第100页。（*）

[9] 雅克·勒高夫：《圣路易》，许明龙译，商务印书馆，2002，第666页。（***）

[10] 勒高夫：《圣路易》，第182页。

[11] 杜比主编《法国史》（上卷），第448页。

[12] 丹·琼斯：《圣殿骑士团：崛起与陨落》，陆大鹏、刘晓晖译，社会科学文献出版社，2020，第349页。（**）

[13] 圣殿骑士团的各种传说至少从1315年便开始流传，最直接的是当时包括法国人在内的所有西方人都相信美男子菲利普和他的傀儡教皇克雷芒五世于1314年驾崩是受了大团长莫莱和圣殿骑士们的诅咒。关于圣殿骑士藏宝的传说更是不计其数。参见德斯蒙德·苏厄德：《骑士团九百年》，文俊译，民主与建设出版社，2021，第214页。（**）约翰·朱

利叶斯·诺威奇:《法国简史:从高卢人到戴高乐》,陈薇薇译,中国友谊出版公司,2021,第68页。(**)让·弗朗索瓦·埃贝尔等:《枫丹白露宫:千年法国史》,程水英译,上海社会科学院出版社,2019,第13-19页。(**)

19

贵族

武士阶级的兴衰

中世纪是封建社会，因此也必然是贵族社会、身份社会、等级社会。封建必有领主和封臣，领主必高于封臣，高低不仅是权利义务，而且是身份，身份固化成为等级，等级必分贵贱，不平等即是原则。中世纪是一个普遍不平等的时代，其中占据优势地位的是贵族。

皇帝和国王都是贵族的一分子。在封建体系当中，皇室和王室不是贵族之外高高在上的力量，而是第一贵族。他们和贵族是一伙的，他们的伙伴关系始于一起征服西方的日耳曼亲兵团。公爵、侯爵、伯爵、子爵、男爵都是皇帝或者国王所封，他们是皇帝或者国王的封臣。此国王也可以是彼国王的封臣，比如英国国王很可能因为拥有诺曼底公爵或者阿基坦公爵的头衔，在实力不济的情况下向法国国王称臣。众多贵族家族和皇室（王室）家族渊源颇深，很多都有亲属关系。用法兰西的制度来说，作为第二等级的贵族是一个整体。

通常可能被忽略的是，教会领袖们也是贵族，教皇、红衣主教、主教、修道院院长都是贵族。在封建体系当中，他们同样和皇帝、国王们签订封建契约，他们也是封臣，也享有大量的地产和特权。而且，教皇、红衣主教、主教、修道院院长绝大多数都是贵族子弟出身，和世俗贵族家族之间有着极其密切的血缘关系。他们也极力扶助自己的国王或者公爵父亲或者兄长，甚至扶植自己的私生子成为伯爵、公爵。教士作为第一等级，和第二等级关系密切，两个等级同属贵族。

理解贵族这股庞大的势力，是理解中世纪政治、经济、社会、文化的基础。我们分三步来解析贵族：第一，暴力底色；第二，血统网络；第三，势力消退。

暴力底色

要看清楚贵族，先得明确他们的来源。中世纪贵族的第一大特征是他们的暴力底色，他们源自日耳曼武士。"宝剑和坚固的城堡分别象征着权力和壁垒，它们与第二等级的历史起源密不可分。最初的时候，第二等级是一个由拥有封地的领主凑成的整体。"[1]

古代文明之中，大多都有贵族，古希腊有，古罗马有，古代中国也有。贵族不仅有地有钱，而且有政治权力和人脉网络，还会形成稳固的文化传统和风俗习惯。古希腊以斯巴达为代表的贵族制城邦、古罗马共和国、古代中国魏晋南北朝、古代日本，都是典型的贵族统治和贵族主导的社会。

中世纪的贵族有什么独特之处呢？从来源上看，有两点要格外注意：武士和封建。第一点相对模糊一些，就是贵族的武士出身。原则上讲，贵族就是武士，在哪个文明里都一样。在一个文明形成的初期或者中途变乱之际，武力的持有者成为保护者，进而成为权力和身份的拥有者，是非常正常的社会政治逻辑。并非武士出身的贵族大批量产生反而在古代史上并不多见，比如古代中国魏晋南北朝的许多世家大族并非通过征伐获封爵位和土地，而是通过长期兼并土地、占据权位、经营学术形成经济-政治-文化三位一体的庞大势力，皇室必须倚重他们，在他们之中把握权势的平衡。[2]

作为一个整体，中世纪贵族的武士出身非常明显。罗马帝国晚期和中世纪早期，日耳曼人入主西欧，他们既是强盗，又是强盗的抵抗者。日耳曼首领们带着他们的亲兵团开拓生存空间，原有的罗马秩序土崩瓦解，新秩序却很难建立起来。没有人可以安享和平，也没有人可以躲进与世无争的桃花源。对所有人来说，安全庇护成为必需。一个社会最缺什么，负责提供这种东西的人就权力越大、地位越高。安全的普遍匮乏使得武士成为最重要的社会力量，作为生产者的农民完全依附于他们，两个阶级的基本关系是庇护与被庇护。武士高、农民低的普遍状况形成了。[3]

但光有安全庇护关系还不足以造就中世纪贵族，中世纪贵族区别于其他时代的贵族，第二个要点是封建。古希腊的斯巴达和古罗马共和的贵族社会显然与封建无关，古代中国魏晋南北朝的世家大族也没有封土建邦。中世纪是一个层层封建的结构，最顶层是国王，最下层是农民，从国王到最低品级的领主都是贵族。武士阶级内部形成了典型的封建关系，武士阶级和农民阶级之间也形成了典型的封建关系。贵族和农民从武力提供安全和种地提供粮食之间的生存交易关系，经由封建形成了一整套独特的社会政治关系。贵族作为领主老爷，对农民享有人身控制权、地租权、司法管辖权和一系列今天看来匪夷所思的权利。一句话，有封建特权加持的武士，是中世纪贵族的基本面貌，他们是中世纪的基本社会力量。

那中世纪的贵族是什么样子呢？提起贵族，世人的第一印象可能是优雅，有礼貌、有风度、有文化、讲规矩，还有一点骄傲，甚至傲慢。典型的形象来自罗蜜·施耐德主演的《茜茜公主》，其中的所有人物，无论是茜茜公主和她的丈夫约瑟夫，还是他们的父母兄弟、朝臣乃至仆役，都是温婉有礼的斯文佳人。但中世纪贵族基本都不是这样的。茜茜公主是19世纪下半叶的人，那个时候英国、法国的工业革命都已经完成了，更不用说文艺复兴、宗教改革、启蒙运动了。茜茜公主的形象已经被现代文明去除掉了大部分中世纪的色彩。中世纪贵族最理想的形象最多是《权力的游戏》里的泰温·兰尼斯特或者荆棘女王奥莲娜，他们都是手段狠辣之辈，而绝不是温婉佳人。

中世纪贵族的基本面貌和我们在本书一开篇谈过的维京人差不太远，他们的第一特征是崇尚暴力，因为他们靠暴力获取一切。中世纪贵族的底色是武士。武士天生是使用暴力的人。暴力不是贵族的健身运动，而是他们的生存方式，他们不喜欢别的，甚至也干不了别的，就爱打打杀杀。不要说没有仗打他们会很难受，就是让他们一天不打老婆都很难。他们的血气很足，理智很少，容易暴怒，暴怒之后一定会动手。确实是一言不合就动粗。同情心对他们来说是软弱的表现。所以，成天出门惹是生非的狮心王理查德或者红胡子腓特烈是他们的偶像，缔造和平、力推公正、乐善好施的圣路易几乎是他们无法理解的。

中世纪的贵族离骑士并不远。制止暴力在任何时代都是一件非常困难的事。武功歌、宗教文、行吟诗等各种文化规训纷至沓来，让贵族们有勇还得有谋，有荣誉还得有信仰，有胜利还得有浪漫，给贵族们套上纪律、节制、审慎的马鞍子，确实是有效果的。但它们也助推了贵族暴力的升级，有了这些文化提升，贵族和骑士使用起暴力来，因为有谋略变得更残忍，因为有信仰变得更坚定，因为有浪漫而变得更任性。

这里必须澄清贵族和骑士的差异。宽泛来说，他们都是贵族，但骑士是低等贵族。骑士比起贵族，最直接的差距便是封地，没有封地就没有属于自己的地盘，没有来自土地的稳定收入，没有治理一方的司法审判权和治安管理权，而且，即便获封爵士，也不能传给子孙。也就是说，骑士哪怕非常风光，拥有一些封建特权，但他只是自己挤进贵族阶级的"贵人"，还没有成为有家有业的"贵族"。所以，所有骑士都想通过武功授封成为爵士，通过皇帝、国王或者公爵、伯爵的赏赐成为有封地的男爵甚至伯爵。其中的关键是拥有继承权却不能自己行使权利的女性贵族，一般是贵族孀妇或者独生女。骑士一旦娶到了贵族孀妇或者独生女，他就自动继承了贵族头衔，就摇身一变成为有爵位、有封地的贵族了。

"最伟大的骑士"威廉·马歇尔就是通过娶妻跻身顶级贵族行列的典范。他在王位继承人小亨利手下效忠之时并没有得到好机会。尽管他是小亨利的骑士导师和第一骑士,无奈小亨利并没有掌握资源,无法让他得偿所愿。"无爱之战"过后不久,小亨利去世,马歇尔在完成了他的遗愿——去耶路撒冷朝圣——之后,到他的父亲亨利二世手下效忠。老国王手中资源丰厚,没两年就给马歇尔安排了好亲事,但马歇尔不为所动。四年之后,马歇尔成为亨利二世最信任的大臣之一,亨利二世给他安排了更好的亲事,已故斯特里盖尔伯爵"强弓"理查德的女儿。马歇尔娶了她之后便拥有了威尔士、诺曼底、爱尔兰的大片封地,成为金雀花王朝名列前茅的大领主。事后来看,马歇尔恐怕是嫌弃第一次婚事的安排太寒酸了,或者说,他有信心凭借自己的效忠和功劳换取更加可观的婚事。像亨利二世这样的国王们深谙此道,贵族孀妇和独生女的婚事成为他们奖励手下得力骑士最重要的法宝。[4] 带有奖励和激励性质的婚事,是骑士变成贵族最重要的机会。没有娶到女继承人的骑士,大概率会变成流浪的堂吉诃德。

骑士都想晋升为真正的贵族,这是利益使然。反过来,贵族都想成为真正的骑士,这是精神使然。贵族凭什么证明自己高贵呢?有神圣血统,有家族业绩,有国王垂青,这一切,在中世纪都需要用武功来证明。因为有神圣血统,所以祖上在著名国王——比如查理曼——手下取得赫赫战功,这个家族继承和发扬了祖先的优良传统,在往后的岁月中,一直名将辈出。用来驯服骑士的武功歌、宗教文、行吟诗所赞美的品质对武士出身的贵族当然适用,他们以这些标准来要求自己,把自己打造成完美的骑士。贵族和骑士在武功上的追求是高度一致的,他们之间的重大差别出现在"族"这方面。骑士可以浪漫冒险、浪迹江湖、以单枪匹马承天下盛名,贵族则必须以家族为重。

血统网络

中世纪贵族的第二大特征是讲血统,并因此形成了一个庞大的网络,我把它叫作贵族国际。

讲血统,在古老的文明里都有。但讲成中世纪这么严格的,恐怕只有印度的种姓制度。古代中国也是讲血统的，但其实没那么严格。司马迁在《史记》里记载了陈胜的造反宣言：王侯将相，宁有种乎？这个问题要提给中世纪，答案就完全是肯定的，王侯将相就是有种的，没有神圣血统的人想都不要想。迷信血统，古希腊罗马和中国都有，但日耳曼人格外信。在公元481年建立墨洛温王朝的克洛维那里，日耳曼人的血统信仰已经是根深蒂固了。日耳曼人相信国王是半神，王室血脉是神的血脉，国王可以行神迹，他们走过的田地会丰收，他们手一摸就可以治好麻风病，只要他们飘飘的金发不被剪断，他们在战场上就不会输。[5]

日耳曼人把血统信仰和基督教、封建制结合起来，打造出人类历史上非常典型的身份社会。在这个时代，身份高低有血统为凭据、有信仰做背书、有封建制固定下权利义务，贵族占尽了优势。这一切都由家族而非个人来实现。承载血统的社会组织形式是家族，个人只是家族的一分子。贵族家庭成员——尤其是拥有继承权的长子——必须以家族兴盛为己任，上承祖先之余烈，下启子孙之功业。家族荣誉、家族地位、家族利益高于贵族个人。为家族牺牲个人喜好乃至前途，接受家族关于前途和婚姻的安排，是贵族的义务。

接下来的事情尽管听起来匪夷所思，实际上也就理所当然了：欧洲的贵族实行"内婚制"。什么意思？就是贵族只能和贵族结婚，不能和平民结婚。要保住自己的神圣血统，不能让它流出去。中世纪贵族的内婚制还没严格到埃及法老家的那样，让自己家的哥哥娶了妹妹，或者弟弟娶了姐姐。但他们必须娶嫁"自己人"。

既然不能自家人结婚，婚姻就得门当户对，贵族之间通过联姻结成政治同盟就变得理所当然。在中世纪贵族的世界中，婚姻与爱情无关，与浪漫无关，甚至与幸福无关。它是所有贵族家族繁衍子嗣、管理家务、缔结同盟、壮大势力的身份关系连接。无怪乎爱洛伊丝如此敌视婚姻，坚决认为婚姻是对她和阿伯拉尔神圣爱情的污染。在中世纪，贵族家的小姐嫁给敌对家族，成了政治牺牲品，是常态。《权力的游戏》中，珊莎·史塔克先被许给了任性恶毒的乔弗里·拜拉席恩。乔弗里改娶"小玫瑰"玛格丽特·提利尔之后，她被安排嫁给"小恶魔"提利昂·兰尼斯特。乔弗里被毒杀，她被"小指头"培提尔·贝里席救出之后却被他安排嫁给了"小剥皮"拉姆斯·波顿。每一次，她都是别人政治交易的筹码，别人都想通过她来利用史塔克家族的名望、地位和军队。不只是珊莎，《权力的游戏》中贵族小姐的婚姻几乎都是政治交易，瑟曦·兰尼斯特嫁给劳勃·拜拉席恩如此，"小玫瑰"嫁给乔弗里和托曼·拜拉席恩如此，丹妮莉丝·坦格利安早年被哥哥到处交易亦是如此。唯独简妮·维斯特林和"少狼主"罗柏·史塔克不计家族门第真爱成婚，罗柏却因此悔婚得罪了弗雷家族，引来了"血色婚礼"的阴谋屠杀。

在一千多年的内婚制下，西方形成了"贵族国际"。此话怎讲？贵族和贵族是一伙的，他们是一个圈子，他们才不以王国为界限，他们之间的关系甚至比他们和自己领地上的农民还要紧密。我们的政治空间观是以国家为界限的，这种观念是现代产物，在现代主权理论和主权国家间条约充分付诸实践之前，它并不存在。中世纪根本就没有现代意义上的国家，只有一个个把封地当作私产的贵族。贵族私人的臣服和效忠针对的是国王，而国王同样是贵族，同样公私不分。作为阿基坦公爵，理查德不一定就是法兰西国王菲利普·奥古斯都的封臣，也不一定就是金雀花王朝的父王亨利二世的封臣。理查德的效忠游戏就是和作为顶级贵族的英法国王玩，贵族和贵族之间是在他们的圈子里博弈，王国约束不了他们，更没有人民可以约束他们。在中世纪和现代早期，国家大事的主题就是大家族之间的相互结盟和相互火并，或者开大家族联席会议同意停战和重新划分地盘。在这种格局当中，王国就像积木拼图，大贵族才是玩积木拼图的人，贵族国际就是他们玩积木拼图的圈子。用这种眼光来看，《金玺诏书》定下的选帝侯制度不过是贵族国际积木拼图游戏的德意志缩小版。

贵族间相互通婚，短的有四五百年，长的超过千年，他们几乎混成了一家人，他们之间血统联结的紧密程度，远远超乎我们的想象。举一个例子。西方进入现代已经很久之后，1914年德国皇帝威廉二世发动了第一次世界大战。统一后实力大增的德国要挑战大英帝国主导的世界秩序，不过，两国王室之间血统渊源颇深。威廉二世是英国女王维多利亚的外孙,开战之时的英国国王乔治五世是威廉二世的亲表弟。第一次世界大战就是一场表兄弟之间的战争。欧洲王室之间血缘关系之密切,到了20世纪仍然如此,可想而知中世纪贵族结成的血缘网络有多坚韧。各国王室家族不在贵族国际之外,他们恰恰是贵族国际的主力。那么问题来了,当国王们开始建设现代国家,王国不能再是积木拼图,贵族们就成了巨大的障碍,国王们拿他们的兄弟、叔伯、舅舅、表哥们怎么办?

势力消退

中世纪贵族的第三大特征是从主流走向没落:贵族是中世纪占据政治、经济、社会、文化优势的主流势力,多姿多彩的中世纪绝大部分是由他们撑起来的。但是,作为一个整体的贵族如果不被瓦解、不走向没落,西方就走不出中世纪。我们来看看各路势力是怎么合力打击贵族的。

第一股势力,教皇。

作为中世纪绝大多数时间里最重要、最强大的势力,教皇们对贵族是非常友好的。理由并不复杂,教皇必须压制皇帝、法国国王、英国国王,他们天然的盟友就是贵族。教皇如果不扶持贵族,合理的态势便是王室一骑绝尘,在诸多贵族之中变得鹤立鸡群,形成对贵族的碾压之势。皇帝和国王们的后院一旦安定,教皇就没有合纵连横的空间了,他们就很难压制住没有后顾之忧的皇帝和国王们。所以,从政治格局上来看,教皇们非常愿意看到中世纪由贵族主导的多元社会政治格局无限延续下去。马基雅维利坚决认定教皇是阻碍意大利统一最重要的势力。[6]于神圣罗马帝国,教皇又何尝不是这样;于整个西方,教皇又何尝不是这样。

同样很重要的是,中世纪的教皇大多出自贵族家族,在教皇革命之后,教皇们和神圣罗马皇帝、法国国王、英国国王扭打在一起,他们迫切地需要硬实力。尤其在教皇成为"阿维尼翁之囚"以后,他们迅速落入了实力比拼的世俗政治逻辑之中,如此一来,世俗世界最强大的家族政治游戏他们也必须参与。事实上，中世纪后期的教皇们之所以让人深恶痛绝，就是因为他们顶着普世牧首的头衔去干竞逐私利的勾当。他们当上教皇之后自然也帮扶自己的家族。他们让自己的家族成员乃至私生子和大家族联姻，获得更大、更好的封地和爵位，更受到强势国王的器重，甚至自己独霸一方，成为君主。马基雅维利《君主论》当中赞赏有加的瓦伦蒂诺公爵切萨雷·博尔贾是一位敢作敢为、有勇有谋、开拓进取的新君主，他背后最大的靠山就是他的父亲——教皇亚历山大六世。

于公于私，教皇维持各方贵族相对均衡的状态，抑制住作为王国第一贵族的皇帝和国王壮大，都是有利的，甚至是必要的。

第二股势力，国王。

先要说明，皇帝们倒是也想把贵族治得服服帖帖，但在红胡子腓特烈和他的孙子腓特烈二世之后，基本上就不可能了。德意志贵族势力强大，而且在制度上架空了皇帝。皇帝没有实力对付得了贵族。所以，对付贵族的任务只有交给国王们了。

作为王国第一贵族的国王为什么要对付自己的同侪？看积极的一面，他们难道不需要贵族作为他们统治的帮手吗？看消极的一面，他们难道不知道唇亡齿寒的道理吗？国王确实是第一贵族，但他更想成为唯一贵族。

封建带来的私权昌盛，老百姓是最大的受害者，国王也是受害者，贵族在大多数时候是受益者。贵族们今天投靠别国国王，明天和神圣罗马皇帝结盟，王国的地盘就不稳定，有胆略的国王当然窝火。前面我们看过，红胡子最信赖的堂兄弟狮子亨利背叛了他，亨利二世的儿子狮心王理查背叛了他。即便打败了乱臣贼子，他们还是皇帝或者国王的兄弟和儿子，真的杀了他们，即便忍得住亲情上的痛苦，可他们留下的地盘怎么办？只会是便宜了别的家族，他们根本不可能更加忠诚。怎么办？

光生气是没有用的，得想办法。什么办法？法庭、税收、国防军。用王室法院取代领主法院，用税收取代封建地租，用王家职业军队取代封建军事服役。有了这三条，国王就可以不依靠贵族，管理百姓有王室巡回法院，充实国库有职业官僚系统，打仗有职业正规军。贵族胆敢再造反和勾结，国王不仅有实力将他们击溃，而且他们留下的管理、税收、军事空白都可以被迅速填补。国王的实力越来越强，主动控制和消灭贵族的步伐就越来越快，绝对主义王权大踏步扫平封建。[7]这个进程从中世纪中期开始，就是从上一节谈过的英国的亨利二世、法国的美男子菲利普这些坏蛋国王开始，一直延续到现代很长一段时间。英国到亨利八世和伊丽莎白一世父女把这件大事基本办完，他们治下强盛的都铎王朝处于16世纪；法国到了路易十四才算基本上把这件大事办完，他威风八面的时候已经是18世纪了。也就是说，从国王控制贵族、削弱封建、打造中央集权的民族国家这件大事来看，现代早期的国王们用了两百年的时间才把中世纪布置的作业做完。

第三股势力，商人。

商人当然是反对贵族的，不过不用把商人想成贵族的死敌，因为贵族和商人之间关系非常复杂，远远不是封建与反封建那么简单。从反封建的角度来看，商人确实非常厌恶贵族的打打杀杀、人身特权和设卡收费，但商人的成长离不开贵族。一方面，商人需要国王这个第一贵族或者其他大贵族给他们发城市特许状，国王和大贵族是自由和特权的卖家。没有这种买卖，商人所需要的安全、和平、法律、权利就很难得到。另一方面，商人需要国王和贵族这些大买主，最赚钱的买卖，比如珠宝、香料、战争贷款，只有国王和贵族消费得起。商业的成长一方面越来越需要统一的市场，另一方面又使得大买主越来越集中，这两个方面的趋势都有利于强大的国王。商人和国王联手削弱贵族就成了中世纪后期到现代早期的政治主旋律。

在中世纪后期，商人和贵族不仅既斗争又合作，还相互渗透。商人可以通过买官买爵成为贵族，甚至可以通过为国王提供专业服务获封贵族。而贵族也放下身段经商，甚至利用手中的封建特权谋利。商人的贵族化和贵族的商人化同时进行。商人成为贵族，在法国叫作"穿袍贵族"，和浴血拼杀得来封地和爵位的"佩剑贵族"形成了对立。[8]我们可以用商人、穿袍贵族和佩剑贵族三者的势力对比测量一个王国从中世纪走向现代的步调。商人和穿袍贵族得势，佩剑贵族被边缘化，王国的重心就从武力向商贸迁移，就容易形成现代资产阶级国家，其中的典型是英国。反之，佩剑贵族得势，穿袍贵族小心翼翼，商人依旧被鄙视和压制，王国的重心就仍然停留在中世纪的武士逻辑当中，就很难形成现代资产阶级国家，其中的典型是德国。法国位于二者之间。

我们来看在现代化道路上最成功的英国。商人成为贵族，成为国王的得力助手，替代贵族主导的封建管理。而贵族变成了商人，既壮大了商人队伍，也减少了商人和国王的政治阻力。问题是，贵族怎么可能放弃特权自己缴械投降呢？确实有很大一部分贵族这样做了。他们觉得打打杀杀既危险又不划算，还被国王一再禁止。如果恰好又见识过商人的奇异商品带来的奢侈生活，加入享受的行列也是情理之中的事情。而且，好勇斗狠的贵族在百年战争和玫瑰战争的战场上大量阵亡，已经所剩无几。最后，最要命的是，国王有了职业正规军，封建骑士在战场上过时了，他们没有用武之地了。专职使用暴力的贵族们由于自身在战争中的巨大消耗、全社会对和平的渴望，以及国防军这种职业暴力组织的出现，已经无法承担提供安全庇护的基本社会职能了，他们过时了。

不再打打杀杀的贵族，无论是出于自愿还是被迫，在政治上的重要性不断下降。不过，他们在文化上的重要性却急剧上升，因为他们把时间、精力、财富海量地投入了绘画、雕塑、诗歌、戏剧、哲学、科学。世人心目中温文尔雅、谈吐不凡的贵族，恰恰是他们作为政治势力已经衰落的结果。现代早期的文化繁荣正是在没落贵族们的追捧之下成长起来的。文艺复兴的很多巨匠都受到了美第奇家族的赞助和庇护，比如建筑家布鲁内斯基、雕塑家多纳泰罗、画家波提切利和雕塑家米开朗琪罗。甚至连现代科学之父伽利略也受到了美第奇家族的庇护。而人类音乐史上最杰出的作曲家之一莫扎特，他最重要的收入就来自贵族的订单。伏尔泰、孟德斯鸠、卢梭这些启蒙运动的旗手，都是贵族沙龙的常客，卢梭更是接受过很多贵族夫人的赞助。[9]贵族从中世纪武士变成启蒙运动的沙龙女主人，是一个不断远离自己武士出身的过程，是一个交出政治权力和封建特权的过程，也是一个不断走向文明的过程。

注释

[1] 埃里克·芒雄-里高：《贵族：历史与传承》，彭禄娴译，生活·读书·新知三联书店，2018，第127页。（**）参见邢来顺：《德国贵族文化史》，人民出版社，2006，第6-20页。（**）

[2] 蒙思明：《魏晋南北朝的社会》第一章，上海人民出版社，2006。（***）田余庆：《东晋门阀政治》，北京大学出版社，2005，第1-31页。（***）仇鹿鸣：《魏晋之际的政治权力与家族网络》第一章，上海古籍出版社，2015。（***）

[3] 马克·布洛赫：《封建社会》（上卷）第三、十六章，张绪山译，商务印书馆，2004。（***）弗朗索瓦·冈绍夫：《何为封建主义》，张绪山、卢兆瑜译，商务印书馆，2016，第11-22页。（**）

[4] 托马斯·阿斯布里奇：《最伟大的骑士：威廉·马歇尔传》，王顺君译，民主与建设出版社，2020，第186-199页。（*）

[5] 马克·布洛赫：《国王神迹：英法王权所谓超自然性研究》第一、二章，张绪山译，商务印书馆，2018。（***）

[6] 尼科洛·马基雅维利：《君主论·李维史论》，潘汉典、薛军译，吉林出版集团有限责任公司，2010。

[7] 佩里·安德森：《绝对主义国家的系谱》，刘北成、龚晓庄译，上海人民出版社，2001。（***）

[8] 乔治·杜比主编《法国史》（上卷），吕一民、沈坚等译，商务印书馆，2010，第620-622页。（**）

[9] 乔纳森·德瓦尔德：《欧洲贵族1400-1800》第四章，姜德福译，商务印书馆，2008。（**）

20
大宪章
规范权力的金绳

一个文明之中,如果没有权力,或者既有的权力溃散,它就会陷入混乱和羸弱。我们可以把罗马帝国晚期到中世纪早期的西方文明史看作一个权力溃散和重建的过程。教皇革命标志着西方的权力重建进入了快车道,从教皇格里高利七世1075年发布《教皇如是说》,到1216年教皇英诺森三世驾崩,不到一百五十年,教皇权力飞速膨胀,把宣言基本落实成了实实在在的滔天权势。教皇的对手们在和他的竞争中也取得了长足的进步,神圣罗马帝国出了红胡子腓特烈(1152—1190年在位),英格兰出了亨利二世(1154—1189年在位),法兰西出了菲利普·奥古斯都(1180—1223年在位)。有作为的教皇、皇帝、国王集中出现并不是偶然,这说明中世纪的权力重建已经取得了巨大的成就。

不过,权力通常是不讲道理的,成长起来的权力会为害王国、帝国、教会乃至整个文明。尤其在中世纪,公权力(power)和私权利(right)不分,权力被国王和贵族们当作私器任性地滥用,老百姓深受其害,财产遭到频繁地掠夺,文明的成长步履蹒跚。权力不讲道理,再强大的文明也只是被疯子船长指挥的舰船,在茫茫大海中迟早倾覆。让权力讲道理是一个文明走向成熟的必修课,这需要一根"金质的绳子"。

有什么办法能让权力讲道理呢?如果权力能讲道理,讲的是什么样的道理呢?1215年签订的《大宪章》为人类提供了绝佳的启示。英国最伟大的法律史学家梅特兰曾说:"无论从什么角度来看,《大宪章》理所当然都是一份具有极端重要性的文献。"[1]它真的是把权力捆起来的金质绳子吗?我们分四步来看清楚它到底为文明带来了什么样的活路:第一,权力必须讲道理;第二,权力才能让权力讲道理;第三,权力怎么讲道理;第四,权力讲道理有什么用。

权力必须讲道理

权力必须讲道理的基本前提是权力在迅速地成长,已经显示出巨大的危害。这里的"必须"不只是主观上的美好愿望,更是客观上文明要针对权力拿出自我调适和自我保存的办法。否则,所有人在膨胀的权力当中都非常危险,包括任性的掌权者。

11世纪的教皇革命开启了中世纪向前飞奔的旅程,教皇、皇帝、国王的权力迅速膨胀,西方的各方面都在企稳向好。我们可以把11到13世纪看成西方在经历了罗马帝国晚期和中世纪早期一系列苦难之后的报复性恢复期。这两三百年之中,安全形势稳定了,封建格局铺开了,地中海重开了,商业革命和城市革命爆发了,农业收成好了,文化也恢复了,大学都有了,一切都在向好,权力没有理由掉队。先拔头筹的当然是教皇,格里高利七世发动的教皇革命既是整个大好势头的抢滩之战,也是宣誓之战。教皇狠狠打击了皇帝,同时也拉拢和控制其他国王。各国展开权力建设的竞赛,可以看成教皇在政治上输出革命。权力的竞争性极强,它总是有同伴和对手的,所以,各国也在迅速成长。

教皇革命拉动了各国权力膨胀，三个大国的上升态势非常明显。第一，当然是帝国，作为教皇的死对头，皇帝必须扩张权力。从格里高利七世的对手皇帝亨利四世往后，神圣罗马帝国出现了一连串强势的皇帝，到红胡子腓特烈和他的孙子腓特烈二世的时候达到了巅峰。

第二是英格兰。英格兰正式成为西方的成员，是因为1066年的诺曼征服。诺曼底公爵威廉宣称有英格兰的王位继承权，登岛作战获得胜利，英格兰自此从北欧维京世界的一员变成西方的一员。而支持和鼓动威廉征服的，正是发动教皇革命的格里高利七世。后来的一百多年，征服者威廉和他子孙的诺曼王朝蒸蒸日上。征服者威廉坚决废弃了欧洲大陆盛行的"我的封臣的封臣不是我的封臣"这一基本封建原则，把英格兰所有贵族全部变成他的封臣，英格兰国王由此拥有了对诸侯更强的控制力。经过斯蒂芬乱世，1154年，亨利二世登基，金雀花王朝取代诺曼王朝，而今的半个法兰西都是他的领地，英法世仇由此开启。亨利二世完成了英国的司法改革和司法集权，使得英国成为当时国家建设和治理效能最为领先的王国。[2]

第三是法兰西。法兰西的历史严格来说要从987年算起，这一年，查理曼的孙子秃头查理瓜分爷爷帝国得来的西法兰克王国结束了，卡佩家族开始执掌法兰西。卡佩家的实力其实一般，很长时间都比不过很多大贵族，大贵族也公开宣称对国王没有义务。不过卡佩家一直兢兢业业，把法兰西岛，也就是巴黎附近的地盘，经营得越来越好。而且，他们家的男性继承人一直香火不断。教皇们一直是偏爱法兰西的，因为和皇帝斗法的教皇们必须稳住法兰西、扶助法兰西。乌尔班二世在法兰西境内的克勒芒发表了第一次十字军东征的动员演说，是对法兰西的器重，也是对德意志的压制。不过，到12世纪末的菲利普·奥古斯都之前，法兰西只能算是二流王国。

菲利普·奥古斯都于1180年登基。"国王"一节他已经频繁出场了，就是他挑唆狮心王理查德反叛自己的父王亨利二世。后来他和狮心王相约一起参加十字军东征，结果闹得不可开交。他先回国，故技重施，挑唆理查德的弟弟约翰谋夺理查德的王位。理查德战死之后，王位传给了弟弟约翰，菲利普又开始处心积虑地对付约翰。约翰联合自己的外甥——神圣罗马皇帝奥托四世一起出兵对付菲利普，结果在布汶战役中惨败，约翰夹着尾巴逃回了大不列颠岛，奥托也很快丢掉了皇位。诺曼底、安茹、阿基坦和其他重要领地之前就已经落入菲利普手中，布汶战役的胜利标志着菲利普瓦解了亨利二世开创的金雀花王朝。菲利普对法兰西地盘的实际控制力大大上升。教皇英诺森三世一边因为坎特伯雷大主教人选的事情要对付英王约翰，另一边要对付皇帝奥托，所以给菲利普送上一件大礼，他宣布："众所周知，法兰西国王不承认任何高于他的世俗权威。"[3]法兰西由此迈入了一流王国的行列。

了解了教廷和三大国的政治进展，《大宪章》出炉的大环境就比较明确了：当时君主们的实力达到了新高度，教皇英诺森三世、皇帝红胡子腓特烈、英王亨利二世、法王菲利普·奥古斯都都是教会和各国历史上数一数二的英明神武的君主。他们在1150年到1200年这五十年前后脚出现，不是历史的偶然，而是中世纪政治在教皇革命之后进入快车道的成果展现。权力的任性也已经充分地暴露出来，骑士皇帝红胡子腓特烈、骑士国王狮心王理查德都是不顾老百姓死活拼命收钱支撑战争的典型。

《大宪章》出炉的小环境是什么样的，我们来看看英国的约翰王。于外，他在和法王菲利普的较量当中一败涂地，大陆上的祖宗基业全都丢光了，还连累外甥皇帝奥托众叛亲离。于内，他像哥哥狮心王理查德一样为了筹集军费横征暴敛，搞得民怨沸腾，连贵族们都苦不堪言、心惊胆战。他虽然想当骑士国王，但他既没有哥哥那样的骑士武艺，也没有哥哥那样的感召力，更没有父亲那样的雄才大略，他是一个反复无常、唯我独尊、疑心病特别重、手段特别残忍的国王。可以说，他是英国历史上最差劲的国王。这一点从名号上就能看出来。国王们总会给儿子们起响亮的名字，历史上受人崇敬的国王的名字就会反复出现，比如英国国王叫亨利、乔治、爱德华的就特别多。而叫约翰的，仅约翰王一位，后世国王对约翰这个名号避之唯恐不及，也就没有约翰二世。对不讲道理的掌权者而言，约翰就是榜样，唯一的结局就是身败名裂。

自1066年诺曼征服之后，还有两个国王名号遭遇了和约翰一样的待遇。一个是斯蒂芬。斯蒂芬于1135年即位，他和亨利二世的母亲争夺王位，英格兰陷入内战，史称"斯蒂芬乱世"，亨利二世的巨大成功也让斯蒂芬的恶名雪上加霜。另一个是玛丽。玛丽女王于1553年即位之后全力清算父王亨利八世和弟弟爱德华六世的宗教改革，想要把英国带回天主教世界，对新教人士残酷迫害，世人称其为"血腥玛丽"。英国后来出现玛丽二世，是个巨大的意外，而且她在位时间也不到6年。这位女王原来是英国公主，嫁给了荷兰执政威廉，1688年光荣革命之中英国贵族们邀请这对夫妇共任英国国王。1837年即位的维多利亚女王的名号还没有得到传承，和斯蒂芬、约翰、玛丽三大恶名情况不同，只是因为她身后的女王仅有一位，是1952年即位的伊丽莎白二世。

权力才能让权力讲道理

让我们回到恶名昭彰的约翰王。如此集暴君和昏君为一体的约翰，居然在失败连连和任性妄为中稳坐王位十几年，说明父王亨利二世留下的权力体系已经非常强大了，矫正他的偏失需要更加强大的力量。《大宪章》就是矫正他的成果，促成《大宪章》的主角是坎特伯雷大主教兰顿和男爵们，但他们背后还有更加强大的教皇英诺森三世和法王菲利普·奥古斯都。

矫正的契机是约翰在布汶战役的惨败，"布汶战役的灾难使《大宪章》的制定成为必然"。[4]也就是说，约翰在布汶战役的惨败使得所有反对约翰任性权力的权力集结到了一起。其中有兰顿的权力，有男爵们的权力，还有教皇英诺森三世和法王菲利普·奥古斯都的权力。他们每一方很可能只是为了自己的利益，动机也不见得高尚，但他们的权力是制约约翰权力的武器，高尚不能制约权力，制约权力的唯有权力。

约翰王和教皇英诺森三世的对峙不仅使得他多了一位他根本对付不了的对手，也使得其他各方势力看到了击败他的机会。前面我们谈英诺森三世的时候提到过，1205年，坎特伯雷大主教沃尔特去世，约翰想任命自己的亲信，英国教士则选举了他们自己中意的人选，双方告到英诺森那里。英诺森召集英国教士代表来罗马开会，宣布当场进行选举，而且，他撇开争吵的双方提名自己的同学兰顿为候选人。兰顿当选，约翰拒不承认。这个时候，英诺森停止了英国的宗教活动，而且革除了约翰的教籍，还敦促法国国王菲利普·奥古斯都率兵登陆英国。1213年，约翰屈服了，不仅承认兰顿为坎特伯雷大主教，还承认他自己是教廷的封臣，每年向教廷纳贡。

约翰向英诺森称臣，与教廷的冲突缓和，他马上着手反攻大陆，联合了他的外甥神圣罗马皇帝奥托和一众诸侯对付菲利普·奥古斯都。压力来到了法兰西这边。结果菲利普取得了布汶战役的胜利，奥托被英诺森赶下皇位，约翰失去了几乎所有大陆地盘。

在约翰决战菲利普之前，北方的男爵们已经在新任坎特伯雷大主教兰顿的召集下集结于伦敦的圣保罗大教堂，会上兰顿宣读了亨利一世承诺依法统治、维护贵族权利的《加冕誓文》。一年后，男爵们拒绝上交免服兵役税，然后开始集结，其实已经是公然反叛。在布汶战役之后，他们向伦敦进军，伦敦市民开门迎接了他们。内外交困的约翰经过谈判之后，于1215年6月15日在《大宪章》上加盖王玺。

《大宪章》是王权的"金质捆仙绳"吗？有了它，国王们就不敢胡作非为了？拿出它一宣读，国王们就膝盖发软、脊背发凉吗？我曾经看过《大宪章》的原件三次，两次在美国国家档案馆，一次在英国索尔兹伯里大教堂。它是一份非常珍贵、非常重要、非常有历史意义的文件，但像中世纪的人们说它有什么神奇法力则是无稽之谈。在我看来，《大宪章》正式启动了人类政治的一种新玩法。我们顺着让权力讲道理的逻辑很容易把这种新玩法看清楚，但即便看清楚了也很难做到，很难把这个新的、更好的游戏玩好。

《大宪章》是国王被迫讲道理的结果。讲什么道理呢？讲权利的道理，国王得尊重男爵的权利、特权、自由、财产。《大宪章》的条款包括：保证教会自由；明确封臣继承之时所交费用金额；明确继承人未成年之时如何恰当监护；不得逼寡妇改嫁；没有普遍协商不得征税；诉讼审理地点固定；罪罚相当；有合法裁决之前任何自由人不得被逮捕、监禁、没收财产、流放；等等。

《大宪章》的许多条款都成为后世法律的基本原则，比如没有普遍协商不得征税、罪罚相当、非经审判不得逮捕，等等。有些条款则是针对当时的情况，但它们的作用却不止于解决当时的问题。比如，不得逼寡妇改嫁。一般的寡妇国王不会管，关键是贵族的寡妇。如果一位贵族去世之后没有继承人，他的头衔、领地、财产都会跟着他的遗孀，谁娶了这位寡妇，这些好东西都到手了。国王当然在乎这些资源，他就会逼寡妇嫁给他的骑士。这些娶了寡妇的骑士因此就加入了贵族行列，自然也就成了国王的好帮手。所以，国王们都盯紧了贵族的寡妇们。同样，很多条款细致地规定了贵族的未成年继承人怎么监护是恰当的，国王们对贵族的孩子们下手也是常事。这些条款严正拒绝了国王享有处置贵族的孤儿或者寡妇的权力，也就是拒绝了国王在贵族死后对其爵位和财产侵占和再分配的权力。

《大宪章》规定的很多都是男爵们的权利、特权、自由。在那个时代，还没有抽象的自由，只有一项一项自由权。这些具体的自由权其实并不是针对当时所有人都有效。[5]但是，由一堆自由权集成的《大宪章》成了自由不断扩展的基石和圆心。我在《西方史纲》第四章第五节里，特别解释了自由的实现是一个同心圆不断向外扩展的过程：男爵们得到了《大宪章》保护的诸多自由权项，其他贵族不想要吗？老贵族们得到了，新贵族们不想要吗？贵族们得到了，资产阶级不想要吗？资产阶级得到了，无产阶级不想要吗……自由就从二十几个男爵一圈一圈向外普及，从特权变成了普遍的人权。在这个过程中，获取法律保护的权利是必须经过严肃乃至严酷政治斗争的，就像这二十几个男爵，不自己拼命，就没有胜利，谁的权利都只能来自自己的争取，而绝不能指望别人施舍。[6]如此说来，《大宪章》这根金质的绳子是让更多的阶级一起拽住它把国王们捆得越来越紧吗？

我们再往前深究一步，自由的扩展在具体的历史中其实就是具体自由权的扩展，就是具体的自由权对新主体适用了，或者具体的自由权在内容上进一步被细化了。那么，问题来了，国王为什么要同意新人的加入，或者同意条款变得更细？这不都意味着他任性妄为的空间更小了吗？国王必然会反抗和挣脱这金质的绳子啊！

既然是被迫，就难免会反悔。确实，约翰王回头就召集军队对付《大宪章》的发起者们，他甚至向法国王子许诺，只要他肯出兵来助，可以把英国王位给他。还好，约翰王这事儿没干成，很快就去世了。中世纪的编年史家评论说："连地狱都因他的到来而感到被亵渎。"[7]他的王位由他的儿子亨利三世继承。新国王和他的父王一样对《大宪章》深恶痛绝。贵族们维护《大宪章》的行动也步步升级，于是就有了我们在下一节要仔细探讨的《牛津条例》、西门议会和后来的模范议会。我们可以把议会的诞生和成长看成贵族有组织地、成建制地逼着国王讲道理的成果。自由就是在这样一个"权力让权力讲道理"的过程中不断丰富和扩展的。

权力怎么讲道理

从《大宪章》逼着国王讲道理的故事里，我们必须进一步挖掘出"权力讲道理"的逻辑，它不只是捆住国王的权力那么简单！权力怎么讲道理呢？两句话：凭实力说话，说对的话。前半句我们一般还知道一点，但后半句很多人都不太清楚，以为有了权力想说什么就可以随便说，说错了也能算数，才叫权力。这是大错特错。我们一起来看看《大宪章》是怎么说话的。

前半句，凭实力说话，兰顿和男爵们做到了，他们围困了约翰王。但请注意，一定不能杀。杀了就是谋逆，在中世纪这种讲君权神授、讲王室血统的时代不能干，公开的谋逆者是不可能自己当上国王的，更不可能颁布法律让所有人遵守。他们有再好的主张都会因为他们是逆贼而变得根本没人听。所以，凭实力说话和普通人印象里的不一样，不是谁有实力，谁就可以随便大嗓门吆喝，盖过别人的声音。恰恰相反，实力要想讲道理，需要节制，目标是把不想讲道理的对方拉到会议桌上，而不是在战场上消灭对方。同样，到了谈判桌上，也不能因为实力强就想提什么提什么。提议如果是对方完全不能接受的，还坐在一起谈什么呢？这个时候的实力表现为，提议对我方有利，但是对方不能离开桌子。后者很关键。掀桌子了，斗争自然又回到战场。所以，凭实力说话，不是意味着有实力的人可以不好好说话，而只是意味着能够迫使对方好好说话。在签订《大宪章》的情景里，凭实力说话就意味着兰顿和男爵们迫使约翰王坐下来谈各种权利条款；而在后来历任国王想撕毁《大宪章》的场景里，就意味着迫使国王放下刀剑，回到谈判桌上重新签署和承认《大宪章》，再附带搞出一个保证不违反《大宪章》的实施办法，比如《牛津条例》。

后半句，说对的话，要更复杂，比前半句凭实力说话就是有节制地使用实力，更难理解，更难做到。有实力的人说什么都对吗？这个问题早在柏拉图的《理想国》里就被苏格拉底系统地驳斥了，强权不是真理。问题是，话要怎么说才对呢？我们来看看《大宪章》。它开头的序言是这样写的：

> 朕，约翰，受命于上帝之英格兰王暨爱尔兰领主、诺曼底公爵、阿基坦公爵和安茹伯爵，谨致其大主教、主教、修道院住持、伯爵、男爵、法官、林官、郡长、总管、家臣以及所有乡长和忠实臣民。
>
> 上帝在上，为拯救朕之灵魂及所有朕之先祖及子嗣之灵魂，为维护上帝之荣耀，为提升神圣教会之地位并更好地治理朕之国家，遵照朕所敬重之诸位神父之建议，包括：……（兰顿等教俗贵族27人）以及朕之其他忠实臣民的建议，特诏告天下：……[8]

下面是关于自由和权利的63个条款。

看看，约翰王哪里像被男爵们胁迫的样子。这序言似乎是在讲：我约翰王既明理又仁慈，所以把这些权利都给你们，是我给了你们恩赐。如果你是饱受欺压进而逼宫得逞的男爵，你来不来气？明明是我们逼你就范，最后你装成好人，高高在上给我们赏赐！不不不，我劝你别生气。这段文字大概率是兰顿在男爵们围住约翰王之前就已经写好了的，他们就是要用国王的法统和面子来干这件大事。如果权利你拿到了,让他装成好国王又有什么关系?这就是对的话。它不仅要包括实质性的利益分配是合理的,还要用合适的身份和修辞讲出来,二者缺一不可。何况,在"面子"问题上,《大宪章》也没有完全吃亏,它"从头至尾给人一种暗示:这个文件是个法律,它居于国王之上,连国王也不得违反。"[9]

说对的话,意味着既合理又合宜,不仅占理,还得给足面子。不占理,光要面子,是强词夺理,对方无法信服,最后还是解决不了问题。占了理,得理不饶人,不给面子,就是不合宜,就很难名正言顺,再正确的道理也难让对方和更多的人接受。一份法律文本或者政治文件要针对很多重要相关人做到既合理又合宜,写好了是非常困难的。所以我们看议会辩论或者政治法律文件,总是很难搞明白,要么抓不住它的实质性利益分配方案,要么不懂得它究竟得恰当地给多少人面子。读懂政治确实是难度极高的事情。

有实力说话的人要说对的话,要说对方能够接受的话,说为对方的利益和尊严考虑的话,让提议得到同意、变成共识、写入法律、共同执行。如此一来,正确和实力就交织在一起,私权利和公权力就交织在一起,文和武就交织在一起,形成一个相互扶持也相互匡正的双螺旋结构,二者都得到更好也更有力的成长。前者就不只是后者的约束、羁绊和大道理,而变成了后者内在的组成部分。没有外在于权力的道理可以捆住它,只有把道理变成权力内在的组成部分,权力才能得到规范。《大宪章》的意义不在于它是降妖伏魔的金质捆仙绳,而在于它提供了一种思路、一种逻辑、一种玩法,可以把权力的单线膨胀变成可以信赖的双螺旋成长。

权力讲道理有什么用

权力这样讲权利的道理,有用吗?玩得这么复杂,谁看得懂呢?确实有用,有大用。《大宪章》启动了人类政治中的这种新玩法,叫作"权利的游戏"。人类政治的老玩法是世人熟悉的"权力的游戏"。它们有什么不同呢?理解了它们之间的差别,就知道新游戏确实好处多多。

第一，政治竞争的地方变了。

如果政治竞争是权力的游戏，不靠讲道理，那就只有靠比武力。解决问题的地方就不是议会，而是战场。政治精英之间的每次冲突基本上都会演变为战争，如果只是阴谋政变发生在宫廷，也算没有伤及无辜。战争于人民而言，是家破人亡，是血流成河，是尸横遍野；于经济而言，是民生凋敝，是满目疮痍，是生灵涂炭。权力的游戏不仅摆脱不了战争，反而必须热烈地拥抱战争。这是骑士喜欢的局面。但国家就在不断的毁灭性自我消耗当中苦苦挣扎，人民就在不断的无辜牵连中惨遭横祸。

如果政治竞争是权利的游戏，靠讲道理，战争不仅不能定对错，而且还会受到抑制，在讲道理的世界中，动手的一方肯定是不对的。竞争的地方就变了，不再是战场，而是议会。政治精英之间的冲突主要体现为议会辩论，用公开的言辞争取更多的支持者。议会仍然免不了钩心斗角、政治交易、合纵连横，新游戏也不会使政治摆脱肮脏变得纯洁，但起码战争会受到抑制，人民不再遭受祸从天降，被践踏和屠杀，他们的家不会随时变成战场。

第二，政治竞争的目标变了。

如果政治竞争是权力的游戏，游戏的目标是什么？最好是取对方的首级。权力越大、越高，唯一性就越强，斗争就越是你死我活。中国的古话说"天无二日，民无二主"，争夺帝位的战争是没有妥协余地的。即便不是争夺帝位，权力的游戏也总是倾向于取人性命。狠毒是为了防止自己因为一念之仁而变成东郭先生，被对手缓过劲儿来之后反攻倒算，所以，伤害必须最大化，出手就不要留情，不仅要取人性命，甚至要把对手抄家灭门，让他断子绝孙。如此一来，政治的伤害性就会急速扩大，所有人陷入这种疯狂的状态是因为权力的游戏的逻辑让所有人相互挟持，最终演变成"每一个人对每个人的战争"，政治也就瓦解了，人间将变成地狱。霍布斯说，这就是自然状态，就是所有人都不是人而是野兽的状态。[10]《权力的游戏》在很多人看来太过残酷，从艾德·史塔克被处决开始，无论好人坏人，一个个角色惨遭横死，其实就是权力的游戏的逻辑自然展开的结果。谁更狠毒、谁更卑鄙、谁更狡诈反而能活得更长，这还是人的世界吗？

如果政治竞争是权利的游戏，游戏的目标又是什么呢？是让对方签字，就像兰顿和男爵们让约翰王签《大宪章》那样。签字的背后是承认，约翰王签《大宪章》就是承认男爵们有权利，权利是必须有对方承认才有效的，杀死对方，没有承认，权利也就荡然无存了。权利和权力的核心差别在这里出现了：权利要的是承认，权力要的是服从。权力可以杀死一个或一群不服从者，总还是有剩下的人可能会服从。掌权者总是运用杀一儆百的逻辑，希望杀一个以立威，得到剩下所有人的服从。权利恰恰不是这样，它需要对方的承认，如果不是心悦诚服，起码也是合理接受。权利的实现只有对方配合才可能达成，对约翰王来说，男爵们有非经审判不得逮捕和监禁的权利，得他认可，往后以此为自己的行为界限，也就是说他对此负有义务。权利人之所以拥有权利，是因为义务人负担义务，杀死义务人，义务兑现不了，权利也就落空了。所以，在权利的游戏里想要实现目标，增进或者扩大自己的权利，就不能杀人，甚至还要取得对方最低限度的理解与合作。

从利益的角度看，权力的游戏逻辑非常粗暴，要么全部，要么全不；权利的游戏逻辑则温和许多，几乎是步步为营地占小便宜。今天你用这个法案设立这种权利占了我一点小便宜，没有关系，反正不要命，明天我再用那个法案设立那种权利占你一点小便宜找补回来。你占我一点便宜，我配合，反过来也一样，政治里面的你死我活就会大大减少，牵连百姓的战争也自然会大大减少，合作共赢的可能性就会大大增加。

第三，政治竞争的武器变了。

如果政治竞争是权力的游戏，迟早要在战场上展开，武器是刀剑，但更是军队组织的效率。或者是在宫廷里展开，武器是匕首和毒药。

如果政治竞争是权利的游戏，武器是什么呢？是法律。原来的刀剑过招、军团厮杀、刺杀投毒变成了法律条文的比拼，谁的条文写得更"对"，就是前面说过的，合理又合宜，自己占了便宜，也让对方有利可图，甚至给对方更多的面子，自己拿更多的实惠，谁就胜出，对方尽管有苦难言，也只能"大度"表示同意。如此一来，政治的智力含量就越来越高，谋略就越来越细、越来越深，像张飞和李逵那样性情的政治家就越来越少。在政治当中，Word占比越来越高，越来越重要；而Sword占比就越来越低，越来越退居幕后。所以德国人总是说英国人像魔鬼一样精明，其实各级议会就是他们的魔鬼训练场。

《大宪章》启动了一套非常独特的政治逻辑：权利的游戏。八百年来的《大宪章》政治法律史并不是单纯的自由和权利取得节节胜利的历史，相反，用"权利的游戏"取代"权力的游戏"是极其困难的。权利的游戏需要有权力的人来维护这个游戏本身，掌权者一旦回到"权力的游戏"的老套，之前的努力很可能会前功尽弃。英国之所以率先让"权利的游戏"在政治中占据主流地位，和他们拥有了真正的议会政治密切相关。

注释

[1] 梅特兰：《英格兰宪政史》，李红海译，中国政法大学出版社，2010，第11页。（***）

[2] 克莱顿·罗伯茨等：《英国史.上册，史前~1714年》，潘兴明等译，商务印书馆，2013，第121-126页。（**）李筠：《英国国家建构论纲》，《英国政治思想新论》附录一，商务印书馆，2019，第207-246页。（***）

[3] 乔治·杜比主编《法国史》（上卷），吕一民、沈坚等译，商务印书馆，2010，第415页。（**）

[4] 罗伯茨等：《英国史.上册，史前~1714年》，第140页。引用时为保持本书用语一致将译文"布韦恩"改为"布汶"。

[5] 詹姆斯·C.霍尔特：《大宪章：第2版》第三章，毕竞悦、李红海等译，北京大学出版社，2010。（***）

[6] 李筠：《西方史纲》，岳麓书社，2020，第266-270页。（*）参见梅

因：《古代法》，沈景一译，商务印书馆，1996，第96-97页。（***）鲁道夫·冯·耶林：《为权利而斗争》，胡宝海译，中国法制出版社，2004。（**）

[7] 埃德·韦斯特：《1215：约翰王、贵族战争与〈大宪章〉》，谭齐晴译，化学工业出版社，2021，第190页。（**）

[8] 《大宪章》，陈国华译，商务印书馆，2016，第21-26页。（***）

[9] 温斯顿·丘吉尔：《英语民族史》（第一卷 不列颠的诞生），薛力敏、林林译，南方出版社，2004，第204页。（*）

[10] 霍布斯：《利维坦》，黎思复、黎廷弼译，商务印书馆，1986，第94页。

20 《大宪章》原文 1297 年版，华盛顿特区国家档案馆（National Archives Museum）

21 英国议会大厦，特里·奥特摄

22 《圣女贞德在兰斯大教堂的查理七世加冕礼上》，让·奥古斯特·多米尼克·安格尔，1854，卢浮宫

23 博洛尼亚大学及其校徽

24 《查士丁尼和他的法庭》，6 世纪，拉文纳主教座堂（Cattedrale metropolitana della Risurrezione di Nostro Signore Gesù Cristo）

25 希腊化时期亚里士多德胸像，留西波斯，罗马国家博物馆（Museo Nazionale Romano）

26 《圣托马斯·阿奎那》，卡罗·克里韦利，1476，伦敦国家美术馆（National Gallery）

27 《纽伦堡纪事本》中细节图，哈特曼·舍德尔编写，1493，木刻画

28 《水果花环中的上帝羔羊》（佛罗伦萨羊毛行会会徽），
圣母百花大教堂（Cattedrale di Santa Maria del Fiore）

29 《科西莫·德·美第奇肖像》，雅格布·蓬托莫，约 1520，乌菲兹美术馆（Galleria degli Uffizi）

30《农民家庭》,勒南兄弟,约 1640,卢浮宫

21
议会
妥协共治的平台

议会制是当今世界通行的政治制度。按照先贤梁启超的说法，有没有议会是专制国家和立宪国家最明显的差别。[1]一般来说，西方国家实行两院制的议会制，社会主义国家实行一院制的苏维埃制（人民代表大会制）。现代世界中，再不民主的国家也得搞一个议会装点一下门面，比如独裁者卡扎菲统治下的利比亚也有"总人民大会"充当名义上的国家最高权力机关。[2]作为现代国家的立法机关乃至最高权力机关，议会总是被寄予了带领国家实现公正和强盛的厚望。不过，议会并不是召集一帮人开会那么简单，它有一整套独特的运作逻辑，不遵守这些基本的逻辑，议会就只是摆设。而议会的逻辑就藏在议会的起源当中，作为议会之母的英国议会在中世纪诞生，它的奇特出身既能帮我们理解中世纪政治的独特性，更能帮我们理解现代政治的深层机理。从具体的历史机缘来看，议会诞生是《大宪章》签订的续集。我们分三步解析中世纪的议会：第一，起点；第二，诞生；第三，成长。

从中世纪开始

议会是从中世纪开始的。"议会"这个词在英文里是parliament，意思是"商议"。历史上公认的议会是在英国诞生的，所以英国议会也被称为"议会之母"。不过，究竟是从1265年的西门议会开始算，还是从1295年的模范议会开始算，有不同的意见。这两个议会之所以都有资格竞争议会起点的美誉，关键在于它们都代表了全国，除了贵族之外，各郡骑士和市民代表也被召集来开会了。

开会显然离议会还差很远。开会这个事情，有政治的地方就会有，道理很简单，独夫客观上没办法统治一个共同体。即便是一个强盗团伙，强盗头目也得给强盗们布置工作，强盗们一旦需要分工，你突前、我殿后，工作就不能一个一个布置，就得一起布置，就得开会。

开会变成机关，变成执掌共同体权力的机构，在西方是很早的事。古希腊人和古罗马人也开会，他们的会很重要，他们的会固定下来成为执掌重要权力的机关，但它们都不是议会的前身。

古希腊最典型的会是公民大会，公民一起开会来决定城邦的重大事务，包括立法、财政、审判。但古希腊的公民大会不是议会的前身。因为第一，公民直接参会，没有代表，谁也不代表其他人。第二，城邦太小，不必划分成郡县，不存在整合地方利益到中央的问题。第三，没有封建，也就没有国王整合不同的私性封建效忠成为公共权力的问题。[3]

古罗马也有会，有库里亚大会、百人团大会、部落民众大会等等，它们也有自己的选举、任命、立法、监察、审判的职责和权力。不过，这些会和古希腊公民大会区别不太大：直接参与、没有代表，没有封建、无须化私为公。那么，庞大的罗马，有没有地方代表呢？也没有。各地自然是有自己利益的，但罗马从始至终都没有形成稳定的协调机制和权力机关，没有地方派出代表到中央开会表达自己的利益的机制，也就不会通过固定的程序决策来制定代表全国的法律或政策，自然也就不会形成议会制度。同样，罗马的元老院也不是由地方代表组成的，元老不是任何人的代表。[4]

在罗马时代，日耳曼蛮族部落也开会，据塔西佗记载："日耳曼人中，小事由酋帅们商议；大事则由全部落议决。人民虽有最后议决之权，而事务仍然先由酋帅们彼此商讨。会议的日期是固定的……"[5]随着日耳曼人的成长，部落民主逐渐让位于国王权威，到了墨洛温王朝，国王们也开大会和小会。大会大约是国王召集的阅兵式，小会则是国王和大贵族一起开的会。显然，大会很难开，交通不便，人多嘴杂，基本上变成了纯粹的政治仪式。小会好办，也更具实质意义，国王召集为数不多的公爵、伯爵、主教、修道院院长，带上自己的亲信，比如王室事务总管、禁卫军长官等等，共商国家大事。[6]小会议一般就是御前会议，它成了议会的前身。

小会议是议会的前身，似乎违反我们的常识。不是大会议更代表整个封建王国吗？怎么小会议成了议会的前身呢？这和议会本身的独特机理有关。对比古希腊、古罗马、日耳曼的各种会，议会是由地方代表汇集之后商议并做出决策的权力机关。在这个逻辑当中，地方派代表是很重要，但更重要的是他们往哪里汇集，汇集之后如何协商，协商的结果作不作数。

中世纪在政治上不同于古希腊和古罗马也不同于现代的一个重要特征是"民主"不是权力的依据，不是合法性的重要来源。"没有权柄不是出于上帝。"[7]君权来自神授，而非民授。民众有呼声，上帝会倾听，上帝会派国王去响应，民众不得自造权柄。如此一来，代表向何处汇集、如何协商、结果是否作数，这一系列问题的答案就非常明确了：向国王汇集、给国王提建议并与国王协商、协商的结果由国王决定并以国王的名义发布。这是典型的中世纪政治逻辑，古希腊、古罗马和现代都不这样。然而，正是在这种以国王为圆心、议会为辅翼的王国政治逻辑当中，议会成长起来，羽翼丰满。它不仅成为立法机关，更重要的是，它成为打造强国的平台。这个时候我们就可以去看西门议会和模范议会的故事了。

从钱袋子下手

之所以叫西门议会，就是因为这个议会是一个叫西门·德·孟福尔的贵族召集的。他为什么要召集各郡骑士和市民代表来开议会呢？因为要和国王对抗。1258年，英国国王亨利三世——也就是约翰王的儿子——对外用兵需要钱，想让他的儿子当上西西里国王需要钱，横征暴敛又开始了，贵族又不干了，西门领着他们武力逼宫。就像之前1215年签订《大宪章》的行动一样，西门和贵族们没有杀掉国王，而是让他承认《大宪章》，而且还要追加一些新规定。因为这个会是在牛津召开的，所以由此产生的文件就叫《牛津条例》。

《牛津条例》规定由15名贵族组成的委员会协助国王管理王国，议会每年开三次，各郡选4名骑士监督地方管理。但亨利三世没有痛快签字，双方的拉锯开始了。最终在1264年，西门的军队打败了王军，他们以9人委员会统治英国。就是在这个时候，他们需要全国的支持，召集了西门议会，他们把参会者的身份放得更低，邀请了各郡骑士和市民的代表。

但是，没过几个月，亨利三世的王太子爱德华逃跑了，他纠集保王党的军队打败了西门集团，亨利三世复位，但国政已经由爱德华掌握。1272年他在驰援圣路易之后返回英国正式登基成为爱德华一世。丘吉尔对爱德华一世极尽赞美之辞，他评价说："爱德华在统治艺术方面受到的教育超过了任何一位王子。……他兼有亨利二世的治世之才和狮心王理查德的勇敢宽容。"[8]就是在爱德华手上，议会被正式化、常规化、制度化了。尽管议会是西门召集起来反对爱德华一世和他父王的，但爱德华发现议会很好用。小贵族、骑士或者平民，可以把议会看成表达和实现自己利益的平台；爱德华一世则反过来把议会当成聚集、整合小贵族、骑士和平民利益的平台，让他们都为国王所用。就这样，议会制成为国王管理王国的基本制度，各方都参与到国王主持的这个大游戏里边来。爱德华一世在1295年召集的议会被称为模范议会，议会的诞生就此正式完成。[9]

一些历史学家之所以讲西门议会是议会的起源,是因为它第一次实现了全国性的代表参会;另外一些历史学家之所以不同意,是因为西门不是合格的召集人。那个时候,唯一合格的议会召集人是国王。这条规矩一直延续到了今天,英国议会的召集人现在是国王查尔斯三世,其他任何人都没有这个权力。没有合格的召集人,无论代表们具有多么充足的代表性,他们也不能开会,强行开会做出的决定也不算数。其实我们不用纠结议会的诞生到底是在1265年还是在1295年,我们完全可以把这三十年看成议会诞生的酝酿过程。

诞生出来的议会能干什么呢?《牛津条例》还有它坚决维护的《大宪章》为议会开辟了什么样的根据地让它往前走呢?上一节我们谈了《大宪章》,它的基本目的是维护贵族的权利,从长远来看,它是从特权到人权不断拓展的同心圆结构的圆心。不过,"缺乏执行机制的宪章只是一纸空文"。[10]《大宪章》规定了国王不得在贵族继承的时候随便收钱,不能强迫贵族寡妇嫁人以便收钱,不得在没有贵族同伴作为陪审团的时候就定处以罚金以上的罪,等等,最重要的是,不经过大会议的同意,国王不得随意征税。权利,在很多时候就意味着钱,保护权利在很大程度上就意味着国王不能随便拿别人的钱。问题来了,国王们会照办吗?

国王打仗要花钱,盖宫殿要花钱,养情妇、戏子、音乐家也要花钱,他自己领地那点收入肯定是不够用的。他不够用,自然就会来拿你的。他会堂而皇之地说:我要征税。你会说《大宪章》写了你不能随便拿我的钱,他说:好呀,那我就废除《大宪章》。于是,西门率领贵族逼宫再"请"国王守法守约守《大宪章》,继续签下《牛津条例》作为保证。看《牛津条例》的内容,就是要让贵族的委员会成为国王身边的常设机构,议会这个《大宪章》里规定了同意收税的会要每年开三次,骑士们代表各郡加入到国务管理当中来。

从《大宪章》到《牛津条例》这五十年,议会的一整套玩法逐渐成形了:想保护自己的钱袋子,就得管好国王的钱袋子。《大宪章》要保护权利，得有议会这个机构来实现，议会要运转起来得有贵族的委员会作为它的核心，还要联络各郡的骑士，大家一起来把议会坐实，拴国王钱袋子的绳子就被大家一起攥在手里，国王就不能随便收钱了。钱袋子被管住的国王，自然是要更讲道理一些，即便还是不讲道理，没钱的国王也蛮横不了太久。一句话，议会管住国王的切入点是管住国王的钱袋子，建立起公共财政，如此一来，国王的事情就被管住了一多半。不过，这只是议会政治逻辑的一半，议会控制公共财政迫使国王守法，权利和自由得到保护和尊重，还有另一半，强盛的国家从何而来。被议会用公共财政管起来的国王还能成为国家建设的发动机吗？

从合作中扩权

从公共财政的角度，我们可以看到中世纪英国开创了一个模式，通过各地代表共商收税事宜实现私有财产的保护和公权力的凝结。议会的权力是在谈税的斗争中成长起来的。

《大宪章》和《牛津条例》是议会扩张权力的根据地。它们确实在当时就是男爵们和国王们的契约，但不要忘了，话如果说得既合理又合宜，就会让反对它的人名不正言不顺。《大宪章》已经制造出一种它自身就是整个王国至高法律的态势，《牛津条例》用常规化的议会来捍卫王国的至高法律，兰顿、西门和男爵们很聪明地把维护自己私利的事情成功地说成了维护整个王国和所有贵族、所有骑士、所有臣民的事情。从成功地打造了自身的公共性这个角度来看，把《大宪章》和《牛津条例》看成纯粹的贵族和国王之间的私事，是不妥当的。有了公共性，权力就很可能从中生长出来。

一帮人谈钱可能是私事，一帮代表一起和国王谈钱就很可能变成了公事。贵族们可能和国王相互勾结、私相授受、沆瀣一气，他们本来就同属一个阶级。但问题是，回到私权交易的逻辑，他们就是在摧毁自己的根据地。议会只有努力提高自己的公共性，才能站稳脚跟，它可不像国王那样背靠上帝这颗永远不倒的大树。所以，贵族们只有团结起来把议会做大做实，让议会的权力越来越稳固，他们才能保护好自己的权利。

国王们当然是不喜欢有伟大的旗帜来抵抗收税的，所以像约翰王和他的儿子亨利三世那样撕毁《大宪章》的国王会一而再再而三地出现。丘吉尔称赞的"治世之才"爱德华一世，为支持《大宪章》的叛乱贵族和反对《大宪章》的蛮横国王之间无望的斗争找到了一条活路，他把议会开成了模范议会。

按照收税的逻辑，爱德华的"大转弯"其实并不难理解。因为有了议会，国王收税成本更低，收益更高。怎么会这样，议会不是抵制收税的吗？

议会确实抵制收税，但不可能一毛不拔。如果议会胆敢拒绝国王所有的征税动议，国王是着急上火，但更要命的是，王国的公共财政也就不复存在了。在议会里而不是战场上解决国家大事，本来就意味着妥协。议会这个本来讲道理的地方不讲道理，它也就没用了，绝不妥协意味着回到战场。有的征税动议批准，有的不批准，更多的是经过讨价还价之后打了折再批准，这才是权力的运用。当然，学会运用这种讨价还价的权力是极其困难的，妥协是高级的政治艺术，何况贵族们本来就和国王差不多，都是武士、都是粗人、都是暴脾气。所以，即便有模范议会，英国也用了数百年的时间才实现成熟的议会政治，这基本上是1640年前后的事情了。不过，在中世纪，国王和议会的公共财政合作已经达到了非常可观的地步，为英国率先实现公共财政的现代化打下了坚实的基础。"到14世纪中期，被称为'议会立法'的王国最正式的立法只有在经过议会同意后才获得通过，这已经成为一种共识。因此，审议战争税是议会对立法产生的最早期影响，并且深刻地改变了英格兰政治平衡的基础。"[11]

如果议会不走极端、懂得妥协，国王们腾挪的空间就出现了。议会对国王们来说，是一种收税的集体谈判机制。原来国王任性地收钱，遭到了贵族的武力反抗，平定叛乱就是任性收钱的代价，是极其昂贵的。何况平定叛乱还是不一定能把钱收上来。有了《大宪章》和《牛津条例》，有了议会，聪明的国王会改变玩法：我国王不任性了，我给你们讲道理，这笔税一定要收。国王不用挨个去和贵族谈，贵族们形成多数意见之后，即便不同意的少数也得服从多数。如此一来，国王不仅谈判成本大大地下降，而且收税的面也更广了。所以，会利用议会收税的国王是能占大便宜的，他们当然也就会推动议会成为一个好市场，爱德华一世就是这样。议会自己努力，国王也加以利用，尽管他们之间还是争斗不断，英国的议会就这样一路壮大了，逐渐形成了英国政治的核心公式：King in the Parliament（王在议会）。

这个时候，我们可以从讲钱回到讲权了，议会成为谈税收的平台，怎么就能壮大自己的权力，同时也把国家变得强盛？答案是"咨议会"。各地代表应国王召集来伦敦威斯敏斯特宫开议会，数十上百人，谁听谁的？怎么形成多数意见？谁是多数意见的代表去和国王讨价还价？咨议会的重要性就体现出来了。它其实就是国王的御前会议，由国王挑选最能干、最信赖、最有名望的教俗贵族组成。中世纪英国最先出现的政治公式其实不是King in the Parliament，而是King in the Council（王在咨议会）。在不涉及收税或者其他不需要和议会打交道的事务面前，咨议会成员是国王的智囊和得力干将；在涉及收税或者其他需要和议会打交道的事务面前，咨议会成员就是国王的联络人和谈判代表。

事实上，国王的咨议会要员们和普通议员们的关系非常紧密，没有庞大的人脉网络，他们怎么可能位极人臣，议员们都是要员们的盟友甚至附庸。要员们一方面要实现国王的征税企图，另一方面又要维护手下兄弟们的利益，他们必须居中调和，促成征税方案的达成。他们是"两面人"，"咨议会"是"两面会"。中世纪的政治逻辑在他们身上得到了进一步的理顺和整合：各郡骑士和市民代表以他们为节点向国王集中。因此在中世纪，英国的政治公式还没有完全演变成王在议会，而是一个过渡性的嵌套结构：King in the Council in the Parliament，王在咨议会中，咨议会在议会中。

咨议会要员的节点性质非常合理地衍生出对后世英国乃至世界影响巨大的两个制度：内阁制和政党政治。咨议会就是内阁的前身，咨议会的首席大臣就是首相的前身。咨议会（内阁）是国王的行政班子，其中的人员也是议会中最有分量的议员,他们上与国王共谋机要,下与议员共商国是,他们逐渐成为掌握权力的核心圈层。内阁就是这个要员圈层正式化、常规化、制度化的结果。在英国,内阁从来都不是独立于议会的最高行政机关,而是议会的一部分,是议会的一个委员会。[12]

不过,咨议会要员之间从来都不会团结一致,他们各有各的家族,各有各的帮派,各有各的利益,他们都会倚仗自己的家族和帮派赢得国王的宠幸,打击对手。虽然也免不了钩心斗角、背叛出卖、阴谋诡计、狼狈为奸,不过他们之间的产生的危害还是比战场上兵戎相见的危害要小一点。他们在中世纪争夺的对象是国王的宠幸,到了现代,他们争夺的对象变成了选票。这是一个历经数百年的进化过程,不过中世纪已经为现代政治搭起了游戏的基本框架。

从国王、咨议会、议会以公共财政为主要议题逐渐演化出来的嵌套结构当中,我们可以发现中世纪王国成长为现代国家的基本逻辑,那就是国王与议会之间有斗争的合作。议会在很长时间内就是国王收税的平台,贵族们、后来是骑士们、再后来是资产阶级就在这里和国王讨价还价。经过不断地讨价还价来不断凝聚共识,不断完善机制,国家就在国王作为发动机、议会作为有力辅翼的合作态势中迅速成长。

如果没有议会这样一个讨价还价的平台,国王不仅得不到更加广泛和深入的支持,反而很容易和贵族还有其他阶级为了钱兵戎相见。国王无论是赢了接着打,还是输了换一个国王再打,税都会收得更重、更频繁、更任性。这样一来,一个王国的财富就很容易在此起彼伏的战争中消散,它就始终处于低水平经济、低水平税收和低水平战争的恶性循环当中。因为它没有强大的政治制度把各方政治势力文明化,实现共赢,进而实现共同的繁荣和强盛。一个处于经济、税收、军事恶性循环的王国就很难成为一个强国,就容易被进入经济、税收、军事良性循环的邻国击败。

《大宪章》、《牛津条例》、西门议会、模范议会一路演化,封建王国如何成长为现代国家的逻辑就越来越明朗:不能单纯靠贵族们限制国王,限制是有讲究的，要打造一个双方既斗争又合作的稳定平台，不仅可以相互节制，不让任何一方太过分，而且可以相互团结，一起通过共同的平台推进国家的成长。中世纪产出的这个平台就是英国议会。从长远来看，议会制度越成熟，议会运转得越实在、效率越高，越容易凝聚各方力量把王国变成强国，建成现代国家。

注释

[1] 梁启超：《饮冰室合集》（二），中华书局，1988，第1页。（**）

[2] 罗纳德·布鲁斯·圣约翰：《利比亚史》第七章，韩志斌译，东方出版中心，2011。（*）

[3] 亚里士多德：《政治学》，吴寿彭译，商务印书馆，1983，第214-220页。F. I. 芬利主编《希腊的遗产》，张强、唐均等译，上海人民出版社，2004，第44-46页。（*）丛日云：《西方政治文化传统》，黑龙江人民出版社，2002，第62-79页。（*）

[4] 弗朗切斯科·德·马尔蒂诺：《罗马政制史（第一卷）》第十七、十八章，薛军译，北京大学出版社，2009。（***）

[5] 塔西佗：《阿古利可拉传 日耳曼尼亚志》，马雍、傅正元译，商务印书馆，1985，第60-61页。（***）

[6] 克里斯·威克姆：《罗马帝国的遗产：400-1000》，余乐译，中信出版社，2019，第163-164页。（**）

[7] 《圣经·罗马书》第13章第1节。

[8] 温斯顿·丘吉尔：《英语民族史》（第一卷 不列颠的诞生），薛力敏、林林译，南方出版社，2004，第227页。（*）

[9] 梅特兰：《英格兰宪政史》，李红海译，中国政法大学出版社，2010，第49-60页。（***）克莱顿·罗伯茨等：《英国史·上册，史前～1714年》，潘兴明等译，商务印书馆，2013，第169-175页。（**）

[10] 丹尼尔·汉南:《发明自由》,徐爽译,九州出版社,2019,第142页。(***)

[11] 理查德·邦尼主编《欧洲财政国家的兴起:1200~1815年》,沈国华译,上海财经大学出版社,2016,第19页。(***)

[12] 沃尔特·白芝浩:《英国宪法》,夏彦才译,商务印书馆,2005,第54-80页。(***)

22
百年战争
封建征伐的极限

召集模范议会的治世之才爱德华一世在登基之前参加了十字军东征,在1271年驰援了法国国王圣路易。这是最后一次十字军东征。主角们实在没空再管这件事情了。

回顾13世纪末、14世纪初的西方,神圣罗马帝国在腓特烈二世登基之前就内乱不止,皇帝奥托帮助舅舅约翰王进攻法兰西,在布汶战役中惨败,腓特烈二世和教皇恶斗了一辈子,1250年驾崩之后帝国陷入了"大空位"的乱局。1303年教皇卜尼法八世被美男子菲利普的骑士们围攻,教皇在随后近百年当中成了"阿维尼翁之囚",随后又陷入了"教会大分裂"。法兰西的卡佩王朝昂扬奋进,菲利普·奥古斯都、圣路易、美男子菲利普都是罕见的英明之君,王室威望和中央集权都蒸蒸日上。英格兰在爱德华一世治下走出了约翰王布汶战败的阴影,召集了模范议会,建立起财政署、最高法院和内务部,征服了威尔士,还差一点合并了苏格兰。

很明显，中世纪进入14世纪的时候，之前三百年最风光的教廷和帝国都落入了深渊，英法两国升级成为主角。新的两大主角上演的仍然是战争的老戏码，它们之间的百年混战从1337年开始，到1453年结束，断断续续打了116年，把西方从中世纪带到了现代的门口。我们分三步来探讨这场把中世纪跌跌撞撞带到现代门口的英法百年战争：第一，王室血统；第二，三大战役；第三，后世走向。

王室血统

中世纪贵族因为抢地盘而打仗不仅是家常便饭，甚至是职业和使命。从诺曼征服开始，英法两个王国的地盘就纠缠在一起，它们之间的战争和阴谋一直没有停止，比如前面提到的菲利普·奥古斯都处心积虑地对付亨利二世、狮心王理查德和无地王约翰父子三人。但是，谁也没有想到，两个王国的仗会打成像百年战争这么大、这么长、这么残酷。它的起因就是英国国王爱德华三世宣称自己比法国国王菲利普六世更有资格当法国国王。在前面的"贵族"一节我们谈过，中世纪贵族实行"内婚制"，他们的亲戚关系盘根错节，他们成了一大家子人，这个血统政治网络叫作"贵族国际"。现在，我们一起来算一算爱德华三世和菲利普六世的亲戚关系。

话说1328年，法国国王查理四世驾崩，他的遗嘱是：如果王后生下男孩，就继承王位；如果生下女孩，就让瓦卢瓦的菲利普继承王位。结果，王后生下的是女孩，从公元987年开始的卡佩王朝至此绝嗣，瓦卢瓦的菲利普登基为菲利普六世，法兰西的瓦卢瓦王朝开始了。

开启瓦卢瓦王朝的菲利普六世是卡佩王朝末代国王查理四世的堂哥。他和查理四世共享了祖父菲利普三世，当然也共享了曾祖圣路易，他的父亲瓦卢瓦的查理是美男子菲利普的亲弟弟。美男子菲利普身后，他的儿子们一个一个接着做法兰西国王，分别是路易十世、菲利普五世和查理四世。算起来，瓦卢瓦王朝是卡佩王朝的旁支。

英格兰国王爱德华三世有什么血统依据要求继承查理四世留下的法兰西

王位呢？他的母亲伊莎贝拉——也就是爱德华二世的王后——是查理四世的亲姐姐，而他则是查理四世的亲外甥。

堂哥还是外甥，谁更有资格继承查理四世的王位？

法国贵族们援用古老的《萨利克法典》，排除了女性的王位继承权。英国王太后伊莎贝拉没有资格，可问题是，她的子嗣有没有继承权，法国贵族们做出了明确的决定："母亲没有继承的权利，因此儿子也没有。"[1]他们成功拥立瓦卢瓦的菲利普为王。[2]

不过，英国有过不绝对排斥女性王位继承权的先例。1135年，亨利一世驾崩之后，他的外甥斯蒂芬做了国王，但他的女儿玛蒂尔达也主张自己有王位继承权。经过激烈斗争，玛蒂尔达没有直接当女王，而是双方约定：斯蒂芬余生都是国王，在他驾崩之后由玛蒂尔达的儿子即位。其子就是亨利二世，他继位后，英格兰也从诺曼王朝转入了金雀花王朝。从亨利一世的身后事来看，外甥先做了国王，然后外甥把王位传给了外孙，女性虽然不能直接当国王，但可以纳入王位继承权的血统谱系计算。[3]

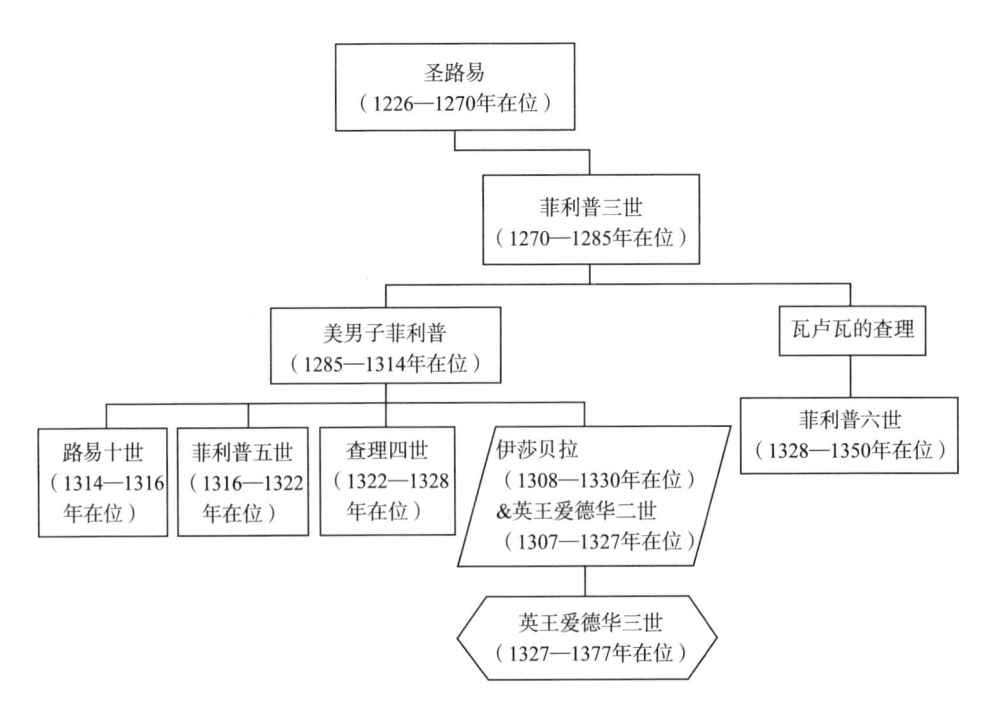

```
                    圣路易
              （1226—1270年在位）
                      │
                   菲利普三世
              （1270—1285年在位）
                   │         │
          美男子菲利普    瓦卢瓦的查理
       （1285—1314年在位）        │
                              菲利普六世
                         （1328—1350年在位）

  路易十世   菲利普五世   查理四世    伊莎贝拉
(1314—1316) (1316—1322) (1322—1328) （1308—1330年在位）
 年在位）   年在位）    年在位）   &英王爱德华二世
                                （1307—1327年在位）
                                      │
                                 英王爱德华三世
                              （1327—1377年在位）
```

双方的嘴仗就这么打起来了。不过，要变成热战还需要很多别的冲突火上浇油。先来看两位王位争夺者的性情。总的来说，他们都是前面谈过的那种"荒唐"的骑士国王，像狮心王理查德一样，热爱荣誉、好大喜功、死要面子、不讲实际、酷爱玩乐，对财政没概念，把自己当骑士，亲自上阵搏杀。菲利普比爱德华更荒唐，同时代的人记载说："三位国王留住他的公馆，此外还有不计其数的公爵、伯爵和男爵；在人们的记忆中，法国还没有哪位国王像这位菲利普国王一样讲排场。他命人举办庆典、比武和各种游乐活动，还亲自组织安排，作细致指导。这位国王十分讲究荣誉，对有关骑士风度的问题十分精通……"[4]

爱德华之所以后来大获全胜，是因为他比菲利普多了让人脊背发凉的狠劲儿，也因为他更会打仗。1330年，17岁的爱德华带领一帮朋友潜入母后情夫莫蒂默精心设计的堡垒，不顾母后的央求，抓走了莫蒂默，然后把他当众绞死分尸。[5]莫蒂默固然是暗害父王、勾引母后、把持朝政、祸乱英国的罪魁，死有余辜，但少年爱德华的行动更让人胆寒。他夺回了属于他的王权。菲利普则是没有真本事却死要面子的纨绔子弟。这样两个骑士国王打起来，实在是很正常的事情。

然后我们再来看看两国的摩擦。满嘴以高贵血统为依据的王位继承权口水战不可能很快分出胜负，但很多冲突几乎每天都在发生，让双方变得越来越针锋相对，礼仪的、封建的、航海的、贸易的、盟友的、司法的各种冲突，全都有。1329年，爱德华还没有夺权成功，在礼仪上他作为阿基坦公爵必须向领主菲利普行礼，他到底有没有严肃认真地完成这个仪式，双方各执一词。英国在大陆上的地盘加斯科涅总是不听法国官员的命令，法国曾两次出兵将其占领，谈判之后又还给了英国。双方的商船都自带海盗功能，抢劫对方的商船成了本国国王允许的合法行动。佛兰德斯是英国最重要的贸易伙伴，法国想收服这块非常富饶的领地，英国自然想尽办法阻挠。苏格兰是英格兰的后院，法国总是支持它给英格兰找麻烦。双方的势力收到对方法院的传票，都拒绝上法庭应诉，而是直接给自己的国王写信求救。爱德华甚至故意庇护菲利普的叛臣。两个方方面面都存在冲突的王国，摩擦越来越频繁，积怨越来越深，在哪个地方擦枪走火其实都是很正常的事情。看来是时候算一下总账了，关键行动就是1337年爱德华三世亲率军队登陆法兰西。[6]

三大战役

其实，在爱德华三世亲征开始之前，两国已经交手好几次，陆上和海上的都有，陆战还在进行当中。但爱德华三世的登陆开启了英军威风八面的主旋律。百年战争的三大战役是1346年爱德华三世战胜菲利普六世的克雷西战役，1356年黑太子爱德华战胜约翰二世的普瓦提埃战役，以及1415年亨利五世战胜查理六世的阿金库尔战役。三大战役都是英军大获全胜，法军一败涂地。

1346年的克雷西战役中，英军兵力只有不到一万人，靠灵活机动一直进逼到离巴黎不远处。眼看菲利普亲率三万大军浩浩荡荡开来，爱德华先是想撤退。不过去路被堵死，他找到了克雷西这个地方主动迎敌。菲利普几乎犯了统帅能犯的所有错误：趾高气扬，不把敌人放在眼里；急躁冲动，想凭借优势兵力速战速决；主意不定，决策改变太快；调度不当，多股力量还没来得及配合好就草率开战；不了解敌人的致命武器，也就是比自己的十字弓射程更远的长弓；不清楚自己的致命缺陷，重装骑士固然威武，但灵活性太差。就这样，乱作一团的法军全军覆没，英军伤亡不到200人。[7]

爱德华三世在取得大胜之后做出了两个对英国后世影响深远的决定：一个是成立嘉德骑士团。当时有24名骑士获颁嘉德勋章。嘉德勋章成为英国王室颁发的最古老和最重要的荣誉勋章。嘉德骑士团除了国王之外，还包括威尔士亲王（王太子）和人数固定的24名骑士，组成国王的心腹近臣团队。爱德华三世的另一个决定是选择圣乔治作为英格兰的守护圣徒。这名十字军东征中开始出名的圣徒成为英国第一圣徒，他的白底红十字"圣乔治旗"成为英格兰国旗。后来，勇者斗恶龙的传说被归于他的名下，关于他的传说越来越多、越传越神。

法国国王菲利普六世从克雷西成功脱逃，四年之后驾崩。没想到，登基的新国王更荒唐，他是菲利普六世的儿子，称约翰二世。他恐怕是法国历史上最让人不齿的国王。

胜利之后的英军歇息了一段时间，主要是因为黑死病在1348年从法兰西传到了英格兰。爱德华三世把他的长子"黑太子"留在了法兰西。差不多十年的时间，黑太子一直在法兰西纵横驰骋，他没有攻城略地，只是烧杀抢掠。法军敌不过黑太子，避之唯恐不及。1356年，约翰决定剿灭黑太子，双方在普瓦提埃大战。黑太子比自己的父王不差，约翰却比自己的父王还要差一大截。法军人数是英军的五倍。结果，我们只要看看黑太子的俘虏名单就知道法兰西输得有多惨了：国王约翰、王子一名、大主教一名、伯爵十三名、子爵五名、男爵十六名。

约翰和他的将军们被带回了伦敦关押，爱德华三世倒是也予以优待。不过，人质的作用是换取赎金和和约。双方签订了《布列塔尼和约》，半个法兰西的封建领地都被划归爱德华名下，巨额赔款让法兰西根本付不起钱，不过，爱德华宣布放弃对法国王位继承权的主张。谈条约的法国王太子查理比所有人都更清楚他根本什么都给不起，他就一路慢慢谈，钱一点一点付。钱付了一些，约翰回国了。这个时候，他的二儿子必须顶替父王去伦敦做人质。可二儿子拒绝了，父王和兄长劝也不听。这个时候让我们匪夷所思的一幕出现了，儿子不肖，父王约翰站出来说：那还是朕亲自回伦敦继续做人质吧。1364年，他在伦敦驾崩。[8]

王太子查理即位，是为查理五世。比起父亲和祖父，甚至历史上大多数法国国王，他都算精明强干，甚至在某种程度上可以说是英明神武。他采用什么战略呢？套用罗马史的故事，就是"费边战术"。我法兰西在两次大战中都吃了大亏，确实打不过你爱德华三世和黑太子，我就不和你正面对决。军队不交手，就是不让英军用大决战摧毁法军本来已经没剩多少的家底。付钱一步步来，有商量，有交往，但就是不着急，当然，也不投降。就这样，查理五世居然把爱德华三世和黑太子都熬死了，他们分别在1377和1376年驾崩。之所以最后的阿金库尔战役要到1415年才打，是因为两个王国国内都出了大麻烦。

英国这边，爱德华三世最喜欢也最能干的黑太子居然先他而去，他的孙子——也就是黑太子的儿子——理查德二世继承了王位。理查德胡作非为，最后众叛亲离，被议会废黜。议会推选了兰开斯特家族的亨利做国王，英国从金雀花王朝变成了兰开斯特王朝。亨利四世稳住了他的统治，不过，议会的权威和职能在废黜理查德二世的斗争中大幅增加。

法国这边，查理五世不光只是会跟英国人迂回，还忍得住法兰西被烧杀抢掠的痛苦。他控制起三级会议，征税制度固定下来，王家军队也开始向常备军的方向迈进，司法管理也有序推进。甚至在某种程度上，查理五世的做法已经让法兰西重新回到建设现代国家的轨道。但是很不幸，他的儿子查理六世神智不正常，可以说就是个疯子，朝政被勃艮第公爵和奥尔良公爵把持。双方的派系斗争越来越严重，终于在1414年酿成了内战。

1413年登基的英国国王亨利五世非常像当年的爱德华三世，而他面对的法兰西是一个忙于打内战的王国。亨利又主张自己有权继承法国王位，而且亲率军队登陆法国。勃艮第派成了英军的盟友，奥尔良派组织军队抵抗。结果，在阿金库尔战役当中英军获胜，奥尔良公爵被俘。这个时候怎么处置法国呢？勃艮第公爵和亨利五世签订了《特鲁瓦和约》，明确规定现在的王太子查理不是疯子国王查理六世的亲儿子，没有继承权；英王亨利五世娶疯子国王查理六世的女儿为妻，等他驾崩以后，由女婿亨利五世继承法兰西的王位。如果这个条约实现，法兰西就被英格兰吞并了。[9]

当真是天不亡法兰西！1422年，叱咤风云的亨利五世在法兰西征战时染病，35岁便驾崩了，居然只比他的疯子岳父晚死了几个月，而他的继承人还是个婴儿。这给法兰西留下了喘息的机会。喘上这口气，法兰西的救星就来了，她就是圣女贞德。她广受世人爱戴，英国人丘吉尔对她完全不吝惜赞美之辞，称她为"拯救众人的天使、法国最高尚的爱国者、最杰出的英雄、最敬爱的圣人和最激动人心的人物"。[10]

多姆雷米的牧羊姑娘贞德觉得自己受到上帝召唤，要从英军手中解救法国。她拉起了一支队伍，而且请求当地领主带她去见流亡的王太子查理。她在1429年如愿以偿。不过，王太子和大贵族们并不信任她。没有关系，贞德先是解了奥尔良之围，然后驰骋法兰西对付英国人和勃艮第人，拥立王太子加冕为查理七世。她在1430年战败被俘，被当作女巫烧死。不过，法兰西保家卫国的热情和信心被她点燃了，从查理七世到普通民众都是这样，对英军的抗争此起彼伏。后来，查理七世逐渐坐稳了巴黎，法军开始一步步收复失地。[11] 1453年，波尔多的英军投降，英国在大陆上的地盘完全落回法国人手里，百年战争结束。

后世走向

按照现在的看法，三大战役几乎让法兰西三次亡国。不过，在中世纪法兰西的形势其实没那么危急。法兰西不亡，和中世纪的很多特点有关，而这些特点在百年战争中也一步步发生改变。也就是说，中世纪的极限在百年战争中充分暴露出来，它朝着现代迈进的许多方向逐渐明朗。

首先，统治的基本观念在中世纪和现代大不一样。

贵族是武士，要荣誉，要胜利，喜欢金银财宝，喜欢烧杀抢掠。最典型的就是让英格兰骄傲、让法兰西害怕的黑太子。他在法兰西烧杀抢掠的确很痛快，贵族的一切需要都从中得到了满足，但问题是，这样痛快淋漓的做法从长远来看是非常失败的。他没有把法兰西的土地当成自己的领地，也没有把这些土地上的人民当作自己的人民。从黑太子往下，所有英格兰贵族，都是这种做派，他们根本就没有放下武器，好好用法律治理法兰西，法兰西自然也就不会真正臣服。一旦贞德点燃了法兰西人的爱国热情和信心，赶走侵略者就是迟早的事情。军事上成功的英格兰在政治上完全是失败的，骑士战争的政治极限被黑太子暴露无遗。

从英格兰的军事胜利和政治失败来看，贵族的武士本性大大抑制了一个王国和它统治阶级的政治成熟。在这个维度上，濒临亡国的法兰西反而做得更好，执行"费边战术"的查理五世重启了菲利普·奥古斯都和美男子菲利普的务实建设国家的路线，他被尊称为"智者查理"。[12]他不再亲自好勇斗狠，而是用系统的制度建设来增强王国的整体实力。他深知必须把王国从封建贵族打打杀杀、烧杀抢掠、快意恩仇的暴力和任性中解放出来，一切力量——包括国王本人在内——都必须为国家服务、为国家利益服务，王国才能真的强大。这正是之后三百年现代国家建设的主题。

其次，军队的基本构成在中世纪和现代大不一样。

英格兰的长弓让法兰西吃了大亏，而且不止一次。"长弓不仅为爱德华赢得了辉煌的胜利，还终结了骑兵长达五百年至高无上的地位。"[13]但这不只是武器先进的问题。爱德华三世的军队以长弓兵为主力，而这些长弓兵恰恰是步兵。也就是说，骑士在这支队伍里的地位和作用都大大下降了。正是这样一支看起来更平民化的军队打败了法兰西以重装骑士组成的军队。英军的组织方式更接近现代，这其实是一支国王整合的雇佣军。国王出钱把各方武士雇来按照自己的战略战术重新整编，组织更讲究了，军队更专业化了，战斗效率自然也就更高。反观法军，贵族和骑士盔甲越来越讲究，在战斗上的灵活性却严重下降，更要命的是组织性纪律性大成问题，个人英雄主义膨胀，很难实现不同兵种的分工协作。所以，法兰西骑士的盔甲再好，人马再多，战斗力也很有限，三大战役的惨败将骑士战争的军事效率极限暴露无遗。

从英法两军的军事成败来看，以骑士的个人英雄主义支撑的封建军队走向没落，而以专业化、职业化、正规化为指标展开军队建设是正确的方向。尤其火器在15世纪大显身手之后，骑士战争就走到了尽头。[14]当时和后来很长一段时间，新式军队只能靠买，因而雇佣军大行其道。后来的国王们被马基雅维利严肃教导，雇佣军没有忠诚可言，根本靠不住。[15]吃了雇佣军的大亏之后，各国国王都开始建立常备军，它成为现代国家的支柱。

最后，人民的基本构成在中世纪和现代大不一样。

如果没有黑太子那样的烧杀抢掠，法兰西人大概不会那么恨英格兰人，后来贞德的爱国主义战争动员很可能就没什么用。法兰西成为她土地上的人民效忠的对象恰恰是以贞德为起点的。中世纪没有国家的概念，老百姓只有自己的领主，领主从法王的封臣变成英王的封臣，他们也跟着改换门庭。谁给他们好日子过最重要，谁是他们的国王，甚至哪个王国是他们的国，一点都不重要。国家要有组织、有权力、有权威、有故事，成为人民能够直接感受到的对象，进而成为人民效忠的对象，这样的国家是中世纪后期一步步打造出来的。打造出让人民效忠的国家，主要靠的是战争和贞德这样的爱国战争动员者。贞德的巨大成功将封建效忠的脆弱极限暴露无遗。

从法兰西最终的胜利来看，封建效忠完全不够用，民族忠诚必须被唤醒，不，确切地说，是被制造出来。"一个民族，一个国家"逐渐成为演进的方向，中世纪晚期和现代早期明智的国王们都在这条路上努力。经过16世纪的宗教改革和17世纪的三十年战争，民族国家完全成型，我们所熟悉的现代政治版图基本上也就成型了。

注释

[1] 乔纳森·萨姆欣：《百年战争 第一卷：战争的试炼：上》，傅翀、吴畋等译，社会科学文献出版社，2019，第146页。（**）

[2] 乔治·杜比主编《法国史》（上卷），吕一民、沈坚等译，商务印书馆，2010，第448、478页。（**）克莱顿·罗伯茨等：《英国史·上册，史前~1714年》，潘兴明等译，商务印书馆，2013，第189-190页。（**）

[3] 罗伯茨等：《英国史·上册，史前~1714年》，第105-106页。

[4] 杜比主编《法国史》（上卷），第479页。

[5] 查尔斯·欧曼：《百年战争史：1327-1485》，王晋瑞译，华文出版社，2020，第21-23页。（**）埃德·韦斯特：《恶病年代：骑士、瘟疫、百年战争与金雀花王朝的凋落》，史耕山、万红芳译，化学工业出版

社，2021，第85-86页。（**）

[6] 德斯蒙德·苏厄德：《百年战争简史》第1章，文俊译，四川人民出版社，2017。（**）

[7] 苏厄德：《百年战争简史》第2章。欧曼：《百年战争史：1327-1485》第12章。韦斯特：《恶病年代：骑士、瘟疫、百年战争与金雀花王朝的凋落》第六章。

[8] 苏厄德：《百年战争简史》第3章。欧曼：《百年战争史：1327-1485》第16章。韦斯特：《恶病年代：骑士、瘟疫、百年战争与金雀花王朝的凋落》，第143-147页。

[9] 苏厄德：《百年战争简史》第7章。欧曼：《百年战争史：1327-1485》第32章。埃德·韦斯特：《红白玫瑰：15世纪英格兰两大家族的王权争夺与都铎王朝的开启》第2章，张尚莲、杨金淑译，化学工业出版社，2021。

[10] 温斯顿·丘吉尔：《英语民族史》（第一卷 不列颠的诞生），薛力敏、林林译，南方出版社，2004，第328页。（*）

[11] 苏厄德：《百年战争简史》第9章。欧曼：《百年战争史：1327-1485》第34、35章。韦斯特：《红白玫瑰：15世纪英格兰两大家族的王权争夺与都铎王朝的开启》第3章。参见萧伯纳：《圣女贞德》，房霞译，新星出版社，2013。（**）

[12] 苏厄德：《百年战争简史》第4章。

[13] 克莱顿·罗伯茨等：《英国史·上册，史前~1714年》，潘兴明等译，商务印书馆，2013，第105-106、191页。

[14] 约翰·基根：《战争史》，时殷弘译，商务印书馆，2010，第422-441页。（***）

[15] 尼科洛·马基雅维利：《君主论·李维史论》第十二章，潘汉典译，吉林出版集团有限责任公司，2010。

第五章

大 学

中——世——纪

前一章我们谈了王国，尤其是其中的议会，解析了中世纪孵化现代国家的历史逻辑。中世纪不仅孵化了国家，还孵化了大学和城市，它们对于现代世界的重要性丝毫不逊于国家。这一章我们进入一个新的专题展室，一起看看中世纪的另一个伟大发明：大学。下一章我们再一起去看城市。

大学产生于中世纪，像议会一样，是中世纪的独特发明。大学当然要当作一道非常独特的中世纪风景来看，但更要当作现代大学的起源来看：大学最重要的特征和运行机理在中世纪就已经形成了，拥有巨大影响力的大学始祖们——博洛尼亚大学、巴黎大学、牛津大学、剑桥大学——把这些特征和机理带到了现代世界。大学可能比我们想象的更重要，我把大学辟为第四专题展室，是因为它承载着中世纪极其重要的功能：知识生产。现代世界的知识生产，到目前为止仍然主要由大学来承担。

作为知识生产工厂的大学，既是教皇、皇帝、国王们的知识兵工厂，也是神学家、哲学家、科学家和学生们的象牙塔。兵工厂身份意味着大学有其强烈的政治性，象牙塔身份意味着大学有其深厚的纯粹性，二者的交织让大学迅速发展壮大。其中任何一种身份的丧失，都意味着大学将不再是大学，要么成为智库，要么成为密修会。中世纪社会政治的多元性让大学处于一个既相对宽松又充满刺激的环境当中，兵工厂身份和象牙塔身份都得到了长足的进步，大学作为一种独立的社会力量形成了，由此，大学也为中世纪的多元性贡献了自身独特的力量。

比起教会、帝国、王国，大学没有古老的出身，是中世纪的新发明。新来的大学是从这些旧势力的夹缝中成长起来的。因此，大学的方方面面，无论是政治支持、法律保护、资金来源，还是办学理念、教授内容、师生来源、学生去处，都和它们存在着非常紧密的联系。正是在这些联系的推动、拉拽和羁绊之下，大学成长起来，走出了一条独特的路，培育了一批卓越的大师，创造了一个壮观的世界。

23
大学
知识生产的重整

　　而今基本是一个人人都可以上大学的年代了，2020年中国高考的录取率已经达到90%以上。这意味着参加高考的高中生十有八九都可以上大学，与1977年不到5%的录取率相比，已经不是千军万马过独木桥，基本上快要变成人人有份了。即便没有上过大学，也不是什么大不了的事情，上大学在没上过大学的人眼里也不是什么稀罕的履历了。在大学之外，还有很多渠道可以学习知识和证明自己。大学在我们这个时代已经变得稀松平常。

　　不过，如果认为大学只是一种教育机构，本质上和小学、中学、蓝翔技校、新东方属于同一种类型，那仅仅看到了表面。大学比绝大多数人想象的要重要得多，它对于一个社会的极端重要性，从它在中世纪诞生的时候就已经埋下了，到现在仍然没有根本的改变。它到底哪儿重要呢？"必须强调，大学这一机制实际上是中世纪的发明"，[1]大学是一个社会最基础的当然也就是最重要的知识生产机制。我们就从源头分三步来解析大学这种知识生产机制：第一，买卖；第二，权力；第三，使命。

买卖

  大学是一种知识生产机制，也就是说，比起小学、中学、蓝翔技校和新东方，大学虽然也传授知识，但更重要的是，它负责生产和制造知识。用现在的话来说，大学老师的基本任务是教学和科研，科研就是生产和制造知识。那蓝翔技校就不创造知识吗？开挖掘机的知识也是知识啊，蓝翔技校把工人师傅的高超技艺变成了可以分解和重复的训练规程。确实如此。但是，大学创造出来的知识更加抽象、覆盖面更广、涉及的问题更深。这里还不完全是技术和知识的差别，也不是知识存在贵贱高低之分，而是背后的世界观和方法论的差别。拿开挖掘机来说，工人师傅可能做到神乎其技，就像古代名将射箭可以百步穿杨，但怎么认识、理解、复制这些神乎其技呢？很可能他并不能想清楚，也不一定能讲清楚。负责教学研发的老师要把技术变得可教，就得把动作拆分，每一部分都给出要领，变成可理解、可执行的操作规程。就像我们军训的时候训练踢正步一样，一步正步要拆分成好几个动作，每个动作都有标准。每一个步骤都练得符合高标准、严要求，组合起来就像模像样了。

  研发拆分方案就有点大学科研的味道了：知识，在能干不能说的工人师傅那里只是矿石；在高级的老师那里，则被提炼成黄金，变成了金砖的模样，它通常就是行业内的标准教科书或者教学大纲；在一般的老师那里，它才成了教科书、习题和教条，他们照猫画虎，从金砖上切一点下来交给学生，自己加以变通和发挥，成了金币、银币、铜币，知识就流通起来了。不过，大学里最高级的老师就像爱因斯坦或者罗尔斯，他们研究的对象不是生产生活中具体的技术，而是"宇宙是什么样的"或者"正义是什么样的"这样的大问题。

  把世界拆分成若干环节的办法叫分析。分析之所以是可能的，是因为我们都接受了机械论的世界观和方法论，它们是现代哲学家笛卡尔发明的。在这种世界观和方法论之下，整个世界就是一个巨大的钟表。世界上的所有物品或者事情，都像钟表，把它们拆开，各个齿轮搞清楚，再组装起来，严丝合缝，我们就掌握它们了。[2]古人不相信这种世界观和方法论，在古人的世界里，射箭也好，骑马也好，烧制陶器也好，演奏乐器也好，世上的一切技艺都是通神的、通灵的。给师傅当学徒，叫修炼，不叫学习。因为不仅要学师傅的动作，更要学他的人品，后者才是通神、通灵的渠道。掌握知识必须走心，走脑是远远不够的。

大学就是要高屋建瓴地把所有知识变成走脑的事情，人的理性可以认识和驾驭世界，所有的神乎其技都是可以用讲道理的方式传授的，包括"宇宙是什么样的"和"正义是什么样的"。大学用理性的世界观和方法论来整理和制造知识，不像师傅带徒弟那样充满了高度人格化和神秘主义的色彩。要实现这种理性化的知识生产和传授，在中世纪这个充满了神秘思维的时代其实有点蹊跷，有点歪打正着却又是命中注定：大学一开始是一个买卖知识的地方，买卖的对象是法学的知识，第一个大学就是以法学院闻名的博洛尼亚大学。

教授掌握法学知识，学生想买，学会了之后不仅可以当律师，而且可以成为教皇、皇帝、国王、公爵、伯爵的谋士和官僚。在中世纪学法律和现在一样，是挣钱和当官的好门路。不像做面包或者打铁器的小生意，把满腹经纶的法学知识"货与帝王家"是大买卖。在法学知识这种独特的商品面前，卖家不能要求买家跟自己有太多的人格依附或者神秘关系。学生买了，学会了，是要拿出去用的，不会留在教授身边服侍一辈子。也就是说，买卖关系打破了师傅把徒弟当传人这种传统的知识传承关系。买卖不能神秘，不能人格化，被卖的知识必须讲得明白，必须拿出去可以通用。法学知识恰好非常容易满足这种知识理性化、客观化的买卖要求，因为它本身就必须是理性化、客观化的知识。

结果有点蹊跷又在情理之中：第一个买卖法学知识的成熟市场成了世界上第一所大学博洛尼亚大学。它一开始就是个法学院。据它自己说，它成立于1088年。[3]

博洛尼亚最著名的知识买卖发生在著名法学家伊尔内留斯和他的学生们之间。博洛尼亚地处意大利北部的交通要道,各方来此交易非常方便,于是伊尔内留斯在此讲学,买家云集。后来,这些买家要么把法学知识货与帝王家,成了布衣将相;要么开了分店卖给别人,成了著名法学教授。总之,博洛尼亚这个买卖法学知识的好市场名震四方,自然也就非常兴旺。

市场兴旺了,怎么管理这个大问题就来了。博洛尼亚的法学知识交易所是典型的买方市场,学校是由学生组织起来的,学生会定规矩,而且有权决定聘请什么样的教授,总之,学生治校。意大利、西班牙、法兰西南部的大学后来基本上都采用了博洛尼亚模式。法兰西中北部、德意志不一样,那里的大学反过来了,教授治校,教授团管理学校事务,定学校的规矩,尤其是决定谁可以当教授,教授占据了主动地位。中世纪大学的实质就是知识市场里的学生行会或者教授行会。[4]

知识市场无论由学生行会主导还是由教授行会主导,都必须通过一个门槛才能成为大学,而这个门槛在中世纪就是特许状。特许状承认了大学的独立法人地位,有了它,大学可以有自己的章程、土地、财产等等,就不会因为人员的变动轻易地散伙,还能够得到人身和财产的保护,成为一个永续性组织。更重要的是,特许状可以抵抗政治势力对大学的干预,捍卫自己的立身之本——学术自由。从买卖的角度来看,学术自由就是知识领域的买卖自由。但是,所有的统治者对知识这种特殊商品都不放心,因为它涉及人心是怎么想的,那特许状怎么可能出现呢?我们就得继续往前看第二步,权力。

权力

任何一种知识生产机制都涉及权力,因为知识就是权力。在普通商品生产的机制当中,老板有权决定做什么东西、卖多少钱,工人没有这种权力。知识生产机制当中的权力更加隐秘,因为它涉及各方政治势力对人心的争夺。教皇、皇帝、国王、城市、大学都在这块战场上为自己的权力而斗争。

大学能够稳定地生产知识，是各方权力博弈达成某种平衡的结果。

我们来看看各方势力在知识生产领域中的表现。先看皇帝或者国王。如果皇帝（国王）给一个大学发了特许状，承认它的法人地位和学术自由，但这个大学卖的都是反对皇帝（国王）的知识，皇帝（国王）不是给自己找麻烦吗？所以，大一统的王朝不可能有大学，只会有国子监，读书人不是去那里买知识，而是去接受内容完全确定的培训，成为权力系统需要的接班人。大学和这种教育机构内在的逻辑完全不是一回事。

中世纪恰好是一个政治势力极其多元化的时代，皇帝、教皇、国王给大学发特许状都是为了一方面替自己培养人才，一方面去攻击对方，这在教俗双方的激烈对抗当中非常明显。我们前面专门谈过教皇的优势，教权和俗权之间激烈的政治斗争中，皇帝之所以跑去给教皇下跪认错，很根本一个原因就是皇帝讲不出多少道理，道理被教皇讲完了。知识几乎全部被教会垄断，皇帝们连自己坐上皇位的故事都得靠教会来编，吵起架来他们根本就不是教皇的对手。打起架来呢？教皇也善于在各路诸侯之间合纵连横。这样一来，皇帝软硬两方面的实力都斗不过教皇。为了把政治上讲道理这个弱项赶紧补起来，皇帝们迫切需要对自己有利的知识生产机制。

也就是说，从大学的起源来看，它的基本条件和存活环境是政治的多元化，它是在教皇和皇帝斗法的夹缝中成长起来的。再进一步，大学其实从诞生伊始就带有政治武器的味道，它是皇帝壮大自己政治资本的兵工厂。培根后来说了一句名言——"知识就是力量"，一点也没错，中世纪的教皇和皇帝们完全会同意，我们甚至可以应中世纪大学的景，把这句名言直接翻译成"知识就是权力"。

世界上第一所大学博洛尼亚大学到底怎么帮助皇帝们的呢？伊尔内留斯教授的是什么法学？这种法学对皇帝有什么帮助？被帮助的皇帝们明白吗，投桃报李了吗？伊尔内留斯讲的是罗马法，他引领了罗马法复兴。所谓罗马法复兴，就是把拜占庭皇帝查士丁尼制定的《国法大全》拿过来当材料研究，使得法学知识得以系统化地生产，法律因此厚重地重新覆盖整个西方。

这道亮丽的风景我们下一节再细谈。

罗马法里大部分内容是民法，婚姻、家庭、继承、买卖，这些内容对于市场经济全面恢复的中世纪大有好处。市场经济是法治经济，罗马法在当时自然大受欢迎。还有一部分内容，是罗马公法的规定，就是法律规定公权力怎么设定、怎么行使。这部分内容让皇帝们喜出望外。罗马法规定：皇帝的喜好就是法律，皇帝不受法律拘束，等等。中世纪的法学家们得解释，"皇帝的喜好就是法律""皇帝不受法律拘束"都是什么意思。他们不会把有利于皇帝的罗马法格言解释成皇帝可以无法无天，但无论怎么解释，皇帝都是赢家。因为在罗马法的规则当中，皇帝就是绝对的主角，甚至根本就没有教皇这个角色。如果整个政治共同体按照罗马法的规定来建设和管理，就是在打造以皇帝为绝对核心的政治权力体系。[5]而且，罗马法是培养文法之士最好的素材，皇帝和国王手下有了更多的文法之士，强化中央集权、取代封建主义，才是可能的。不然的话，皇帝和国王们用什么人去取代封建领主帮自己管理帝国和王国。从立法、司法和行政所需的读写能力、专业能力和政治能力来看，批量培养文法之士进而形成职业官僚队伍，大学居功至伟，它是带西方走出中世纪的重要力量。[6]

无论是私法研究襄助市场经济繁荣，还是公法研究襄助皇权制造和强化权力，皇帝们都会给法学院一个大大的拥抱，这个大大的拥抱就是特许状。神圣罗马皇帝红胡子腓特烈于1155年明确授予博洛尼亚大学师生特权，颁布了《安全居住法》，许诺世界上任何人来上这个大学或者讲学，人身安全和迁徙自由都会得到他的保护。谁要是伤害了教授和大学生，就是和皇帝过不去，红胡子这个话是喊给教皇和各地诸侯听的。大学、教授和大学生的地位简直是青云直上。[7]后来各国国王纷纷效仿红胡子，欧洲著名的大学在13、14世纪迅速发展壮大。长期来看，大学确实帮助皇帝和国王们扭转了知识上的劣势。不过短期之内，道路非常曲折。因为强大的教会绝不会坐以待毙。教会用更高级的办法来管控和塑造大学这个新生的知识生产机制，我们继续往前看第三步，使命。

使命

在中世纪早期,知识生产是由教会垄断的,典型的知识生产机制就是我们前面谈过的本笃会修道院。大学的诞生打破了修道院对知识生产的垄断,中世纪的知识生产机制因此得以全面重整,大学在此重整过程中成为知识生产的主要机制,一直延续至今。

教会为什么会允许知识生产这么重要的垄断被打破呢?客观上,扼杀新生的大学,教会做不到。教会要熄灭大学诞生的星星之火,一方面要对付热爱知识的人们,无论是教授还是学生;另一方面,还要对付保护他们的皇帝和国王们。教会没有绝对的硬实力关闭所有的大学。而且,在主观上,教会天然留下了一个巨大的口子,给大学的诞生留出了一丝活路,就是法学知识。法学在西方是极端重要的,它基本上相当于治理术。可是教会恰恰规定本笃会修士一旦取得研修资格,就不允许研究法学。法学成了修道院这种知识生产机制当中的巨大空白。结果,被伊尔内留斯这样的世俗聪明人抓住了机会。况且,教会自己作为一个巨大的政府,也需要法学。那怎么办?收编大学。怎么收编?讲使命愿景。当然,教会也充当大学的保护人,也授予大学、教授和学生特权,也为大学制定相关制度,比如最早的"教师资格证"就是教皇的发明。

教会的立场很明确,知识生产机制的垄断被打破是不可接受的,所以它很快就加紧了对大学的控制,其中最典型的是巴黎大学。很多历史学家认为,拥有《大学大宪章》和系统化机构设置的巴黎大学才是大学真正的鼻祖。这类"争夺祖先"的事情在中世纪史的相关话题中频繁出现,实在是太正常了,因为中世纪的任何方面都是异常多元的,想去上游找明确无误的源头是极其困难的。从巴黎大学开始,神学院、法学院、文学院、医学院四大学院的典型建制出现了,神学院当然成为各学院之首,它自然也就是教会对大学实施使命召唤策略的切口。比如,教皇在13世纪初频繁地向巴黎大学施压,强迫它严格遵守禁书目录、禁研问题目录、禁用词目录的规定,说是为了维护基督教教义的纯洁,实际上是为了禁绝刚回到西方不久的亚里士多德著作。

教会对大学的使命召唤说起来真是很古典,它想让大学尤其是其中的神学院不要沾染世俗纷扰,为学问而学问。这种论调不仅在基督教当中有本笃会修道院的传统支持,往前更有柏拉图、亚里士多德的传统支持,他们认为"沉思的生活是最高贵的"。[8]也就是说,支持大学成为与社会相对隔绝的象牙塔的,是教会。皇帝和国王们刚好相反,提倡学以致用,提倡大学和社会的紧密联系,提倡大学要适应社会、政治、经济生活的需要。

教会的使命召唤固然有它的政治用意,让大学成为象牙塔,就减少了它成为皇家兵工厂的机会。在与社会发展互动的意义上,教会的政治企图对大学来说是抑制它的创新,甚至抑制它的生产。但这种推动力也带来了很好的非意图后果:大学是人类生产、保存、传授知识的圣地的这种定位得到了强化;象牙塔作为大学自身追求纯粹的形象被牢固地树立起来;大学存在的内在逻辑得以完整地呈现出来,独立的存在因为纯粹的学术,学术是它的立身之本。有了这种自我意识和自觉性,大学在当时会抵抗教皇,后来会抵抗国王,维护自己的尊严。《权力的游戏》第七季中,"学城"就是一座高耸入云的象牙塔,里面的老教授们只关心学问,不关心政治和战争,甚至不关心即将到来的灭顶之灾。胖子塔利终于得偿所愿进入学城学习,老教授郑重其事地告诉他:"我们是世界的记忆。没有我们,人类不会比狗好多少,只记得上一顿饭,只看得见眼前的事。"不过,中世纪的大学生和现在的一样现实,哪怕在那个神学为王的年代,"中世纪的神学家一直抱怨大多数学生宁愿从事较有利可图的法律和医学职业"。[9]

既有多重外部力量的推动,又有纯粹内部自我品性的养成,大学这个为全社会生产知识的机制就稳固下来了。从大学的诞生看它的基因,一方面,它有政治性,但又不可能成为纯粹的政治工具,因为知识本身的真理性约束知识的制造者,使他们不能肆意妄为。不然,它生产的全是为统治者辩护的假知识,这个生产机制也就失去公信力和存在的意义了。另一方面,大学有独立性,但又不可能成为纯粹的修炼道场,因为知识本身的公共性迫使知识的制造者必须与社会各界人士交流。不然,它生产的全是只有自己能读懂的密码,这个生产机制制造出来的产品在市场上就失去了交换价值。大学就是这样一个典型的中世纪产物,多元而富有弹性,勇猛却自我节制,这是它后来能够适应现代社会和市场经济的根本原因所在。

注释

[1] 罗伯特·E. 勒纳等:《西方文明史》(Ⅰ),王觉非、潘兴明等译,中国青年出版社,2003,第343页。(**)

[2] 笛卡尔:《谈谈方法》,王太庆译,商务印书馆,2000,第16、26-47页。爱德华·扬·戴克斯特豪斯:《世界图景的机械化》,张卜天译,商务印书馆,2015,第3-6、568-589页。

[3] 希尔德·德·里德-西蒙斯主编《欧洲大学史·第1卷,中世纪大学》,张斌贤、程玉红等译,河北大学出版社,2008,第5页。(**)

[4] 里德-西蒙斯主编《欧洲大学史·第1卷,中世纪大学》,第40-43页。

[5] J. H. Burns (ed.), *The Cambridge History of Medieval Political Thought, c. 350–c. 1450* (Cambridge: Cambridge University Press, 2003), Chapter 14. (***)李筠:《论西方中世纪王权观:现代国家权力观念的中世纪起源》,社会科学文献出版社,2013,第114-119页。(***)

[6] 马克斯·韦伯:《支配社会学》第二章,康乐、简惠美译,广西师范大学出版社,2004。

[7] 里德-西蒙斯主编《欧洲大学史·第1卷,中世纪大学》,第85-87页。赫伯特·格隆德曼等:《德意志史 第一卷:古代和中世纪》(上册),张载扬、陆世澄等译,商务印书馆,1999,第513-514页。(**)

[8] 亚里士多德:《尼各马可伦理学》,廖申白译,商务印书馆,2017,第337-341页。

[9] 布莱恩·蒂尔尼等:《西欧中世纪史》,袁传伟译,北京大学出版社,2016,第396页。(**)

24
罗马法
法律世界的重建

公元1000年之后的中世纪迅速地进入了上升期的轨道，教皇革命、帝国雄心、王国争霸、经济复苏次第展开，文化也繁盛起来了，它的标志就是大学的诞生。它们之间存在着系统的关联性，文明本就是一个系统的整体。西方在中世纪后期的迸发，无论是想象成同一股文明的生命力在宗教、政治、军事、经济、文化各方面展开，还是想象成宗教、政治、军事、经济、文化不同力量的相互牵引，都是蓬勃向上的大好景象。曾经在罗马帝国时代占据显赫位置的法律、法学和法律人，在这番大好势头当中没有坐失良机。

法学知识是博洛尼亚大学和皇帝红胡子腓特烈建立起政治同盟的桥梁。皇帝在叱咤风云，大学在遍地开花，作为它们之间桥梁的法学知识没有理由悄无声息！确实，法学知识、法学教育和法律人才队伍在这个时代也出现了革命性的进展，主要内容是罗马法的研究和传播，史称"罗马法复兴"。这场运动最终让法律重新厚重地覆盖整个西方。现代西方特别倚重法律，最直接的渊源可以追溯到这里。

我们之所以把罗马法复兴放在"大学"这一章来讨论,是因为它根本上是一场知识运动,而这场运动的堡垒是大学。大学和罗马法相互成就。如果说大学是一种知识生产机制,那么,它诞生之初最主要的产品就是法学知识。如果说罗马法需要一个舞台,从尘封的典籍回到断案的法庭,大学不只是最重要的中转站,更是让它找到时代特色的加工厂。和大学诞生相辅相成的罗马法复兴,我们分三步来探讨:第一,中世纪早期的法律;第二,中世纪法学的进展;第三,中世纪法律的遗产。

中世纪早期的法律

罗马法复兴,一听这个词就知道,罗马法曾经衰落过。什么时候呢?自然是中世纪早期。公元476年,西罗马帝国灭亡,西方进入中世纪,一个个日耳曼蛮族王国建立起来。对于法律,日耳曼人和希腊人、罗马人一样深信不疑,他们虽然写不出什么高深的法学理论,但他们朴素地相信法律无处不在,就像水和空气一样自然。[1]

不过,日耳曼人的治理水平和文化水平确实太低,面对的社会政治状况也太恶劣,无法使复杂庞大的罗马法照旧运转。于是,罗马法在他们的热烈拥抱中大踏步地退步。西罗马帝国灭亡之后,无论东哥特王国还是西哥特王国,统治者们都知道法律是统治的必备工具,他们都在学习罗马法。具体来说,大约在500年,东哥特国王颁布了《狄奥多里克法令》,西哥特王国颁布了《阿拉里克法令》,他们认真参详的都是罗马帝国晚期的《狄奥多西法典》。他们努力学习罗马以法律治国的经验,努力将自己从习俗统治的部落变成法律统治的王国,所以他们敬畏罗马法。人类历史上一个非常独特的法律多元化格局自此开启,让我们感到极其陌生的状况是"属人法"的基本法律格局:在同一个蛮族王国中,不同的人遵守不同的法律,新来的蛮族遵守蛮族法,旧居的罗马人遵守罗马法,两相冲突的时候,以罗马法为准。后来,即便一个蛮族王国灭亡,被新的蛮族王国取代,新国王也不会废除旧法律，而是承认在被征服地区旧法律仍然有效，自己制定新法律的时候甚至会主动地把旧法律囊括其中，变成新法律的一部分。很多5、6世纪的法律在某些地区甚至到了13、14世纪仍然有效。法律层层叠叠，国王们不敢擅动。国王的权威固然通过颁布法律得到了强化，比起纯粹的战争领袖又多了一层伟大的身份和统治的功能，但日耳曼人认为法律是早已存在的，国王只是发现了它，把它公布出来，而不是制造了它，更不可能是创造了它。

在蛮族王国"发现法律"同时，东罗马帝国完成了法律的宏图伟业。公元534年，皇帝查士丁尼下令编纂的《国法大全》完成了。它包括《学说汇纂》《查士丁尼法典》《法学阶梯》。《学说汇纂》最重要，它集成了历代罗马法学家的观点，并且整合成一个条理分明的系统。《查士丁尼法典》集成了《狄奥多西法典》和2到6世纪的罗马法。《法学阶梯》是法学教科书。后来再加上《新律》这部在公元534年之后法律的汇编，《国法大全》齐备了。这个伟大的工程是古代罗马法的巅峰。[2]正是它，成了中世纪罗马法复兴的源泉。它是一个无穷无尽的宝藏。不过，在11世纪之前，它对西方没什么直接的影响。

中世纪的前五百年，西方自己摸索法律的道路。一方面，日耳曼人把自己的习惯汇编成法典，公布出来，所以西方人形成了一种根深蒂固的观念：法律是被人发现的，不是被人制造出来的。著名的蛮族法典有《萨利克法典》《利普里安法典》《勃艮第法典》《士瓦本法典》。它们受罗马法影响不大，但很符合日耳曼人当时的治理需要，很多古老的日耳曼观念、习俗、惯例也就通过它们刷新了西方。[3]西方在中世纪的日耳曼化很大程度上就是法律在中世纪早期的日耳曼化。另一方面，教皇的权力在不断得到强化，其中一个很重要的标志就是教皇敕令发布得越来越频繁，效力越来越得到普遍的认可。

总的来说，中世纪前五百年的法律状况没有办法和罗马帝国时代相提并论，也没法跟查士丁尼的东罗马帝国相提并论。从法学教育就可以看出这个时代法律格局的萎缩。中世纪早期培养法律人的学校主要是文法学校，法学只是教学内容的一小部分，被放在传统的语法、修辞、辩证法"三艺"的最后一科里面。古罗马时代的职业律师阶层、职业法学家群体都消失了。到10世纪，社会政治秩序逐渐恢复了，职业法律学校出现了，罗马、拉文纳、帕维亚都有了法律职业学校和法学教师，为博洛尼亚大学的出现做好了准备。

中世纪法学的进展

罗马法复兴大约是从11世纪末开始的。博洛尼亚大学声称自己是在1088年建立的，我们可以把这个时间看成罗马法复兴启动的时间，因为博洛尼亚大学的招牌就是罗马法，博洛尼亚大学的领袖就是罗马法教授伊尔内留斯。

机缘很重要。按理说，罗马、拉文纳、帕维亚都有法律职业学校和法学教师了，教会和各国的建设也急需法律人才，供需双方都有很大的起色。罗马法复兴的先机怎么就让博洛尼亚大学和伊尔内留斯抢去了呢？关键就在于查士丁尼《国法大全》重见天日，确切地说是《学说汇纂》大约在1070年被发现。其中最早的本子因为在比萨出现所以被叫作"比萨抄本"，传说比萨军队攻占了一个城市之后有人把它带了回比萨。"通行本"是博洛尼亚大学为教学使用整理编订的版本。《国法大全》给法学教师和学生们带来了无穷无尽的宝藏。伊尔内留斯就是第一个挖到宝藏的教授，他成了中世纪法学的大宗师，学生们尊称他为"法律之光"。[4]

中世纪的博洛尼亚是法学研究的第一个重镇，以它为源头，法学院、法学研究、法律人的培养四散开来。之后的两三百年，法学院在欧洲遍地开花，法学院学生大量进入各国的宫廷，其中的佼佼者成为皇帝和国王们的高参。据说红胡子腓特烈1158年夷平米兰之后召开了隆卡利亚议会，制定一系列控制意大利北部的政策和法令，伊尔内留斯的徒弟"四博士"就是智囊。红胡子就是在那个时候给了博洛尼亚大学特许状，还颁布了保护教授和学生的《安全居住法》。[5]

后来博洛尼亚出了很多著名的法学家，其中最重要的是阿佐和阿库修斯。当时的法律界流传着这样的名言：不读阿佐的书，就不要进法院。之后的阿库修斯声望更隆，当时的法学界提到他的时候说：注释法学家不予承认的原则，法官也不予承认。在很多法学院里，阿库修斯的著作不仅是标准教科书，甚至成了唯一教科书，连查士丁尼的《国法大全》都被搁在一边了。阿库修斯大约在1260年去世，他在法学院和法庭的主导地位一直持续到将近一百五十年之后。[6]

到这里，我们先停下来看一看，从伊尔内留斯到阿库修斯接近两百年时间里，注释法学家到底都干了什么？一听他们的名字，注释法学家，不难理解，就是写注释。写注释就能取得这么崇高的地位和巨大的影响力吗？还真别小看写注释。哪个文明里都有写注释写成大师的高手。比如中国古代的朱熹，他是公认的理学大师，宋以后的官方标准教材就是他编著的《四书集注》。他把前人对"四书"的注释汇集起来，放在每句原文的后面，最后再自己加以解释，成了中国古代最重要的一本书。

写注释其实是一项非常有技术含量的工作，对学术研究来说，它就是解决疑难。原文里有什么概念现在的人看不懂，什么话理解不了，什么段落抓不住重点，什么地方有矛盾，什么地方可能有错漏，什么地方是无谓的重复，都靠老师写注释加以澄清。其实罗马和拉文纳的法学教师已经开始干这种事情了，可惜他们注释的对象大多是当时流传的日耳曼人法典，解释的对象不够高级。从伊尔内留斯开始，注释法学家就专指注释《国法大全》的法学教师。他们在课堂上带学生逐字逐句地读《国法大全》，学生认真做笔记，老师的讲解和学生的笔记就是注释。注释够多，就必须分门别类。把前人对同一个问题的注释汇编到一起，用典型案例加以解释，把著名的法学谚语加以推理，对疑难问题展开讨论，一系列教学方法就自然延伸出来了，注释汇集起来也就变成了专著。[7]注释法学家们把《国法大全》这座大山一一拆解，重点难点说清楚，重新条理化，结合中世纪的实际情况，把它变得既能理解又能使用。《国法大全》这座金矿就从他们手中变成了可以流通的金子，古罗马海量的法学知识就注入了中世纪。

法学和法治不会因为注释法学家取得巨大的成就而止步。阿库修斯是注释法学派的顶峰，也是终结者。法学似乎已经臻于完备，还有什么文章可做呢？新潮流来了！在注释法学家们积累的基础上，和两股强劲的新潮流结合，法学又开出了两条新路，一条路叫人文主义法学，另一条路叫评注法学。[8]人文主义法学就是我们熟悉的文艺复兴的精神注入之后的法学，人文主义法学家的精神导师是但丁、彼得拉克、薄伽丘。阿库修斯影响力如日中天的14世纪，但丁的《神曲》、彼得拉克的《歌集》、薄伽丘的《十日谈》都已完成，人文主义的精神和法学的理性融汇到了一起。

另外一条路是评注法学派，他们之中的大师是巴托鲁斯和巴尔达斯。他们走了什么路线呢？"新逻辑"。所谓新逻辑，是亚里士多德著作中蕴含的宏富、深刻、体系化的学理逻辑，中世纪早期惯常使用的"旧逻辑"和它比起来，就显得单薄、浅显和零碎。"哲学家"亚里士多德回来了，刷新了西方的学术界，不仅法学界大受震撼，激动万分，全力追随，其他领域也一样，史称"亚里士多德革命"。这场关乎西方学问整体进入新境界的革命，我们下一节细谈。

逻辑、推理、辩证，《国法大全》条文的前后左右都被评注法学家们完全展开了。他们抱着重建法律世界的雄心，去穷究法律的真理，用亚里士多德提供的方法论武器去开拓新的领域，阐发法的原理，试图让法学变成一个基础扎实、逻辑自洽、无所不包的科学体系。[9]法学的独立性和专业性大大提升，因此，它也变成了一门外行根本搞不懂的学问。

从伊尔内留斯1088年开始在博洛尼亚讲学，到1400年巴尔达斯去世，罗马法的功名境遇一路走高，有学问又有社会影响力的罗马法学家层出不穷。法学不仅从传统的"三艺"中独立出来，而且成为显学。法学院门庭若市，受人艳羡。法律人又重新渗透进各行各业。前面我们提到过，很多教皇就是法学家，担任红衣主教、主教的法学家更是不计其数；皇帝、国王、公爵、伯爵身边做参谋的法学家越来越多，法官队伍的职业化程度越来越高，职业官僚队伍也一步步建立起来；城市、行会、银行、商号这些商业实体也需要海量的律师、仲裁人、公证人。法律人对全社会的渗透，其实就是法律和法学知识对全社会的渗透。所以，罗马法复兴表面上是法学家们围绕查士丁尼《国法大全》取得了无数辉煌的研究成果，实际上却是西方在法学知识运动的推动下被人类古代历史上最为高级的法律重新覆盖。罗马法复兴的故事到巴尔达斯必须告一段落了，但我们可以合理推断，法律、法学、法律人在西方世界继续春风得意的行情没有终止，甚至可以说一直延续到了今天。

中世纪法律的遗产

我们理解西方文明最困难的地方之一，就是它根深蒂固的法律属性。虽然都有法律，但古代中国留下的法律传统和西方的法律传统相差太远。所以，从罗马法复兴进一步观察西方法律世界的重建，不仅有助于我们理解西方，也有助于我们理解自己。我们通过三个点来观察承前启后的中世纪法律传统留下的遗产。

第一，法律是规范。

这句话针对的习惯性错误观念是：法律是法条。"法律是规范而不是法条"意味着，法律是由独立的专业共同体来操持的。如果你没有受过法学的专业训练，翻开任何一部法律文本，上面条文里的每个字你都认识，但你却不敢说你懂法律。只要法律存在，这种事情就一定会发生。

文本上的法条从来都是需要解释的，因为背后的规范需要不断地澄清。规范就是应该做什么，不应该做什么。问题是，简洁明了的法律用语面对无限丰富的社会生活的时候，怎么对上号？生活中的这种行为到底是不是法条所指的那种行为？立法者支持或禁止某种行为的意图是什么？都需要解释，会解释，才算摸得着规范，才算是行内人。

西方的法律世界从中世纪的罗马法复兴开始重建，一个很重要的标准就是专业性，专业性带来了独立性。法学院墙里的业内人士字斟句酌地切磋琢磨，外人听上去就像天书，这件事在评注法学家们手里完成，法言法语不容外人插嘴。在今天，这种事情早已变成了常态。在中国，懂法律很重要的一个标准就是会解释最高法院的司法解释。

中世纪的注释法学家们恢复了古罗马法学研究的传统，他们的核心工作是解释《国法大全》。他们不停地解释，就是不停地寻找和打磨规范，就是不停地生产法学知识。不过，他们的听众或者读者只限于法学院的学生。法学院的师生打磨出独到的手艺，也就开辟出独立的领域。法律人，无论是法学家、法学院学生，还是法官、监察官、律师、仲裁人、公证人，形成了一个专业共同体，一起维护法律的事业。这个共同体在一个国家当中地位的高低，与法律在这个国家当中地位的高低大致成正比。

第二，规范的内容是合法和非法。

法律规范的内容一定是二选一，不是合法就是非法，没有中间地带。这意味着法律世界和我们的生活世界相通但不相同，直白地说就是法律上的是非对错和我们日常生活里的不完全是一回事。拉开和生活世界的差距，是法律世界独立性的另一个重要表现。

法律的社会政治功能是解决纠纷，案子上了法庭，原告被告总有一方赢一方输。如果不把事情变成二选一，就解决不了问题，法律就没用了。但是，社会政治生活很丰富，不是所有事情都能径直地判定对错。我们中国人总是爱说"清官难断家务事"。法律会选择什么样的态度去面对无限丰富的生活世界呢？有所为，有所不为。所以法律只选择重要的事情而不是全部事情去规定对错。一旦法律选择了规定某种事情的对错，就要格外慎重地做出自己的规定。比如，法律当中一个常见的技术叫作区分，什么人是一类而其他人不在其中、什么行为是一类而其他做法不属其列、什么事情是一类而其他事情不与其混，要制定好标准，分得清楚。正所谓定分，才能止争。区分，很重要一个意图是确定什么人、什么做法、什么事情法律可以不管。注释法学家们对于区分的技术进步有巨大的贡献。

类似的法律技术，中世纪法学家们贡献良多，很多罗马法的宝藏被他们用于化解中世纪的重大疑难问题。举一个例子。法人是罗马法的重大发明，一个团体可以有法律人格，拥有权利、负担义务。法人被中世纪法律人发扬光大，用来解决中世纪形形色色的团体的法律地位问题。其中最有意思的是，一个王国的君主权力或者一个王国本身，是不是法人？如果不是，王国的土地、军队、国库、官吏乃至人民岂不都是国王个人的私人财产？如果是，它和国王这个自然人之间是什么关系，分别拥有什么样的权利、负有什么样的义务？这里面的法学论证十分复杂，历经了数代乃至数十代法律人，但大趋势还是非常明确的：王国（以及后来的国家）是法人，国王（总统）不是至高无上的拥有者，而是王国（国家）最主要的权利和义务的善意管理人。[10]

王权的定位如此重要又棘手的问题，中世纪法律人居然都找到了办法把它置于法律的讨论、解析和规定之下。法律世界在此完成了对生活世界绝顶重要之事的覆盖。从法律掌握是非标准的角度来看，它能否掌握政治的是非尤为关键，掌权者的政治行为可被判定为非法，法治要求的法律至上才不会沦为笑谈。

第三，法律讲证据。

"法律讲证据"意味着法律事实和生活事实不完全是一回事。生活世界很丰富，什么样的事实被法律认定为事实，得靠证据。只有被证据固定的事实，法庭才会采信。最典型的例子就是借钱有没有写下借据：有借据，借钱才从生活事实变成法律事实；没有借据，哪怕真有借钱这回事，也没法变成法律事实，借钱这件事在法律世界就不存在。

证据的数量多少和质量高低在法律世界里有什么用呢？数量多、质量好，在法律世界里的牌就多、就好，在官司里自然赢面就大。证据就是法庭上的武器。打官司看上去是讲道理，实际上是在打仗，用证据打仗，律师就是你花钱请来帮忙打仗的职业雇佣军，只不过用唇枪舌剑取代了钢刀铁剑。

注释法学家很多都是人类历史上的顶级律师，他们的委托人是皇帝红胡子腓特烈，对手是教皇。教皇也有自己的"法律雇佣军"，甚至很多教皇——比如英诺森三世、亚历山大三世、格里高利九世——自己就是卓越的法学家。虽然双方并不是坐到一个法庭上打官司，但法律的较量在中世纪是以教俗双方的最高领袖为对手展开的，双方都迫切地想在最高级的规范上和最有力的证据上找到更好的支持。法律的仗打得如此高级，法律、法学和法学家的地位自然也就水涨船高，其威信在某种意义上甚至高于皇帝和教皇，法律的权威得到了极好的维护。事情究竟怎么看，并不是不同的人有不同的看法这么简单，皇帝和教皇的看法都未必作数。法律事实得到认定就会产生法律的约束力，这种力量甚至是皇帝和教皇都极力想得到而不是想去对抗的。一个国家在冲突中对于法律的信任和尊崇，是测量它的法治水平的重要指标。

中世纪罗马法的遗产还有很多很多，因为法律对西方是全方位渗透的。罗马法复兴把西方从中世纪早期的法律衰退重新带回了法律强势主导的局面，从伊尔内留斯开始，西方法律传统再也没有中断过，从古罗马找回来而在中世纪发扬光大的西方法律基因一直延续到了今天。

注释

[1] 乔治·萨拜因：《政治学说史.下卷》，邓正来译，上海人民出版社，2009，第249-252页。（***）

[2] H. F. 乔洛维茨等：《罗马法研究历史导论》，薛军译，商务印书馆，2013，第612-638页。（***）马里奥·塔拉曼卡主编《罗马法史纲：第二版.下卷》第五章，周杰译，北京大学出版社，2019。（***）

[3] 梅特兰等：《欧陆法律史概览：事件，渊源，人物及运动》第二章，屈文生等译，上海人民出版社，2008。（**）李秀清：《日耳曼法研究》第一章，商务印书馆，2005。（**）保罗·维诺格拉多夫：《中世纪欧洲的罗马法》第一讲，钟云龙译，中国政法大学出版社，2010。（***）

[4] 梅特兰等：《欧陆法律史概览：事件，渊源，人物及运动》，第111页。

[5] 维诺格拉多夫：《中世纪欧洲的罗马法》，第44页。

[6] 格尔德·克莱因海尔等主编《九百年来德意志及欧洲法学家》，许兰

译，法律出版社，2005，第14-18、37-42页。（**）
[7] 舒国滢：《波伦亚注释法学派：方法与风格》，《法律科学（西北政法大学学报）》2013年第3期。（**）
[8] 梅特兰等：《欧陆法律史概览：事件，渊源，人物及运动》，第113-116页。
[9] 舒国滢：《评注法学派的兴盛与危机：一种基于知识论和方法论的考察》，《中外法学》2013年第5期。（**）
[10] 李筠：《论西方中世纪王权观：现代国家权力观念的中世纪起源》，社会科学文献出版社，2013，第193-197页。（***）李筠：《英国政治思想新论》，商务印书馆，2019，第39-56页。（***）

25

哲学家

亚里士多德的重临

中世纪的知识和文化经历了和政治、军事、经济大致相似的发展历程，低开高走，前五百年和后五百年相差甚远，后五百年的发展历程又与之后的现代紧密相连。1088年大学的诞生和罗马法的复兴都是中世纪知识和文化走出低谷、奔向繁荣的重大标志。不久之后的12世纪，中世纪迎来了属于自己的文化井喷，其中的关键便是"哲学家"亚里士多德重回西方，所有的知识门类全面复兴，历史上称之为"亚里士多德革命"。

亚里士多德百科全书式的著作让中世纪的知识人大为震撼。这一方面说明亚里士多德所思之深、之广、之全堪称奇观，另一方面也说明中世纪前期的知识和文化水平确实太低。低到什么程度呢？举一个例子。前五百年这个基督教占据知识和文化统治地位的时代，作为第一学问的神学领域中，值得细说的神学家屈指可数，甚至没有一位称得上一流。西方的神学史和哲学史如果略过这五百年不写，也不会有什么重大的错漏。直到11世纪，安瑟伦和阿伯拉尔出现，西方最高级的学问才被续写。[1]其他知识门类在这五百年间就更没有值得称道的知识人了。从11世纪开始，每个知识门类无论在具体知识上，还是在世界观、方法论、逻辑学上，都受惠于亚里士多德。上一节讨论过的评注法学派的兴起就是亚里士多德革命在法学领域的展现，而大学成为强大的知识生产机制，亚里士多德为它提供了原料、技法和动力。中世纪全面的知识重建是背靠亚里士多德百科全书式的著作启动的。

用"高山仰止"完全不足以形容中世纪知识人对亚里士多德的崇敬。他们称他为"哲学家"。"哲学家"从一种人变成了一个人，它成了亚里士多德在中世纪的专属尊称。中世纪最伟大的神学家是托马斯·阿奎那，他百科全书式的神学巅峰之作《神学大全》里，默认"哲学家"就是指亚里士多德；到了17世纪，霍布斯批判阿奎那和中世纪经院哲学的时候甚至说，中世纪的神学（哲学）就是"亚里士多德学"。[2]亚里士多德的重临改变了西方。我们分三步来探讨亚里士多德在中世纪引发的知识和文化的革命：第一，东方既白；第二，前仆后继；第三，遭遇禁毁。

东方既白

亚里士多德重临西方，意味着他的学说在中世纪前五百年基本上从西方消失了，倒是在东方的阿拉伯世界如日中天，阿拉伯人称他为"第一教师（大师）"。[3]东方既然保存了希腊学问的火种，而且让其变成了熊熊烈焰，假以时日，它必在西方也形成燎原之势，因为文化交流在东西方之间从来没有停止过。文明只有从文化交流中汲取养料才能发展壮大，阻断文化交流势必沦为中国古人嘲笑的夜郎自大或者坐井观天。我们有必要先看看亚里士多德在阿拉伯世界享受的礼遇，一方面是为了追溯中世纪知识和文化复兴的源头活水，另一方面是为了简要梳理西方和伊斯兰两大文明在中世纪的联系。

伊斯兰文明的起点是公元610年前后先知穆罕默德创立伊斯兰教，因为伊斯兰文明是从阿拉伯半岛发端的，它又被称为阿拉伯文明。公元610年的西方已经进入中世纪，墨洛温王朝和多个蛮族王国并存，一切都在摸索之中。拜占庭也在此时成为真正的拜占庭，希拉克略皇帝建立起拜占庭的新模式，使它摆脱了查士丁尼对西方眷恋不舍的东罗马模式。伊斯兰文明自穆罕默德创立就积极对外征服，先知穆罕默德于公元632年去世的时候，阿拉伯人已经征服阿拉伯半岛。此后的近三十年被称为四大哈里发时代，他们迅速征服了叙利亚、伊拉克、波斯、埃及。公元661年，哈里发阿里遇刺。随后穆斯林分为什叶派和逊尼派。他们之间的一个基本分歧是什叶派只承认阿里是穆罕默德的继承人，只有他的直系后裔是合法的哈里发，而逊尼派承认伯克尔、欧麦尔、奥斯曼、阿里四大哈里发都是穆罕默德的继承人，因此后来的伍麦叶王朝和阿拔斯王朝都是合法的。

四大哈里发时代之后，伊斯兰文明由伍麦叶王朝和阿拔斯王朝担当。穆阿维叶和哈里发奥斯曼同属伍麦叶一族，他与哈里发阿里展开了内战。阿里在公元661年遇刺后，穆阿维叶称哈里发，将阿拉伯帝国的首都迁至大马士革，哈里发由伍麦叶家族世袭。伍麦叶王朝向西征服了北非和西班牙，直到公元732年在普瓦提埃战役中被查理曼的祖父查理·马特击败，灭亡西方的兵锋才被止住；向东，伍麦叶王朝征服了印度。与先知穆罕默德也有血缘关系的阿拔斯家族反叛没落的伍麦叶王朝，并成功取而代之，公元750年，伊斯兰文明进入阿拔斯王朝。四年后，其第二任哈里发曼苏尔登基，在他的手中新王朝得以稳固和定型。他营建了新都巴格达，他在位期间，巴格达已经成为当时世界上唯一能和君士坦丁堡相提并论的繁华帝都。

阿拔斯王朝的开放和繁荣在人类历史上堪称奇观，它在哈伦·拉希德和麦蒙父子手中臻于鼎盛。哈伦·拉希德与查理曼之间有过一段传奇般的友谊，哈里发想借查理曼之手清除西班牙的伍麦叶王朝残余，查理曼想借哈里发之手遏制拜占庭，由于种种原因他们没有真正结成军事同盟大展拳脚，但他们的友谊在西方和伊斯兰交往的历史上堪称佳话。哈里发馈赠给查理曼的诸多宝贝当中有一头大象，名叫阿布·阿拔斯。阿布跟随查理曼南征北战，它的死也被视为查理曼即将离世的重要凶兆。[4]

双方虽然友好交往，但各方面实力相差甚远，我们这里重点关注知识和文化领域。阿拔斯王朝热爱波斯遗产，绵延数千年的波斯帝国尽管被阿拉伯人所灭，但其深厚的政治、经济、文化积淀得到了阿拔斯王朝的热烈拥抱，奠基者哈里发曼苏尔就是波斯迷。自他开始，波斯人成为高官，波斯服饰、器具、礼俗成为时尚，波斯人也与阿拉伯人通婚，波斯人开放的胸怀也成为阿拔斯哈里发的优良品质。加上阿拔斯王朝辖下的亚历山大里亚、耶路撒冷、大马士革、安条克都是文化异常多元繁盛的古代大都市，以犹太教和基督教为代表的宗教，以柏拉图和亚里士多德为代表的希腊哲学，以希波克拉底、欧几里得、托勒密为代表的希腊科学，以及印度的哲学、数学、文学，都海量地汇入了阿拉伯世界。到了哈伦·拉希德时代，阿拔斯王朝臻于巅峰。[5]《一千零一夜》不只是讲了辛巴达航海、阿里巴巴和四十大盗、阿拉丁神灯这些脍炙人口的故事，其中透露出来的商业的繁荣、心智的机巧、瑰丽的想象都是哈伦·拉希德时代火热的印记，也都成为人类共同的精神宝藏。

哈伦·拉希德建立了"智慧馆"，他的次子麦蒙登基为哈里发之后大规模扩充，它相当于王朝的皇家科学院，由图书馆、研究院和翻译馆组成。其中的翻译馆成为"百年翻译运动"的中心，翻译的对象涉及波斯、印度、希腊各种古代文明的典籍，阿拉伯翻译家们特别看重希腊典籍，尤其是亚里士多德著作。"亚里士多德是各种新政治理论的源泉，是科学、哲学、艺术各领域新观点的发源地。穆斯林哲学就是建立在希腊哲学的基础上的。"[6]实际上，翻译运动持续了不止百年，它从公元750年阿拔斯王朝建立起就开始了，到公元1000年之后才结束。翻译运动不只是知识输入，同时也是知识创造，阿拉伯世界伟大的天文学家、数学家、医学家、地理学家、艺术和音乐理论家、炼金术士纷至沓来，阿拉伯世界最顶尖的同时也是对西方而言最重要的两位哲学家也来了，他们是阿维森纳和阿威罗伊（1126—1198）。阿威罗伊最重要的著作就是对亚里士多德著作的注释，这些注释在西方中世纪成了人们认识亚里士多德无法回避的指引和困扰。[7]

亚里士多德往东走的跨文明旅行，到阿威罗伊这里要告一段落了。在阿威罗伊身后的六十年，1258年，成吉思汗的孙子旭烈兀征服了阿拉伯帝国，辉煌的巴格达被夷为平地，阿拔斯王朝灭亡，伊斯兰文明的承载者也从阿拉伯人变成了蒙古人和后来的突厥人。不过，亚里士多德的跨文明旅行没有停止，他掉头向西，途经西班牙又重新回到了西方。

前仆后继

和阿拉伯世界的百年翻译运动一样，亚里士多德重回西方也经历了一个跨度超过百年的翻译运动，也是前赴后继，不过这次的翻译目标不是阿拉伯文而是拉丁文，这次的转译中介不是叙利亚文而是阿拉伯文。

从学术的角度看，11世纪之前以拉丁文写就的名作并不多，而且门类狭窄。罗马人并不擅长学术工作，即便是在罗马统治了地中海世界的辉煌年代，学术作品也大多是用希腊文写成的。罗马的学术中心也不在罗马，而是在亚历山大里亚和雅典。罗马人用拉丁文写就的史学著述堪称一流，文学著作就相形见绌了，哲学和科学著作则乏善可陈。在罗马时代，医学家盖伦的著作、《圣经·新约》、新柏拉图主义和斯多葛主义的哲学著作、教父神学家们的著作都是希腊文写就的。希腊文在拜占庭一直是官方文字，并且继续向东传播，进入了波斯和后来的阿拉伯世界。拉丁文成为古典学术最重要的文字载体之一，不是罗马时代的事情，而是中世纪的事情。10世纪之后的翻译运动在本质上提升了拉丁文的学术含量。

希腊文著作成规模地回到西方世界，并不是通过东邻的拜占庭，也不是通过十字军东征，而是通过西邻的西班牙。因为西方与拜占庭的关系数百年来日趋紧张，在破坏圣像运动中走向敌对；而十字军东征的视野中有宗教、有军事、有财富，全无知识和学术。从8世纪初被阿拉伯人征服，到1492年其首都格拉纳达被攻占，穆斯林在西班牙的统治持续了近八百年。西班牙的穆斯林政权虽然是阿拔斯王朝意图消灭的伍麦叶王朝分支，但这丝毫不妨碍阿拔斯王朝辉煌的文化流入西班牙。对西方的知识复兴来说，"新知识传播到西欧的最重要的途径是穿越西班牙半岛"[8]。

希腊著作先通过在西班牙可得的阿拉伯文译本译成拉丁文，后来才从希腊原本直接译为拉丁文。用希腊文为源头语言的拉丁文译本替换掉阿拉伯文为源头语言的拉丁文译本，花了上百年的时间，在此期间，阿拉伯文化通过拉丁文这个管道广泛而深入地渗透进了西方的知识和文化当中。比如著名阿拉伯文-拉丁文翻译家克雷莫纳的杰拉德所译的托勒密《天文学大成》、欧几里得《几何原本》、亚里士多德逻辑学著作，在很长时间内充当了西方知识界的标准版本。阿拉伯文化在西方哲学和科学中的存在是基础性的，从用词就可见一斑，比如代数学（algebra）、零（zero）、历法（almanac）、天顶（zenith）、方位（azimuth），当然，还有炼金术（alchemy）和其中必然用到的酒精（alcohol）和碱（alkali）等，都来自阿拉伯文。

西方的翻译运动没有哈里发兴办的智慧馆那样的中心机构，它主要是数代乃至数十代知识人自发努力的结果，确实是前仆后继。其中的翻译大师有不少西班牙人，也有法兰西人、德意志人、英格兰人、意大利人。大约到了13世纪中叶，重要的希腊著作都有拉丁文译本了，有的甚至有了译自希腊文和阿拉伯文的不同拉丁文译本，不过，希腊的文学（戏剧）名作和柏拉图著作还要再晚一些。亚里士多德百科全书式的著作也是经由几代翻译家陆续翻译成拉丁文的：大约先是逻辑学著作，比如《前分析篇》《后分析篇》《论题篇》《辩谬篇》；然后是科学著作，比如《植物学》《动物学》《物理学》；再然后是人文著作，比如《形而上学》《修辞学》《尼各马可伦理学》和《政治学》。

亚里士多德重回西方，从学术深度的角度来看，也是一个渐进的过程。在10世纪的翻译运动开始之前，西方拥有他的《解释篇》和《范畴篇》两部逻辑学著作，在很长时间里，他被当作逻辑和方法论老师来看待。以这两部著作为核心支撑起来的中世纪早期方法论被称为"旧逻辑"，而有了《前分析篇》《后分析篇》《论题篇》《辩谬篇》和其他希腊逻辑学著作之后，"新逻辑"诞生了。它比"旧逻辑"更加强大，亚里士多德作为学术这门手艺的大宗师的地位随着"新逻辑"的产生而奠定。比逻辑学和方法论稍晚启动但与之并行的是亚里士多德科学著作的重临，《植物学》《动物学》随托勒密的《天文学大成》、欧几里得的《几何原本》一道构成了西方在中世纪新建科学知识大厦的基础。亚里士多德在科学领域也成为大宗师。最后，也是最重要的，亚里士多德凭借《政治学》《尼各马可伦理学》《物理学》《形而上学》等一系列抽象理论著作进入了哲学和神学领域，最终完成了对西方知识的全覆盖，他也由此登顶为中世纪知识人高山仰止的"哲学家"。

在亚里士多德科学著作重新覆盖西方全部知识领域的过程中，有三位大师不得不提。第一位是罗伯特·格罗斯泰斯特，他不仅完成了《尼各马可伦理学》的拉丁文全本的翻译，而且非常有力地推动了亚里士多德著作的传播和研究。第二位是莫尔贝克的威廉，他穷其一生对源自希腊文的拉丁文版《亚里士多德全集》进行了校订，作为学术宝藏的亚里士多德著作终于竣工了。

第三位是阿拉伯哲学家阿威罗伊，中世纪知识人很长一段时间要读懂亚里士多德著作都要依靠阿威罗伊的注释。"阿威罗伊在基督教哲学中比在回教哲学中更为重要。在回教哲学里他是个终结；但在基督教哲学里他却是个开端。"[9]中世纪重建知识和文化大厦的开端，就是消化亚里士多德著作和阿威罗伊注释的过程，一个天大的麻烦埋藏其中：阿威罗伊的"双重真理观"。阿威罗伊认为，亚里士多德代表的希腊哲学和科学发现的理性真理，和安拉通过先知穆罕默德带来的启示真理，是两个系统，都是真理。阿威罗伊的双重真理观在阿拉伯世界遭到了严厉的批判，他还没有完成对亚里士多德所有著作的注释，哲学研究在阿拉伯世界就被禁止了，他的著作被列为禁书，遭到焚毁。[10]阿威罗伊在安拉做主的阿拉伯世界所遭遇的困境，到了上帝做主的西方，中世纪的知识人同样要面对。确实，亚里士多德著作很快就遭到了教会的禁毁。

遭遇禁毁

教会并不傻，亚里士多德著作带来了和基督教天差地别的世界观、人生观、价值观，它们并没有在逻辑学和方法论的掩护下就被教会轻易地放过。巴黎大学诞生前后，亚里士多德著作拉丁文全集尚未竣工，教会对亚里士多德著作的封堵就开始了。

巴黎大学作为大学的鼻祖之一，不仅因为它有《大学大宪章》，创设了神学院、文学院、法学院、医学院的基本建制，更因为它自诞生起就成为西方神学研究的中心，大学的生存之道和运作逻辑是在神学知识的生产这个暴风眼里磨砺出来的。在中世纪，神学是第一学问，神学知识的生产是知识生产的重中之重，教会异常敏感地认清了这一点，所以巴黎大学自诞生起就被教会紧紧地盯上了。

1210年，一个省的主教召开全省宗教会议，决议禁止巴黎讲授和阅读亚里士多德的"自然哲学"著作。五年之后，教皇特使重申了这一决议，这相当于教皇在基督教世界发布通令禁绝亚里士多德著作。戏剧性的一幕发生在1231年，教皇格里高利九世委派了一个委员会调查亚里士多德著作究竟哪些要禁，哪些可以不禁。其中一位重要的委员很快就去世了，委员会和它的任务也不了了之。但巴黎大学的师生乃至整个西方的知识人都借此发挥：教皇都表示了，亚里士多德著作不是一概禁毁，而是要区别对待。禁毁的命令被他们有意无意地忽略了。到1250年前后，亚里士多德著作在巴黎大学已经广泛流传了。

不过，教会没那么容易糊弄，它紧盯巴黎大学的授课、讨论和阅读的内容。1277年，教会针对巴黎大学发布了一个长长的目录，里面明确列出了216个问题予以谴责，也就是说，讲授、讨论、阅读和这216个问题相关的著作都是违法的。这216个问题大致分为两组，一组是和哲学的定位相关的问题，严防理性的真理冲击启示的真理；另一组是和基督教教义相关的问题，严防研究者们对基督教教义提出大逆不道的看法。我们挑其中一些看看。

涉及哲学定位的问题有：

1. 再没有比献身哲学更完美的状态了；

2. 世上唯一智慧的人是哲学家；

3. 人要是对一个结论是确定的，就必须把论证建立在自明的前提基础之上；

4. 如果人就任何问题能够获得绝对的确定性，他就不应该仅仅满足于权威；

5. 基督教信仰妨碍人的认识；

6. 在基督教信仰中，就像在其他宗教中一样存在着神话和虚幻的东西。

涉及基督教教义的问题有：

1. 上帝只知道他自己，而不认识其他任何事情；

2. 这个世界，包括其中所有的种类，都是永恒的；

3. 理解力对所有人来说是唯一的（认识真理的途径）；

4. 幸福只存在于此生，与此世之后无关；

……[11]

所有这些命题在教会看来，答案不仅是否定的，而且这些问题根本就不该提出，讲授、讨论、阅读与之相关的著作就是惑乱人心。显然，亚里士多德对上述问题如果不是持肯定答案的话，至少是乐于讨论的。他著作中的讨论不仅深刻，而且全面。亚里士多德几乎所有著作都充满了讨论，他把前辈学者的经典看法都写在自己的书里，往回追溯老师柏拉图怎么看这个问题，甚至一直追溯到哲学的创始者泰勒斯。读亚里士多德的书不是在听他自说自话地讲自己的独门心得，而是在看整个古希腊世界最聪明的人怎么争论，是在看学术大剧。对闭塞已久的中世纪心灵来说，亚里士多德太有吸引力了，原来这个世界可以这么看，原来学问可以这么做，原来问题可以这么谈。有了亚里士多德，中世纪诞生的大学就有了生产知识最好的原料、技法和动力，大学就会飞速成长，大学打破教会的知识垄断就只是迟早的事情。

显然，亚里士多德对中世纪知识人越有吸引力，大学成长得越快，教会就越敌视亚里士多德，西方陷入了精神内战。和罗马人当年大规模引入希腊文化造成了罗马灵魂的分裂一样，中世纪在亚里士多德面前也开始发生灵魂的分裂，这是每一个文明拥抱外来文化都必然要经受的文化试炼。[12]亚里士多德代表的希腊文化，毁掉了耶稣、保罗、奥古斯丁代表的基督教文化了吗？或者反过来，亚里士多德被中世纪教会彻底杀死了吗？都没有。西方在中世纪完成了古希腊、古罗马与基督教的内在融合，实现了文明精神内核的扩容和升级。完成这一伟大而艰巨的任务的，正是中世纪最伟大的神学家托马斯·阿奎那。

注释

[1] 约翰·马仁邦主编《劳特利奇哲学史（十卷本）.第三卷，中世纪哲学》第一至七章，孙毅、查常平等译，中国人民大学出版社，2009。（***）罗素：《西方哲学史》（上卷）第二卷，何兆武、李约瑟译，商务印书馆，1982。（**）黑格尔：《哲学史讲演录》（第三卷），贺麟、王太庆译，商务印书馆，1983，第263-268页。

[2] 阿奎那几乎是言必称"哲学家"，参见托马斯·阿奎那：《神学大全.第1集.第1卷》，段德智译，商务印书馆，2013，第6、8、11页等。霍布斯对经院哲学的猛烈批判甚至让他大动肝火地全面批判了亚里士多德，从中反过来很容易看到亚里士多德在中世纪的地位。参见霍布斯：《利维坦》，黎思复、黎廷弼译，商务印书馆，1986，第543-557页。

[3] 伊本·赫勒敦：《历史绪论：全2册》（下卷），李振中译，宁夏人民出版社，2014，第726页。

[4] 艾因哈德、圣高尔修道院僧侣：《查理大帝传》，戚国淦译，商务印书馆，1996，第19-20页。（*）亚历桑德罗·巴尔贝罗：《查理大帝》，赵象察译，民主与建设出版社，2021，第343页。（**）菲利浦·希提：《阿拉伯通史》（上），马坚译，新世界出版社，2015，第

271页。(**)

[5] 艾哈迈德·爱敏:《阿拉伯-伊斯兰文化史》(第二册),朱凯、史希同译,商务印书馆,1990。(***)

[6] 同上书,第278页。

[7] 马仁邦主编《劳特利奇哲学史(十卷本).第三卷,中世纪哲学》第三章。

[8] 查尔斯·霍默·哈斯金斯:《12世纪文艺复兴》,夏继果译,上海人民出版社,2005,第229页。(***)

[9] 罗素:《西方哲学史》(上卷),第520页。

[10] 马仁邦主编《劳特利奇哲学史(十卷本).第三卷,中世纪哲学》,第57、226-241页。(***)希尔德·德·里德-西蒙斯:《欧洲大学史.第1卷,中世纪大学》,张斌贤、程玉红等译,河北大学出版社,2007,第347-350页。(**)

[11] 马仁邦主编《劳特利奇哲学史(十卷本).第三卷,中世纪哲学》,第213-214页。

[12] 李筠:《罗马史纲》,岳麓书社,2021,第96-110页。(*)

26
大全
神学知识的巅峰

神学知识的巅峰是托马斯·阿奎那所著的《神学大全》。

托马斯·阿奎那1225年生于那不勒斯王国境内。在17或18岁的时候，他加入了多明我会。多明我会后来以忠于教皇和长于研究闻名，都和阿奎那加入其中大有干系。作为贵族的父亲认为托钵修士以乞讨为生的生活方式实在有失体面，把阿奎那抓回家关了禁闭。逃脱之后的阿奎那来到科隆大学，遇到了他的恩师大阿尔伯特（Albert the Great）。大阿尔伯特发现了阿奎那的学术潜质，他对瞧不起阿奎那的聪明学生们说："你们叫他笨牛，但是我告诉你们，这头笨牛的吼声有一天将响彻全世界。"[1]之后恩师推荐阿奎那到巴黎大学学习，他在那里获得了学位，并在1256年留校任教。

尽管阿奎那身处一个风起云涌的时代，一方面异端教派兴起，另一方面亚里士多德学说来袭，神学领域充满了争论，但他很少介入其中，他一直埋头写他的大部头著作《神学大全》和《反异教大全》。《神学大全》直到阿奎那1274年去世也没有写完，它的目标是融合基督教神学和亚里士多德哲学，建造一个宏大而圆融的新神学体系，"绝大多数专家认为，圣托马斯几乎实现了这个极其雄心勃勃的目标。他鸿篇巨制的大全因其编排有序和知识精深而令人叹为观止……"[2]1323年，阿奎那被教会封为圣人，称"圣托马斯"，并赐予"天使博士"的头衔。他的理论成为天主教的官方学说，沿用至今。

我们这座博物馆展示阿奎那这位中世纪的神学巨人和他的巅峰之作《神学大全》，确实需要帮大家了解一些基督教教义和神学，但重点是通过观察中世纪第一学问的发展来看中世纪在知识和文化这个面向上的演化及其特点。我们分三步通过阿奎那来透视中世纪的知识进展：第一，阿奎那之前的神学；第二，阿奎那的巨大贡献；第三，阿奎那的意料之外。

阿奎那之前的神学

神学比海深。阿奎那的《神学大全》探讨了基督教神学的几乎所有重大问题，是基督教神学史上最伟大的著作之一，被称为基督教的百科全书，它译成中文之后有19册，超过600万字。现在西方的大学里，神学博士的学位至少要念8年，作为8年刻苦学习结晶的博士论文很可能只是探讨了一个非常小的问题。这一节不是把《神学大全》做一个概述，用几句话帮你掌握这部天书的大意，也没有办法把神学史的蜿蜒曲折完全勾画清楚，我们的目的是抓住一些要点，对神学有一个宏观的把握，进而理解中世纪的知识演化。

基督教始于耶稣基督。耶稣创立了基督教，他是1世纪初巴勒斯坦地区的一个犹太教乡村小牧师，他改动了犹太教教义，为悲苦的下层犹太人寻找精神出路。他称自己是上帝唯一的儿子，是上帝和信徒之间唯一的桥梁。门徒们在他被钉了十字架之后继续传播他的教义，劝异教徒皈依。这些门徒把耶稣的言行记录下来，再加上他的门徒劝人皈依的布道辞，集成为《圣经·新约》。耶稣的这些门徒在基督教当中被称为"使徒"，我们很容易在教堂的壁画和雕塑中发现他们。在诸多使徒当中，保罗在教义上的贡献最大，基督教的教义到他这里初步成熟了。基督教和犹太教的区别在于，权威经典从《旧约》变成了《新约》，上帝形象从威严变成了慈爱，选民范围从犹太民族变成了所有信耶稣的人，世界结局从迦南这个具体的地方变成了天堂，教会结构从祭司把持变成了信徒团契，核心追求从遵奉律法变成了爱上帝、爱邻居、爱所有人。[3]基督教经历了三百年罗马帝国的打压，终于在君士坦丁大帝手里合法化，后来迅速成为罗马帝国的国教。

为什么有宗教还要有神学？因为在耶稣、保罗、使徒们死后，《圣经》需要合理、权威、统一的解释，宗教才不会因为人们不同的理解而分裂。许多神学家做出了艰苦而卓越的努力，他们被称为教父，当时的神学被称为教父学。

教父当中最伟大的是罗马帝国晚期的神学家奥古斯丁。他完成了神学的第一次系统性整合，用知识的力量来保证信仰的一致，从而保证信徒的虔诚和教会的团结。上帝是全知全能全善的，这是基督教神学的根本。世界上之所以还有罪恶，是因为上帝之光还没有照到那里，恶不是实体，而是缺乏，缺乏上帝的光照，这叫光照论。为什么上帝不让他的光普照四方呢？上帝自有安排，一切他都预先决定了，任何人都不知道他在下一盘什么样的大棋，这叫预定论。上帝预定好了一切，人还有自由吗？有，上帝给了人自由意志，尽管他都安排好了，但还是让人自己做出选择，这叫自由意志论。

耶稣在上帝创造的世界里到底处于什么地位呢？他是上帝的独生子，也叫圣子，他被上帝派下来为有罪的世人赎罪，他是世人和上帝之间唯一的桥梁。在他升天之后，圣灵会继续他的使命。圣父、圣子、圣灵的关系是三位一体，圣父、圣子、圣灵是同一个上帝的不同位格。这就是三位一体论。不承认三位一体就是不承认耶稣是神，对三位一体持异议的最重要的异端就是前面屡次提到的阿里乌派。

耶稣创立了教会，教会是信徒得救之必须，耶稣是教会的头，整个教会组织是教会的躯体。真正的教会是不可见的,可见的教会并不是真正的教会,其中也混杂了坏人。只有到末日审判,坏人才会从教会中被剥离出来。这叫教会方舟论。通过这一系列理论,奥古斯丁给出了关于耶稣地位和教会地位的确切答案,在阿奎那之前他的学说就是基督教神学的标准。[4]

为什么有了奥古斯丁还要有阿奎那?因为亚里士多德重回西方了。

亚里士多德和奥古斯丁之间的冲突不是一星半点,而是系统性的,是火星撞地球,他们代表了两个世界。亚里士多德世界中的宗教是多神论,奥古斯丁的是一神论;亚里士多德世界中的神不仅数目众多,而且脾气秉性与人相差不远,奥古斯丁的上帝不仅独一无二,而且至高无上;亚里士多德的世界是一个周而复始的完整世界,不存在此岸和彼岸的划分,奥古斯丁的世界则是往而不返的一路向前,没有回头路也没有循环,此岸的终点是彼岸,二者被末日审判严格区分开;亚里士多德的世界中理性是最伟大的力量,是通向真理的光明大道,奥古斯丁的世界中上帝的启示才是最伟大的力量,是通向拯救的不二法门,理性与之相比不值一提;亚里士多德的世界中人性有善,不仅可以而且必须通过修炼努力实现自我完满,奥古斯丁世界中的人性天生有罪,充满了自私和背叛,是渺小而卑污的;亚里士多德的世界中政治是伟大的善业,是人通过公民团体实现共同善良和幸福的伟大事业,奥古斯丁的世界中政治是有罪的人们在必将毁灭的此岸互相伤害的无聊勾当;亚里士多德世界中的城邦是公民结成的最高团体,是实现共同善业的栖居之地和奋斗之所,奥古斯丁世界中的一切帝国、王国、公国、城邦都只不过是上帝管理罪恶此岸的临时派出所,只是为了邪恶的此岸不要变得无可救药。

如此看来,亚里士多德和奥古斯丁真是势不两立,借用中国古人韩非的说法,他们是"冰炭不同器而久,寒暑不兼时而至",大有水火不容的味道。难怪教会对重回西方的亚里士多德围追堵截,若是他胜利了,征服了所有中世纪的知识人,奥古斯丁神学支撑起来的基督教信仰岂不是土崩瓦解?

这个时候就轮到阿奎那出场了，他的神学就是调和奥古斯丁神学和亚里士多德哲学，把它们熔为一炉，提升神学的品质和包容性。他的著作证明，他成功了。阿奎那的工作相当于把希腊哲学传统与基督教神学传统在最核心、最高处、最深处打通，让两大导师所代表的两大传统、两个世界之中最深刻的道理互相兼容、相互印证、相互扶助。在我们印象里，西方的基本文化基因是希腊、罗马、基督教，到了阿奎那手里，在最高级的神学-哲学层次上，三大传统才真正融为一体。问题是，在水火不容的亚里士多德和奥古斯丁之间，这怎么可能？[5]

阿奎那的巨大贡献

阿奎那到底做了什么样的工作，实现了融合文明核心这么伟大的事业呢？我们来看看他的办法，这是天主教神学的精华，都在《神学大全》里面。我们分内容和方法两部分展开。

从内容上看，阿奎那扭转了此前基督教神学对希腊哲学不友好的传统，让它们变成有讲究的"都好"。基督教对世俗世界不友好，是骨子里的，当然也就包括对哲学的不友好。耶稣创造的世界图景当中，此岸和彼岸是截然分开的，彼岸是永恒的天国，此岸是亚当和夏娃堕落之后才有的人间，它到末日审判就全部毁掉了，是卑污的，也是临时的。一个充满罪恶的临时世界里，有什么真理可言？比起上帝的真理，哲学家的意见简直就是几只苍蝇在嗡嗡作响。中世纪早期充满了苦难，基督教教诲世人把眼光投向彼岸，缓解了人们的痛苦，给人们带来了希望，但也塑造了人们对世俗世界轻视、鄙视、蔑视的基本态度和情感。这种数百年来观念、思维和情感的固化对应到神学里就是强调上帝的启示高于人的理性，启示是阳光，理性最多只是萤火虫。

阿奎那不同意这种传统的看法。他爱上帝，也爱亚里士多德，他不愿意看到二者水火不容。可是，能怎么办呢？阿奎那扭转乾坤的金钥匙是这样一句名言：上帝的恩典不是毁弃自然，而是成全它。[6]它到底在讲什么呢？自然，nature，也就是"本性""本质""天性"，人的nature就是人性，是希腊哲学探索的对象。万事万物，包括人在内，都有其本性。所有的本性都是上帝创造的，也就不会和创造它们的上帝的恩典是敌对关系，上帝的恩典也就不会毁弃它们。相反，上帝爱世人，给这个世界机会，让所有的本性变得完善、完美、完备，这就是成全。

这样一来，阿奎那把恩典与自然、启示与理性、基督教神学与亚里士多德哲学，从敌对关系变成了上下级关系。前者更优，后者也不错，只不过没有前者好，需要前者的帮助才能更好，但也是好的，次好也是好。

在阿奎那的《神学大全》之中，亚里士多德和奥古斯丁不再针锋相对，而是各安其位了：上帝仍然是独一真神，但他也是至高的理性，并且把理性注入了万事万物的本性当中，尤其把理性这种能力给了人；世界确实不是周而复始的无尽循环，而是一路向前奔向上帝，此岸和彼岸并没有合而为一，但此岸并非一无是处，并不是短暂、卑污、渺小的垃圾堆，它也充满了上帝的创造，也有爱，也有真善美，人间是值得的；上帝的启示仍然高于理性，但不排斥理性，理性也可以认识上帝的真理，是启示最好的帮手；人性固然有原罪，无法抹除，但可以也必须在人间通过自己的努力赎罪，人可以变得更好；政治虽然在彼岸将不复存在，但在此岸是非常重要的事情，人天生是社会和政治的动物，必须在此岸就尽力实现美好的公共生活；作为人的共同体的王国或者城邦，在此岸的公共生活中不仅是必要的，是上帝的安排，人要努力把它们打造好，让它们配得上上帝的伟大安排。[7]

经过系统性的融合，作为挑战者的亚里士多德可以被基督教神学接纳了，作为应战者的奥古斯丁可以被亚里士多德补充、丰富和完善了，从而也变得更加稳如泰山。阿奎那处理了数百上千个重要的神学问题，完成了不可能完成的任务。不过，从最根本的思路上来看，这其实不是阿奎那的独特发明。耶稣在解释基督教和犹太教关系的时候就说过：爱不是毁弃律法，而是成全它。[8]对照阿奎那的金钥匙"恩典不是毁弃自然，而是成全它"，我们可以强烈地感受到"成全"是一种无与伦比的伟大力量。

阿奎那神学的内容具有令人惊叹的包容性，它在方法上也是如此。

具体来说，我们可以把阿奎那的方法叫作"有包容性的辩证法"。辩证法是一个我们中国人耳熟能详的词，不过它确切的意思和渊源需要澄清。辩证法源自古希腊，它的原意不是我们熟悉的矛盾有两个方面，矛盾双方的斗争推动事物的发展，发生质变之后成为新事物。辩证法简单来说就是聊天、斗嘴、辩论的方法，质疑习以为常的观念，在探讨和辩难中一步步接近事物的本质。它的典型就是柏拉图以苏格拉底为主角的各种对话录。

阿奎那没有把《神学大全》写成对话录，这部天书当中没有老狐狸一样的苏格拉底带着读者一步步前进。但阿奎那遵循了辩证的精神和原则，仍然在条分缕析、抽丝剥茧、循循善诱，而且更加注重包容性。阿奎那不是提出一个命题，然后找各种办法证明它为什么是对的，而是把不同的意见都写下来。他也没有把不同的意见骂得体无完肤，简单粗暴地指责它们是异端邪说，而是一点点剖析它对在哪里、不足在哪里，什么层面是有道理的，但哪个更重要的层面犯了什么样的错误。阿奎那通过充分理解各种对手的方式，把他们都吸收到自己的《神学大全》里了，他们也就在《神学大全》里各安其位。阿奎那大大提高了基督教神学的包容性，结果所有对手都成了他完成《神学大全》的帮手，成了他理论体系的一部分。

这个时候我们再回头看阿奎那的金钥匙，"上帝的恩典不是毁弃自然，而是成全它"，阿奎那找到了和他的主张相匹配的方法。他没有毁弃原来教会和其他神学家认定的错误乃至异端理论，而是成全了它们，指出它们的错误之处是为了把它们放到理论体系当中更合适的地方，为真正正确的理论铺好路。其中，阿奎那最重视、最用心、成就最高的，当然是对亚里士多德理论的处理。如此一来，所有的理论正好反过来成全了他。正是这种方法，使得《神学大全》最终成为基督教神学的百科全书，希腊、罗马、基督教三大传统在神学-哲学这个知识的顶级领域完成了内在的融合。

如果亚里士多德百科全书式的学问都可以被阿奎那收编到基督教神学体系之内，试问还有什么样的高级学问能够逃脱基督教神学的收编呢？教会赐予阿奎那"天使博士"的头衔,背后暗藏着大获全胜的志得意满。不过,非意图后果从来不会因为大人物和他们的大业绩而销声匿迹,相反,越是创造大业绩的大人物,越容易遭遇匪夷所思的非意图后果,皇帝红胡子腓特烈如此,教皇英诺森三世如此,阿奎那也不例外。

阿奎那的意料之外

阿奎那"雍容华贵"的理论体系,不仅让中世纪迎来了自己的知识巅峰,也让中世纪拥有了可以和任何时代相媲美的知识成就。不过,就像任何伟大的丰碑一样,有人顶礼膜拜,自然也就会有人偷梁换柱。很多后果是阿奎那完全预料不到的。

先看看阿奎那预料之中的后果。一方面,学问上如他所愿,教会官方和绝大部分神学家都承认他实现了基督教神学和亚里士多德哲学的融会贯通。他热爱的亚里士多德和他信仰的上帝可以和谐共存了。他成就了此番学术伟业,让他成为和奥古斯丁相提并论的顶级神学家。他的学说很快占据了统治地位,教会追封他为圣人和天使博士,后来直接把他的学说定为天主教的官方神学。他的学问宏愿看来是实现了。

另外一方面,实践上如他所愿,《神学大全》和他的另外一部天书《反异教大全》被付诸实践。怎么样付诸实践的呢?除了基督教神学和礼仪以他的学说作为标准进行全面校准和调试之外,后来还有更加直接的集中兑现:创立耶稣会的罗耀拉把他的《神学大全》和《反异教大全》当成耶稣会士的训练手册,让会士们熟悉阿奎那写下的各种辩证。耶稣会士出门就好跟各种不信教的人讲天主教的道理,它们甚至被耶稣会做成了简化随身版让会士们带在身边,大明王朝的时候它们还被带到了中国的泉州。阿奎那确实有这种实践意图,他写两部《大全》的时候就是要让读这两部天书的人得到系统的神学训练,可以无死角地应对学院和生活中的各种神学辩难。罗耀拉的耶稣会让他的实践宏愿也实现了。

但是,大宗师总会有意料之外,不肖弟子把经故意念歪了是常有的事儿。比如中国古代，最杰出的法家理论家韩非，是儒学大师荀子的弟子。还有他的同学李斯，是法家方略最得力的执行人。在这两个不肖弟子笔下和手中，儒家的仁义礼智信不仅被冷酷地嘲笑，而且被无情地践踏。阿奎那也遭遇了这种事情，后果还很严重。

一方面，极其严重的是教会对阿奎那理论的滥用。贪婪的教皇们为了敛财去卖赎罪券，混账神学家们自然就去无所不包的《神学大全》里面找根据。其实仔细辩证阿奎那的相关理论，教皇们在现实中的赎罪券勾当是不会得到阿奎那支持的。但是，赎罪券就打着阿奎那神学的幌子开卖了，弄得民怨沸腾。结果反对教皇胡作非为的神学家们都把账算到了阿奎那头上，宗教改革的领袖路德就是其中之一。在很长时间里，在新教徒看来，阿奎那就是混蛋教皇们的首席帮凶。直到17世纪中叶英国内战的时候，霍布斯还用他的大名著《利维坦》的一半篇幅骂阿奎那。[9]

另一方面，同样严重的是很多理论家用阿奎那理论来反对教会、教廷和教皇。巴黎的约翰、马西利乌斯、但丁很快就利用阿奎那理论攻击教皇。他们怎么实现"乾坤大挪移"呢？阿奎那把亚里士多德政治理论完全合法化了。亚里士多德政治理论中没有政权和教权的二元划分，政治共同体（帝国、王国、公国、城邦）是以人性为基础建立起来的，是自给自足的，从中就产生了权力，就由统治者掌握。他们接着亚里士多德的政治理论继续发挥，那么，国家和教会就是两回事，起源不同、功能不同、逻辑不同。然后再往前迈进一步，基于那么多不同，到了最后就变成了国家掌握强制力（Sword），教会只掌握劝导的权力（Word），他们把强制力从教会手中完全剥夺了。最后，教会在世俗政治中必须服从国家，因为国家在世俗事务中的强制力对教会当然有效。[10]

教会自进入中世纪以来在政治理论上维持了七百多年的绝对优势，在这些王权派理论家的努力下被瓦解了，逆转只是时间问题。最终，教权退出了政治舞台，这个舞台被国家独占。显然，这不是阿奎那想看到的趋势和结果，完全超出了他的意料，但确实他的理论是为王权派理论家们提供了最好的神学根据地，提供了释放亚里士多德政治理论无与伦比的巨大威力的最佳通道。西方的基本政治想象、意义框架、权力来源、制度安排都在最根本的层次上启动了世俗化进程。政治一旦朝着世俗化的方向展开，西方一切方面的世俗化都会变得非常顺利，宗教将失去它在西方文明的中心地位，西方文明的基本气质也将发生根本性的变化，现代文明也将是一种世俗的文明。

注释

[1] G.K.切斯特顿：《方济各传 阿奎那传》，王雪迎译，生活·读书·新知三联书店，2016，第191页。（**）

[2] 罗伯特·E.勒纳等：《西方文明史》（I），王觉非、潘兴明等译，中国青年出版社，2003，第348页。（*）

[3] 李筠：《西方史纲》，岳麓书社，2020，第154-159页。（*）布鲁斯·雪莱：《基督教会史（第二版）》第一、二章，刘平译，北京大学出版社，2004。（**）胡斯托·L.冈萨雷斯：《基督教史》（上卷）第二至四章，赵城艺译，上海三联书店，2016。（**）

[4] 奥古斯丁：《上帝之城：驳异教徒.上》，吴飞译，上海三联书店，2007。奥古斯丁：《论自由意志：奥古斯丁对话录二篇》，成官泯译，上海人民出版社，2010。奥古斯丁：《论三位一体》，周伟驰译，上海人民出版社，2005。李筠：《西方史纲》，第166-177页。雪莱：《基督教会史（第二版）》第十三章。冈萨雷斯：《基督教史》（上卷）第二十四章。奥尔森：《基督教神学思想史》第十七章，吴瑞诚、徐成德译，北京大学出版社，2003。（***）

[5] 李筠：《论西方中世纪王权观：现代国家权力观念的中世纪起源》，社会科学文献出版社，2013，第121-123页。（***）

[6] 《阿奎那政治著作选》，马清槐译，商务印书馆，1982，第12页。译文根据拉丁文原文略有调整。

[7] 托马斯·阿奎那：《神学大全.第1集.第6卷》，段德智译，商务印书馆，2013。托马斯·阿奎那：《〈政治学〉疏证》，里根 英译，黄涛 中译，华夏出版社，2013。托马斯·阿奎那：《论法律》，杨天江译，商务印书馆，2018。李筠：《论西方中世纪王权观：现代国家权力观念的中世纪起源》，第124-128页。李筠：《西方史纲》，岳麓书社，2020，第204-208页。奥尔森：《基督教神学思想史》第二十二章。约翰·马仁邦主编《劳特利奇哲学史（十卷本）.第三卷，中世纪哲学》第十一章，孙毅、查常平等译，中国人民大学出版社，2009。（***）

[8]《圣经·马太福音》第5章第17-20节。

[9] 霍布斯：《利维坦》第三、四部分，黎思复、黎廷弼译，商务印书馆，1986。托马斯·马丁·林赛：《宗教改革史·上卷，德国的宗教改革，从开始到奥格斯堡宗教和约》第八章，孔祥民、令彪等译，商务印书馆，2017。（***）奥尔森：《基督教神学思想史》第二十四、二十五章。

[10] 李筠：《论西方中世纪王权观：现代国家权力观念的中世纪起源》，第128-137页。J. H. Burns (ed.), *The Cambridge History of Medieval Political Thought, c. 350–c. 1450* (Cambridge: Cambridge University Press, 2003), Chapter 14.（***）

第六章
城 市

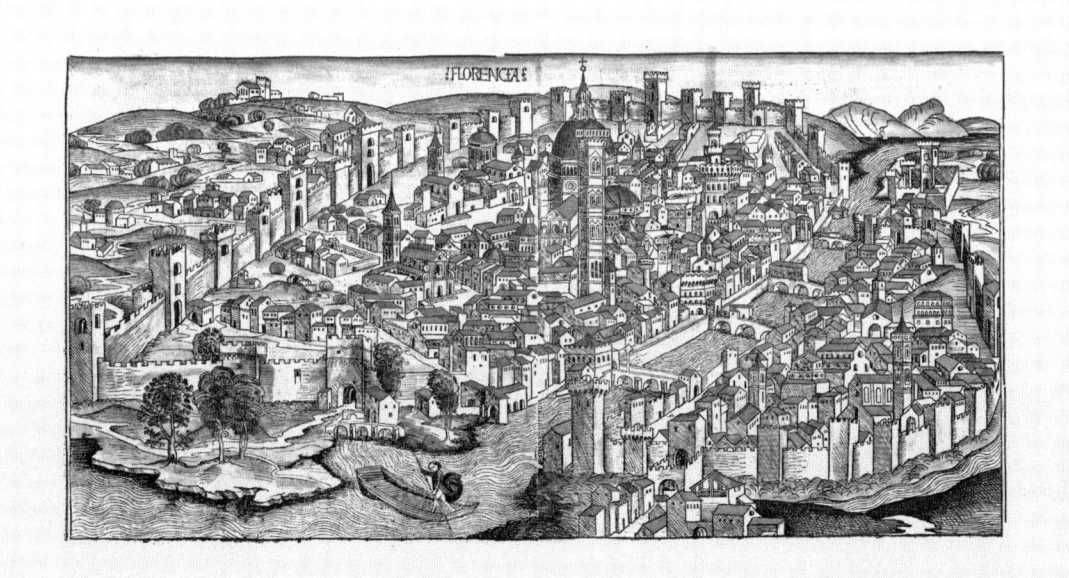

——— 中 — 世 — 纪 ———

前一章我们讨论了大学，它是中世纪诞生的新型知识生产机制，我们通过它观察了中世纪在知识和文化维度上的演化。这一章我们进入最后一个专题展室"城市"，它也是中世纪的伟大发明，我们通过它来观察中世纪在社会经济维度上的演化。

城市是文明的标志，它几乎和文明同龄，怎么会是中世纪的发明？古代美索不达米亚、古代埃及、古希腊罗马、古代波斯、古代印度、古代中国都孕育了自己的繁华帝都，城市古已有之。但中世纪的城市和它们存在本质差别，中世纪城市演化出来的逻辑在实质上创造了现代文明，古老文明中的城市与现代文明没有直接关联。为现代文明奠基的中世纪城市，和古老文明的帝都至少存在以下三点根本差别。首先，典型的中世纪城市是商贸中心，而古老帝都要么是古国的军事中心，要么是宗教中心，要么兼而有之。帝都必定有商贸，但商贸不是它的本分，其重要性根本无法与它的军事和宗教职能相提并论。其次，典型的中世纪城市处于封建制的包围之中，而古老帝国即便存在封建制，帝都也不是被包围，而是被拱卫的。中世纪城市在封建的汪洋大海当中挣扎求存，伺机突围，这是所有古老帝都根本不用面对的险恶处境，它们自然也不会演化出相应的生存之道。最后，典型的中世纪城市内部是靠权利的逻辑组织起来的，而所有古老帝都除了罗马之外并不存在以权利组织市民的逻辑。中世纪城市的内部实质是权利共同体，古老帝都的内部实质是帝国的心脏。

明确了上述三个根本差别，中世纪城市的独特性就显露出来了：商贸的力量在封建格局中营建自己的社会政治空间，通过权利共同体的打造实现有效的自我组织和自我管理，并且挤压和改造封建的格局，最终孕育出了资产阶级和属于它的世界图景。城市，而今在我们眼里只是国家的组成部分，但在中世纪，它是和教会、帝国、王国、大学并列的酝酿现代世界的种子，它是社会的种子。

27
城市
买卖自由的结晶

城市是地点，是场所，但远远不只是地点和场所。城市是一种社会、政治、经济、文化空间。它不只是交易行为发生的地点，也不只是商品发生物理移动的场所，在这些物理表象的背后是人和劳动力的生产和再生产，是社会关系的生产和再生产，是权力的生产和再生产，是符号的生产和再生产。[1]如果这一系列的生产和再生产的产品和生产机制不同，就是不同的空间。城市是一种独特的空间。它所有的生产和再生产机制都和封建庄园不同，和古老帝都也不同。它的产品，无论是市民、雇佣关系还是市政委员会、权利的规则和语言，和封建庄园和古老帝都也不同。

以人为例，城市生产和再生产市民，封建庄园生产和再生产农民。一个农民逃出封建庄园到了城市，待满了一年零一天，他就变成了市民。今天的农民进城变成农民工，不再需要躲避封建领主的追捕，但进了城之后同样要全方位地改变自己。变成市民之后，他的谋生手段不可能再是种地，他必须去打工，进入雇佣关系；他的工作节奏不再是由天时来决定，而是由雇主来决定；他的工作伙伴不再是亲戚和邻居，而是陌生的其他受雇者；工作之外的生活，不再是悠然自得的村民联谊，而是为明天或者假期结束准备好工作的体力和精力，生活成了劳动力的再生产；他必须放弃对熟人关系的依赖，而加强对抽象规则和知识的学习，因为这里是一个陌生人组成的空间，只有抽象规则和知识才能实现陌生人之间的合作和竞争；相应地，保护他免于伤害的不再是村里的长老和族规，而只能是抽象的适用于所有人的规则，这些保护性措施的法律抽象名称叫作权利，执行保护性规则的则是陌生的警察。他恋爱了，不再是家族安排，而是自由恋爱；结婚了，不再是为了家族传宗接代，而是和自己找到的女人合伙过日子；生孩子了，再生产出新的市民，和他过同样的市民生活。

如果人的生产和再生产遵循着一套独特的机制，"新人"稳定地维系生产机制的运行，那么，生产关系的生产和再生产、权力的生产和再生产、符号的生产与再生产也是如此。用我们现在熟悉的话说，这叫作可持续发展。我们分三步来解析中世纪的城市怎样启动了可持续的种种生产与再生产机制：第一，地中海的重开；第二，特权的集结；第三，买卖的极限。

地中海的重开

中世纪的城市是怎么冒出来的？答案是地中海重开了。

按照常理，只要一个部落发展到文明阶段，尤其有了农业，生产生活的居所就会固定下来，自然就有了城市。考古学通常把城市遗址当作一个部落进入文明的门槛。欧洲的城市据考古证明出现在至少公元前2000年，可能比两河流域和埃及稍晚。古希腊和古罗马的城市取得了极高的成就，提起古希腊，我们马上就会想到灿烂的雅典，而罗马，整个文明的名字就来自这座城市的名字。罗马是典型的城市文明，罗马把自己复制到了自己统治的庞大疆域，所以我们从西班牙到叙利亚都可以看到壮观的罗马古城遗址。罗马帝国的衰落，可以看成帝国的一座座城市都失去了活力。"罗马帝国的衰落和

'灭亡'，实质上表现为城镇的衰败和其城市功能的消亡。"[2]

这个时候继续用常识推断，罗马帝国衰落了，就是它的城市衰落了，中世纪落入一片黑暗，城市都消失了。照这种思路，中世纪城市诞生的逻辑是"从头再来"：11世纪之后，经济逐渐恢复，农业有了剩余，贸易重新恢复，作为商贸中心的城市自然就出现了。这个道理表面上说得通，但不符合西方实际的历史进程，关键在于地中海世界的变迁。

中世纪经济和商业的艰难，也就是城市的衰落和复兴，根本原因在于地中海世界的关闭和重新打开。这是怎么回事？

公元前500年，也就是古希腊的辉煌时期，地中海贸易圈已经非常成熟了。古希腊文明是典型的海洋文明和贸易文明，它就是从地中海贸易圈里成长起来的。[3]罗马也依靠地中海贸易，罗马的对手迦太基更是以贸易立国，称霸地中海。西罗马帝国在公元476年结束了，但地中海贸易圈没有因此结束，日耳曼蛮族虽然不会做生意，但他们也不反对贸易，君士坦丁堡依然是帝都，同时还是地中海世界最大的贸易港口。西方在中世纪早期也没那么黑暗，关键就在于它没有脱离地中海世界，那时候和西方人做买卖的商人主要是叙利亚人。

什么时候发生了大变化呢？7世纪，穆罕默德创立伊斯兰教，随后阿拉伯帝国迅速扩张，彻底改变了地中海贸易圈。由东向西，从阿拉伯半岛、波斯、叙利亚、巴勒斯坦、埃及，到整个地中海南岸的非洲乃至西班牙，全部被穆斯林征服。在欧洲，只有君士坦丁堡成了钉子户没有被攻占，哪怕意大利南部和西西里岛，都成了穆斯林的地盘。阿拉伯人倒是把自己的地中海贸易搞得欣欣向荣，但很不幸，对西方来说，地中海贸易圈被关闭了。以法兰西的马赛港为例，那里曾经繁荣兴旺，拉动整个法兰西南部的经济。地中海贸易圈关闭之后，马赛和它所在的普罗旺斯，成了法兰西最贫穷的地方。[4]

这种悲惨的局面逐渐笼罩了整个西方。没有贸易对象的西方被彻底打回了农业世界。悲惨到什么程度呢？举一个例子，英明神武的查理曼实行货币改革，把主要货币从金币降为银币。这意味着什么？市场上不需要那么多钱，没有繁荣的贸易可以支撑起金子这么昂贵的金属，金币反而使用不便，还是换成更便宜的银币，大家都方便。中世纪最难熬的日子是8和9世纪这两百年，地中海世界关闭了，维京人和各路强盗都来了。[5]

其实在11到13世纪的城市革命和商业革命之前，中世纪还是继承了一些罗马留下来的城市，继承人主要是基督教会。基督教会在罗马帝国后期迅速地复制帝国的治理模式，其中很重要一个办法就是在帝国设置总督的行省首府设立主教，主教区和行省对应，主教驻跸地就是总督驻跸地。这些省会城市因为教会在中世纪的实权和威望保留了下来。此时西方的大城市，不能和从前的雅典和罗马相提并论，也不能和同时代的君士坦丁堡和巴格达相提并论，有数万人就已经算是大城市了，它们主要是宗教节点和军事据点，是大主教和大领主的驻跸地。相应地，在主教和小领主的驻跸地，也会有小城镇围绕着拥有高墙的修道院或者城堡建立起来。这些以宗教和军事为核心职能的城市充当了艰苦年代的避风港，它们在当时是西方的底牌，但它们不是西方的未来。

西方什么时候摆脱了地缘上的被动局面呢？以威尼斯为首的海上势力打开地中海的新局面，阿拔斯王朝也实际上分裂为诸多地方势力，地中海贸易圈对西方又逐步地重新打开了。威尼斯和君士坦丁堡的贸易一直没有中断，它的实力越来越强劲。再加上它旁边的热那亚、比萨这些城市在地中海展开贸易，它们开始进攻地中海上的各种海盗，无论是穆斯林还是斯拉夫人，无论是自立山头的还是官方支持的，到了11世纪西方基本上重新掌握了地中海的军事主导权。这个过程与十字军东征的热浪相互交织，"伊斯兰教对地中海的控制结束了"。[6]这表面上只是威尼斯和热那亚在富强之后维护自己的商路，实际上带来的后果异常惊人，几乎是爆炸性的。

西方出现了城市革命，有两个地方堪称典型代表。一个当然是地中海的威尼斯。从欧洲大陆前往地中海东岸的耶路撒冷，借用威尼斯的船队是最便捷的，威尼斯之所以成为地中海上的军事强国，和十字军东征大有干系。[7]

围绕着威尼斯，意大利北部的城市兴盛起来了，从东边的威尼斯到西边的热那亚，再从米兰、佛罗伦萨、博洛尼亚、比萨到维罗纳……中世纪后期到现代早期最热闹的城邦共和国扎堆出现在意大利北部并非偶然。它们是以威尼斯为枢纽的新地中海秩序的第一辐射圈。商贸自会形成网络，因此，作为商贸中心的城市自带辐射效应，除了改变自己周围的农村之外，还会让更多的城市加入经济大循环。13世纪的佛罗伦萨已经和英格兰建立起非常稳定的大宗商品贸易关系。

另一个城市革命的代表是大西洋岸边的佛兰德斯，大约是今天的荷兰、比利时这块地方。佛兰德斯也处于枢纽位置，它连接了不列颠、法兰西、德意志和北欧，成为中世纪西欧贸易、手工业、金融最发达的地区之一，阿姆斯特丹、鹿特丹、海牙、乌特勒支相继出现，并紧密连接着伦敦、巴黎、汉堡。[8]后来荷兰在英国之前率先完成资产阶级革命，阿姆斯特丹成立了世界上第一个证券交易所，有其深厚的历史渊源。

11世纪之后，被穆斯林锁在欧洲大陆上的西方重新接入了世界经济循环。因为重新接入世界性的大循环，西方的经济又繁荣起来了。商业贸易带动了经济全面的繁荣，城市的大量产生和繁荣既是其重要的结果，也是其重要的条件。城市的繁荣和商业的繁荣互为因果。中世纪的城市革命和商业革命不是简单的农业剩余积累的结果，更为重要的是，它们是西方与地中海世界重新连通的结果。

特权的集结

中世纪的城市之所以能成为现代世界的种子，不仅仅是因为它强烈的商贸属性。世界性的商贸大都市在古老文明当中并不罕见，同时代的君士坦丁堡、巴格达、长安都是拥有百万人口的商业枢纽。"也许在中世纪文明中对于人类没有什么比城市具有更大的社会意义了"，[9]中世纪城市的意义在于经济，更在于社会。中世纪城市形成了一整套自我生产和再生产的机制，而这套机制最重要的独特性在于特权的集结。中世纪城市的特权成了自由的孵化器，从中我们能看到中世纪城市与现代世界的紧密联系。这个问题需要拆成三步来看：第一，特权和自由是什么关系；第二，城市对自由的孵化；第三，城市孵化自由的前提。

先来看第一个问题，特权和自由是什么关系。简单来说，特权是自由的前身。通常我们提起特权，想到的都是贵族领主老爷们的颐指气使、欺男霸女、剥削压迫，特权是不平等的标志。这种特权随着后来资产阶级革命的到来，都被砸碎了。但就此认为特权纯属历史垃圾，就会错失现代世界极其重要的根源。

提起自由，我们马上会想到中国宪法、美国宪法、法国宪法、德国基本法规定的公民自由权利，包括法律面前人人平等，选举权和被选举权，言论、出版、集会、结社、游行、示威的自由，宗教信仰自由，人身自由、人格尊严、居住安全，等等。它们都是一国公民人人有份的平等权利，它们针对的就是少数人的特权，它们是和特权坚决斗争并取得最终胜利的结果。但它们并不是各国的宪法起草者凭想象罗列的清单，它们有切切实实的历史原型和历史实践，而这些历史上的原型和实践都是特权。

我们来看"自由"这个词，它在英文里是freedom，但它历史更悠久的对应词是拉丁词libertas（英liberty）。libertas用作可数的单数名词，就是一项自由权，比如自由迁徙的权利；用作复数libertates就是一堆自由权，比如自由迁徙、自由买卖某种商品、自由制造某种商品的权利，等等。在中世纪，各种自由权并不是所有人平等拥有，而是一部分人拥有，每个人手里拥有的自由权的数目和质量可能都不一样。很可能一个鞋匠拥有制造皮鞋的自由权，而买卖皮鞋的自由权却极为有限，他只能在固定的地点买卖或者只能和固定的人买卖；同样地，很可能一个鞋贩子拥有在一定区域买卖皮鞋的自由权，却不拥有制造皮鞋的自由权。鞋匠拥有的制造皮鞋的自由权，对鞋贩子来说就是特权，是只属于特定主体的权利；反过来，鞋贩子在特定区域买卖皮鞋的自由权，对鞋匠来说也是特权。所以，中世纪不是只有贵族才有特权，而是所有人多多少少都有特权。当然，贵族和农民、市民之间拥有的特权大不相同，也大不对等，但特权是普遍的，而不是独占的。

中世纪自由权的状况，就像我们前面讨论过的封建契约一样，也是无限具体而丰富的。随着自由权越来越多，libertas的抽象程度不断提高，变成了不可数名词，就是"自由"。自由不是从天而降，而是从具体到丰富、从丰富到分类、从分类到抽象一路演变过来的。从各种具体的自由权，抽象出一种价值叫作自由，有一个漫长的历史沉淀过程。[10]显然，没有曾经的特权不断向前演化，就不可能出现人人有份的平等权利，没有这样一个自由权成长为自由的过程，后世的宪法起草者们写不出那些漂亮的条款。

有了从自由权到自由的基本逻辑，我们再来看城市就大不一样了，它不只是商贸繁荣之地，也是特权集结之所。中世纪有谚语说"城市的空气使人自由"，放下它主观上的热情和渴望，我们要从它背后挖掘城市与自由的关联。城市是把自由权不断丰富、从众多的具体结成抽象的价值最重要的孵化器。我们来看第二个问题，城市对自由的孵化。

城市孵化自由，城市因此成为自由的共同体、权利的共同体，在当时就是特权的共同体。在自由共同体成长的过程中，最重要的事情是城市自己要获得自由，在中世纪就是获得特权，中世纪城市特权的标志是特许状。特许状是城市的准生证，就如同后来宪法是国家的准生证。

作为一捆特权的城市特许状是怎么产生的呢？逻辑并不复杂，自由是商业之必须，商人一定会争取，不过具体的历史过程非常曲折。中世纪社会大概由三个阶级组成：教士、贵族、农民。大小贵族之间有封建契约，贵族和农民之间有封建契约，只要有契约，里面就会规定自由权。但所有自由权都只对签约双方有效，所以都是特权。我们可以把《大宪章》看成是那二十几个造反的男爵和约翰王签订的契约，《大宪章》里规定的种种权利一开始只是属于他们的特权。中世纪是封建社会，在法律上它就是一个特权社会。在这里，没有必要坚决认定特权具有高度的道德贬义，它是历史事实：每个人因为契约不同，所以拥有的权利不同，享有的自由不同。而城市，必须在其中争取到自己的位置。

在特权的汪洋大海当中，商人们要获得生存空间和基本的贸易条件，就必须去争取属于自己的特权和自由。商人必须有自由：有人身自由，才可以去做买卖而不是必须为领主种地；有通行自由，才可以把货品从一个地方运到另一个地方；有交易自由，才可以和别人做买卖……我们可以秉持"法不禁止即自由"的原则支持中世纪的商人，只要法律没有禁止，他们就有这些自由，干就是了。事情没有那么简单。且不论"法不禁止即自由"是非常现代的法律原则，对中世纪不一定普遍适用，在现实中遇到不讲法的贵族领主就是不让商人的队伍通过他的领地，怎么办？商人会和贵族领主谈过路费的价钱，谈成了，贵族签字的通行证就是契约，凭此证件，通行自由就被确立下来。中世纪的自由权就是这样一件事一件事谈出来的，所以在中世纪的法律文件中我们可以看到各式各样稀奇古怪的自由权被确定下来。总体上，对商人而言，自由是从贵族那里买来的。[11]

商人向贵族买自由，和城市有什么关系？城市是特权的集结，是商人们实现和保有诸多自由权的政治法律空间。农村只有领主和农民的封建契约，农民的生存对特权的需求量不大，可能几代人遵循的都是祖上和领主所签的契约。商人们不一样，他们高度依赖特权生存，而且对特权的需求膨胀非常快，于是，特权自然就会集结。商人们在交通便利的地方做生意，很容易结成同盟。他们之间先是交换信息，相互了解都从不同的贵族领主那里买来了什么样的自由权；然后可以比价，去价格更便宜或者信用更好的领主那里买自由权；再然后，他们可以相约起来向贵族领主批量采购大家都需要的自由权；最后，他们结成了一个团体，由团体代表向贵族领主购买所有成员都需要的各项自由权。这个团体一旦取得了集许多特权于一体的特许状，城市就诞生了。亚里士多德说，古希腊的城邦是公民团体。[12]比照而言，中世纪城市就是商人团体。有了这种团体，城市才算真正形成，团体而非地点才是城市真正的实质。当然，它通常会选择一个交通便利的地点生根发芽。[13]

一个个城市由商人自发形成团体购买自由权而诞生，它们一开始一定是呈点状分布的，我们可以把中世纪的城市看成封建农业社会汪洋大海当中的一块块飞地。这些飞地越来越强大，相互连接起来，还不断吸收和吞并它们自己周围的农村，最终，西方完全变成了商业社会，城市商人享有的许多特权也变成了所有人都拥有的人权。这个进程从11世纪一直持续到19世纪，工业革命最终促使它全部完成。

我们回到这个进程的关键之处，看看中世纪城市都有什么样的特权。特许状一般都要保证城市拥有：第一、法人地位。就像大学一样，城市成为独立的法人，有资格拥有自己的章程、土地、财产、机构，它不因为成员的更换和死亡而消失。第二、特许经营权。不是成为有法人资格的城市就什么都可以买卖，买卖的自由权也存在着从特殊到一般的过程，特殊买卖就必须有特许经营权。第三、市民人身自由。不仅商人有，城市里的所有人都有，不依附领主，自己选择活法。第四、司法管辖权。这个城市里发生的案件，不管是刑事的还是民事的，都由这个城市设立的法院来审判，既不由领主法院管辖，也不由教会法院管辖。第五、管理权、税收权和治安权。一个城市要维持自己的运转，就要有公共管理和公共财政。总之，特许状保证的特权让城市可以自治。[14]自治是城市利用特许状带来的特权体系展开自我管理，谋求发展和繁荣，作为特权的自由或者作为自由的特权必定会在其中飞速膨胀。

城市的所有特权，都是由国王或者大封建领主的特许状来保证。那么第三个问题来了，"城市孵化自由"这么好的事情，有没有前提条件？当然是有的，封建领主们为什么要让商人们组建起自己的团体，拥有这么一块自由的应许之地呢？

微弱的可能性在于买卖，一种具有"世俗""和平""长远"三重眼光的买卖。商人才做买卖，贵族都是武士，为什么要和商人做买卖？我们在前面谈过，维京人信奉"通过流血获得的，绝不通过流汗获得"，日耳曼贵族都是亲兵团头目出身，黑太子扫荡法兰西的时候完全没有一丝仁民爱物之心，和平对他们不仅意味着失业，甚至意味着人生变得毫无意义。和崇尚暴力的贵族谈买卖，不是缘木求鱼吗？何况中世纪是基督教占据统治地位的时代，宗教是第一位的，买卖是等而下之的，是不入流的，甚至肮脏的。贵族为什么要和肮脏人行买卖这种肮脏勾当？此岸是短暂的，彼岸才是永恒，在短暂的此岸，有什么长远可讲？在基督教信仰之下，讲长远就应该眼光投向彼岸才对。讲不出彼岸的长远这种大道理，作为武士的贵族在此岸横行霸道才是他们的正常选择。"世俗""和平""长远"这三种基本的交易前提在中世纪，实在是太难得了。我们可以把城市看成暴力沙漠中的绿洲。

机会是一点点出现的，"世俗""和平""长远"的眼光是在试探中不断实现的。商人之所以能存活，城市之所以能买来特许状，根本原因在于任何一个社会都离不开钱。钱，是教皇需要的，是皇帝、国王和贵族们都需要的。他们可以通过抢劫获得钱，但抢钱是不可持续的。为了获得稳定和长远的钱，他们在最庸俗的意义上会理解"世俗""和平""长远"带来的好处。当国王和大领主一旦尝到了甜头，收到繁荣的城市交上来的巨额年金，就很难再回去了，那是一只会下金蛋的母鸡。收农民的地租得来的收入根本不可能和城市赎买自由的费用相提并论。买卖自由（特许状）的交易如果对双方来说都是划算的，那么，这种交易就会不断地扩大，城市就会不断增加，自由也就会不断扩展。城市的自由是具备"世俗""和平""长远"性质的交易的结果，交易是培养"世俗""和平""长远"最好的办法。宗教的教条可以被悄悄地放到一边，征服的激情可以被奢侈的享受取代，任性的冲动可以被日后的收入节制，商贸对暴力、商人对贵族、工商社会对封建社会的驯化就开始了，绿洲在一点点感染沙漠。[15]显然，驯化不是一帆风顺的，也不是不可逆转的，城市被贵族劫掠乃至彻底摧毁在中世纪并不稀奇，杀鸡取卵对慌不择路的国王和贵族来说，可能仅仅是皱一下眉头。如果驯化暴力是人类永恒的任务，"花钱买自由"就永远不会是绝对可靠的买卖，建立在商贸逻辑上的城市就永远面临着暴力的威胁。

可喜的是，中世纪在推进商贸秩序驯化暴力这个问题上取得了重大的进步。11到13世纪的城市革命就是在"花钱买自由"的大量交易中迅速展开的。城市在商人的主导下迅速成长壮大，有实力和手握暴力的贵族们达成某种平衡关系，不断开辟出属于自己的空间。城市革命呈现出遍地开花的局面，比如威尼斯和它旁边的热那亚、比萨、佛罗伦萨、米兰，和它们同属地中海圈子的马赛、巴塞罗那、瓦伦西亚、格拉纳达，大西洋圈子的伦敦、布鲁日、汉堡、不来梅，欧洲大陆内部的日内瓦、里昂、巴黎、纽伦堡、布拉格、维也纳……我们熟悉的现在欧洲各国首都和其他大城市，基本上都是中世纪城市革命中成长起来的。只有西方文明沿着中世纪的脚步走进了商贸秩序占据主导地位的现代文明，其他古老文明的商贸秩序都没有摆脱被暴力清零的宿命。

买卖的极限

"花钱买自由"的交易并不是无所不能的。按照这种交易的逻辑，商人越来越强大，购买力越来越强，是不是就可以把自由全都买来，西方就这样全自由了？答案是否定的，这个逻辑有它的适用边界。也就是说，商业不可能绝对地通向自由。

"买卖自由"的极限在哪里？在政治结构。以城市为基点，我们把政治结构分内外两部分来看，对内，是微观层面的城市自身的政治结构；对外，是宏观层面的中世纪整体的政治结构。在这两个方面，"花钱买自由"很快都遇到了巨大的障碍。在微观的、内部的政治结构上，中世纪城市因"自私"而扩展有限。在宏观的、外部的政治结构上，中世纪城市并不占据主动权。这一节我们先探讨微观的、内部的障碍，下一节我们再探讨宏观的、外部的障碍。

自由虽然在中世纪不断繁盛，但它在中世纪是有极限的，它没有从具体的自由权彻底变成抽象的自由，没有从特权彻底变成普遍的人权。城市不是自由的应许之地吗？因为它能让自由扩展，让更多的人享受自由，或者说，让更多的人背负自由。城市的自由，今天的我们已然生活在它的逻辑当中：它只意味着希望和机会，并不等于成功和幸福。每一年，都有很多即将毕业的同学来问我，要不要留在北京？我通常会这样回答他们：北京不是天堂，也不是地狱，而是战场。你如果认为自己是一名勇猛的战士，就留下来建功立业，这里有很多机会；如果你只是想平静地享受农夫、山泉、有点田的生活，就回村里的老家吧。这种充满了挑战和辛酸的希望和机会，难道不能给所有人吗？中世纪的答案是，不能。

中世纪有一个老规矩，无论什么人，只要跑到城市里待满一年零一天，他就成为自由人，即便领主第二天发现了他就是逃亡的农奴，也不能把他抓回去种地。他自由了！可自由意味着什么呢？只是去城市为别人打工的自由。或许他可能当上著名手艺人的学徒，还娶了师傅的独生女，最后师傅把衣钵传给他，他还进了行会和市政委员会，成了上流人士。但每一步都是概率极小的事情。绝大部分农民进了城都要遭遇雇主的盘剥、极差的生活和卫生条件、没有出头之日的高强度工作。从这些社会底层的基本生存状况来看，城市的自由只不过是给了他们被剥削的自由。

商人不是菩萨。他们之所以愿意把城市自由扩展到城市下层，不是因为他们心地仁慈，而是因为经济上必须如此。为什么？当时的绝大多数商业都是和手工业一体的，商人大多数都是工匠，卖的就是自己的手艺，自己做不过来，手艺也需要传承，自然就需要帮工。如果是没有手艺的经销商，他们更需要各式各样的帮手。帮工和帮手只能是身份自由的人，只有他们才可以自由地出卖劳动力。只要一个农民跑进城市，商人的城市就给他自由，实际上就是给他接入商人系统的入口。

不过，虽然商业和贸易需要自由的劳动力，但这种需求并不是无限的。除了看得见的帮工和帮手要雇用，商贸秩序因其本身具有非常强的创造性，还需要更多质量更高的人。比如，佛罗伦萨七大行会当中，和做大买卖的丝织业行会、毛织业行会并列的是律师行会。律师行会在佛罗伦萨的显赫地位证明，商贸对法律的需求异常巨大。另外，正是在威尼斯、米兰、佛罗伦萨这些城市，复式记账法被发明出来了，会计成为一种重要的职业，不再是识字就可以胜任的了。律师和会计的兴盛和职业化典型地说明了商贸秩序会向精细的方向迅速推进。于是，劳动力的技术含量问题出现了。律师和会计，或者拥有其他职业技能的劳动力,受到城市的欢迎,而只有体力可出卖的劳动力就不再那么受欢迎。

随着人口的增长,城市很容易过载,公共设施乃至粮食和饮用水都不能满足市民的需求,城市会走向崩溃。于是,以商贸立足的城市居然又掉进了"马尔萨斯陷阱":兴,人口增长;人口超过承载限度,发生骚乱乃至内战,结果便是衰,乃至亡。精明的商人们通常不会等到饥民暴动再来收拾烂摊子,他们对城市规模通常都是心中有数的。这并不稀奇,因为在《理想国》当中,柏拉图就已经讨论过理想城邦的人口数目了,规模(界限)对城邦来说一直是必须严肃考虑的大问题。城市的商贸底色不会允许它无限扩张,不会便宜地发放自由特权。市政委员会会在这件事上斤斤计较,成为城市内部的政治结构限制自由扩展的政治防火墙。自由是有成本的,Freedom is not free,城市的自由同样是有成本的。买特许状的成本由商人来承担,买来特许状之后的好处究竟与多少人共享才是有利可图,不能因为一念之仁自毁长城,他们算得比谁都精。[16]

作为商人团体的城市不会滥发自由特权,很容易用经济学解释。需要继续用经济学解释的是市民们也不同意滥发自由特权,他们和商人们一样"自私"和"小气",意味着作为系统性生产和再生产机制的城市形成了。

城市里享有自由的帮工、帮手乃至无业游民,不像商人们一样需要花钱去买特许状,或者续特许状。他们根本就没钱,不可能直接参与买卖特许状的交易。那么,这桩大买卖还和他们有关系吗?他们没有直接承担成本,就会饱含同情心地想让更多不自由的人获得城市的自由吗?他们即便在城市过着悲惨打工的日子,也不想扩展自由。"羊毛出在羊身上"的道理在抽象意义上对他们是适用的,不过不是他们的立场,他们的想法非常直接:更多的劳动力汇入意味着工资的下跌,他们的日子会更艰难。[17]至此,城市的上层和下层达成了一致,不需要协商和沟通,他们凭借自己的地位和算计就达成了一致,这意味着城市的各种生产和再生产机制并机启航。除了商品的生产和再生产,雇佣关系中雇主和受雇者的生产和再生产,使之顺利运作的特权的生产和再生产，也就是社会关系、法律关系的生产和再生产，全部相互支援地运转起来，城市由此成为一个自足的且可持续的世界。

尽管中世纪的城市是中世纪最享有自由的地方，但城市里的人享有的仍然是特权，和所有特权一样，他们也不愿意和别人共享，因为他们有了自己的系统，有了自己的权利共同体。从"花钱买自由"的逻辑来看，城市其实不可能长太大，这种买卖逻辑无法凭借城市完全击垮中世纪这个特权世界。不愿意给更多的穷苦人权利和自由，让城市在根本上失去了把他们变成同盟军的机会，自己的实力也就很容易见顶了。所以，无论是威尼斯还是佛罗伦萨，都显赫一时，但都因为规模太小，没有足够的实力和民族国家对抗，最后都被它们击败了、收编了，成了它们的一部分。不过，自由权是什么样子的，中世纪的城市已经淋漓尽致地展现出来了，越来越多的人知道它是好东西。怎么样让自由权突破城市规模和买卖自由逻辑的束缚，这是中世纪城市留给现代的国家建构、启蒙运动和民主革命的任务。

注释

[1] 亨利·列斐伏尔：《空间的生产》，刘怀玉等译，商务印书馆，2021，第41–101页。

[2] 诺尔曼·庞兹：《中世纪城市》，刘景华、孙继静译，商务印书馆，2014，第2页。（***）M. 罗斯托夫采夫：《罗马帝国社会经济史：全二册》第十一章，马雍、厉以宁译，商务印书馆，2011。

[3] 李筠：《西方史纲》，岳麓书社，2020，第33–37页。（*）保罗·卡特里奇主编《剑桥插图古希腊史》第二章，郭小凌、张俊等译，山东画报出版社，2005。（*）雅克·伯萨尼：《雅典3000年》，喻祺译，敦煌文艺出版社，2020。（**）

[4] 亨利·皮雷纳：《中世纪的城市：经济和社会史评论》第二章，陈国樑译，商务印书馆，2006。（**）亨利·皮朗：《穆罕默德和查理曼》第

二编第一章，王晋新译，上海三联书店，2011。（***）

[5] 皮雷纳：《中世纪的城市》，第25-26页。

[6] 皮雷纳：《中世纪的城市》，第58页。约翰·朱利叶斯·诺威奇：《地中海史》（上册）第7章，殷亚平等译，东方出版中心，2011。（**）

[7] 威廉·麦克尼尔：《威尼斯：欧洲的枢纽1081-1797》第一章，许可欣译，上海人民出版社，2021。（**）

[8] 皮雷纳：《中世纪的城市》，第60-67页。M. M. 波斯坦等主编《剑桥欧洲经济史.第2卷，中世纪的贸易和工业》，钟和、张四齐译，经济科学出版社，2003，第250-254页。（***）

[9] 汤普逊：《中世纪经济社会史（300-1300年）》（下册），耿淡如译，商务印书馆，1963，第429页。（**）

[10] 费尔南·布罗代尔：《文明史纲》，肖昶、冯棠等译，广西师范大学出版社，2003，第296-299页。（**）

[11] 皮雷纳：《中世纪的城市》第五章。

[12] 亚里士多德：《政治学》，吴寿彭译，商务印书馆，1983，第3页。

[13] 汤普逊：《中世纪经济社会史（300-1300年）》（下册），第407-422页。

[14] 皮雷纳：《中世纪的城市》第七章。庞兹：《中世纪城市》，第92-96页。

[15] 张笑宇：《商贸与文明：现代世界的诞生》第二章，广西师范大学出版社，2021。（*）

[16] 朱明：《欧洲中世纪城市的结构与空间》第六章，商务印书馆，2019。（**）

[17] 皮雷纳：《中世纪的城市》第六章。罗贝尔·福西耶：《中世纪劳动史》，陈青瑶译，上海人民出版社，2007，第92-102页。（***）

28
行会
商人秩序的扩展

城市是商人团体，是特权–权利–自由的共同体，是自由的孵化器，是中世纪封建社会里的新型社会、政治、经济和文化空间。这一节我们来讨论行会（guild）。行会和城市的关系极为密切，但又不完全是一回事。中世纪的行会，只是城市里有，农村里没有。简单来说，行会是中世纪城市的骨架。

商人组建城市这个大团体之前，已经有了行会这种小团体，小团体是组建大团体的组织基础。商人成为行会的会员，就有了会员的权利和义务，权利义务把他们结成一个小共同体，他们就可以向外去和贵族领主购买特权，向内管理和协调共同事务。多个行会联合起来组建更大的团体，编织更大的权利义务网络，通过购买特许状取得法人资格，城市就诞生了。从组织上，我们可以把行会看成城市的微观基础。从逻辑上，我们可以继续沿着行会的特点来观察城市的前途。

"作为一个自由的、自治的市民社会的城市，是中世纪欧洲的一个新的政治和社会有机体，而在早期封建时代未曾有过这样的先例。"[1]从商人到行会再到城市，有一种理想的生存方式和组织方式在不断成长，那就是"自由人的自由联合"。从长远来看，组成行会，不需要宗族界定共同的祖先，进而界定亲属关系；也不需要宗教界定共同的神，进而界定教友关系；也不需要战争界定共同的敌人，进而界定盟友关系。商贸只要求弱身份，买卖不问出身、不问信仰、不问政治，买卖人的联合同样如此，行会以弱身份为基础不断创造人与人之间的新关系。没有传统的血统、信仰、政治层面的强身份，人和人仍然可以组织起来，可以很好地实现沟通、合作、共同繁荣、共同进步。这就是"社会"。

中世纪后期，教会腐化堕落，王国强势崛起，政教二元结构摇摇欲坠。现代西方的一个重要任务便是在教会权威坍塌之后找到它的替代者，重新与政权形成二元平衡，以防政权吞噬天地，混宇内为一体。社会，就是现代条件下的另一元，它在文明基本架构的意义上，是中世纪教会的继任者。这个继任过程是十分漫长的，核心的标志是英国光荣革命、法国大革命和美国革命。有限政府在革命中建立起来，标志着政权对其自身有限性的承认，也就是对社会的独立性和自主性的承认。从17、18世纪的三大政治革命往回看，中世纪城市和行会孕育出的社会为它们提供了结构性的选项。如果没有社会在中世纪的诞生和发育，革命的基础和目标就不存在了，那将是一个延续中世纪国王们热血战争的世界。正是从西方文明内部结构性部件形成的意义上，我们把中世纪的城市看成现代世界的种子。

我们在上一节已经明确了，通过买卖来实现"自由人的自由联合"并不是没有极限的，这一节我们以行会为基点，探讨这条路在中世纪究竟走了多远。中世纪的买卖这么做，到底能做多大，做大了之后是什么样子。我们分三步往前走：第一，小而全；第二，买卖国家；第三，城市联盟。

小而全

说起行会，我们很容易从字面上就和现在的行业协会联系起来。中世纪行会是现在的行业协会古老的祖先。行会的基本逻辑是，同一个行业的商家联合起来成立一个组织，为加入的商家提供沟通、协调、共同制定行业标准这些服务。中世纪的行会功能比现在的行业协会多得多，但是规模没有现在的大，大多数只限于一个城市内部。中世纪行会为什么会出现，有很多种说法，无论是封建庄园有剩余，农村公社有互助，还是兄弟会有义气，行业要自保，都可以支持行会的产生。[2]但最关键的步骤是城市特许状的购买。有了特许状，城市获得自治权和特许经营权，诸多行会才能在其中稳定地维护自身的存续和行业的管理，否则，它们很容易被强盗般的贵族们劫掠乃至屠杀。

以城市为据点和保护伞的行会支撑起了城市的运转，粗略而言，它们是商贸管理组织。中世纪商贸的基本逻辑和现代世界不太一样，行会是理解中世纪商贸的最佳切入点，好比公司是理解现代商贸的最佳切入点。公司大约是英国人在1600年前后发明的，世界上第一个大型公司是英国东印度公司。公司演化成现在的形态也花了很长时间。那么，在没有公司的中世纪，生意怎么做呢？看清楚行会就明白了。

行会都管什么事情？中世纪的行会比现在的行业协会管的宽得多，"其携带的社会和宗教特色超越了单纯的经济利益和权力斗争"。[3]粗略而言，一个城市里和这个行业有关的一切它都管，行会是典型的小而全。

第一，行会管行业准入。比如一个城市的面包师行会，所有面包师都得加入，新来的面包师得申请加入面包师行会，除了能做出像样的面包，还得会员们同意他加入，他才能在城里做面包。同意的方式有很多，但基本上门槛很高。也就是说，行会原则上不喜欢新成员加入。从外地来个面包师，本城的行会通常是排斥他在本城做生意的，新入会的面包师一般都是本城面包师的学徒。

第二，行会控制产品质量、生产流程、产品价格和工资水平。越是工艺复杂的产品，行会的作用就越大，因为它可以管的环节就越多。产品质量和生产流程的控制好理解，就是防止劣币驱逐良币，保证整个行业的商业信誉。但中世纪行会很重要的目的却是防止会员展开竞争。和前面的严格控制市场准入一样，价格控制和工资控制也是抑制竞争的重要手段。

市场经济不是鼓励竞争吗？竞争不是能让产品改进，变得价廉物美吗？行会抑制竞争不是和市场经济严重冲突了吗？如此看来，中世纪行会一定会被淘汰。道理是这么个道理，不过用在中世纪商贸和行会头上早了点，嫌中世纪行会不够市场经济乃至阻碍了市场经济的论调太过现代了。市场经济的运转有两个必要的前提：于外，市场是无限的；于内，进取心是无限的。这两个必要条件在中世纪基本都不存在。前者——无限的市场——是英国花了很大力气成为日不落帝国之后才第一次实现的。英国人亚当·斯密在看清自由贸易的逻辑和好处之后，为之大声疾呼，说明市场在当时仍然被各种因素钳制在狭小的范围之内。那差不多是1750年前后的事情。后者——无限的进取心——是加尔文新教改革成功之后才逐步实现的，加尔文讲赚钱也是荣耀上帝的事业，商业的进取心才能从宗教的压制中被解放出来。那是1540年的事情。[4]这两个条件都不具备的中世纪，市场的规模很小，人心的欲望也很少，大部分商人都是做本城小买卖的工匠，竞争若不控制，市场很容易就变成战场，用今天的话来说就是"内卷"了。为了大家都能有一份稳定的小生意，行会就把大家拢在一起定好规矩。[5]

于是，合情合理的是，第三，中世纪行会干很多现代的行业协会不干的事情，就是互助，甚至是讲义气，为此会员入会之时都立有誓约。中世纪行会对会员的照顾超乎我们的想象，会员之间有兄弟情义，不仅在生意有困难的时候出钱出力，而且在有家庭变故的时候还互相守护。前一种情况通常是一个商人的货在路上被抢了，或者店被大火烧了，行会组织会员们凑钱借给他，帮他渡过难关。后一种情况通常是一个商人死了，行会会帮商人执行遗嘱，维护他留下的孤儿寡母的权利，不让有手艺的帮工把他一生的基业侵占了。中世纪的行会在很多时候充满了人情味。[6]

中世纪的商贸绝大多数是社区式的小生意，像美第奇家族那样做成跨洲银行和贸易业务的大商家是凤毛麟角。我们看看当时的城市规模就明白了，14世纪末，已经成为法兰西心脏的巴黎，人口也不过20万，还比不上今天北京市人口最少的延庆区。即便是美第奇家族所在的佛罗伦萨，在洛伦佐·德·美第奇治下最辉煌的文艺复兴时代，人口也就4万，还比不上今天北京市东城区的建国门街道。[7]

社区式小生意占据了城市社会生活（而非贸易规模）的主导地位，这意味着行会的主要功能不是帮助小商人赚取更多的利润，而是维护城市的和谐。绿洲如若内部争斗不休，很容易就被沙漠吞噬了，回到暴力主导的、封建主导的、贵族主导的旧世界。和所有组织一样，行会的第一要务也是生存，在中世纪的环境当中，生存不意味着利润最大化或者技术改进，而意味着抱团取暖、互助、友爱。行会相当于逃出封建关系的自由人在封建的汪洋大海中联合打造的舢板小舟，而其中存在的控制和压制，在很大程度上是必要的。

中世纪的行会不是一个单纯的经济组织，而是一个小而全的社会经济组织，它把会员的生意和生活都覆盖了。在小生意为主的中世纪，经济和社会的分化、经济自身的内部分化都没有那么发达，它就管得很宽。行会确实如后世所说，在很大程度上抑制了市场经济的成长，但这并不必定就是错误。市场经济并非十全十美，走向极致的话，它也会带来邪恶，比如人口的买卖。市场的自然倾向是把一切都纳入交易，造成经济和社会、道德、宗教、政治的"脱嵌"，经济独立出来了，置其他于不顾，人的生活就被撕裂了。商人为生意不顾廉耻、不择手段的邪恶一面通常受到了几乎所有古老宗教的严厉警告和严肃训诫，后来莎士比亚也用《威尼斯商人》刻画了夏洛克这一只管经济、不顾其他的经典文学形象。经济只是生活的一部分，当它飞速地脱嵌，会扰乱人的生活，就必定会有社会的、道德的、宗教的、政治的力量控制它，把它往回拉，保持人的生活的完整和人的尊严。[8]用这样一套波兰尼发明的"大转型"理论来看，我们可以把中世纪的行会看成市场经济在萌芽阶段既孵化它的成长又防止它脱嵌的社会力量。它是微观层面的中世纪市场经济的保姆。当然，市场经济一旦成年，保姆自然也会下岗。

买卖国家

行会做大了会是什么样子呢？可能会从温情的兄弟会逐渐变成寡头组织，它不仅有非常明显的经济和管理职能，还有了政治职能。无论经济、管理还是政治，都是人的事情，人在其中必须获得意义，因此，社会关系的生产和再生产必然要求意义的生产和再生产，行会制造出属于自己的宗教，就不奇怪了。就像中国近代的黑社会和警察都以关公为他们的偶像和保护神一样，就像他们也会把会规和条例涂上神圣的色彩一样，中世纪的行会也有自己的保护神、会规和仪式。但问题在于，制造属于自己的宗教来提供意义，很可能妨碍行会的扩大，铁匠行会的保护神和面包师行会的保护神不一样，佛罗伦萨的保护神和威尼斯的保护神不一样。行会在宗教上前途有限，不像在政治上有远大前程。我们来看看商人的行会怎么组成了一个城市，而这样的城市究竟能长多大，长大之后会遇到什么样的新的困难。我挑的例子是佛罗伦萨和威尼斯，就是文艺复兴之都佛罗伦萨和欧洲枢纽威尼斯。

我们先看佛罗伦萨。据马基雅维利这位最爱佛罗伦萨的人说，早在11世纪，佛罗伦萨就是个自我管理得井井有条的共和国了。佛罗伦萨共和国怎么组成呢？由行会组成，7个大行会和14个小行会。七大行会包括律师行会、羊毛业行会、丝织业行会、毛织业行会、银行行会、医药香料行会和皮革业行会。它们对应的就是佛罗伦萨最挣钱、最有实力的行业。14个小行会基本上是每个城市都会有的工匠行会，比如屠夫行会、厨师行会、铁匠行会、裁缝行会、面包师行会，等等。大行会是商人联盟，小行会更像日后的工会。

法律上，行会会员身份和市民身份是重合的，21个行会当中任何满35岁的会员都有资格成为共和国的官员。他们的名字被写下来放在8个皮袋子当中，每2个月抽一次签，抽出9个人来当执政官，其中6个代表大行会，2个代表小行会，1个是首席执政官。共和国的9人执政团每2个月一换。从这套抽签选举的程序来看，行会的会员身份就是被选举人资格。不过，若干大家族不仅控制了行会，也控制了抽签，他们的掌门人经常出任首席执政官，其他执政官也都是他们的政治代理人。[9]

佛罗伦萨这种制度是共和制，它成了和古代罗马共和国并列的最令人景仰的共和国，它们同为共和国的光辉典范。现代国家几乎清一色都是共和国，即便是保留王权的英国、荷兰、丹麦、瑞典诸国，核心的政治制度（议会内阁制）、运转机制、官民身份也都是共和制的。不过，从佛罗伦萨共和国到法兰西共和国、美利坚合众国的道路异常曲折，城邦规模的佛罗伦萨共和国并不是行省规模的法兰西和大洲规模的美利坚的直接前身，法兰西共和国是从绝对主义王国经由大革命转变而来，美利坚合众国是从殖民地十三州经由独立战争联合而来。但共和精神、制度、运作机制在佛罗伦萨蔚为大观，为法兰西的革命和美利坚的联合提供了极其宝贵的思想和制度资源。

共和制在罗马时代留下了政治品质上的公共性、法律性和公民德性，以及政治制度上的混合政体和复合型权力架构。[10]和罗马的军事共和国不同，佛罗伦萨是更接近现代共和形态的商业共和国，它有力地证明了原则上共和制比君主制对商贸秩序更友好。到底是为什么呢，我们稍后看完威尼斯和汉萨同盟再一并讨论。

不过，共和国并不是十全十美，也不是纯洁无瑕，无论罗马、佛罗伦萨还是威尼斯，实际上都是典型的寡头控制的城市。佛罗伦萨一开始便是大家族掌控的城市，大约1430年，从科西莫·德·美第奇开始，美第奇家族长期控制佛罗伦萨。虽然科西莫不是一直担任首席执政官，但佛罗伦萨的大事都是他说了算。这就像任正非长期不当华为的董事长，但谁都知道他才是华为真正的当家人。美第奇家族的故事我们下一节再讲。这里要紧的问题是佛罗伦萨共和国的性质。我们可以把佛罗伦萨共和国看成拥有银行、毛纺、染料种种大生意的美第奇家族联合其他家族共同经营的买卖国家，佛罗伦萨的首席执政官是CEO，科西莫是董事长。买卖人科西莫执掌买卖国家佛罗伦萨，让市民把生意做好，用现在的话说就是通过创造和维系基础性的利商制度建立起良好的营商环境。商人掌权之后建立良好的营商环境，合情合理，科西莫和他的孙子洛伦佐在这方面做得非常成功，佛罗伦萨也因此成为商业共和国的典范。[11]

但问题是，你好、我好、大家好、生意好的状态并不是每个人都渴望的，甚至不是每个人都喜欢的。于内，科西莫的对手阿尔比齐家族、洛伦佐的对手帕齐家族都不喜欢美第奇家族的商人治国模式，他们是传统贵族出身，讲血统、讲荣誉、讲武力，美第奇式的商业共和国对他们来说不仅是不必要的，甚至是耻辱。阿尔比齐家族和帕齐家族代表了热爱军功和血统的老贵族。如果是在法国，这种老贵族叫作佩剑贵族。和他们相对，美第奇家族这样通过生意发家、买得贵族头衔的新贵族，叫作穿袍贵族。中世纪的城市共和国和罗马共和国一样存在严重的派系斗争，穿袍贵族压制佩剑贵族，商贸秩序压制暴力秩序，生意压制武力，在城市内部也是极其困难的事情。城市在内斗中衰败其实是常事。

于外，问题更严重。佛罗伦萨常年的对手和合作伙伴有教廷、威尼斯、米兰、那不勒斯，后来又有了法国、西班牙、神圣罗马帝国。佛罗伦萨在1492年洛伦佐去世之前，和前四者周旋，主导了五方势力之间的多元平衡。但在1492年之后，法国和神圣罗马帝国（当时兼领了西班牙）进入意大利之后，一切的平衡与和平都被打破，城邦规模的商业共和国无力对抗行省规模的绝对主义王国，以佛罗伦萨和威尼斯为代表的城市共和国最风光的时代宣告结束，文艺复兴也由此结束。佛罗伦萨和威尼斯都不可能花钱从法国或者神圣罗马帝国那里买到自由，后二者资源禀赋深厚，帝国雄心满满，不可能再与一个城市乃至城市同盟达成对等的交易。"花钱买自由"的逻辑在法国和神圣罗马帝国这种巨无霸国家面前撞到了南墙。

现在我们来谈谈佛罗伦萨的老对手和老伙伴威尼斯。威尼斯不像佛罗伦萨是罗马帝国时代的军事重镇，它是帝国覆灭之后由躲避混乱的难民建立的。威尼斯人面朝大海找生计，养成了平等和团结的习惯，因为在大海上，船长对于水手不能高高在上，所有人必须团结起来才能扛过大风大浪。威尼斯也差一点被查理曼大帝的儿子意大利国王丕平收服，不过威尼斯运气好，围城之后国王染病驾崩，城没有被破。后来，查理曼和拜占庭签订了条约，威尼斯被认定成拜占庭的地盘。拜占庭给了威尼斯非常优厚的贸易条件，还支持它肃清地中海的海盗。在11世纪，威尼斯成了地中海警察，不仅主导了安全和航海秩序，还打破了穆斯林对地中海的控制。地中海贸易最重要的航线就是在君士坦丁堡和威尼斯之间，威尼斯充当了中世纪欧洲的贸易枢纽，威尼斯商人做了所有赚钱的生意，四五百年间威尼斯真可谓风光无限。

威尼斯也是商业共和国，它的首长，也就是董事长，名为总督。和佛罗伦萨一样，总督出自商人家族，各大商人家族在某一个或者某几个商业领域树大根深。在所有买卖当中，最让人瞠目结舌的是1104年建立的威尼斯兵工厂。这个兵工厂为谁造船、造武器呢？十字军。来自法兰西、德意志的十字军骑士在这里登船，到君士坦丁堡下船，非常方便。而且，作为贸易之都，包括木材在内的所有原材料，得来非常方便。就这样，供需完美结合，威尼斯成了西方的兵工厂，总督就是董事长。

威尼斯这个买卖国家经营过的最大的买卖，是控制自己的买主十字军消灭了自己的老主人君士坦丁堡。1203年，满载十字军骑士的威尼斯战舰攻破了君士坦丁堡。拜占庭元气大伤，皇帝更换频繁，领土大片丢失，再也没有从这次溃败中恢复过来，完全失去了辉煌的地位和雄厚的实力。君士坦丁堡基本上变成了一座孤城，一直到1453年被奥斯曼土耳其攻占。

威尼斯是怎么干成的呢？这段历史异常精彩。

第一步，1201年，教皇英诺森三世鼓动圣战，十字军集结之后来威尼斯谈生意，要威尼斯出船把大军运往埃及，在那里向穆斯林发动进攻。威尼斯开出了合理的价钱，而且自己也派军舰和士兵参战，条件是获得被征服土地的一半。双方欣然成交。

第二步，威尼斯按时备齐物资交货了，十字军却付不起钱。威尼斯提条件，要求十字军攻占危害威尼斯商贸利益的城市扎拉！十字军照办了，攻击了基督徒的城市。

第三步，拜占庭破落贵族安戈洛斯求援，说本该他父亲继承的拜占庭皇位被人篡夺了，威尼斯威逼利诱十字军帮忙。就这样，强盗一般的十字军最终攻占了没多少防备的君士坦丁堡。

这一切,都出自威尼斯总督丹多洛的精心策划。一个租船公司的董事长,利用大主顾缺钱,一步步引导它消灭了自己的老主人,从买卖的精明演化为国家的战略,威尼斯的大手笔令人叹为观止。摆脱了拜占庭的威尼斯,无论在贸易上还是政治上都傲视群雄,成为中世纪后期最耀眼的明星城市之一。1492年之后法国军队进入意大利,和佛罗伦萨一样,威尼斯的辉煌到此结束。[12]

佛罗伦萨和威尼斯的例子非常典型地说明了行会支撑起来的买卖国家也可以在势力多元的中世纪成为暂时的主角。但它们不是新崛起的绝对主义国家的对手。那么,城市同盟可以抗衡行省规模的绝对主义国家吗?如果不向绝对主义国家"花钱买自由",能打败它们为自己赢得自由吗?我们来看汉萨同盟。

城市同盟

汉萨同盟是中世纪史上最著名的城市共和国联盟,即便放在整个人类历史中,它也极为罕见,它留下的遗产,至今仍然值得挖掘。

从13世纪开始,在欧洲大陆的西部到北部的海岸,一群自治的贸易城市结成了汉萨同盟。其中包括吕贝克、汉堡、不来梅、哥本哈根、柏林、科隆、多特蒙德、柯尼斯堡数十个城市,同盟的商站设在伦敦、布鲁日、安特卫普数十个城市。"汉萨"的本义是商会,汉萨同盟就是商人行会的同盟,由于商会和城市的高度一体化,它也是城市同盟。

汉萨同盟最辉煌的战绩是打败丹麦国王,迫使他在1370年签订条约。条约的内容主要有三项:第一、恢复汉萨商人在丹麦的合法权利;第二、恢复同盟城市维斯比的城市特许状;第三、丹麦选择王位继承人,须得汉萨同盟同意。跨国商人同盟在与一个横征暴敛、蛮横无理、横行霸道的国王对峙当中大获全胜。这在人类历史上是极其罕见的事情。

汉萨同盟凭什么样的实力打败了丹麦国王呢?在对丹麦国王的战争中,

汉萨同盟两手出击，一手是贸易战，一手是军事战。同盟首先对国王展开贸易战，号召所有同盟商人不撤出丹麦，国王着急了，就发兵攻打同盟的城市。同盟也有准备，不仅自己有兵，而且还联合了条顿骑士团、丹麦贵族和瑞典国王。最终，丹麦王都哥本哈根被同盟军队攻破，随后国王避难的赫尔辛堡也被攻破，国王彻底战败，被迫和汉萨同盟签订了《施特拉尔松德条约》。汉萨同盟鼎盛之时拥有195个成员城市，遍布欧洲16个王国。[13]

汉萨同盟的路，与佛罗伦萨和威尼斯不同。同盟城市处于北大西洋商圈，陆上处于神圣罗马帝国、英格兰、佛兰德斯、丹麦、瑞典、挪威的封建领地包围之中，特定的贸易和政治环境让它们面临着特定的困难。"花钱买自由"，一方面，单个城市城小钱少，另一方面，需要应对的卖家太多。它们当中任何一个都做不到像威尼斯那样自己富可敌国，然后在大国间纵横捭阖。合理的选择便是联合，诸多城市抱团取暖，商人乃至商会众筹资金集体购买自由，甚至众筹资金集体购买武力，以战胜封建国王。

商贸城市一起建立起来的汉萨同盟是一个强大的商人秩序，这种秩序是一套基本规则、一个同盟组织、一套网络逻辑。领袖城市吕贝克制定了基本法，规定城市是一个共和国，由市议会来管理；市议会由20名以上议员组成，他们不是由市民选举，而是由行会推荐；市议会选举四名市长，其中最年长的为第一市长；市长任期不限，但有政治追责，失职甚至会被处以死刑；市民免人头税，拥有公正审判、借债可由城市帮助追回的权利；暴力机关依法行事。吕贝克基本法成为加入同盟的基本条件。想要加入汉萨同盟，入伙的城市必须按照吕贝克基本法调整自己的政治制度，变成一个和它一样的商业共和国。修订宪章，成为同盟成员之后，不仅同盟城市之间会相互给予优惠贸易条件和帮助，市民也能在同盟城市中享有相应的权利。[14]

汉萨同盟这套逻辑奇怪吗？商人联盟、行会联盟、城市联盟，不就是为了生意吗，管人家是不是共和国干什么呢？用行会的基本思路往下推，其实很容易理解。行会要保证自己的会员具有基本相同的市场主体资质。会计师行会要求从业者考取它认定的注册会计师资格证，律师行会也如此，所有市场主体其实都存在市场资质问题。一个行业的专业化程度越高，市场主体资质的管理就越重要，也就会越严格。当一个城市加入同盟，难道不应该有资质要求吗？

那我们就要接着追问，商贸秩序参与者的市场和盟员的合格资质为什么是共和国？理由并不复杂，商人和行会并不天然高尚，根本原因在于共和国这种政体最有利于商贸的发展和繁荣。商人一起用行会做骨架支撑起来的共和国，比当时流行的君主政体更爱和平、讲规则、重自由。

和平是商贸的必要条件。极少数商人可以在战争中大发横财，但绝大多数商人的绝大多数生意都需要和平的环境。商业共和国从来不以战争为目的，战争只是其保护和平商业环境的手段。而君主国很可能恰恰相反，商业不是君主的第一要务，对狮心王理查德那样从战争中追求无上荣誉的国王来说，商贸不过只是支撑战争的手段。

规则也是商贸的必要条件。合同就是双方约定的规则，法律就是双方共同遵守的规则。讲规则，才可能守信用；守信用，行为才可预期；行为可预期，生意才做得成。国王治理国家当然也要讲规则，但他们很容易因为战争而突破、搁置乃至毁弃规则，以战争为使命的国王尤其如此。

自由也是商贸的必要条件。我们前面重点谈过，城市是自由的孵化器，根本原因就在于中世纪以特权形态存在的自由是生意得以做成的必要条件，没有通行、买卖、人身、签订合同……的自由，生意根本就不可能出现，出现了也极为艰难。而国王治理王国可以不给臣民自由，臣民的自由也不是国王的统治得以稳固的必要条件，国王没有扩展臣民自由的内在动力，反过来，国王甚至因为强化控制有减少臣民自由的内在动力。

这个时候我们再来看用吕贝克基本法构筑起来的汉萨同盟，就知道它是精彩的历史奇观。吕贝克发现了商业繁荣的基本政治条件，它用基本法把和平、规则、自由抽象的条件打包，做成了具体的共和国政治制度规定，它是商贸秩序的第一块乐高积木。你这个城市愿意榫卯造得和所有同盟成员一样，我们就一起搭积木，新秩序的巨大红利你也有份。不愿意，你这个城市就自己干自己的，和汉萨同盟没关系。每块积木都是商业共和国，它们在一起就很容易连成一个无限拓展的秩序。使用这套标准的城市越多，商贸秩序的网络就越大，互相获利的市场规模就越大。汉萨同盟织造的网络虽然还相对粗疏，但已经战胜了封建王国，更重要的是，它的原理是网络式的，我们今天的互联网的政治经济学逻辑已经蕴含在里面了。

然而，中世纪并没有按照汉萨同盟的逻辑无限延展下去，整个西方没有变成一个硕大无比的汉萨同盟。汉萨同盟被击败了。它在1669年开完最后一次成员大会之后宣告解体。城市同盟没有在中世纪后期和现代早期战胜所有王国。一方面，商贸环境发生了对汉萨同盟不利的巨大变化。1492年，大航海启动，贸易的范围变了，航路变了，重心也变了，欧洲和美洲之间的贸易兴起，英国占尽地利，它确实也抓住了天赐良机。另一方面，英国崛起，并且打击汉萨同盟。都铎王朝治下的英国已经是世界上第一个现代国家，不再是中世纪王国，它是西方历史上第一个将商贸与战争整合为一体的国家。它热爱贸易，又长于战争；它的财富足以支持它发动的战争，它的战争又为它开辟更大的财源；它既有商业共和国的属性，珍视自由，扩展自由，又有军事共和国的属性，开疆拓土，走向海外。总之，它不再需要向任何人"花钱买自由"就能实现商贸繁荣，也不需要向任何国王横征暴敛就能实现军备充足，它实现了中世纪城市和贵族的合体，它是一个新物种。面对如此强悍的英国，还在遵循中世纪"花钱买自由"逻辑的汉萨同盟落后了一个时代，必然败北。

历史是连续的，不是片段。英国击败汉萨同盟的历史以及后来大英帝国衰败的历史都在提醒我们，汉萨同盟的网络式商贸秩序不是过时了，而是需要不断地升级。一个共同体必须在新时代条件下打造出佛罗伦萨与罗马、商贸与暴力、自由与武力之间的双向相互支撑，才能真正地成为引领世界的强国。

注释

[1] 汤普逊：《中世纪经济社会史（300-1300年）》（下册），耿淡如译，商务印书馆，1997，第427页。（**）

[2] 同上书，第435-438页。

[3] M.M.波斯坦等主编《剑桥欧洲经济史.第3卷，中世纪的经济组织和经济政策》，周荣国、张金秀译，经济科学出版社，2002，第195页。（***）

[4] 亚当·斯密：《国民财富的性质和原因的研究》（上卷）第一至三章，郭大力、王亚南译，商务印书馆，1983。韦伯：《新教伦理与资本主义精神》，康乐、简惠美译，广西师范大学出版社，2007。

[5] 波斯坦等主编《剑桥欧洲经济史.第3卷，中世纪的经济组织和经济政策》，第208-224页。

[6] 马克·布洛赫：《封建社会》（上卷），张绪山译，商务印书馆，2004，第378-379页。（***）艾琳·帕瓦：《中世纪的人们》第六章，苏圣捷译，上海三联书店，2014。（**）

[7] 波斯坦等主编《剑桥欧洲经济史.第3卷，中世纪的经济组织和经济政策》，第196页。保罗·M.霍恩伯格等：《都市欧洲的形成 1000-1994年》第三章，阮岳湘译，商务印书馆，2009。（***）

[8] 卡尔·波兰尼：《大转型：我们时代的政治与经济起源》，冯钢、刘阳译，浙江人民出版社，2007。（***）

[9] 尼科洛·马基雅维里：《佛罗伦萨史》第二卷第一至三章，李活译，商务印书馆，1996。

[10] 李筠：《罗马史纲》，岳麓书社，2021，第50-79页。

[11] 马基雅维里：《佛罗伦萨史》第五、六、八卷。克里斯托弗·希伯特：《美第奇家族的兴衰》第一、二部分，冯璇译，社会科学文献出版社，2017。（**）

[12] 威廉·麦克尼尔：《威尼斯：欧洲的枢纽1081-1797》第一、二章，许可欣译，上海人民出版社，2021。（**）A.A.瓦西列夫：《拜占庭帝

国史：324-1453》第七章，徐家玲译，商务印书馆，2019。（**）张笑宇：《商贸与文明：现代世界的诞生》第二章，广西师范大学出版社，2021。（*）

[13] 詹姆斯·W. 汤普逊：《中世纪晚期欧洲经济社会史》，徐家玲等译，商务印书馆，1996，第210-213页。（**）张笑宇：《商贸与文明：现代世界的诞生》，第173-179页。

[14] 张笑宇：《商贸与文明：现代世界的诞生》，第1186-1192页。

29
商人
资产阶级的由来

　　商人通过行会不仅实现了自身的团结和管理，还占据了城市，在其中建立起商业共和国。但是，汉萨同盟这种城市商业共和国联盟并不是中世纪商人最终的出路，它被更强大的现代商业国家英国打败了。英国，世界上第一个真正的资产阶级国家，才是中世纪商人向现代转变的秘密贮藏之所。中世纪商人逐渐转变为资产阶级，他们是西方现代文明的主力。资产阶级的根，在中世纪；现代西方的根，是中世纪。

　　商人在西方文明中的地位经历了巨幅震荡。古希腊、古罗马和现代西方都是典型的商业文明，商人在其中地位优越。古罗马首富克拉苏显赫一时，成为和凯撒、庞培并列的三巨头。现代西方也崇拜摩根、洛克菲勒、福特、乔布斯这些商业英雄。他们都是自己文明之中受人景仰的大人物。但在中世纪的一千年当中，类似的大商人屈指可数。可以说，商人在西方三千年历史中地位最低的就是中世纪这段时期。

不过，商人最终冲破了中世纪的束缚，成为现代世界的主角。这一节我们就来回顾商人在中世纪经历的曲折：第一，穿过针眼；第二，国父科西莫；第三，商人的现代走势。

穿过针眼

商人在传统社会中低人一等并不是什么新鲜事，尤其对中国这个拥有悠长农业文明传统的国家来说更是这样。传统中国是"四民社会"，士农工商之中，商人是末流。商人受到很多限制，再有钱，门楣也不能高过做官的人家。而且，传统道德对商人和商业也是非常不友好的，从无奸不商这个中国人习以为常的说法当中我们就能感受到，奸诈、奸猾、奸佞是中国传统给商人贴了两千年的道德标签。

负面道德标签来自道德家们的愤而卫道。比如孔夫子曾说："巧言令色，鲜矣仁。"[1]察言观色、揣摩客户心理、能说会道、投其所好，是商人必备的技能，但孔夫子觉得太过机巧，即便与"仁"这种最重要的美德不是高度冲突，也是相距甚远。孔夫子心里"仁"的形象描绘是"刚毅木讷"，志向明确、意志坚定、反应稍慢、拙嘴笨舌。金庸先生凭借孔夫子的这两个成语在《射雕英雄传》里塑造了两个经典文学形象：杨康和郭靖。机巧与奸诈、木讷与仁厚的高度捆绑，对商人极其不利。在儒家思想占据主流地位的古代中国，商人在道德上明显处于劣势。

不过，古代中国压制商人不只是出自孔夫子的道德教诲，还有更深层次的原因：农业文明的统治逻辑。在农业社会为基座的文明之中，统治者想要稳固统治，必须抑制商业，如果不能完全消灭的话。韩非子在他的著名文章《五蠹》里给秦始皇已经讲得非常明白了：商人囤积财货，低买高卖，坑害农民，难以管束，是国家的五种蛀虫之一，一定要消灭。[2]秦始皇虽然没有任用韩非为相，但韩非写下的道理他都看进去了。秦统一天下之后，秦始皇多次把原来的各国富商强行迁移到咸阳居住，全面瓦解了春秋战国时代形成的强大的商人势力。[3]

把韩非子的说法和秦始皇的做法往前深究一步，农业社会政治统治的要害就浮现出来了。商人其实代表着一个社会最基本也最重要的流动性。货币流动、货物流动、人口流动主要是靠商人，流得动、流得畅、流得循环往复，商人就赚到钱。麻烦在于，农业社会的统治者最厌恶流动性，尤其是人口的流动性。农民是必须绑定在土地上的，否则土地无人耕种，整个文明就瓦解了。所以古代中国很早就有了保甲制度，一人跑路，一家遭殃，一家跑路，亲戚邻居全部遭殃。商人不仅因为天然的流动性耗费了统治者巨大的管理成本，而且还会给农民开阔眼界，让他们变得不老实。最可恨的是，商人见多识广、算计精明，最有可能钻制度的空子，甚至挑动和谋划反叛。所以，古代中国一直遵循韩非子的想法和秦始皇的做法，重农抑商是国策。

重农抑商的基本道理对中世纪的封建领主们来说也是成立的，他们也很明白，也长期这么干。而且，中世纪还有一股力量比封建领主更加敌视商人和商业，那就是基督教和它的教会。

耶稣说过，"骆驼穿过针的眼，比富人进神的国还容易呢！"[4]我们在前面"大全"一节谈神学的时候提过，耶稣代表的是底层里的底层、穷人里的穷人，犹太民族就已经是苦难民族了，耶稣还要为这个民族里面的底层找出路。耶稣在世时的犹太人下层在巴勒斯坦地区主要以牧业和农业为生，生产力水平离原始社会并不远，商人对贫苦的犹太下层人民来说，即便不是压迫者，也是盘剥者。耶稣对商人不友好可以理解。

不过，耶稣通过"骆驼穿过针的眼"打比方定下来的对商人的不友好，随着基督教笼罩了整个西方，也定型为宗教对商业的全面压制。耶稣对商人的不友好，不是像韩非子那样为君王制定国策，而是出于他认定的宗教应有的品质：出世。总的来说，基督教是轻视经济生活的，肉体远没有精神重要，得救是在彼岸，那为什么还要在乎现在的日子过得苦呢？挣钱改善此岸的生活，完全是搞错了人生的方向。而且，挣钱这个事情一定会让人把精神和精力投向罪恶的此岸，忽视甚至遗忘了彼岸，基督教当然要严防死守。著名教父安布罗斯的训诫是，贪婪是万恶之源。[5]在日常生活中，很可能对挣钱的一闪念，都是贪婪。基于此，教会制定了很多抑商的信条乃至法规，比如借钱绝对不能收利息，基督徒绝对不能干这种没良心的事。结果在中世纪放高利贷这门赚钱的生意基本上都让犹太人做了。犹太人挣这种没良心的钱，一方面加剧了基督徒的宗教仇恨，另一方面也加重了基督徒的世俗嫉妒。

总的来看，基督教的出世品格要求所有人不在乎钱，中世纪是一个精神气质上不太在乎钱的时代，加上贵族领主们就是地主，农业社会的统治者一贯不喜欢商人，商人在中世纪的日子有多难过，可想而知。所以，从古希腊、罗马到现代，商人是在穿过针眼，中世纪对他们来说就是针眼。

11世纪开始，商人们在地中海贸易圈重新开放之后很快就活跃起来了，掀起了商业革命和城市革命。商人的生命力很强，只要给他们一点阳光，他们就灿烂了。为什么中世纪商人可以在宗教和政治的明显劣势中迅速崛起？关键就在于中世纪的多样性。没有大一统，商人在各种宗教和政治势力之间来回穿梭就容易得多。尽管商人的安全没有保障，破落的骑士乃至贵族就是路边的强盗，但比起大一统下一纸禁令就取消某种贸易，他们还是有太多的机会。尽管商人会遇到重重关卡，过路费会占到商品成本的九成以上，但只要贵族领主地盘上的路能买通，货就还是可以卖掉的，比起大一统下道路归官家所有，还是有很多机会。好利之心有多强大，根本不需要解释。中世纪后期成长起来的商人阶层不断壮大，一直延续到现代，西方彻底被他们变成了人类历史上最典型的商业文明。从中世纪后半期开始，现代商业文明的铸造持续推进了近千年，我们可以把商人看成带领西方走出中世纪、开拓现代最重要的先锋。

下面我们抓一个典型来剖析一下，他就是中世纪后期最成功的商人，佛罗伦萨的科西莫·德·美第奇。

国父科西莫

美第奇家族是西方历史上最著名的商业家族之一，它的历史很长，从1314年延续到了1743年。这一节我们只讨论科西莫·德·美第奇。他出生于

1389年，逝世于1464年，死后被佛罗伦萨授予"国父"的尊称。

马基雅维利在《佛罗伦萨史》中花费了超过四分之一的篇幅写科西莫治下的佛罗伦萨，在总结这段历史的时候他特别声明："如果说我在描述科西莫的一生时，用的不是一般历史撰写方法，而是在采用帝位本纪的体裁，那也不必奇怪；因为对这样一位特殊人物，我不得不多使用一些不平常的颂词。"[6]尽管马基雅维利多多少少存在着向此书委托人美第奇家族示好的成分，但他对历史非凡的洞察力和他对自己洞察力的自信足以保证书写的客观性和准确性，科西莫在这位现代政治学之父的心目中尊享了帝王般的荣耀。

成就帝王般功业的科西莫是银行家出身。按照资产推算，他应该是当时西方世界的首富。对人类历史来说或许更重要的是，科西莫开启了美第奇家族赞助艺术家的旅程，美第奇家族从此成为文艺复兴最重要的天使投资人。科西莫和著名建筑家布鲁内斯基、著名雕塑家多纳泰罗、著名学问家费奇诺的友好交往和委托创作关系，和圣母百花大教堂的穹顶、青铜大卫像、柏拉图著作拉丁文译本一样，是文艺复兴最精彩的篇章。不过，这一节的重点不是艺术史，而是科西莫在当时佛罗伦萨和欧洲的地位，我们一起看他的三个身份。

第一，科西莫是董事长。

虽然科西莫只出任过两三次佛罗伦萨的首席执政官，但他活着的时候，佛罗伦萨的事情都是他说了算。凭什么呢？有钱，有权。那么，他到底有多少钱呢？很难数得清，不过我们可以看看他的家业究竟有多大。我们都知道，美第奇家族的核心业务是银行业。科西莫把美第奇银行的分行开遍了欧洲的重要城市，罗马、伦敦、威尼斯、那不勒斯、阿维尼翁、里昂、日内瓦、科隆、安特卫普、吕贝克等等，当时欧洲最重要的商贸中心都在其列。[7]

银行是放债的商号，放债给谁很重要。美第奇银行当然给商人放债，也给平民放债，不过它最重要的大客户是教皇、各国国王和各方诸侯。在这些大客户身上，我们可以看到美第奇家族都挣了什么钱。这些权贵在平日里都是花钱如流水，他们的奢侈享受所需的资金和物品，都可以和美第奇银行产生交易关系。对普通人来说，这些花费都是天文数字，但对教皇、国王、公爵和科西莫来说，都只是小钱。

中钱是买卖官职，尤其是修道院院长和红衣主教的位置，还有伯爵爵位和领地。我们在"教皇"一节看过，中世纪后期教皇们堕落的重要标志就是出卖圣职，主教、修道院院长、红衣主教的职位都可以花钱去买。相应地，国王们也会出售官职。购买圣职和官职的款项都是天文数字，最好由专业机构筹集资金，财力雄厚又擅长此道的美第奇银行自然是当仁不让。当年科西莫的父亲乔瓦尼就是通过帮助巴尔达萨雷·科萨当选教皇约翰二十三世，让美第奇银行成为教皇的御用银行。当买家面对教皇的狮子大开口目瞪口呆之时，教皇会指点他们去找美第奇银行"帮忙"。不用太久，后来的买家就会自动找上美第奇银行，他们甚至会以家族数年应收的地租、土地乃至城堡作为抵押，向美第奇银行贷得巨款交付教皇。

大钱是战争贷款。打仗是最花钱的事情。在中世纪后期，教廷和各国的财政结构决定了类似美第奇银行的几家大银行不仅风生水起，而且权势滔天。逻辑并不复杂。打仗要的是现钱，无论采购军备还是发放军饷，都要现钱。可教廷的什一税和国王的人头税都是周期性的，对战争所需的军费来说大概率不是现钱。国王任意征税会引起叛乱，在"大宪章"和"议会"两节我们已经看过了。即便新税开征，钱到国王口袋也需要时间。即便在合理合法征税的国家，税收和军费之间也存在着不可消除的时间差。可是，战争不等人。美第奇银行为教皇和国王消除了这种他们自身无法克服的时间差。虽然美第奇银行筹集巨款也需要时间，但比起税收转变为军费所需的时间，几乎可以忽略不计。因此，战争一旦酝酿，美第奇银行就迎来巨额交易。而且，这些战争贷款的利率都高得吓死人，通常年利率60%以上，还是复利。一国国王如果实力不济的话，利率甚至会超过年复利100%。要言之，美第奇银行是战争与经济、封建秩序与商人秩序、王权与城市之间获得连接的枢纽，是一个非常典型的结构洞。

美第奇家族不只有银行这一门生意，几乎所有赚钱的生意它都干。当年科西莫的父亲乔瓦尼就是通过开羊毛厂积累起资金，创立了美第奇银行。

聪明的科西莫自然是能挣的钱都挣。比如,传统家业羊毛和纺织,佛罗伦萨的纺织业很发达,从伦敦拉来羊毛或者棉织物,在佛罗伦萨染色之后卖到整个地中海世界。再比如,铁矿、明矾和染料,哪里有特殊的矿藏能做染料,科西莫就买到独家开采权,想要这种独特的时尚颜色就得从他这里高价买。再比如,丝绸、香料、珠宝、皮草、水果都是美第奇家族经常买卖的货物。甚至任何地方的稀罕玩意儿,只要买家付得起钱,美第奇就会帮他找来,比如圣人的遗骸、希腊的古籍、非洲的长颈鹿。美第奇家族拥有的不只是银行,而是一个几乎无所不包的商业网络。[8]

董事长科西莫建立起来的庞大商业网络靠什么人管理呢?靠美第奇家族的人和他们的心腹。科西莫打造了一个遍及欧洲的人际关系网,网络节点就是他们培养的自己人。各地分行的经理几乎相当于美第奇家族驻当地的大使。因为只要打仗就得找美第奇银行贷款,这些经理就会介入政治。他们不仅帮国王们算账,打多大的仗需要多少钱,他们还帮国王们算计对手大概可能筹到多少钱,什么时候能到位。

拥有如此庞大的资金网络和人际关系网络,科西莫笑傲整个西方是情理之中的事情。于是科西莫的第二种身份顺理成章地浮出水面,他是协调人,他承办了基督教世界独一无二的盛会:大公教和东正教合并大会。

作为教皇长期合作的银行家族,美第奇家族和中世纪最后一百年中的几乎所有教皇都打过交道,到了中世纪行将结束的时候,美第奇家族还出了教皇利奥十世和克雷芒七世。当然,这些教皇于美第奇家族而言,有的近,有的远;有的亲密,有的也敌对。不过,美第奇家族和教皇关系密切则是一定的。他们从一开始就打定了和教皇长期做生意的主意。科西莫的父亲乔瓦尼资助科萨成为教皇约翰二十三世,他被废黜之后,乔瓦尼依旧与之维持友谊,并继续给他提供贷款,科萨在新任教皇手下得到了红衣主教职位。美第奇家族赢得了基督教上层社会普遍的尊重和信任,科萨也把一辈子在基督教上层社会斗争的经验和教训都传授给乔瓦尼,这对已经极富远见的乔瓦尼来说是极其珍贵的社会和政治资产。[9]科西莫跟随父亲多年,从中已学会不少。后来他也和多位教皇有过密切交往，取得了他们的高度信任。

承办举世无双的宗教盛会，是科西莫借助教皇权威登上欧洲之巅的大事件。1438年1月，教皇率领红衣主教和一众高级教士，和拜占庭皇帝、君士坦丁堡大牧首以及随行700多人的代表团抵达费拉拉城，商讨如何把东正教重新并入大公教。西方的代价是出兵保卫君士坦丁堡，和奥斯曼土耳其对抗。双方的教义分歧非常大，争执不休，会议进展缓慢。教皇尤金四世为了支付会议费用，把城堡抵押给了科西莫，从他那里借到了巨款。没有赶上会议承办的科西莫也参加了会议。

1439年，费拉拉城暴发了瘟疫，科西莫虽然幸灾乐祸，不过还是出巨款把与会者接到了佛罗伦萨，并承诺提供会议经费，而且不设上限，双方想开多久就开多久。与会者享尽了科西莫提供的荣华富贵，终于在1439年的7月5日签署协议。佛罗伦萨见证了分裂近八百年的东西方基督教归于统一，代表团先用拉丁语，然后用希腊语宣布：让上帝欢呼，让人类雀跃，隔在东西两教之间的墙终于倒塌了。和平与统一已经回归![10]从8世纪起分裂成大公教和东正教的基督教世界重新归于一统。在当时，科西莫的佛罗伦萨就是世界的中心，科西莫是这个中心的主人。

更进一步，科西莫有第三个令人匪夷所思的身份：操盘手。

科西莫从1447年开始支持臭名昭著的雇佣军头子佛朗切斯科·斯福尔扎，后者经过三年的征战成为米兰公爵。

当米兰公爵维斯孔蒂去世的时候，他没有提及当年许诺给女婿斯福尔扎的继承权，而是指定那不勒斯国王为继承人。法国的奥尔良公爵也说自己有继承权；神圣罗马皇帝直接就说米兰自古以来就是帝国的一部分。威尼斯从来不愿意看到米兰强大，何况它还可能跟佛罗伦萨走到一起。米兰人民则不要公爵，要建立自己的共和国。佛罗伦萨人也觉得如果支持斯福尔扎这么个无耻的雇佣军头子，真是不讲是非，何况不久之前佛罗伦萨还在和米兰交战。没有一方势力支持斯福尔扎继任米兰公爵，它们都非常强大。

但科西莫就这么干了，顶着所有势力——包括佛罗伦萨人民——的压力，持续给斯福尔扎贷款，展开外交斡旋为他赢得政治空间。能征善战的斯福尔扎也不负科西莫所望，三年后成为米兰公爵。后来，斯福尔扎这位绝代枭雄赢得了马基雅维利的热烈称赞，在《君主论》当中成为新君主的典范。[11]科西莫在当时的乱局当中笃定地投资了他，慧眼识珠的洞察力和钢铁意志的执行力让马基雅维利钦佩不已。

在科西莫主导下，佛罗伦萨和米兰签订了同盟条约。但他必须面对诸多势力的围攻。威尼斯在神圣罗马帝国的支持下，和那不勒斯结成联军来犯，科西莫成功地获得了法国援军的支持。但战局难测，联军破城固然是大祸临头，援军得胜难道就不会烧杀抢掠？兵祸降临，佛罗伦萨吉凶难测。幸好上天会在某些时候给努力的人以意外惊喜。时间正逢1453年，东边传来了天大的噩耗，君士坦丁堡被奥斯曼土耳其攻陷了。整个西方都惊呆了，所有势力迅速团结起来对付穆斯林，佛罗伦萨的仗也就不用打了。

佛罗伦萨在科西莫的经营之下已经成为世界金融中心，再与米兰结盟，有了斯福尔扎这个特别能打的朋友，成为可以和教皇、皇帝、法王同场竞技的大角色。后来，科西莫的孙子洛伦佐沿着他开辟的道路，在一段时期之内促成了教皇、米兰、威尼斯、那不勒斯和佛罗伦萨的五方平衡，意大利赢得了相对和平的日子，文艺复兴臻于顶峰，美第奇家族也留名青史，成为传奇。

商人的现代走势

美第奇家族的故事暂时只能讲到这里了。现在我们借中世纪商人与政治的关系来分析一下中世纪的走向。从科西莫身上，我们已经发现了，经济与政治的关系是极其复杂的。做大了的科西莫，即便最重要的目标仍然是挣钱，也不得不参与政治、外交与战争的角逐。商人非常需要和平，但和平不会因为商人有良好的愿望就会自动实现，商人必须去争取。科西莫的政治操作几乎是中世纪商人所能达到的极限。

商人有很多种当法。

第一种，人数最多，小商人。他们凭自己的手艺做点小买卖，行会如果管理得当，生意还算顺利，小富即安就好了。但这种商人的抵抗力极弱，不要说黑死病或者英法百年战争这样的大灾难，就是在和平年代行会寡头也很容易让他家破人亡。

第二种，已经是少数，行会商人。商人做大之后会努力成为行会寡头，在城市里成为一号人物。他心心念念把自己的家业和地位传承下去，成为大家族。这样的商人抵抗力会强一点，但也好不到哪儿去。有钱了，教皇、皇帝、国王、公爵、伯爵隔三岔五就来敲竹杠。所以，当上行会会长也不是稳妥之计，最好去国王那里买一顶贵族头衔，摇身一变进入贵族阶级，甚至建立起自己的庄园和私人武装，如此或许能安稳一点。

第三种，是极少数，当然是像科西莫所属的美第奇家族这样，成为著名的大家族，不仅有产业、土地、爵位，还有名望、势力和关系网络，教皇和国王们都要卖他们家三分薄面。

西方的未来在于中世纪商人转变为资产阶级，分下层和上层。在下层，小商人和市民不断增加，经济实力不断增强，在王国之内的重要性和话语权不断提升，成为一个有自觉意识的集团（即阶级），一步步成为新社会的地基。马克思和恩格斯曾经极为精练地描述了这个过程：

> 从中世纪的农奴中产生了初期城市的城关市民；从这个市民等级中发展出最初的资产阶级分子。
>
> ……
>
> 资产阶级的这种发展的每一个阶段，都伴随着相应的政治上的进展。它在封建主统治下是被压迫的等级，在公社里是武装的和自治的团体，在一些地方组成独立的城市共和国，在另一些地方组成君主国中的纳税的第三等级；后来，在工场手工业时期，它是等级君主国或专制君主国中同贵族抗衡的势力，而且是大君主国的主要基础；最后，从大工业和世界市场建立的时候起，它在现代的代议制国家里夺得了独占的政治统治。[12]

显然，从中世纪的逃奴进入城市变成市民-小商人，到成为掌握国家机器的统治阶级，资产阶级经历了至少五百年的成长，我们可以把两端的标志标明：起始端大约是11世纪佛罗伦萨和威尼斯的崛起，成功端大约是1688年英国的光荣革命。中世纪培育了作为一个阶级的资产阶级，其中的绝大多数不是科西莫这样的巨富，而是铁匠、面包师、屠夫这类小店老板和律师、会计师、医生这类专业人士。资产阶级的成熟是现代事件，在中世纪没有完成，但中世纪是它的历史来源。

然后我们来看商人转变为资产阶级的上层政治变迁，这条窄路位于我们刚才所看到的第二种商人和第三种商人之间，这就是后来马克斯·韦伯所言的"资产阶级的政治成熟。"

如果商人全部都选择了第二条道路，选择了做土地贵族，资金就会流向土地，贵族特权就会不断强化，封建汪洋大海里一块块城市飞地又会重新投入大海的怀抱，资本主义就不可能战胜封建主义，西方就走不出中世纪。可问题是，不是谁都能成为雄才大略的科西莫！路，就在科西莫那个方向，得无数的小几号的科西莫不断地去拱卒。

这是个什么样的走法呢？普通商人按照特权-自由-行会-城市-共和的逻辑往王国的中央政府里挤，管道就是议会，护身符就是古老的传统"没有代表不纳税"。这就和我们前面在"大宪章"和"议会"两节里看过的"和国王谈税收"的逻辑接上了。诸多城市有了自己的代表去伦敦、巴黎和国王讨价还价，商人就可以开始超越城市和行会了。在伦敦和巴黎的大场面里，很难再成长出雄踞一方的科西莫，不过会成长出一批又一批将商贸利益诉求和城市权利诉求输入中枢的议员。这些商人代表每天都会和公爵、伯爵、红衣主教、诸位大臣打交道，要员们也拉拢他们进入自己的政治派系，他们甚至会成为派系中的重要成员，也就成为国王身边的要员。国王身边商人出身或者维护商贸利益的要员越多，王国从封建王国变成资产阶级国家的步伐就会越快。

另外一头也很重要，那就是贵族的资产阶级化。商人们会把贵族老爷们拉进行会或者商号里面来一起做生意。和商人贵族化的自保选择相反，商人可以主动攻出去，使贵族商人化，让他们加入商人的阵营中来。这个事情一开始很难，因为贵族不仅不会做生意，也看不起生意人。当他们还有土地可以收租，无论是农民的地租还是城市的年金都很丰厚时，他们就不会自己去挣钱。但好在人人都爱钱，商人跟贵族合伙做生意，也不是不可能。尤其到中世纪后期，当骑士战争失去效率，军队走向职业化，贵族失去了传统优势却又习惯了奢华生活之时，把他们拉入商贸事业也就没那么困难了。他们自然也就融入了资产阶级。[13]

中世纪在商人的资产阶级政治成熟和贵族的资产阶级化两个方面都开了好头。但整体上，西方完全走进资本主义社会是现代的事情。进入现代之后，资产阶级的政治成熟才完全明朗，一方面，国王们和他们身边为商人和商贸考虑的大政治家越来越多，重商主义成为国策；另一方面，贵族的传统活法越来越衰落，加入挣钱的行列更实惠，股份公司的发明是贵族商人化的绝佳管道。最终，一个国家是否能顺利地从中世纪的封建社会走进现代的资本主义社会，就看商人和贵族之间相互转化的势力消长。商人强，贵族大量商人化，结果就是英国的光荣革命；商人不够强，贵族商人化严重不足，结果就是法国大革命；商人非常弱，还极力贵族化，贵族固守住传统，结果就是德国的中世纪特别长。从中世纪商人的活法回顾资产阶级的形成，突破"花钱买自由"逻辑的关键是政治结构的重塑：特权-自由-行会-城市-共和的逻辑被一代又一代"商人政治家"带进了王国的中央政府，王权、议会、内阁、政党各项重大制度不断被改造和充实，利商成为政治的基本任务，商人才可能摆脱所有传统社会中被压制、被掠夺、被污名化的悲惨局面。

注释

[1] 程树德：《论语集释》，程俊英、蒋见元点校，中华书局，2014，第21页。

[2] 王先慎：《韩非子集解》，中华书局，2003，第442-456页。

[3] 司马迁：《史记》（第一册），中华书局，1963，第239页。

[4] 《圣经·马太福音》第19章第24节。这句经文中的关键词中文和合本为"财主"，英王钦定本（KJV）为"the rich"，今从后者重译为"富人"。

[5] 彼得·布朗：《穿过针眼：财富、西罗马帝国的衰亡和基督教会的形成，350～550年：全二册》（上）第二部第8章，刘寅、包倩怡等译，社会科学文献出版社，2021。（**）

[6] 尼科洛·马基雅维里：《佛罗伦萨史》，李活译，商务印书馆，1996，第358页。引文中"科西莫"的名字按本书的选择统一为"科西莫"。

[7] 克里斯托弗·希伯特：《美第奇家族的兴衰》，冯璇译，社会科学文献出版社，2017，第90页。（**）雷蒙·德鲁弗：《美第奇银行的兴衰.下卷.左右欧洲政商的金融帝国》，吕吉尔译，格致出版社、上海人民出版社，2019。（**）

[8] 希伯特：《美第奇家族的兴衰》，第92-93页。雷蒙·德鲁弗：《美第奇银行的兴衰.上卷.管理教皇财富的银行家》，吕吉尔译，格致出版社、上海人民出版社，2019。（**）

[9] 保罗·斯特拉森：《美第奇家族：欧洲最强大家族缔造权力与财富的故事》，林凌、刘聪慧等译，机械工业出版社，2016，第32-42页。（**）希伯特：《美第奇家族的兴衰》，第26-30页。

[10] 斯特拉森：《美第奇家族：欧洲最强大家族缔造权力与财富的故事》，第101页。希伯特：《美第奇家族的兴衰》，第62-65页。

[11] 尼科洛·马基雅维利：《君主论·李维史论》，潘汉典译，吉林出版集团有限责任公司，2010，第1、25、48、56页。

[12] 《卡·马克思和弗·恩格斯 共产党宣言》，载中共中央马克思恩格斯列宁斯大林著作编译局编译《马克思恩格斯文集.第二卷》，人民出版社，2009，第32-33页。

[13] 中世纪王公贵族做生意的鲜活例子可见M. M. 波斯坦等主编《剑桥欧洲经济史.第2卷，中世纪的贸易和工业》，钟和、张四齐等译，经济科学出版社，2003，第618-625页。（***）

30
农民
底层人民的枷锁

城市铸就的商贸秩序在中世纪生根发芽，它的成长代表着未来。它在中世纪吸纳了数量非常有限的农民，但它不可能吸纳所有农民。我们之所以把农民放在"城市"这个展室而不是放在（封建）"王国"这个展室来看，不是因为农民和城市之间的直接关联更加紧密，而是从城市、自由、商贸秩序中更容易看清楚中世纪农民的未来。用他们的未来反观他们在中世纪的处境，不是帮他们控诉中世纪有多黑暗，而是帮我们看清楚农民在任何时代都生存多艰，都需要格外的关注、体恤和帮扶。农民在任何时代都是最受伤的群体，中世纪显然也不例外。我们把线索拉长来观察农民：第一，文明之初的农民；第二，中世纪农民的困厄；第三，中世纪农民的出路。

文明之初的农民

在漫长的文明史当中农民处于什么样的地位？一句话，农民是文明的基座。此话怎讲？在发生学的意义上，它意味着文明以农民为基本前提。有农民才有文明，因为有农民才有可积累的财富，有可积累的财富才能孕育城市、文字、宗教、国家这些文明的基本标志。

人类并不是一开始就会农耕，因此也不是有人类就有农民。农业和农民大约出现在公元前9500—前8500年，距今也就一万多年。之前的人类，无论是从两百五十万年前开始和猩猩不一样，还是从七万年前开始会想问题，大致过的都是渔猎的生活。食物来源主要是打鱼、捕猎、摘果子。距今一万多年前，走出非洲的一支人类来到了新月地带，大致就是幼发拉底河、底格里斯河两河流域，那里有成片的野麦子，农业由此开始。

所谓农业，就是人主动地栽培和收获某些特定的植物，把它们当作稳定的食物来源。干这种活儿的人就是农民。这里有两个大问题：第一、人为什么会放弃渔猎走向农业；第二、为什么是新月地带这个地方让人类过上了稳定的农牧生活。

第一个问题，人类为什么放弃渔猎走进农业，粗略地说，是因为农业能比渔猎让人过得更好。更好，体现在三个方面：其一，农业的收成比渔猎的更稳定，更可预期；其二，农业的工作危险性远比渔猎的更低；其三，农业的成果可积累，渔猎的则不行。总体上，农业让人类过上了更稳定、更安全、更有发展的日子。但是，有两点需要注意：其一，过上农民日子的人，营养和体格都不如渔猎的人。猎人天天在草原或者森林里追野兔甚至马鹿，吃鱼吃肉，这是在田地里劳动、吃麦子蔬菜的农民比不了的。其二，通过农业剩余积累下来的财富并不是平均分配的，所以，农业社会一定比渔猎社会更不平等。

第二个问题，为什么是新月地带让人类过上了稳定的农牧生活，是因为那里的气候和地理条件最适宜人可以驯化的动植物生长。农业驯化小麦、大麦、燕麦、稻子这些植物，牧业驯化马牛羊鸡犬猪。人类的劳动能力和消化能力都是有限的。大自然的植物和动物千千万万，适合人吃、人又能驯化的，不是无限的，其实就十几种。以小麦为首的农作物就是因为它们对人来说无毒无害有营养，才被人当作农业培育的对象。奇花异草吃不了，跟农业就没关系。同样，以牛为首的动物营养价值高，脾气也温顺，人就愿意养，也养得了，才被人当作牧业培育的对象。老虎豹子很好看，吃不了也养不了，人就不会去把它们养起来。非洲大草原的动植物由于地理和气候的原因，天性猛烈，所以那里基本上没有产生人去驯化动植物的可能性。新月地带不是热带，而是温带，在地中海东岸，温度湿度适中，刚好有利于人类可以驯化的动植物生长，人类在流浪了几十万年后终于找到了这个好地方。所以，文明最初在这里诞生，苏美尔、亚述、巴比伦都是在新月地带兴起，因为有了农业之后，人类在这里的积累和经营最久。

这个时候我们再来看农民，"农民是文明的基座"的意义就更加明确了。一方面，没有农民，文明基本上就不可能诞生。作为文明诞生标志的城市、文字、宗教、国家等这些成果，都是财富积累到一定程度的结果。因为它们都是由一部分不种田的人来操持的，养活这些人，就必须有大量的农民制造出农业剩余。无论是国王掌握权力，还是祭司掌握文化，都必须以农民为基础。

但另一方面，有了文明，农民就是下层。为整个社会创造出剩余财富的农民，一旦供养出国王和祭司，他们就必然成为被统治者。社会的不平等一出现，就是不利于农民的。尽管他们承担了直接的财富生产，但谁有权生产、在哪里生产、产出归谁这些问题对一个社会来说更重要。有权决定这些问题的人在社会当中就是统治阶级，农民是被决定者，自然就成了被统治阶级。统治阶级会制造形形色色的制度或者习俗让农民安心种地，这些规矩要么以暴力为后盾相威胁，要么以观念为引导相麻醉，二者相互结合便形成了相对稳固的文明的结构。[1]

中世纪农民的困厄

现在我们来看中世纪的农民，他们的生活充满了困厄。中世纪在很长一段时间离文明刚刚诞生的状况并不远，辉煌的古希腊罗马文明如果在蛮族首领的王宫里或者修道院长的办公室里还能留存一点点的话，在广大农民中已经荡然无存。他们面对的是一个基本安全都没有保障的、生产力水平非常低下的社会经济状况。在这种状况下，求生存是第一位的。大大小小的日耳曼武士是他们寻求安全的对象。日耳曼武士既是安全的破坏者又是提供者。一个武士为一批农民提供安全保护，却又去抢劫另外一批农民。就这样，农民和武士之间形成了普遍的以粮食换安全的交易，这种交易被逐渐固定下来，就是封建契约。

于是，中世纪农民不同于其他文明当中的农民的特点就产生了，我们可以把它们打包叫作"封建枷锁"。我们在"封建"一节已经明确谈过，封建契约没有统一的格式，具体内容千差万别，所以，我们只能粗略地把"封建枷锁"分成三类来看。

第一类枷锁：依附。

农民一旦归了某一个领主，签订了封建契约，出卖的可不只是劳动力，差不多相当于卖身为奴。中世纪是一个身份社会，最核心的部分就在于农民对领主的人身依附。"依附于他人的'人'并非仅见于以军事效忠制为典型特征的上层社会。但在社会下层，依附关系的自然背景见于一种比附庸制古老得多，而且在附庸制消亡后还存在了很长时间的构造物。这个构造物就是庄园（seigneurie）。"[2]农民在中世纪就是必须生活在庄园中的人。

一个人成了某个领主的农民，首先不意味着他在庄园中给领主种地，种出来的粮食大部分归领主，而是首先意味着他是领主的人。他不能跑去跟别的领主签约；他没有领主的允许不能离开庄园；他甚至结婚也要经过领主的批准，即便领主批准了还得给领主交钱；还有，他死了，他的儿子还是领主的人，继承他的这片地，跟领主续约，还得交钱。总之，几乎我们能够想到的人生当中的一切事情，都可以变成领主管农民的特权。所以，中世纪农民身上首要的枷锁不是经济的，而是政治、法律和社会的。[3]

这种身份被牢牢控制的农民叫农奴，在中世纪早期很普遍。到了中世纪后期，尤其是11到13世纪的商业革命和城市革命展开之后，庄园制度逐渐松动，农民的自由越来越多，不依附领主和庄园的自耕农也大量出现。在中世纪后期，庄园制逐渐走向瓦解，农民从人身依附中逐渐走了出来。用著名法学家梅因的话说，"进步社会的运动，……是一个'从身份到契约'的运动"。[4]更多的人——尤其是农民——从身份的固定、人身的依附中挣脱出来，成为凭自己的意志自由签订契约的人，按照自己的意愿安排自己的生活，这就是进步。中世纪后期，这个进程已经启动了，但要到现代社会它才算基本完成。

第二类枷锁：交租。

一个人是领主，也就是地主，另一个人是农民，就给领主交租。不过，地租有很多种，而且主要不是我们现在想象出来的那种盘剥。大多数人大概会想成地主变着法地多收农民的钱，这种想法太现代了。中世纪农民交的租大致经历了一个从劳役地租到实物地租再到货币地租的"进化"过程。

中世纪早期经济凋敝，安全没有保障，贸易大面积中断，在这种几乎一穷二白的社会经济状况下，钱都消失了。没有买卖，哪会有钱？农民都不能出自己的村子，他种出来的粮食卖给谁？所以，一开始的地租是服劳役，农民给领主干各种各样的活儿。种领主的地，产出大多归了领主，只是其中一种。领主家有什么活儿，修城堡、修路、修猪圈，农民来服劳役。领主家有什么事儿，节日庆典、朋友聚会、婚丧嫁娶，农民来服劳役。在没有钱的年头，劳动力才是硬通货。所以，领主会变着法地增加劳役的名目，占据农民的时间，只要农民能把自己那块地种了养活自己，领主会尽可能地榨取农民的时间。

但劳役有一个明显的缺陷，就是专业化水平太低，农民大多只会干粗活儿，细活儿和花活儿干不了。领主需要细活儿和花活儿的时候，就得另外找人，加上商业和流通的改善，实物地租也就出现了。再进一步，收农民的粮食也不方便，收来之后还要换成钱，不如直接收钱算了。货币地租是市场经济渗透进庄园的结果。总的来说，地租的进化，是因为市场活跃了，经济恢复了，钱又好使了，人的需求可以有多样化的供给来满足了。领主收来钱可以去买他想要的商品和服务。到了这个时候，领主巧立名目收租收费的行动逻辑才得以成立。[5]

第三类枷锁：断案。

领主通常手下不可能只有一个农民，而是有一群，农民会围绕着领主形成一个社群。庄园，从社会生活的功能来看，和城市里的行会一样，也是一个小而全的社群。在其中，政治权力的存在方式就是审判权，这种权力归领主。农民之间发生了纠纷，共同的领主就是裁判人。裁判是收费的，诉讼费是领主的重要收入来源。农民不能跑到别的领主那里打官司，领主各有各的地盘，司法管辖权是和封建依附身份绑定的。一个农民是某个领主的人，就只能上自己领主的法庭打官司。即便农民明知领主会偏袒他的对手，也不能去别的领主那里起诉。

越出领主的司法管辖权只有一种方法，就是告御状，去国王或者他的钦差大臣那里起诉。可是农民不能离开居住地，所以只有等国王或者他的钦差大臣巡游到本地的时候去拦路喊冤。有作为的国王就会把农民的这种诉求变成强化自己权力的武器，打破领主法院的司法管辖权，造就一个以国王为中心的司法上诉体系。但中世纪的绝大多数农民是很难告御状成功的。

不过，农民在庄园法庭里也不是绝对没有机会得到公正的判决。不是因为领主们都心怀正义，而是因为庄园法庭的构成蕴含着最低程度的公正。中世纪的庄园司法不是领主或者他的管家高高在上、一言九鼎，所有农民都只是默不作声的围观群众，恰恰相反，它在很大程度上是一个"公堂"，属于社群的公堂。所有农民——包括农奴——都是法庭的参与人，参与法庭审判是他们的义务，他们要对案件发表自己的意见，哪怕只是七嘴八舌地发表意见，而领主或者他的管家是法庭的主持人。尽管在法庭上农民的意见没有领主的意见重要，但领主也要以公正的判决服众，不能把法庭完全变成无所顾忌的一言堂。因为从长远来看，法庭是社群生活的中心，败坏法庭会让社群离心离德，失去威信的领主很难有效控制整个社群。[6]《权力的游戏》中多次出现领主法庭审判的场景，比如第七季末尾史塔克姐妹审判并处决了一贯挑拨离间、玩弄阴谋的"小指头"贝里席。当时众多骑士在场，贝里席向他们求助之时，他们拒绝了。珊莎·史塔克用公正审判赢得了骑士们的效忠。

看上去，中世纪的农民在政治、经济、司法上完全被邪恶的领主们用枷锁层层套牢。不过，中世纪的农民并不比中国大明王朝的农民困苦太多。其实，古代的农民在哪里都是一样苦。我们之所以觉得中世纪的农民特别苦，是因为我们看到了很多他们身上的封建枷锁，领主都在想办法往农民脖子上层层加码。而明朝农民的控制不需要一个个地主自己想办法，朱元璋批量地就把活儿干了。上一节我们谈商人的时候提过，韩非子的想法和秦始皇的做法就是要让农民待在土地上，只要是农业社会，这就是国策，到了朱元璋也不例外。洪武三年（1370），大明王朝站稳脚跟之后，朱元璋迅速推行户帖制度，把全国每一家每一户的姓名、年龄、田产、房屋、牲畜全部登记在册，作为国家赋税的基础。他还将户帖制度和管控治安的里甲制度完全结合这一起。朱元璋的理想是让每一个农民都跑不掉。[7]中世纪没有大一统的中央集权政府来帮成千上万的地主们一次性把这件大事办了，就得靠领主自己想办法把农民捆在土地上。农民要是跑了，农业社会的底座就垮了，统治阶级也就没地方放了。道理是一样的。只不过中世纪无数的领主用封建契约自己干，我们会觉得坏人特别多，而朱元璋一个人干，我们可能会觉得他雄才大略，这完全是一种错觉。

中世纪农民的出路

身披重重枷锁，中世纪农民的出路在何方？结局我们是知道的，所有封建特权最终都被摧毁了，农民解放了，他们也成了公民，拥有普遍的人权，身份独立，且与他人平等。但在中世纪，让农民获得解放的突破口在哪里呢？

我们首先会想到农民起义。很不幸，这不是出路。中国古代有刘邦、朱元璋凭借农民起义成功当上了皇帝，但他们当上皇帝只意味着他们的家族和朋友们的身份改变了，千千万万的农民依然还是农民。中世纪的情况比中国古代的还要糟，不要说有农民领袖当上皇帝改变了身份，就连一次成功的农民起义都没有过，没有人通过起义改变了身份，一次都没有。[8]

中世纪是一个身份社会。身份不只是经济地位、法律地位、政治地位，还是根深蒂固的观念。中世纪的绝大多数人——尤其是农民——都相信王侯将相是有种的，不仅贵族和教士相信，农民自己也相信。陈胜的豪迈宣言"王侯将相，宁有种乎"，在中世纪的答案是绝对肯定的。而且，农民在军事上能够集结的武力非常有限，而且由于没有知识和文化，就不存在军事战略和政治谋略，所以起事之后很难取得军事优势。即便短暂地取得了军事优势，起义的农民们也不可能建立政权，他们不会自认为有资格称王称霸。没有政权，起义的目的是什么呢？没有政权，起义如何维系和壮大呢？所以，中世纪的农民起义都没有形成有效的组织，很容易被残酷的贵族和骑士剿灭。

中世纪最著名的农民起义发生在1358年的法兰西，叫作扎克雷大起义。起义的农民先是发动骚乱，然后进攻博韦城得手，屠杀了城中的贵族和他们的妻儿，然后又攻打了数座城市，声势浩大，引起了法兰西普遍的恐慌。不过，"'扎克们并没有说明他们到底想要什么'。也许为一场野蛮的叛乱寻找纲领，这本身就是错误的。"[9]起义的农民没有提出自己的政治诉求，没有建立稳固的根据地，也没有选择明确的战略目标和战略步调，从头到尾只是一味地泄愤和破坏。最终，他们全部被国王的骑士屠杀。

起义不能赢得政权，也就无法触动既有的政治、法律、宗教和经济结构，身份也就无法被改变。还有另外一条路，就是跑路。我们前面提过，农民可以跑到城市里获得自由，从农民变成市民，由此摆脱封建枷锁。但我们也知道，城市并不完全欢迎跑来的农民。随着城市和商业越来越兴盛，跑进城市的农民越来越多，这在13世纪甚至造成了传统庄园制度的衰落和调整。但城市对农民的容纳是非常有限的，直到19世纪中叶西方的农业人口仍然占总人口的一半甚至更多一点，那已经是经过工业革命进入了机器化大生产的现代西方。[10]城市代表着未来，但它不可能变魔法，不可能通过无限地收容农民来改变整个农民阶级的社会、政治、经济、法律和宗教地位。农民最终和市民一样享有了平等的公民权利，但这不是通过农民跑进城市实现的，而是西方从中世纪向现代转变，社会、政治、经济、法律和宗教各方面都发生了重大的结构性调整，变成了现代文明，才实现的。

从长期来看，农民跑进了城市，自由了，也只是变成了打工人。西方向现代迈进，进城的农民越来越多，尤其在18、19世纪经历了工业革命之后，工业和商业在经济中的占比越来越高，现代社会的新基座也形成了，就是产业工人。农民这个群体没有变成上层，而是从旧基座变成了新基座。当然，在诸多跑路农民中，有的也变成了商人或者作坊主——他们之中的少数变成了资产阶级。

总的来说，中世纪的农民虽然人口众多，直接创造了财富，但他们没有政治能力和文化能力去改变自己的政治地位。尽管从中世纪后半期开始，农奴制一步步瓦解，自耕农和雇农越来越普遍，但他们的负担和义务仍然是最沉重的，没有人替他们说话，他们只能非常被动地跟着社会的进步享受到一个文明底线不断提高所带来的权利、尊严和幸福。农民解放的问题，如同许多问题一样，中世纪开了头但没有完成，遗留给了现代。

注释

[1] I. E. S. Edwards, C. J. Gadd and N. G. L. Hammond (eds.), *The Cambridge Ancient History, Vol. 1, Part 1: Prolegomena and Prehistory* (Cambridge: Cambridge University Press, 2008), Chapter II & III. （***）威廉·麦克尼尔：《瘟疫与人》第一、二章，余新忠、毕会成译，中信出版社，2018。（*）尤瓦尔·赫拉利：《人类简史：从动物到上帝》第五章，林俊宏译，中信出版社，2017。（*）

[2] 马克·布洛赫：《封建社会》（上卷），张绪山译，商务印书馆，2004，第387页。（***）引文中所用"附庸制"即本书第四章频繁使用的"封臣制"。参见M. M. 波斯坦主编《剑桥欧洲经济史.第1卷，中

世纪的农业生活》第六章，王春法、郎丽华等译，经济科学出版社，2002。（***）

[3] 布洛赫：《封建社会》（上卷），第397-404页。梅因：《古代法》第八、九章，沈景一译，商务印书馆，1996。河原温、堀越宏一：《图说中世纪生活史》第二章，计丽屏译，天津人民出版社，2018。（*）

[4] 梅因：《古代法》，第97页。

[5] 艾琳·帕瓦：《中世纪的人们》第二章，苏圣捷译，上海三联书店，2014。（**）

[6] 哈罗德·J.伯尔曼：《法律与革命——西方法律传统的形成》第十章，贺卫方、高鸿钧等译，中国大百科全书出版社，1993。（***）马克·布洛赫：《封建社会》（下卷）第二十七章，李增洪、侯树栋等译，商务印书馆，2004。（***）

[7] 张廷玉等：《明史》（第一册），中华书局，1974，第25页。万志英：《剑桥中国经济史：古代到19世纪》，崔传刚译，中国人民大学出版社，2018，第242-249页。刘守刚：《财政中国三千年》第十三章，上海远东出版社，2020。

[8] 罗伯特·福西耶主编《剑桥插图中世纪史.1250～1520》，李桂芝、张炜等译，山东画报出版社，2009，第71-76页。（**）

[9] 乔治·杜比主编《法国史》（上卷），吕一民、沈坚等译，商务印书馆，2010，第497页。"扎克"指参加扎克雷起义的农民。（**）

[10] H. J. 哈巴库克等主编《剑桥欧洲经济史.第6卷，工业革命及其以后的经济发展：收入、人口及技术变迁》，王春法、张伟等译，经济科学出版社，2002，第576-586页。（***）

结 语

未完成的中世纪

不知不觉，我们的中世纪博物馆之旅就快要走到尽头了。我知道，你还有很多疑问没有得到解答。其实我也还有很多故事没有讲。但是，天下没有不散的筵席，博物馆也有打烊的时候。在最后，我带你看看我建这座博物馆的难处，也给你留下继续欣赏中世纪的线索。

怎么建成这座博物馆

我先来跟你分享一下建这座博物馆的难处，知道了我的这些难处，补救这个博物馆没看够的办法也就出现了。

设计这座博物馆的一开始，我就放弃了用时间来作布展的线索。理由很简单，单纯的时间根本就不是线索。怎么会呢，时间就是从前往后，顺着年份看不就行了吗？历史学的行当里有一句老话叫作：编年史不是历史。[1]历史学家要有自己的金线，去把曾经发生过的事情穿起来。没有线，珍珠就散落一地。文本（text）在语境（context）中才有意义，事情在线索中才说得清。这根必不可少的金线到底是什么呢？就是主旨。《西方史纲》的主旨是讲文明成长的逻辑，《罗马史纲》的主旨是讲超大规模共同体的兴衰，和主旨有关的故事，我就去深挖，无关的，我就略过。这样才能讲成一个有取舍、有轻重、有起伏的好故事。

主旨出来了，故事的精气神就出来了，就不再是人云亦云，同样一个历史事件，就可以准确地放到一个可靠的脉络里理解。既理解了这件事，更理解了宏观的脉络。一旦有点又有线，属于我们自己的时间就出现了。是的，哲学上把它叫作内在时间。对比一下，我们每个人都有外在时间，看看表，看看手机，哪年哪月哪天，几点几分几秒，大家都是一样的。它的化身就是嘀嘀嗒嗒的机械钟表。有了它，我们有共同的标准，说什么时间干什么事，对所有人都是一样的。

但外在时间不是生命的全部，甚至不是生命当中最重要的东西，内在时间才是。所谓内在时间就是意义的绵延。这句话听起来很抽象，我给你举个例子。上课听不进去的时候，你总是觉得时间过得慢，怎么还不下课？和女朋友缠绵的时候，你总是觉得时间过得快，怎么这么早就熄灯了？无聊，也就是没有意义，你就会觉得时间过得慢；有意思，意义饱满，你就会觉得时间过得快。这种快慢显然不是由钟表做主的，它取决于你自己觉得什么是有意义的。投入其中，享受其间，乐而忘我，不知逝者如斯，做这种事对你来说就是有意义的。

内在时间是意义的丰满，而不是钟表的嘀嗒。而且，内在时间恰恰是用来抵抗外在时间侵蚀我们生命的。当你被各种打卡管得死死的，你是不是也觉得自己像机器而不像人？当你可以忘情地读一本书或者和心爱的人去旅行，你是不是特别想扔掉钟表？这跟读历史有什么关系呢？历史就是作者选择去织造一条意义的线，长短快慢、高低起伏，由书写的取舍、深浅、强弱来体现。你可以不同意我的观点，因为你对这个事件的看法可能和我不一样。但无论如何，去争辩历史的意义就是在把我们自己的内在时间变得强大，把自己的内在世界变得宽广和厚重。

很抱歉，我没有练就足够的实力像《西方史纲》和《罗马史纲》那样找一条线索就帮你穿起中世纪所有的珍珠。我手中有不少金线，帝国的兴衰、教会的起落、国家的崛起、大学的兴盛、城市的繁荣都是线索，但在我看来，只取一条强行穿过所有的珍珠，极有可能毁掉很多珍珠。因为中世纪的很多事件、很多人物、很多关系都不在同一个界面上，不可以拿同一把尺子来衡量，教会、帝国、王国、大学、城市遵循的基本逻辑都不太一样。所以我选择了当导游，带你看中世纪这座博物馆里最精彩的三十件展品，只是把它们分成了六个专题展室，把中世纪尽可能全面地呈现给你，也让你感受到每件展品独特的风采和蕴含在其中的许多条金线。

逛博物馆对感受历史是很有帮助的，但我也知道，看得再细还是取代不了看书，看那些浓墨重彩的大书。所以，如果你有兴趣，我给你的书单就在每一节末尾的注释里，它们能帮你继续追索你感兴趣的那条线索。总体来说，中文世界的作品已经够你享用好一阵子了。而且，我会把注释中提及的书籍明确地区分出难度。比如"神圣罗马帝国"这个议题，菊池良生的《图说神圣罗马帝国简史》是非常轻松的入门读物；西蒙·温德尔的"三部曲"看起来篇幅很大，其实故事性很强；詹姆斯·布赖斯的《神圣罗马帝国》虽然篇幅不长，但几乎每句话里都有充满智慧的评断，适合你很熟悉基本史实之后再去思考和品味。

怎么接近中世纪

即便读了很多书，中世纪还是很难把握，最重要的原因在于中世纪的精神气质和我们这个时代的刚好相反。用韦伯的话说，现代世界是一个除魅的世界，那么，中世纪就是那个没有除魅、充满了魅的世界。[2]用我女儿的话说，那是一个有龙和魔法的世界。中世纪和世俗化、理性化的我们完全不在一个频道上。从这个最根本的层次上讲，理解甚至品玩中世纪需要极大的耐心，不仅要试着去理解，更要反省自己作为现代人的成见。作为先读了几本书的人，我帮你总结了三点中世纪的关键，看看它的魅，以及我们的魅。

第一，所谓魅，是思维方式的不同，而中世纪的思维方式主要来自基督教，所以，了解基督教是理解中世纪必要的功夫。我不是传教士，我理解基督教，带你看基督教，都是为了理解中世纪。

很多中世纪特别看重的信条，在今天不信教的人看起来是很荒唐的。比如耶稣能水上行走，能随手治愈麻风病。我不会像当年的著名神学家德尔图良那样和你作为现代人的常识正面对决，非要说："因为荒谬，所以信仰！"我会说：不要急着把你不熟悉的，甚至反感的东西扔进垃圾桶，而是姑且承认，然后和对方聊聊。如果我承认了，德尔图良，你接下去会说什么呢？把你和中世纪的对话沿着尊重对方的方式聊下去，不要急着因为立场而终止谈话。

理解，并不以信为前提，而是以开放的胸怀为前提。即便有人告诉我，不信基督教是不可能真正理解它的，我也不着急。我相信阿奎那，就像他相信亚里士多德一样，只要人在谦虚地使用理性，就会接近真理。

第二，所谓魅，是生活方式的不同，中世纪的生活习惯与物质条件和今天相差太远，所以，要多一点谨慎，少一点脑补。这里指什么呢？中世纪的唯美主义。

把中世纪贵族想象成茜茜公主那个样子，把中世纪骑士想象成都拥有詹姆斯·邦德那种气质，把中世纪想象成哈利·波特的世界，都不是历史。当然，我并不是说这样的文艺就不好，不美，没有意义。它们很好，很美，很有意义，但它们不是真实的历史面貌。人在哪里生活，都会把自己不在的地方想象得特别唯美，城里苦命的打工人想象农村是田园牧歌和岁月静好，而村里难熬的穷孩子想象城市是冲上云霄和功成名就。

唯美的想象可以带来安慰和享受，但无法带来逻辑和力量。除我们对中世纪的魅，在很大程度上，也是在除现代人制造的中世纪唯美主义的魅。

第三，所谓魅，是政治架构的不同，中世纪的政治逻辑和今天的几乎不是一回事，所以，多比较人类历史上的不同政治模式非常必要。

用柏拉图在《理想国》里讲过的一个故事解释一下比较政治的必要性。柏拉图说，每个共同体都生活在一个洞穴里，绝大多数洞穴里的人都把自己洞穴里的规则看成天经地义，他们坚信：蜡烛就是光明。有一个追求智慧的人爬出了洞穴，看到了太阳，爬回洞穴跟大家说，阳光才真的灿烂，烛光根本就不算什么。结果根本没有人相信他，还有人非常惶恐地认为他在妖言惑众，要杀死他。[3]

中世纪政治是一个独特的洞穴，现代政治也是。看不同的洞穴，才能更好地看清楚我们现在生活的这个洞穴有什么特点，否则它的一切都是天经地义，也就没有什么改变的可能。

类似的提醒其实还可以说很多，但我选了我觉得最重要的三点，但愿能在你日后独自探洞的时候帮上忙。

怎么结束中世纪

再多提醒，也有结束的时候。怎么结束中世纪才是妥当的做法呢？这个问题从我15年前写博士论文起就开始困扰我。现在我把修炼了15年的心得告诉你，那就是，不要强求答案，要反过来提对问题。容我稍加解释。

"前言"里我讲过，用1492年当作中世纪结束的年份只是没有办法的办法。我们来看看哥伦布扬帆出海的这一年之前都有哪些大人物出生：1452年，达·芬奇出生，他是文艺复兴的全能天才；1469年，马基雅维利出生，他是现代政治逻辑的首要阐发者和推动者；1473年，哥白尼出生，他发明了日心说，后来被尊称为现代科学之父；1478年，托马斯·莫尔出生，他是名著《乌托邦》的作者，被后人认为是共产主义的先驱；1483年，马丁·路德出生，他发动了宗教改革。按照1492年这个界限，他们是中世纪出生的人，却在现代完成了惊天动地的事业。

文艺复兴、宗教改革、科学革命这些典型的现代运动都长达两三百年，它们的起源很容易追溯到1492年之前。就像这些伟大人物的生命历程一样，这些伟大运动的历史进程没有被1492年截断，也不会被其他任何一个年份截断。也就是说，一定要找一个年份来作为中世纪结束的确切答案，几乎不可能。最根本的原因就在于西方历史在中世纪和现代之间有太多至关重要的运动和事件是连续的。

那么，问题就变了，中世纪难道就没完没了了吗？也不会。当我们明确地知道文艺复兴带来的人文主义使得人成为世界的中心，上帝逐渐隐退，我们就明确地知道现代和中世纪是不同的。同样，当我们知道路德和加尔文的新教大大地提升了个人主义的地位，集体被淡化了，我们也明确地知道现代和中世纪是不同的。当我们知道科学革命带来的物理世界观打破了神创论的世界观，我们也明确地知道现代和中世纪是不同的。确实是不一样了，中世纪一定是结束了。那么，面对界限问题，精确答案在哪里？

这个时候，我的思路就有用了。理解中世纪，也理解现代，不必去刻意地追究它们在哪一刻交接，而要去寻找晨昏交界之处的真问题。比如，人的地位为什么越来越显赫，达·芬奇在这个进程里都做了哪些重要的贡献，他的问题来自哪里，他一开始是在做中世纪布置的什么作业，但作业的实质在什么地方被他做出了改动，旧瓶如何装进了新酒，新酒对后世产生了什么样的影响，近处如何影响了米开朗琪罗，远处如何影响了西方对人的理解……这么一来，体会和理解现代的诞生，就不是寻找静态的界碑，而是捕捉变化和生成。我们可以把中世纪看成给建造现代的大师们布置作业的老师，我一贯的说法是，中世纪是孕育现代的母体。学生的作业不会遵循老师的原意，孩子诞生之后不会完全像母亲，这都是再正常不过的事情。去理解和品玩从中世纪到现代在各个领域和层次的关键转变，我们才能把中世纪也把现代理解得更准确，更宽阔，也更有意义。

注释

[1] 贝奈戴托·克罗齐：《历史学的理论与实际》，傅任敢译，商务印书馆，1986，第1–15页。

[2] 韦伯：《新教伦理与资本主义精神》，康乐等译，广西师范大学出版社，2007，第99–105、134–144页。

[3] 柏拉图：《理想国》，郭斌和等译，商务印书馆，1986，第272–277页。

附录　中西大事简表

年份	西方	中国
476年	西罗马帝国灭亡，西方进入中世纪	
479年		萧道成废宋建齐，史称南齐
481年	克洛维创立墨洛温王朝	
485年		北魏实行均田制
494年		北魏孝文帝迁都洛阳，洛阳龙门石窟开凿
5世纪末、6世纪初	东哥特王国《狄奥多里克法令》、西哥特王国《阿拉里克法律简编》、墨洛温王朝《萨利克法典》颁布	
501—502年		刘勰撰《文心雕龙》
502年		萧衍灭齐，次年建梁，史称南梁
528—534年	东罗马帝国编纂《国法大全》	
529年	圣本笃创立本笃会	
531年		南梁昭明太子萧统卒，《文选》停编
534年		北魏分裂为东魏和西魏
548年		侯景之乱
550年		高洋废东魏建齐，史称北齐
555年		北齐文宣帝下诏剿灭道教
557年		宇文觉废西魏建周，史称北周；南朝陈霸先废梁立陈
约570—632年	伊斯兰教先知穆罕默德在世	
574年		北周武帝灭佛
577年		北周灭北齐，统一北方
581年		杨坚废周立隋
589年		隋灭陈，统一中国

续表

年份	西方	中国
590—604年	教皇大格里高利在位	
610年		大运河贯通
610—641年	拜占庭皇帝希拉克略在位	
618年		李渊代隋,国号唐
626年		玄武门之变
627—649年		贞观之治
635年		景教传入中国
641年		文成公主入藏
664年		玄奘圆寂
690年		武则天称帝
713—741年		开元盛世
726年	拜占庭发起破坏圣像运动	
732年	普瓦提埃战役,法兰克人战胜阿拉伯人	
751年	矮子丕平创立加洛林王朝,取代墨洛温王朝	唐在怛罗斯之战中败于大食（阿拉伯帝国）
755—763年		安史之乱
772—804年	查理曼征服萨克森人的战争	
780年		杨炎主持实施两税法
786—809年	阿拔斯王朝哈里发哈伦·拉希德在位	
793年	欧洲第一次记录维京人侵袭	
800年	查理曼加冕	
835年		甘露之变
842—846年		唐武宗灭佛
843年	《凡尔登条约》签订,查理曼帝国一分为三	
875—884年		黄巢起义
907年		朱温废唐立梁,史称后梁,中国进入"五代十国"
910年	克吕尼修会创建	
916年		耶律阿保机称帝,国号契丹

续表

年份	西方	中国
960年		赵匡胤发动陈桥兵变,废周立宋,次年,杯酒释兵权
962年	奥托称帝,神圣罗马帝国形成	
980—1037年	阿拉伯哲学家阿维森纳在世	
987—1328年	法兰西卡佩王朝	
991年	欧洲最后一次记录与维京人的大战	
1005年		辽宋澶渊之盟
1038年		李元昊称帝,西夏建立
1041—1048年		毕昇发明活字印刷术
1054年	基督教分裂为大公教和东正教	
1059年	罗马教廷确立教皇选举程序	
1066年	诺曼征服	
1069—1076年		王安石变法
1076年	教皇格里高利七世发动教皇革命	
1079—1142年	哲学家阿伯拉尔在世	
1088年	博洛尼亚大学建立,罗马法复兴开始	
1096—1099年	第一次十字军东征	
12世纪	12世纪文艺复兴,亚里士多德革命,炼金术从阿拉伯世界传入	
1119年		宋江起义
1122年	教皇和皇帝签订《沃尔姆斯协定》	
1125年		金灭辽
1126—1198年	阿拉伯哲学家阿威罗伊在世	
1127年		金灭北宋
1138年		南宋定都临安
约1140年	法学家格拉提安完成《教会法汇要》	
1142年		岳飞遇害
1154—1189年	英格兰国王亨利二世在位	
1155—1190年	神圣罗马皇帝红胡子腓特烈在位	

续表

年份	西方	中国
1170年		全真教创始人王重阳卒
1176年	红胡子腓特烈在莱尼亚诺战役中输给米兰	
1180—1223年	法兰西国王菲利普·奥古斯都在位	
1182—1263年	罗马法学家阿库修斯在世	
1189—1199年	英格兰狮心王理查德在位	
1198—1216年	教皇英诺森三世在位	
1203年	十字军攻破君士坦丁堡	
1206年		铁木真建国，号成吉思汗
1209年	圣方济各创立方济各会	
1215年	圣多明我创立多明我会，教皇英诺森三世认可巴黎大学，英格兰约翰王签署《大宪章》	
1220—1250年	神圣罗马皇帝腓特烈二世在位	
约1225—1274年	神学家阿奎那在世	
1226—1270年	法兰西国王圣路易在位	
1227年		蒙古灭西夏
1234年		蒙古灭金
1254—1273年	神圣罗马帝国"大空位"	
1258年	英格兰颁布《牛津条例》	
1260年		蒙古封八思巴为国师
1265年	英格兰贵族召集西门议会	
1265—1321年	诗人但丁在世，文艺复兴开始	
1271年		忽必烈建元
1275年		马可·波罗抵达元上都
1279年		元灭南宋
1285—1349年	哲学家奥卡姆的威廉在世	
1285—1314年	法兰西国王美男子菲利普在位	
1295年	英格兰国王爱德华一世召集模范议会	
1304—1374年	诗人彼得拉克在世	

续表

年份	西方	中国
1309—1377年	教皇"阿维尼翁之囚"	
1313/4—1357年	罗马法学家巴托鲁斯在世	
1313—1375年	诗人薄伽丘在世	
1324年	神学家马西利乌斯发表《和平的保卫者》	
1328—1589年	法兰西瓦卢瓦王朝	
1337—1453年	英法百年战争	
1346年	英法百年战争克雷西战役爆发	
1347—1353年	黑死病在中世纪初次登陆欧洲	
1356年	神圣罗马帝国颁布《金玺诏书》，英法百年战争普瓦提埃战役爆发	
1356—1669年	汉萨同盟	
1358年	扎克雷大起义爆发	
1368年		朱元璋立明，后攻占元大都
1370年	汉萨同盟击败丹麦	朱元璋推行户帖制度
1378—1417年	教会大分裂	
1389—1464年	科西莫·德·美第奇在世	
1399—1402年		靖难之役
1405—1433年		郑和七下西洋
1408年		《永乐大典》修成
1415年	英法百年战争阿金库尔战役爆发	
1420年		明成祖迁都北京
1431年	贞德被当作女巫处以火刑	
1449年		土木堡之变
1453年	君士坦丁堡被奥斯曼土耳其攻占，拜占庭灭亡	
1455—1485年	英格兰玫瑰战争爆发	
1469—1527年	政治学家马基雅维利在世	
1473—1543年	科学家哥白尼在世	
1492年	洛伦佐·德·美第奇去世，哥伦布出海远航	

续表

年份	西方	中国
1505—1510年		宦官刘瑾专权
1513—1521年	美第奇家族出身的教皇利奥十世在位	
1517年	马丁·路德公布《九十五条论纲》，宗教改革开始	
1527年	神圣罗马帝国军队攻占罗马，文艺复兴结束	
1529年		王阳明卒
1534年	罗耀拉创立耶稣会	
1573年		张居正改革开始
1582年		耶稣会士利玛窦抵达中国
1600年	英属东印度公司成立	
1610年		《金瓶梅》刊刻
1636年		皇太极称帝，国号清
1640年	英国资产阶级革命爆发	
1644年		李自成灭明；清军入关

后 记

《中世纪》终于和大家见面了，和"得到"的合作，同时也是和"博集天卷"的合作，终于跑完了第三圈，真是不容易！

在"前言"和"结语"里，我已经袒露了很多写这本书的困难。这本书的写法和《西方史纲》《罗马史纲》都不一样。《西方史纲》要说清楚"文明纵横3000年"的西方，只能勾画一幅精要的地图，任何地方都不能下笔过重，点到为止，留足余味。《罗马史纲》要说清楚"超大规模共同体的兴衰"，必须深挖各种政治通则，所有议题都必须精研其道，不然的话，我怕是这一生都会后悔自己没有认真对待挚爱的罗马。

《中世纪》来了，上述两种写法都不合适，什么写法才合适呢？我想了很久。不过，我的原则是明确的，叫作"方法论无政府主义"，它来自科学哲学家保罗·费耶阿本德的《反对方法——无政府主义知识论纲要》。这本名著很早就教会我：方法，没有万灵药，一种方法不可能解决所有问题；既定的对象，有很多种方法都可以研究它；在科学的意义上，各种方法研究的有效性是可以比较的，比较之后是可以改进的。总之，方法不是现成的，得根据写作对象去寻找，去摸索，去打磨。这套方法论和我非常欣赏的康德哲学高度吻合。说了那么多玄虚，其实就一句话，《中世纪》必须找到和从前不同的适合它内容的写法。我找到的写法就是"博物馆"。

为什么"博物馆"的写法最适合展现中世纪？因为中世纪的多元性太强。中世纪最底层也是最重要的特征是多元性，这意味着它是多线索同时展开的，是一个复杂的多螺旋结构，诸多线索相互影响、相互交织，但快慢不

一、各有逻辑、不能合并。因此，用一元的线索看待中世纪必定会出现不可接受的重大遗漏。如何处理这种无法通约的多元？我决定盖一座博物馆。在"得到"的课程里，我做了印象、建制、玩家、大事件四个分区展示。在成书之时我决定改建博物馆，变成以印象加上帝国、教会、王国、大学、城市五条线索分区展示，目的是强化线索，帮助读者把握五线并行的中世纪。当然，这座博物馆远远不能帮你穷尽多姿多彩的中世纪，但我希望你在逛完之后对中世纪有一些同情的理解，最好再有一点好奇的欣赏。

这座博物馆不是我一个人建成的。请容许我按惯例实名感谢帮助过我的良师益友们。首先当然是我的恩师丛日云教授。"中世纪不是一片黑暗，而是一个多姿多彩的时代"就是恩师的博士论文教会我的。二十年前，我读完恩师馈赠的宝典，就像走进了一个无人问津的奇幻世界。我看完之后兴冲冲地跑去找恩师说，里面的宝贝很多啊！恩师笑说，那我们一起去挖吧！恩师送给我的远不只是自己的心血之作，更是一个世界，一个异彩纷呈的世界。更重要的是，恩师毕生通过各种方法、各种角度、各种议题探索"现代世界的起源"这个大问题，它也成为了我的"学术志业"。我追随恩师的脚步踏上了中世纪寻宝之旅和现代世界的探源之旅。这本书在很大程度上算是我挖宝二十年后给恩师的学习汇报。

"得到"给了我很多帮助。罗振宇和脱不花对我的信任和欣赏一直令我感动，课程很快通过了项目论证，三个月后顺利上线。课程主编庄妍同学学西班牙语文学出身，聪明过人，我们合作得非常愉快，博物馆的一期工程在她帮助下顺利完工。对，《罗马史纲》的课程主编也是她，在这里一并致谢。"得到"的听友们对课程的热情和用功让我倍感欣慰，也带来了新的压力和挑战。课程更新期间，大家提出了很多非常有意思的问题，也给出了很多及时的补充，我每天要花三个小时回复大家对当日课程的评论。正是在和大家讨论的过程中，博物馆二期工程的蓝图变得越来越清晰。

随后我和小伙伴们讨论了博物馆改建工程的计划，他们的奇思妙想让我很兴奋，他们的全力支持让我更坚定。其中有我多年的老兄弟施展和翟志勇，也有长期提供保姆般照顾的吕航和薛瑾，还有贴心和耐心的仇悦、曹煜和秦青。

但当我开始二期工程的时候，进度却异常缓慢，现在完工了，算一算账，二期工程（这本书）用了一期工程（"得到"课程）的三倍时间，差不多九个月。其中最主要的原因是"贪玩"。中世纪好玩的事情太多，相关的资料不少，潜入其中，有太多需要顺藤摸瓜的线索，有太多有待破解的谜团，有太多值得品味的细节。我几乎每写一节都要重新整理一次书桌，因为要换几十本不同的参考书。这九个月当中，我玩兴大发，很多时候故意放下了工程，只是因为舍不得打断自己的中世纪畅游。比如有一次，我度过了人生中迄今为止最"暗黑"的一天，因为这一整天我都泡在末日当中，我不仅找了不同版本的《圣经》来比对其中《启示录》的关键用词和叙述风格，还看了西方人认定的恐怖片之王《驱魔人》，各种惨不忍睹的景象、各种妖魔鬼怪、各种呻吟、各种绝望，如海啸般袭来。有一次，我在孩子的世界里待了一整天，女儿发现我在看她早已看过的很多书，《伊索寓言》《希腊神话和传说》《一千零一夜》《格林童话》《安徒生童话》。表面上是欣赏童趣，其实我是想去分辨不同的"孩子书"背后蕴藏的不同观念底色和文化底色。还有一次，我花了一整天重新读《罗密欧与朱丽叶》，目的是对比着阿伯拉尔和爱洛伊丝的绝世情书，追问一下自己莎翁这部旷世杰作为什么从来都没有打动过我。我不断地去尝试各种玩法，有的很直接，比如研究骑士和十字军要重温电影《天国王朝》，研究美第奇家族要看连续剧《美第奇家族》，研究某个问题要重新查阅美剧《权力的游戏》里的桥段；有的玩法有点曲折，比如研究炼金术要重新看亚里士多德的《物理学》，研究黑死病要看佛罗伦萨的市政建设，研究亚里士多德重回西方要看穆罕默德和他的继承人……中世纪的多元性让我大有可玩，仇悦和曹煜每次怯生生地来问什么时候可以交稿，我都回之以大大的"白眼"，就像宝贝女儿被我催促迪士尼乐园要关门时的反应一样。

我跟施展和翟志勇说起自己玩兴大发的时候，他们是理解的，我们经常一起玩的兄弟们——刘擎、孟庆延、周林刚、许小亮、张新刚、王献华——肯定也是理解的。施展是被学术耽误了的郭德纲门徒，志勇能天衣无缝地把施展放进所有的以案说法当中，擎哥几乎可以把韦伯的两篇著名演讲《以学术为志业》《以政治为志业》活脱脱地演出来，庆延几乎蹲过瑞金周边的每一个村寨，林刚对莎士比亚和鲁迅的解读完全不逊于他对《矛盾论》《实践论》的研究，小亮随时可以把一首五十六个字的律诗讲成比法律世界主义还长的讲座，新刚是赏玩古希腊文艺和文艺复兴文艺却靠希罗多德和亚里士多德吃饭的文艺青年，献华对泥版文书的熟悉让我们总是觉得他像是从五千年前活到现在的巴比伦祭司……他们时常会给我意想不到的启发。我们一起在爱道思人文学社玩耍，不仅有知、有趣，而且有爱。

我们要把学院里的知识带给读者，大家一起玩起来，"把它变成我们的资产而不是负担，变成我们的工具而不是障碍，把它变成我们的爱而不是怕，让它为我们的大众、我们的生活、我们的时代所用"。我们玩在其中，也乐在其中，但我们很清楚，玩只是起点，不是目的，我们的目的一直是让更多的知识在我们的时代变得鲜活，让更多的朋友在我们的时代享受知识的乐趣。为此，我们不断尝试新的玩法，写书是其中最古老的，还有讲座、课程，用上了"得到"、微信公众号、"喜马拉雅"、"看理想"、"B站"……新时代有新媒介，知识需要找到它最便利的传播途径，让更多的朋友们玩进来。

经过了几年对新玩法的种种探索，我们开始思考有没有一种高级的玩法可以把现在所有的玩法收拢归一。中世纪有人做过这种事情，最后的结晶是阿奎那的《神学大全》；中国古代有人做过这种事情，最后的结晶是《永乐大典》和《四库全书》；启蒙时代有人做过这种事情，最后的结晶是狄德罗的《百科全书》。我们这个时代的"大全""大典""百科全书"是什么样子的呢？罗振宇可能会说是"得到"的音频，"B站"可能会说是它的视频，我觉得还远远不够，音频和视频只是呈现形式，为什么不会是一个游戏呢，为什么不会是一个无所不知的AI呢？问题的关键不在于呈现形式，而在于知识架构的重整和相应的知识组织形式的发明。任何一个时代都会有也必须有自己的知识架构、知识组织形式和知识生产方式。媒介会从莎草纸变成线装书再变成手机，但知识的变化远不是从教室挪到"得到"再挪到"B站"那么简单，背后必须有知识架构的调整、知识组织形式的更新和知识生产方式的发明。在爱道思人文学社，我们把音频课、视频课、微信公众号文章、著作、学术考察、公众讲座、企业培训、闭门研讨整合成一套高度协作的知识共生系统。我们正在用自己的热爱、自己的努力、自己的玩耍去揭开我们想要的未来，也邀请你通过各种形式和我们一起去创造属于我们的充满了知识含量的未来。

李筠

2022年6月6日

于爱道思地坛方泽轩小院

© 中南博集天卷文化传媒有限公司。本书版权受法律保护。未经权利人许可，任何人不得以任何方式使用本书包括正文、插图、封面、版式等任何部分内容，违者将受到法律制裁。

图书在版编目（CIP）数据

中世纪：权力、信仰和现代世界的孕育 / 李筠著. -- 长沙：岳麓书社，2023.7
ISBN 978-7-5538-1551-0

Ⅰ. ①中… Ⅱ. ①李… Ⅲ. ①世界史—中世纪史 Ⅳ. ① K13

中国国家版本馆 CIP 数据核字（2023）第 033800 号

ZHONGSHIJI QUANLI XINYANG HE XIANDAI SHIJIE DE YUNYU
中世纪：权力、信仰和现代世界的孕育

著　　者：李　筠
项目统筹：吕　航　薛　瑾
监　　制：秦　青
责任编辑：刘　亮
特约策划：仇　悦
策划编辑：曹　煜
文字编辑：王心悦　王　争
营销编辑：陈可垚　柯慧萍
版式设计：李　洁
封面设计：利　锐
岳麓书社出版
地址：湖南省长沙市爱民路 47 号
直销电话：0731-88804152　88885616
邮编：410006
版次：2023 年 7 月第 1 版
印次：2023 年 7 月第 1 次印刷
开本：680×955　1/16
印张：25
字数：371 千字
书号：ISBN 978-7-5538-1551-0
定价：88.00 元
承印：北京嘉业印刷厂

若有质量问题，请致电质量监督电话：010-59096394
团购电话：010-59320018